Société Internationale pour l'Étude de la Philosophie Médiévale
— Rencontres de Philosophie Médiévale, 13 —
General Editor: Kent EMERY, Jr. (University of Notre Dame)

UNIVERSITY, COUNCIL, CITY

Intellectual Culture on the Rhine (1300-1550)

Acts of the XIIth International Colloquium of the Société Internationale pour l'Étude de la Philosophie Médiévale Freiburg im Breisgau, 27-29 October 2004

organized by the Philosophisches Seminar, Universität Freiburg and the De Wulf-Mansion Centre for Ancient and Medieval Philosophy, Catholic University of Leuven

edited by

Laurent CESALLI, Nadja GERMANN,
and Maarten J.F.M. HOENEN

BREPOLS
2007

This Colloquium was sponsored and funded by the Netherlands Organisation for Scientific Research (NWO); the Philosophisches Seminar, Universität Freiburg; the Pallas Institute for Art Historical and Literary Studies, University of Leiden; the Netherlands Research School for Medieval Studies, University of Groningen, and the Arbeitsbereich Quellenkunde der Theologie des Mittelalters (Raimundus-Lullus-Institut), Universität Freiburg

All of the essays published in this volume have been reviewed by members of the Bureau of the S.I.E.P.M.

D/2007/0095/96

ISBN 978-2-503-52663-8

Printed in the E.U. on acid-free paper

TABLE OF CONTENTS

PREFACE

Stretching from Basel to Cologne, the Rhine formed the geographical axis of a broad cultural realm in the late Middle Ages; this region lent its vitality not only to its cities and universities but also to the two great Councils to which it played host. Already in the fourteenth century, the lives of the famous German mystics Meister Eckhart, Heinrich Seuse and Johannes Tauler testify to the presence of an advanced intellectual culture in the cities of the upper and lower Rhine, cities which were connected *via* networks of roads and waterways with the cultural areas to the west (Brabant) and east (Erfurt). In the fifteenth century, the most famous Council of the late Middle Ages took place along the Rhine, namely the Council of Constance (1414-1418), which condemned John Wyclif and Jan Hus, thereby laying the foundation for the *Wegestreit* (the conflict between nominalism and realism) which would hold German universities in its grasp for several generations to come. A few years later, the Council at Basel became a seedbed of philosophical ideas that impressed themselves upon such participants of the Council as Heymericus de Campo and Nicholas of Cusa. With the establishment of the Universities of Cologne (1388), Freiburg (1457), Basel (1459) and Mainz (1476), the intellectual culture of this region took institutional form; these universities followed the pattern of their *alma mater*, the University of Paris, while at the same time seeking to accommodate the needs of German cities and rulers. These institutions have continued to exist until our own day, and symbolize the stability of the intellectual culture of the Rhineland.

I. Schools and Universities

The five contributions that comprise the section "Schools and Universities" reveal a noteworthy aspect of the late-medieval intellectual landscape of the Rhine: what distinguishes this region as both a geographical and intellectual centre (as well as a point of reference for modern historians of philosophy) is not only its wealth and diversity but also the special significance of Cologne, with its University and *studia* of religious orders, as a centre of education.

The intellectual diversity of the Rhineland and the educational importance of Cologne are evident in the essay of Walter Senner, which is devoted entirely to the Dominican *studia*, and which traces the development of their "general curriculum" to their situation at the beginning of the Reformation. On the basis of the *nationes* which lay along the Rhine and taking into special consideration the *studium generale* at Cologne, with its international *renommée* and proximity to the University, Senner delineates the manner in which studies were organized, including the formation of curricula and controversial discussions about the status of philosophy. He touches on the central points of conflict arising out of debates over Aristotelian philosophy, and ends by identifying some *studia particularia* unique to the Rhineland.

The institutional perspective of William J. Courtenay's contribution encompasses both the universities and the *studia* of the religious orders. From a prosopographical, social-historical perspective, Courtenay pursues the question as to whether in terms of educational sophistication the region around the upper Rhine was in fact isolated and inferior to that in regions to the north, especially the lower Rhineland. While the registers, especially of the University of Paris, seem to confirm this common assessment, the traditions of the mendicant orders reveals a different picture: not only do the available documents attest a variety of themes and genres—from commentaries on Scripture to complicated Scholastic controversies—but also the longevity of the Scholastic tradition on the upper Rhine, which began even before the establishment of the Universities of Freiburg and Basel.

With the study of C.H. Kneepkens the focus shifts entirely to the universities, and thus to that phenomenon which shaped them all in the late-medieval period, namely, the *Wegestreit*. On the basis of student notes taken for exam preparation (the so-called *reparationes*), Kneepkens examines the relationship between normative requirements, i.e., those educational programs formulated in university statutes, and daily practice at the University of Cologne in the late fifteenth century. In so doing, he uncovers substantial differences between official requirements and actual test materials, which reflects the actual knowledge of *baccalaurei*. Additionally, he shows that teaching differences between opposing schools of the *Wegestreit* stand out prominently even at the most elementary levels of instruction, thus confirming similar findings presented in his earlier work.

The investigation of Henrik Wels likewise pertains to the *Wegestreit*. Wels discusses central aspects of Albertist realism as regards universals, concentrating on the "originator" of Albertism, Johannes de Nova Domo (particularly in his *Tractatus universalium*), as well as examining the anonymous *Tractatus de universalis natura*, the doctrine of which is close to the teachings of both Johannes and Albertus Magnus. Wels then analyzes in detail the Albertist articulation of the doctrine of universals as expressed in the *Tractatus de universalis natura*, and more precisely determines the metaphysical character of the conception of universals attributed to this school.

The last essay in this section by Pepijn Rutten is devoted to the Albertist-Thomist debate, and proposes an answer to the well-known scholarly question regarding the geographical scope of the *Wegestreit*, the effects of which extended beyond Cologne. Rutten examines exemplary discussions on the status of logic and the reception of the Albertist-Thomist disputes in Thomistic sources outside of the Cologne context, such as the writings of Johannes Capreolus, Petrus Nigri and Johannes Versor. Rutten demonstrates that Albertism, once having appeared, extended far beyond the controversies at Cologne, and that when scholars elsewhere came to know the positions of the school they were compelled to respond to them.

II. Mystical Movements

The contributions in the section "Mystical Movements" shift away from the schools and universities to focus on the various religious movements of the upper Rhine region, which in late-medieval times included a number of rich urban centres, such as Basel and Strasbourg. In these centres new forms of religious life developed, especially amongst the elite, for which audience vernacular texts played a prominent role. Unlike the books produced in universities or in the *studia* of the religious orders, which displayed a strong sense of logical rigour and systematic coherence, vernacular texts were more freely composed, designed to guide the reader in his pursuit of religious enlightenment. The authors of these texts employed various sources, which they mixed and adapted in order to stimulate the imaginative and emotive powers of the reader and direct his attention towards the ultimate goal. This way of handling sources makes it difficult if not impossible for the modern reader to identify their exact nature and origin. However the search for these sources and the uncovering of the paths of their transmission is of great historical importance, for it reveals the various channels along which the exchange of ideas took place, in a sphere radically different from that of academic life.

Concentrating mainly on Mechthild of Magdeburg's *Das Fließende Licht der Gottheit*, Dagmar Gottschall studies the reception and use of mystical texts in the circles of the so-called *Gottesfreunde* in the cities along the Rhine, especially Basel and Strasbourg. The *Gottesfreunde* urged one another to record their religious reflections in treatises and letters. For expressing their emotions and thoughts they referred to special models, which they tried to imitate in form and content, one such model being *Das Fließende Licht der Gottheit*. Gottschall also addresses the problem of language barriers and their effect on the transmission of ideas. Errors in translation reveal that the *Gottesfreunde* were not so much interested in the precise rendering of theological content as they were fascinated by the emotional effects of the language itself, effects which they exploited and elaborated even in cases where their elaborations had no counterpart in the original source or even conflicted with it.

Alessandra Beccarisi broadens the geographical scope, presenting an anonymous treatise handed down in both Dutch (*Des gheest boeck*) and German (*Geistbuch*) versions, thus revealing interaction between the two language areas. Interestingly, the Dutch version is much older than the German one, raising the question as to whether or not the treatise may be of Dutch origin. Beccarisi discusses the content of the treatise in the Dutch version, looking for possible sources, particularly Meister Eckhart. She also compares the two versions, concluding that the translation (in both languages) was carried out with unusual care and precision, in contrast with those translations made in the circles of the *Gottesfreunde* discussed by Gottschall.

Finally, Mikhail Khorkov concentrates on the anonymous treatise *Von dem ewigen wort*—written in the upper Rhine region, around the middle of the fifteenth century—which displays a closeness to the writings of Heinrich Seuse. Khorkov shows that the treatise is an amalgam, bringing together several traditions including those of Meister Eckhart and Jan van Ruusbroec, yet in a way that is distinct and manifests its own agenda. Thus the treatise is a good example of the way in which different vernacular sources were combined and transformed into new texts in the late-medieval period, a process strongly fostered by the close contacts between the various cultural centres along the Rhine.

III. Exchanges and Networks

The relationship between two socio-cultural groups—academics and learned laymen—is the subject of Geert Warnar's description of "men of letters", a class which began to develop in the Low Countries from about 1300 onward. These men of letters were urban intellectuals actively engaged in religious, literary and intellectual life; they exercised various professions as clerics, schoolmasters, mendicant friars, preachers and priests, medical doctors, notaries, lawyers and secretaries within a common social and cultural milieu. Their writings are the product of a creative interaction between two languages, Latin and the vernacular, as well as two domains of intellectual production, literature and philosophy. Based primarily on the emblematic figure of Jan van Ruusbroec, Warnar's study shows how Dutch mystical writings inserted themselves into a tradition of laicization of theological and philosophical thought stretching back to the German Dominican school and its major thinker, Meister Eckhart. Thus, as Warnar demonstrates, there existed in the middle of the fourteenth century an intellectual continuity and community between the Rhineland and the Low Countries. This "community" challenged the hegemony of *latinitas* by spreading academic knowledge in vernacular languages to learned but non-academic parts of society.

Along the same geo-cultural lines, Wybren Scheepsma offers a case-study that illustrates an intense intellectual exchange which took place between Dutch and German literature in the fourteenth century, an exchange exemplified paradigmatically by the related figures of Jan van Ruusbroec and Johannes Tauler. Scheepsma's case-study is based on a remarkable manuscript (Bruxelles, Bibliothèque Royale, Ms. 3067-73, also known as the Ruusbroec Manuscript Vv), the history of which is symptomatic of the intellectual exchange in several respects: first, this codex bears the marks of having passed through several libraries in the upper Rhineland before being brought back to Brabant; second, the codex contains German annotations alongside Dutch texts; third and most important, although the Dutch texts contained in the manuscript were written according to German models (Scheepsma provides evidence of a parallel German tradition of the same texts), the Dutch tradition and reception is older than that of the extant German one. This is a clear and strong indication of the early and productive interaction between Brabant and the Rhineland in mystical theology in the fourteenth century. This interaction must be explored further in great detail; as Scheepsma notes, such interaction is of great significance for the reconstruction of the reception of Meister Eckhart's works.

Examining the puzzling case of Birgitta of Sweden, possibly an heretical saint, Anna Fredriksson Adman shows how a relatively minor, local event took on broad, nearly European-wide proportions because of its relevance for unsettled questions within the Church, such as how to regard "private revelations". Birgitta's suspicious *Revelaciones* were examined at the Council of Basel and successfully defended against the accusation of heresy by Heymericus de Campo, then Vice Chancellor of the University of Cologne. The "problematic" content of the text, Fredriksson Adman argues, was more progressive (Birgitta urged reformation of a Church that she perceived as corrupt) rather than properly heretical. In support of Birgitta's rehabilitation, Heymericus wrote his *Dyalogus*, a text addressed to a broader audience than the Council itself. However, as Fredriksson Adman stresses, this socially significant fact must be contrasted with the case's final judgment: despite the fact that the *Revelaciones* were not judged to be heretical, they were still not to be read in public "without Catholic modification."

Jürgen Miethke argues that the great Councils functioned as "media-events" in fourteenth- and fifteenth-century Europe. By this characterization, Miethke makes a comprehensive response to William of Ockham's conception of Church Councils as plenipotentiary assemblies of representatives of the whole of Christendom. Miethke combines sociological, economic and historical approaches in order to analyze the tactics and processes of communication necessary for achieving minimal consensus among members of a Council, so that decisions could be made by vote. In that respect, such ecclesiastical gatherings had a powerful catalytic effect on the diffusion of written and unwritten sources before the development of printing, whether or not those sources were theological (for example, the first diffusion of Dante's *Commedia* in Latin translation north of the Alps during the Council of Constance). From this perspective, a Council no longer appears as a mere *congregatio fidelium*, as Ockham would have it, but as a unique venue for intellectual progress and exchange: the theological issues at stake and the debates they generated were thus only one side of a complex phenomenon that involved the whole of society.

The concept of *civitas*—etymologically, a (small) group of citizens—underlies and binds together the notions of university, council and city. The term connotes the social and political components of organized human community. In his essay, Francesco Bertelloni considers the semantic and philosophical enrichment of the notion of *civitas* from the time of the translation of Aristotle's *Politica* to the middle of the fifteenth century. Comparing the Aristotelian heritage as interpreted in the political writings of such authors as Thomas Aquinas, Johannes Quidort, Dante, Marsilius of Padova and Cusanus, Bertelloni shows the coexistence of what he calls an "Aristotelian" with an emergent, proto-modern paradigm in political thinking. The latter is characterized especially by the principle of self-conservation (*conservatio sui*) as the original motivation for social organization, as well as by a strong particularism which tends to replace the traditional predominance of the collective, which was of fundamental importance to the Aristotelian *pólis*.

The present volume does not contain all of the papers read at the SIEPM Colloquium at Freiburg im Breisgau. Not included are the contributions of Mechthild Dreyer, Anette Pelizaeus and Uta Störmer-Caysa, which were part of the research project "Räume des Wissens", currently underway at the Johannes Gutenberg University in Mainz, under the direction of Mechthild Dreyer. Also not published here are the *Abendvorträge* delivered at the Colloquium by Kent Emery, Jr. (Notre Dame) and Georg Wieland (Tübingen). We thank the speakers and the collaborators of the research project for the stimulating presentation of their papers at the SIEPM Colloquium, as well as the participants for their lively discussions. We also gratefully acknowledge the financial and personal support of the Netherlands Organisation for Scientific Research (NWO); the Philosophisches Seminar Universität Freiburg; the Pallas Institute for Art Historical and Literary Studies, University of Leiden; the Netherlands Research School for Medieval Studies, University of Groningen, and the Arbeitsbereich Quellenkunde der Theologie des Mittelalters (Raimundus-Lullus-Institut), Universität Freiburg. Finally we thank the Editor of the Series, Kent Emery, Jr., for his careful advice, his assistants, Stephen M. Metzger and Garrett R. Smith, as well as Markus Erne and Meredith Ziebart for their continuous help in the preparation of the manuscript.

Laurent CESALLI, Nadja GERMANN and
Maarten J.F.M. HOENEN (*Freiburg im Breisgau*)

TABULA SIGLORUM

ACGOP: *Acta capitulorum generalium ordinis praedicatorum*, ed. B.M. REICHERT, 9 vols., Roma 1898-1904

AHDLMA: *Archives d'histoire doctrinale et littéraire du moyen âge*

AUP: *Auctarium chartularii Universitatis Parisiensis*, ed. H. DENIFLE et É. CHÂTELAIN, 6 vols., Paris 1894-1964

BGTMA: Beiträge zur Geschichte der Philosophie und Theologie des Mittelalters

CCCM: Corpus Christianorum: Continuatio mediaeualis

CCSL: Corpus Christianorum: Series Latina

COD³: *Conciliorum oecumenicorum decreta*, ed. J. ALBERIGO *et al.*, Bologna ³1973

CUP: *Chartularium Universitatis Parisiensis*, ed. H. DENIFLE et É. CHÂTELAIN, 4 vols., Paris 1889-1897

DBI: *Dizionario biografico degli Italiani*, ed. M. CARAVALE, *adhuc* 65 vols., Roma 1960-2005

DHGE: *Dictionnaire d'histoire et de géographie ecclésiastiques*, ed. A. BAUDRILLART et R. AUBERT, *adhuc* 29 vols., Paris 1912-2004

DS: *Dictionnaire de spiritualité ascétique et mystique*, ed. M. VILLER, 17 vols., Paris 1937-1995

DTC: *Dictionnaire de théologie catholique*, ed. A. VACANT, 15 vols. in 21, + 2 vols. (indices), Paris 1909-1951

DW: MEISTER ECKHART, *Die deutschen und lateinischen Werke: Die deutschen Werke*, hrsg. und übers. v. J. QUINT und G. STEER, 5 Bde., Stuttgart 1958-2003

ED: *Enciclopedia dantesca*, ed. U. BOSCO, 6 vols., Roma 1970-1978

HWPh: *Historisches Wörterbuch der Philosophie*, hrsg. v. J. RITTER und K. GRÜNDER, 12 Bde., Basel-Stuttgart 1971-2004

LThK³: *Lexikon für Theologie und Kirche*, hrsg. v. W. KASPER, 11 Bde., Freiburg i.Br. ³1993-2001

LW: MEISTER ECKHART, *Die deutschen und lateinischen Werke: Die lateinischen Werke*, hrsg. v. L. STURLESE, 5 Bde., Stuttgart 1936-1994

MGH: Monumenta Germaniae Historica

MOPH: Monumenta Ordinis Fratrum Praedicatorum Historica

PL: Patrologiae cursus completus: Series Latina

QF: Quellen und Forschungen zur Geschichte des Dominikanerordens

RP: *Rotuli Parisienses: Supplications to the Pope from the University of Paris*, ed. W.J. COURTENAY and E.D. GODDARD, 2 vols., Leiden-Boston 2002-2004

RTAM: *Recherches de théologie ancienne et médiévale*

ScG: THOMAS DE AQUINO, *Summa contra gentiles*

SOPMA: *Scriptores ordinis praedicatorum medii aevi*, ed. T. KAEPPELI et E. PANELLA, 4 vols., Roma 1970-1993

ST: THOMAS DE AQUINO, *Summa theologiae*

VL²: *Die deutsche Literatur des Mittelalters: Verfasserlexikon*, hrsg. v. K. RUH *et al.*, 11 Bde., Berlin-New York ²1978-2004

I. Schools and Universities

Die rheinischen *Studia* der Dominikaner im Mittelalter: Alternative und Vorläufer der *Universitates Studiorum*

Walter Senner, OP

I.1. Kirche in der Stadt

Während das Mittelalter vorwiegend durch agrarische Gesellschaftsstrukturen geprägt war, ist seit dem 12. Jahrhundert, verstärkt im 13. – und das besonders entlang des Rheines – eine Zunahme der Größe und Anzahl von Städten, sowie eine Verbesserung der rechtlichen Stellung ihrer Bewohner – und dadurch auch persönlicher Entfaltungsmöglichkeiten („Stadtluft macht frei") – festzustellen.[1] Das stand im Zusammenhang mit zunehmendem Fernhandel wie auch einem immer differenzierteren Handwerk und führte zu aufblühendem Reichtum – zwar nicht aller, aber doch vieler Stadtbewohner(innen).[2] Wohl wurden die Seelsorgestrukturen durch die Unterteilung größerer Städte in Pfarreien der vermehrten Bevölkerung angepasst, doch mangels einer geregelten und dem gestiegenen Bildungsniveau, insbesondere der Kaufleute, entsprechenden Priesterausbildung und durch die verbreitete Sitte, dass reiche Kleriker zahlreiche Pfründen – auch Pfarrstellen – kauften und dann durch mehr schlecht als recht ausgebildete und bezahlte „Leutpriester" versehen ließen, ergab sich, gerade in den Städten, ein wachsendes pastorales Defizit.[3] Der gemehrte Reichtum, v.a. der städtischen Kaufleute, hatte als Gegensatz eine geistliche Armutsbewegung zur Folge,[4] zu der nicht zuletzt, neben zahlreichen Laienge-

---

[1] *Handbuch der europäischen Geschichte* 2, hrsg. v. F. Seibt, Stuttgart 1987, 65-70; E. Ennen, *Die europäische Stadt des Mittelalters*, Göttingen [4]1987, 124-27; H. Planitz, *Die deutsche Stadt im Mittelalter*, Wien [5]1980, 254-55.

[2] H. Keller, *Propyläen-Geschichte Deutschlands* 2, Berlin 1986, 251-84.

[3] E. Iserloh in *Handbuch der Kirchengeschichte* 3.2, hrsg. v. H. Jedin, Freiburg i.Br. 1968, 678-83, 685, 688; A. Vauchez in *Die Geschichte des Christentums* 5, hrsg. v. A. Vauchez, Freiburg i.Br. 1994, 804-7, zeichnet ein – ausschließlich an Frankreich orientiertes – euphemistisches Bild, das 852-59 nicht wesentlich differenziert wird. Zu der seelsorglichen Bedeutung der Dominikanerkonvente angesichts der Defizite in der Stadtpastoral I.W. Frank, „Das mittelalterliche Dominikanerkloster als paraparochiales Kultzentrum", in *Rottenburger Jahrbuch für Kirchengeschichte* 17 (1998), 123-42.

[4] Keller, *Propyläen-Geschichte* 2 (s. Anm. 2), 285-90; *Geschichte* 5 (s. Anm. 3) enthält auf 821-32 eine Darstellung des Problems von Zins und Wucher, auf 900-11 neue Protestbewegungen, auf 903 eine kurze Erwähnung des Armutsstreits.

meinschaften, die teils kritisch den Gegensatz zwischen den Idealen Jesu und der Evangelien und der in das Feudalsystem eingebundenen, reich gewordenen Kirche betonten, die Bettelorden gehörten, die diese neue Perspektive einbringen und aus ihr seelsorglich wirken wollten.[5] Dieser geistliche Aufbruch brachte so zahlreiche neue Gruppierungen hervor, dass das IV. Laterankonzil 1215 neue Orden verbot;[6] das Konzil von Lyon schaffte 1274 zweiundzwanzig Mendikantenorden ab, die sich dennoch seit dem IV. Lateranum gebildet hatten. Nur die Minderbrüder (Franziskaner = OFM, auch OM für den noch ungeteilten Orden), Predigerbrüder (Dominikaner = OP), Augustiner-Eremiten (OESA, nicht zu verwechseln mit den verschiedenen Augustiner-Chorherren), Karmeliter (OCarm) und Serviten (OSM) blieben bestehen.[7]

I.2. Der Dominikanerorden

Der Orden der Predigerbrüder (*Ordo Fratrum Praedicatorum*), nach seinem Gründer, dem hl. Dominikus von Guzman (1170-1221), auch Dominikanerorden genannt, ist im Bemühen um die Bekehrung der Katharer in Südfrankreich in drei Phasen entstanden:

(1) Ab Ende 1206 predigte Dominikus, ein Kanoniker der nordspanischen Domkirche von Osma, allein und weitgehend erfolglos.[8] In der späteren Ordenshistoriographie ist wohl herausgestellt worden, dass Dominikus nicht mit Feuer und Schwert, sondern mit der Kraft des Wortes wirken wollte. Die zentrale Bedeutung des eigenen Lebenszeugnisses wurde

---

[5] *Geschichte* 5 (s. Anm. 3), 833-52.

[6] *COD*^{3}, 242.1-8.

[7] *COD*^{3}, 326.20 30. Als erste Einführung in die Geschichte und Spiritualität der jeweiligen Mendikantenorden ist zu empfehlen *Mönchsväter und Ordensgründer: Männer und Frauen in der Nachfolge Jesu*, hrsg. v. J. Weismayer, Würzburg 1991, darin F. Reisinger (Augustinusregel), 49-64, L. Hardick (OFM), 134-52, I.W. Frank (OP), 169-86, und M. Plattig (OCarm), 187-200.

[8] Zu Leben und Werk des hl. Dominikus ist weiterhin M.-H. Vicaire, *Histoire de S. Dominique*, 2 vols., Paris 1957, ^{2}1982 der Klassiker (deutsche Übersetzung: *Geschichte des hl. Dominikus*, 2 Bde., Freiburg i.Br. 1962-63). Die Quellen liegen weitgehend gut aufgearbeitet vor in *Monumenta historica sancti patris nostri Dominici* 1-2, ed. M.-H. Laurent *et al.* (MOPH 15-16), Roma 1933-1935, und *Monumenta diplomatica sancti Dominici*, ed. V.J. Koudelka *et al.* (MOPH 25), Roma 1966. Eine neue kritische Edition des wichtigsten erzählenden Quellenwerks Iordanus de Saxonia, *Libellus de initiis Ordinis Praedicatorum* durch S. Tugwell, in der die komplexe Überlieferung stärker berücksichtigt wird, soll in Kürze in MOPH erscheinen; hier ist die Edition von H.C.Scheeben, in *Monumenta historica* 2, 1-88 benutzt.

für die Predigerbrüder normativ. Besonders das Verständnis der freiwilligen Armut – nicht als Selbstzwecks, sondern um frei zu werden um „von Gott und mit Gott" zu sprechen – hat Thomas von Aquin zu einer spezifischen Ordenstheologie ausgebaut.[9] Das faktische Scheitern von Dominikus' Katharermission ist allerdings nicht reflektiert worden. Immerhin konnte er bereits 1207 eine Gruppe bekehrter Katharerinnen zu einer klösterlichen Gemeinschaft in Prouillhe zwischen Toulouse und Carcassonne sammeln. Diese wurde zum Stützpunkt für seine Mission in der näheren Umgebung.

(2) Als sich Dominikus im Laufe der folgenden Jahre schließlich einige wenige Gefährten anschlossen,[10] entstand in Prouillhe auch eine Predigergemeinschaft, die 1215 nach Toulouse übersiedelte und von dem dortigen Bischof Fulko mit der Predigt zur Rückgewinnung der Katharer in seiner Diözese beauftragt wurde[11]. Hier erkannte Dominikus bereits die Wichtigkeit vertieften Studiums und ging mit seinen ersten sechs Ordensbrüdern zu den Vorlesungen des Magisters Alexander Stavensby, Scholaster des Kapitels von St. Stephanus.[12] Bezeichnend für die Bedeutung, die Dominikus dem theologischen Wissen zumaß, ist es, dass er Unterstützung von Papst Honorius nicht nur für seine Ordensgründung suchte und erhielt,[13] sondern auch dafür, *magistri* und Scholaren der Pariser Universität zur Mitarbeit in der Katharerpredigt zu gewinnen.[14]

---

[9] U. Horst, *Evangelische Armut und Kirche* (QF N.F. 1), Berlin 1992; Idem, *Bischöfe und Ordensleute*, Berlin 1999; Idem, *Wege in die Nachfolge Christi (*QF N.F. 12), Berlin 2006.

[10] Nach Iordanus de Saxonia, *Libellus* §38 (s. Anm. 8), 44-45, zunächst zwei, nach Humbertus de Romanis, *Legenda S. Dominici*, in *Monumenta historica* 2 (s. Anm. 8), 355-433, hier 400 §40, waren es 1215 mit Dominikus sieben, nach dem *Libellus* 47 §44, im Jahre 1216 „ungefähr 16".

[11] *Monumenta diplomatica* (s. Anm. 8), nr. 63: 57.22-27: „.... nos Fulco, Dei gratia Tolosane sedis minister humilis, ad exstirpandam hereticam pravitatem et vitia expellenda et fidei regulam edocendam et homines sanis moribus imbuendos, instituimus predicatores in episcopatu nostro fratrem Dominicum et socios eius, qui in paupertate euangelica pedites religiose proposuerunt incedere et ueritatis euangelice uerbum predicare...."

[12] Humbertus de Romanis, *Legenda S. Dominici* §40, in *Monumenta historica* 2 (s. Anm. 8), 400; vgl. Vicaire, *Dominikus* 1 (s. Anm. 8), 229-30.

[13] *Monumenta diplomatica* (s. Anm. 8), nr. 79: 78.18-20, 79.28-31, 34-39, 45-47: „[Papst Honorius III. am 21. Januar 1217] Honorius... dilectis filiis priori et fratribus S. Romani predicatoribus in partis Tholosanis... caritatem vestram rogamus et hortamur attente, per apostolica vobis scripta mandantes, et in remissionem vobis peccaminum iniungentes, quatinus magis ac magis in Domino confortati evangelizare verbum Domini studeatis, oportune importune instantes et opus evangeliste laudabiliter adimplentes.... Nos quo-

Die Verkündigung des Glaubens, besonders Zweifelnden und Ungläubigen, die sich die junge Gemeinschaft als Aufgabe gestellt hatte, erforderte nicht nur gründliche Kenntnis der Glaubenslehre, sondern auch ihre rationale Begründung und Durchdringung. In diesem Sinn bildeten – und bilden auch heute noch – Glaube und Wissen, Seelsorge und Wissenschaft keinen Gegensatz, sondern eine notwendige Ergänzung. Der hl. Dominikus legte seinen Brüdern ans Herz: „... sie sollen bei Tag und bei Nacht, zuhause und unterwegs, immer etwas lesen oder meditieren und sich bemühen, auswendig zu lernen was sie können, damit sie zur rechten Zeit voll Eifer für die Predigt sind."[15] Auch in seinem späteren Selbstverständnis ist Predigt und Seelsorge das Grundanliegen des Ordens, auf das hin das Studium auszurichten ist. Als ein wichtiger Bereich wurde dabei die Verteidigung des katholischen Glaubens gegen Häresien gesehen.[16] Die Verstrickung in die Institutionen der Inquisition, für die der Orden der Predigerbrüder einen erheblichen Teil des Personals stellte, wurde dabei bis in die jüngste Zeit nicht problematisiert.

(3) Im Sommer 1217 zerstreute Dominikus die sich gerade erst konsolidierende Gemeinschaft in kleine Gruppen, die er nach Spanien, Bologna und Orleans sandte – die meisten (sieben) aber nach Paris,[17] „damit sie

que, intendentes vos tamquam speciales filios favorabiliter confovere, petimus ut pro nobis offeratis Domino vitulos labiorum, si forte quod nostris meritis non valemus vestris suffragiis assequamus."

[14] *Ibid.*, nr. 78: 77.16-20, 26-31, 39-42: „[Papst Honorius III. am 19. Januar 1217] Honorius... dilectis filiis magistris et scolaribus Parisius commorantibus.... Olim in partibus Tolosanis terra velut deserta et invia luxit et languit.... Nunc autem Dominus... per ministerium servorum suorum, qui fidei zelo succensi ad emundandam terram illam indefessa laborarunt videtur in deserto viam et in invio flumina posuisse... quia gentes regionis illius redire ad Dominum cupientes a viis suis pessimis convertuntur et profugatis hereticis vel correptis salutis monita concupiscerunt... universitatem vestram rogamus attentius et monemus per apostolica scripta, mandantes quatinus illius aliqui ex vobis accedant, qui causam Dei agentes ex animo, lectioni, predicationi et exhortationi vigilanter insistant...."

[15] *Constitutiones antique ordinis fratrum predicatorum* d.1 c.13, ed. A.H. THOMAS, in *De oudste constituties van de Dominicanen.* Voorgeschiedenis tekst, bronnen, ontstaan en ontwikkeling (1215-1237), met uitgave van de tekst, door A.H. THOMAS (Bibliothèque de la Revue d'histoire Ecclésiastique 42), Leuven 1965, 324.32-36.

[16] HUMBERTUS DE ROMANIS, *Expositio super constitutiones Fratrum Praedicatorum*, ed. J.J. BERTHIER, in *B. Humberti de Romanis Opera de vita regulari* 2, Roma 1889, 38 n. xii: „Fidei defensio fuit initium movens ad cogitandum de statuendo talem ordinem: sed cum statutus fuerit auctoritate Ecclesiae, amplificata fuit intentio, ut non solum statueretur ob fidei defensionem, sed generaliter ob praedicationem."

[17] IORDANUS DE SAXONIA, *Libellus* §47 (s. Anm. 8), 48: „Et invocato Sancto Spiritu convocatisque fratribus dixit [sc.: Dominicus] hoc esse sui cordis propositum, ut omnes eos,

[dort] studieren, predigen und eine Konventsgemeinschaft bilden sollten."[18] Hiermit wurde die universale Mission der Predigerbrüder und die Bedeutung des Studiums für sie grundgelegt. Zehn Jahre später waren die Predigerbrüder – oder Jakobiner, nach dem Jakobspilger-Hospital, in dem sie Aufnahme gefunden hatten[19] – aus dem geistigen Leben der Metropole des Abendlandes nicht mehr wegzudenken. Doch nicht nur im Zentrum beteiligten sie sich an den damals heftigen Auseinandersetzungen um die wissenschaftliche Weltsicht des griechischen Philosophen Aristoteles (für die Folgezeit der *Philosophus* schlechthin), die durch den Kontakt mit der damals überlegenen arabischen Philosophie das christliche Abendland verunsicherte und die auf die Autorität der Kirchenväter gestützte traditionelle Theologie in Frage stellte. Die Mendikantenorden, Franziskaner und Dominikaner, später auch Augustiner und Karmeliter, waren die ersten, die eine verbindliche Ausbildung ihrer Priester einführten und zu diesem Zweck eine länderübergreifende Studienorganisation aufbauten.

Die aufgrund der Bestimmungen des IV. Laterankonzils (1215)[20] von den Predigerbrüdern angenommene Augustinusregel erlangte im Orden keine konkrete Bedeutung als Gesetzgebung. Diese Funktion hatten vielmehr die (veränderbaren) Konstitutionen, die, 1216 nach dem Modell der Gebräuche der Prämonstratenser niedergelegt, 1221 ihre grundlegende Gestalt erhielten.[21] Neu sind darin Bestimmungen über das zur Vorberei-

licet paucos, per mundum transmitteret, nec iam ibi diutius insimul habitarent. Admirati sunt omnes tam subite dispositionis prolatam ab eo sententiam; sed quoniam animabat eos videns in ipso sanctitatis auctoritas, acquievere <acquieverunt> facilius ad bonum hec omnia fidem proventura sperantes." Dort wird auch (§46, 47), unter einem Traumgesicht, die zutreffende Prognose des hl. Dominikus zur Entwicklung der politischen und militärischen Lage geschildert, in der ein Verbleiben in Toulouse zum Ende der jungen Gemeinschaft geführt hätte: Dominikus träumte von einem Baum, in dem viele Vögel wohnten; plötzlich fiel der Baum um und die Vögel zerstreuten sich.

[18] *Acta canonizationis S. Dominici* §26, ed. WALZ, in *Monumenta historica* 2 (s. Anm. 8), 143-45: „[Zeugnis des Fr. Johannes Hispanus]... ipse frater Dominicus contra voluntatem comitis Montis fortis et archiepiscopi Narbonennsis et episcopi Tholosani et quorundam aliorum prelatorum misit hunc testem, quamvis invitum, Parisiis cum quinque fratribus clericis et uno converso, ut studerent et predicarent et conventum ibi facerent, et non timerent quia omnia eis prospera cederent."

[19] IORDANUS DE SAXONIA, *Libellus* §53 (s. Anm. 8), 50.

[20] Vgl. oben, Anm. 6.

[21] Kritische Ausgabe in *De oudste const.* (s. Anm. 15). Der dort edierte lat. Text mit Angabe, wann die jeweiligen Bestimmungen angenommen wurden. Das Werk ist Frucht umfangreicher Quellenstudien, jedoch schwierig zu benutzen: Es ist unbedingt genaue Beachtung der verschiedenen Drucktypen nötig, möglichst auch Lektüre der Einleitung – in Nie-

tung auf Predigt und Beichtehören nötige Studium.[22] Um es zu fördern, sollen die fleißigen Studenten Einzelzellen erhalten;[23] sie können dafür sogar von der Verpflichtung zur Teilnahme an gemeinsamen Gebeten befreit (dispensiert) werden.[24] In der Zeit ab etwa 1218-19 vergrößerte sich der Orden explosionsartig: Scharenweise traten v.a. in Paris und Bologna Studenten ein, neue Konvente wurden gegründet, besonders in größeren Städten, und jedes neue Kloster zog wieder neue Berufungen an.

Die Ordensprovinz *Teutonia* bestand nach der Ausgliederung der ost- und norddeutschen *Saxonia* 1303 aus vier regionalen Unterteilungen, *nationes* genannt.[25] Die *Alsatia* umfasste das Elsass, auch Baden und die deutschsprachige Schweiz. Ihre wichtigsten Konvente waren: Straßburg (1224 gegründet), Basel (1233), Zürich (ca. 1234), Konstanz (1235), Freiburg i. Br. (1236), Hagenau (vor 1274), Schlettstadt (1274), Colmar (1278), Chur in Graubünden (1280), Weißenburg im Elsass (um 1288), Gebweiler (um 1294) und Breisach (1319). Später kam noch Laufenburg im Aargau (1469) dazu. An Konventen in der Nähe des Rheins hatte die sich über Schwaben und Franken erstreckende *Suevia* Esslingen (1233), Wimpfen (1259 oder 1264), Pforzheim (um 1278) und Rottweil (vor

---

derländisch. Zum Verfahren der Satzungsmodifizierung mit 3 Lesungen G.K. GALBRAITH, *The Constitution of the Dominican Order 1216-1360* (Publications of the University of Manchester. Historical Series 44), Manchester 1925.

[22] *Constitutiones* d.2 cc.23, 28-31, ed. THOMAS (s. Anm. 15), 358.1-, 361.12-363.6. Zum Studium im Dominikanerorden allgemein M.M. MULCHAHEY, *'First the bow is bent in study'. Dominican Education before 1350* (Pontifical Institute of Medieval Studies. Studies and Texts 132), Toronto 1998. Dort ist englischsprachige Literatur angegeben, der deutsche Sprachbereich fehlt weitgehend.

[23] *Constitutiones* d.2 c.29, ed. THOMAS (s. Anm. 15), 362.13-16: „.... celle non omnibus studentibus, sed quibus magistro eorum expedire videbitur, assignentur. Quod si aliquis infructuosus inveniatur in studio, cella eius detur alteri, et ipse in aliis officiis occupetur."

[24] *Ibid.*, 362.2-3: „Circa eos qui student, taliter dispensetur a prelato, ne propter officium vel aliud de facili a studio retrahantur vel impediantur." *Constitutiones* prol., ed. THOMAS (s. Anm. 15), 311.12-19: „Ad hec tamen in conventu prelati dispensandi cum fratribus habent potestatem, cum sibi aliquando videbitur expedire, in hiis precipue, que studium vel predicationem vel animarum fructum videbitur impedire, cum ordo noster specialiter ob predicationem et animarum salutem ab initio noscatur institutus fuisse, et studium nostrum ad hoc principaliter ardenterque summo opere debeat intendere, ut proximorum animabus possimus utiles esse."

[25] P. VON LOË, *Statistisches über die Ordensprovinz Teutonia* (QF 1), Leipzig 1907, 5-6. Zu den Gründungsdaten der einzelnen Konvente, vgl. auch T. BERGER, *Die Bettelorden in der Erzdiözese Mainz und in den Diözesen Speyer und Worms im 13. Jahrhundert* (Quellen und Abhandlungen zur mittelrheinischen Kirchengeschichte 69), Mainz 1995, 69, 106, 141, 144, 154, 166, 170.

1288). Im 15. Jahrhundert wurden noch Dominikanerklöster in Lauffen (1465) und Stuttgart (1474) gegründet. Meist *Brabantia*, manchmal *Rhenus*, wurde die sich von Brabant bis zum Mittelrhein einschließlich erstreckende *natio* genannt. Mit Köln (1221), Trier (um 1224), Worms (1226), Löwen (1228), Koblenz (1228-1233), Frankfurt a. M. (1233), Antwerpen (1243), Mainz (um 1254), Speyer (vor 1254), Maastricht (1254), Luxemburg (1292) und Aachen (1292) hatte sie zahlreiche Konvente am Rhein oder in dessen Nähe; später kamen noch Marienheide (1429), und Brüssel (1465) hinzu. Die *Bavaria*, Bayern und Österreich, lag außerhalb der hier näher zu betrachtenden Lande am Rhein.

Die 1303 durch Abteilung von der *Teutonia* entstandene Ordensprovinz *Saxonia*, deren erster Provinzial Meister Eckhart war, erstreckte sich von den Niederlanden über Westfalen, Nord-, Mittel- und Ostdeutschland bis zum Baltikum.[26] Sie enthielt zwei *nationes*, die das Rheingebiet berührten: Die *Hollandia* mit u.a. Utrecht (1232), Zutphen (1288), Nijmegen (1296) und später Den Haag (1403), Rotterdam (1444), Kalkar (1455) und Zwolle (1468); und die *Guestphalia* mit u.a. Soest (1242), Wesel (1292) und Dortmund (1310).

Wie an der zurückgehenden Zahl von Konventsgründungen zu sehen ist, ließ dieses Wachstum in der zweiten Hälfte des 13. Jahrhunderts nach.[27] Im deutschsprachigen Bereich folgte gegen Ende des 13. Jahrhunderts eine weitere Gründungswelle,[28] wenn es auch Zeichen dafür gibt, dass der Elan des Anfangs nicht mehr da war, und Differenzen über die Ordensobservanz – die Praxis der Ordensgelübde und des gemeinsamen Lebens – zunahmen.[29]

Einen tiefen Einschnitt in der Geschichte Europas bedeutete die Große Pest 1348-1351, die auch vor den Klöstern nicht Halt machte: Die Augustiner hatten 5080 Tote zu beklagen, ihre sächsisch-thüringische Provinz allein 244;[30] für die Dominikaner haben wir keine genauen Zahlen, doch

---

[26] P. VON LOË, *Statistisches über die Ordensprovinz Saxonia* (QF 4), Leipzig 1910, 11-14.

[27] A. WALZ, *Compendium historiae Ordinis Praedicatorum*, Roma ^{2}1949, *passim*.

[28] P. VON LOË, *Teutonia* (s. Anm. 25), 7-9; IDEM, *Saxonia* (s. Anm. 26), 11-12.

[29] W. SENNER, „Heinrich Seuse und der Dominikanerorden“, in *Heinrich Seuses* Philosophia spiritualis, hrsg. v. R. BLUMRICH *et al.* (Wissensliteratur im Mittelalter 17), Wiesbaden 1994, 3-31, hier 13-17.

[30] A. KUNZELMANN, *Geschichte der deutschen Augustiner-Eremiten* 2, Würzburg 1971, 183.

auch bei ihnen war die Seuche ähnlich verheerend.[31] Bis um 1450 sollte sich die Bevölkerung - auch die der Ordenshäuser - davon nicht erholen.[32]

Als Papst Clemens V. nach seiner Wahl 1309 in Frankreich blieb, begann das avignonesische Exil des Papsttums, das von 1378 bis zum Konzil von Pisa 1409 in das Große Abendländische Schisma mündete. Die konkurrierenden Päpste versuchten jeweils möglichst viele – gerade auch Ordensleute – auf ihre Seite zu ziehen: Dazu gewährten sie reichlich Vergünstigungen, wie akademische Grade, ohne dass die dafür nötigen Studien gemacht worden waren. Dies war auch in der Folgezeit weit verbreitet: Das Generalkapitel der Karmeliter in Avignon 1450 beklagte „ungebildete und jenseits der Ordnung Graduierte, umherschweifende Lektoren und promovierte Esel".[33] Ein besonders gravierender Fall einer solchen (erkauften) Promotion im Dominikanerorden war Heinrich Institoris, der berüchtigte Verfasser des *Malleus maleficarum*.[34]

Zur Zeit der Großen Pest kam es in den Mendikantenorden zu einer ersten großen Krise an Berufungen.[35] Im Dominikanerorden, ähnlich wie in anderen, entstand Ende des 14. Jahrhunderts, von Katharina von Siena mitinitiiert, eine Observanzbewegung, die zur ursprünglichen Einfachheit und Strenge des Ordens zurück wollte. Am bekanntesten sind der Konvent in Fiesole bei Florenz, aus dem Frau Angelico hervorging, und dessen Tochtergründung S. Marco mit ihrem Volksprediger und Prior Girolamo Savonarola; in Deutschland war es Konrad von Preußen, der auf dem Generalkapitel in Wien 1398 sich nach biblischem Vorbild einen Strick um den Hals band (1 Könige 20.31b f.), sagte, er verdiene es wegen seiner zahlreichen Verfehlungen gegen Regeln und Konstitutionen aufgehängt zu werden, und es erreichte, dass in Colmar gegen den heftigen Widerstand einiger Alteingesessener ein erster Observanzkonvent eingerichtet werden konnte.[36] Später wurde im rheinischen Raum dann v.a. Basel ein

---

[31] WALZ, *Compendium* (s. Anm. 27), 55.

[32] S. ROWAN, „Urban Communities: the Rulers and the Ruled", in *Handbook of European history 1400-1600* 1, ed. T.A. BRADY *et al.*, Grand Rapids, MI 1994, 197-229, hier 197.

[33] „Ydiotae et extraordinarii bachalarii promoti, lectores extravagantes et asini lectorati." Zitiert nach MELCHIOR DE STE.-MARIE, „Carmel", in *DHGE* 11 (1949), 1070-1104, hier 1084.

[34] W. SENNER, „Institoris, Henricus", in *DHGE* 25 (1995), 1301-4.

[35] WALZ, *Compendium* (s. Anm. 27), 55-58.

[36] IOANNES MEYER, *Buch der Reformacio Predigerordens* IV c.3, ed. B.M. REICHERT, in IOHANNES MEYER, *Buch der Reformacio Predigerordens*: *IV und V Buch* (QF 3), hrsg. v.

wichtiges Zentrum der strengen Observanz, von dem aus Köln und die meisten anderen Konvente der *Teutonia* reformiert wurden. Die Observanzbewegung führte zu heftigen internen Konflikten, die aber den Dominikanerorden dank seiner flexiblen Satzungsstruktur im Unterschied zu anderen Mendikantenorden nicht spalteten. Sie zog jedoch auch viele ideal gesinnte neue Brüder an, wie sich an der aus der oben angeführten Konventsliste ersichtlichen weiteren Gründungswelle in der zweiten Hälfte des 15. Jahrhunderts zeigt. Eine weitere, noch einschneidendere Krise kam mit der Reformation im 16. Jahrhundert[37] – doch das gehört nicht mehr zu dem hier zu behandelnden Zeitraum.

II. Studienorganisation

Nachdem das 11. Jahrhundert die Blütezeit der Klosterschulen gewesen war, überflügelten in der folgenden Zeit die Domschulen und die der anderen Kirchen mit Kapitelskollegien die *scholae* der Abteien.[38] Beispielhaft ist das für die Bamberger Domschule nachgewiesen worden, die freilich bei Konzentration auf Grammatik und Rhetorik ein Defizit an Theologie aufwies.[39] Die Kölner Domschule war bereits im 11. Jahrhundert zu einer ersten – gerade auch philosophischen – Blüte gelangt,[40] doch bis zum Beginn des 13. zu Bedeutungslosigkeit herabgesunken.[41] Ein spezi-

---

B.M. REICHERT, Leipzig 1908, 8-9.

[37] K.-B. SPRINGER, *Die deutschen Dominikaner in der Reformationszeit* (QF N.F. 8), Berlin 1999. Dort ist Literatur angegeben.

[38] A. PILTZ, *Die gelehrte Welt des Mittelalters*, Koln 1982, 56-57.

[39] J. FRIED, „Die Bamberger Domschule und die Rezeption von Frühscholastik und Rechtswissenschaft in ihrem Umkreis bis zum Ende der Stauferzeit", in *Schulen und Studium im sozialen Wandel des hohen und späten Mittelalters*, hrsg. v. J. FRIED (Vorträge und Forschungen 7), Sigmaringen 1986, 163-201, hier 200-1. Fried setzte methodisch bei dem rekonstruierten Bibliotheksbestand an.

[40] G. FRENKEN, „Die Kölner Domschule im Mittelalter", in *Der Dom zu Köln: Festschrift zur Feier der 50. Wiederkehr des Tages seiner Vollendung am 15. Oktober 1880*, hrsg. v. E. KUPHAL, Köln 1930, 235-56, hier 243-47.

[41] IDEM, *Ibid.*, 252. Eine Analyse anhand des großartigen Ausstellungskatalogs *Glaube und Wissen im Mittelalter: die Kölner Dombibliothek*, bearb. v. J.M. PLOTZEK und U. SURMANN, München 1998, bestätigt diese Feststellung. Entsprechend der Methode J. FRIEDS (s. Anm. 39) lässt sich als bis zum 9. Jh. einschließlich entstanden bereits 31,5% des heutigen Handschriftenbestands der Dombibliothek feststellen, bis zum Ende des 12. Jh. 73,7%, während neben den Kirchenvätern (30,8%) auch die Theologie der Frühscholastik (6,5%), Philosophie (6,2%) und Grammatik (4,3%) vertreten sind, sind die Werke der Hochscholastik selten (3,3%), die Spätscholastik fehlt ganz.

fisch französisches Phänomen war es, dass – insbesondere in Paris und der Île de France – seit dem ausgehenden 11. Jahrhundert an kein lokales Kloster oder Kapitel gebundene Lehrer an wechselnden Orten ihren Unterricht anboten und Schüler um sich versammelten – berühmtestes Beispiel dafür ist Petrus Abelardus.[42] Aus dem Zusammenschluss dieser *magistri* und *scholares* zu einer Körperschaft mit gemeinsamen Statuten entstand so die Universität Paris.[43] Bereits im ausgehenden 12. Jahrhundert gehörte es zu einem guten deutschen Bischof,[44] wie auch zu einem führenden päpstlichen Kurialen,[45] dass er nicht nur eine heimische, sondern auch eine der führenden französischen Schulen besucht hatte. Das Studium in Deutschland war dagegen zurückgefallen, da die Kathedralschulen, deren Wichtigkeit noch 1215 das IV. Laterankonzil unterstrichen hatte,[46] zu Stätten dürftigen Elementarunterrichts herabgesunken waren, nachdem das Amt des Domscholasters, als Teil des Domkapitels aus dem Hochadel zu besetzen, mehr diplomatischen Aufgaben diente[47] oder gar zur Sinekure geworden war, während der Unterricht – ähnlich wie die Pastoral – meist mehr schlecht als recht von nicht eigens qualifizierten Vertretern abgehalten wurde.[48]

---

[42] P. CLASSEN, *Studium und Gesellschaft im Mittelalter* (Schriften der MGH 29), Stuttgart 1983, 2-4.

[43] Immer noch grundlegend H.S. DENIFLE, *Die Entstehung der Universitäten des Mittelalters*, Berlin 1885, 40-82; J. VERGER, „A propos de la naissance de l'université de Paris", in *Schulen und Studium* (s. Anm. 39), 69-96.

[44] J. EHLERS, „Deutsche Scholaren in Frankreich während des zwölften Jahrhunderts", in *Schulen und Studium* (s. Anm. 39), 97-120, hier 119.

[45] CLASSEN, *Studium* (s. Anm. 42), 127-69; J. MIETHKE, „Die Kirche und die Universitäten im dreizehnten Jahrhundert", in *Schulen und Studium* (s. Anm. 39), 285-320.

[46] *COD³*, 240.6-27 (*Constitutio De magistris scholasticis*). Wohl auch im Blick auf die deutsche Praxis wird dort betont, dass der lehrende Theologe nicht unbedingt Kanoniker (der Kathedralkirche) zu sein braucht, wenngleich er eine aukömmliche materielle Versorgung (*praebenda*) erhalten soll; s. *COD³*, 240.21-24.

[47] Ein gutes Beispiel hierfür ist der 1201 als Kölner Domscholaster nachgewiesene Magister Oliver, nachmaliger (1225) Bischof von Paderborn und Kurienkardinal; vgl. CLASSEN, *Studium* (s. Anm. 42), 164-65.

[48] L. STURLESE, *Die deutsche Philosophie im Mittelalter: von Bonifatius bis zu Albert dem Großen*, München 1993, 183-90 spricht sogar vom „Untergang der Domschulen", sieht jedoch die Gründe dafür nicht in der mangelnden Gewinnung und Qualifikation der Lehrenden, sondern in der konservativen Ausrichtung und dem Fehlen besonderer intellektueller Herausforderungen nach dem Ende des Investiturstreits (bes. 188) – was richtig, aber m.E. eher Symptom als Ursache des Niedergangs ist. Auf die Vernachlässigung der

II.1. Scholastisches Studium

Mit dem Reifen einer neuen städtischen Kultur kam auch eine neue Art auf, Wissenschaft zu treiben. Der Unterschied zwischen monastischer und scholastischer Theologie entstand und vertiefte sich.[49] Die letztere wird nicht mehr in der *collatio*, dem geistlichen Vortrag des Abtes im Kloster vorgetragen, sondern in der *lectio* des Magisters in der Schule.[50] Nicht mehr die einem jeweiligen Anlass im Leben der Klostergemeinschaft – besonders in der Liturgie – entsprechenden Bibelstellen sind ihr Gegenstand, sondern zunächst die *glossa*, die Erklärung schwieriger Textstellen (später als Einführungsvorlesung dem *baccalaureus biblicus*, auch *cursor* genannt, überlassen), sodann der Kommentar (*commentarium*),[51] die Erläuterung eines ganzen biblischen Buches. Neben diese Hauptaufgabe des Magisters trat ein systematischer Überblick über die Theologie, für den sich bereits in der Frühscholastik die Literaturgattung der *Summa* herausbildete.[52]

An der maßgebenden Universität Paris setzte sich aber eine andere Form durch: Die *Vier Bücher der Sentenzen* des Petrus Lombardus (ca.

Lehraufgaben durch viele Dom- und Kapitelscholaster wies bereits DENIFLE, *Entstehung* (s. Anm. 43), 387, Anm. 700 hin.

[49] M.D. CHENU, *La théologie au douzième siècle*, Paris ²1966, 343-50. Chenu weist (348-) darauf hin, dass es sich hier mehr um einen methodischen als inhaltlichen Gegensatz handelt. *Geschichte* 5 (s. Anm. 3), 457-64.

[50] J. EHLERS, „Monastische Theologie, historischer Sinn und Dialektik“, in Antiqui *und* moderni, hrsg. v. A. ZIMMERMANN (Miscellanea Mediaevalia 9), Berlin 1974, 58-79, hier 64-. Dass auch im Dominikanerorden die *collatio* einen wichtigen Platz in der geistlichen Bildung hatte, zeigt schon das Beispiel Meister Eckharts; vgl. W. SENNER, „Meister Eckharts ‚Rede der unterscheidunge‘ als Dokument dominikanischer Spiritualität“, in *Meister Eckhart in Erfurt*, hrsg. v. A. SPEER und L. WEGENER (Miscellanea Mediaevalia 32), Berlin-New York 2005, 109-21. Auf den neuen Gelehrtentyp, der durch diesen Wandel bedingt wurde und ihn vorantrieb wies bereits C.L. LOHR, „Die mittelalterliche Aristotelesdeutung in ihrem gesellschaftlichen Kontext“, in *Theologie und Philosophie* 51 (1976), 481-95, hier 483.

[51] Hierzu, wie überhaupt zu Curriculum und Technik des Unterrichts P. GLORIEUX, „L'enseignement au moyen âge. Techniques et méthodes en usage à la Faculté de théologie de Paris au 13e siècle“, in *AHDLMA* 35 (1968), 65-186. Die Bibelkommentare wurden nach der in ihnen häufigen Wendung *post illa verba* („nach diesen Worten“) auch *postilla* genannt.

[52] M. GRABMANN, *Die Geschichte der scholastischen Methode* 1, Freiburg i.Br. 1909, 215-24; IDEM, *Die Geschichte der scholastischen Methode* 2, Freiburg i.Br. 1911, 111-27; E. GÖSSMANN, „*Antiqui* und *Moderni* im 12. Jahrhundert“, in Antiqui *und* moderni (s. Anm. 50), 40-57, hier bes. 47-48, 55-57.

1100-1160), eine Zusammenstellung von Aussagen (*sententiae*) der Kirchenväter, besonders Augustinus', wurden zu *dem* Lehrbuch, dessen Kommentierung in einer zweijährigen Vorlesungsreihe die entscheidende Qualifizierungsleistung des *baccalaureus formatus* (auch *sententiarius* genannt) darstellte.[53] Aus dem zur Überlieferung der Kirchenväter bereits nötigen Bemühen um die Lösung von Widersprüchen, die in deren Schriften anzutreffen sind,[54] und verstärkt aus dem Bemühen um Integration – oder auch Zurückweisung – der griechisch-arabischen Philosophie, ergaben sich *quaestiones*, Fragen, die nach Abwägung der *argumenta* für und wider zu lösen waren. Die Beantwortung solcher Fragen, die sich aus den klassischen Texten (*quaestiones ordinariae*) oder auch aus der aktuellen Diskussion und den vielfältigen Problemen der Praxis (*quaestiones de quodlibet*) ergaben, wurde zum Gegenstand desjenigen akademischen Akts, der der Scholastik ihre eigene Prägung geben sollte, der *disputatio*.[55] Alle Mitglieder des *studium* waren gehalten, an ihr teilzunehmen und konnten ihre Argumente vorbringen. Der *baccalaureus formatus* gab eine vorläufige Antwort (*responsum*), der Magister arbeitete die definitive Lösung aus (*determinatio*), der er schließlich mitsamt den Argumenten eine schriftliche Form gab. Diese Disputationen wurden als schwierigste und höchste akademische Akte in feierlicher Form begangen und von daher wurde schließlich ein voll ausgeprägtes scholastisches *studium*, an dem nicht nur gelesen wurde, *studium sollemne* genannt.

II.2. Studien im Dominikanerorden

Bereits in den ältesten Konstitutionen der Dominikaner war festgelegt worden, dass ein Kloster ohne einen *doctor* überhaupt nicht erst gegründet werden durfte.[56] Jeder Konvent wurde somit zu einer Schule, und die Brüder sollten dort so lange studieren, bis sie zum Predigen geeignet befunden wurden[57] – ein gewaltiger Fortschritt zu einer Zeit, da es keine

[53] GLORIEUX, „L'enseignement" (s. Anm. 51), 111-12.

[54] GRABMANN, *Geschichte* 1 (s. Anm. 52), 215-24, und *Geschichte* 2 (s. Anm. 52), 111-27; GÖSSMANN, *„Antiqui"* (s. Anm. 52), 40-57, hier bes. 47-48, 55-57.

[55] B.C. BAZÁN *et al.*, *Les questions disputées et les questions quodlibetiques dans les facultès de théologie, de droit et de médicine* (Typologie des sources du moyen âge occidental 44-45), Turnhout 1985.

[56] *Constitutiones* d.2 c.23, ed. THOMAS (s. Anm. 15), 358.1-2.

[57] *Constitutiones* d.2 c.20, ed. THOMAS (s. Anm. 15), 356.12-15.

näher geregelte, gar verbindliche Priesterausbildung gab und gerade der Seelsorgeklerus oft nur über ein gänzlich unzureichendes theologisches Wissen verfügte.[58] Diese Bildung sollte aber nicht nur den Ordensangehörigen vorbehalten sein: Bereits 1221 lud Bischof Konrad von Scharfeneck die Dominikaner zu einer Gründung in seiner Bischofsstadt Metz ein und bat sie, dort nicht nur dem Volk zu predigen, sondern auch Vorlesungen für den Klerus zu halten, so wie es nach seinen Worten bereits in Rom und andernorts der Fall war.[59] Für diejenigen Mitbrüder, die solche Vorlesungen halten sollten, wurde eine besondere Qualifikation verlangt: „Keiner soll öffentlicher Lehrer werden, ohne dass er mindestens vier Jahre Theologie studiert hat.“[60]

Zu dieser Ausbildung der Ausbilder diente das Studium in Paris. Jede Ordensprovinz konnte drei Studenten zur Graduierung dorthin schicken. Doch mit dem raschen Anwachsen des Ordens stand die Kapazität des Pariser Studienzentrums in keinem Verhältnis mehr zum Bedarf an qualifizierten Lehrkräften. Der Mangel war zur Jahrhundertmitte bereits so stark geworden, dass das Generalkapitel von 1245 anordnete, diejenigen Prioren von Konventen, die zum Dozieren geeignet seien, sollten auf den jeweiligen nächsten Provinzkapiteln von ihrem Amt abgelöst werden und dürften keine Leitungsaufgaben mehr erhalten, damit sie dem Unterricht zur Verfügung stehen.[61] Auch diese dramatische Maßnahme konnte jedoch keine dauernde Abhilfe schaffen, und so wurde auf dem Generalkapitel von 1246 die Einrichtung ordenseigener *studia generalia* in den großen Ordensprovinzen vorgeschlagen.[62] Diese Konstitutionenänderung wurde im darauffolgenden Jahr bestätigt[63] und 1248 endgültig angenommen[64]. Damit waren die Generalstudien von Montpellier (*Provincia Pro-*

[58] L.E. BOYLE, „Notes on the Education of the *fratres communes* in the Dominican Order in the 13th Century“, in *Xenia medii aevi historiam illustrantia oblata Thomae Kaeppeli* 1, ed. R. CREYTENS (Storia e Letteratura 141), Roma 1978, 249-67.

[59] *Monumenta diplomatica* (s. Anm 8), nr. 157: 157-58, hier 158.20-28; W.A. HINNEBUSCH, *The History of the Dominican Order* 2, New York 1966, 11-14.

[60] *Constitutiones* d.2 c.30, ed. THOMAS (s. Anm. 15), 363.2-2.

[61] *ACGOP* 1, 32.19-20.

[62] *ACGOP* 1, 34.34-35.3: „In constitutione ubi dicitur, tres fratres mittantur Parisius ad studium, addatur: IIIIor autem provincie, scilicet Provincia, Lombardia, Theotonia, Anglia, provideant ut semper in aliquo conventu magis ydoneo sit generale studium et sollempne. Et ad illum locum quilibet prior provincialis potestatem habeat mittendi duos fratres ad studium.“

[63] *ACGOP* 1, 38.22-27.

[64] *ACGOP* 1, 41.13-18.

vinciae), Bologna (*Lombardia*) und Köln (*Teutonia*) entstanden, denn dem Beschluss folgte bald die Durchführung.

Der Begriff ‚*studium generale*' ist im Mittelalter seit der ersten Hälfte des 13. Jahrhunderts auch die gängige Bezeichnung für die Universitäten gewesen.[65] Wie bereits Heinrich Suso Denifle nachgewiesen hat, ist damit nicht unbedingt eine Lehrinstitution gemeint, die alle Fakultäten umfasst (*artes*, Theologie, römisches und kirchliches Recht, Medizin),[66] sondern eine Schule, die allen, ohne Unterschied ihrer Nationalität, offen steht[67] und die – nach dem Vorbild von Paris und Bologna – mit bestimmten Privilegien ausgestattet ist.[68] Das Wichtigste dabei ist, dass mit dem an einem *studium generale* erworbenen akademischen Grad, der *licentia docendi*, auch die Lehrbefähigung für alle anderen Schulen an jedem Ort der Christenheit verbunden war.[69] Eine *licentia docendi* in diesem Sinn haben die dominikanischen Generalstudien nicht verliehen – außer wenn sie, wie in Paris und Oxford und später in Montpellier[70] und Köln, einer Universität inkorporiert waren. Da sie aber Studienhäuser „für alle", d.h. hier für Studenten aus allen Provinzen des Ordens, waren, kann man sie in abgeleitetem Sinn durchaus als *studia generalia* bezeichnen.

Eine solche Art *studia* waren die dominikanischen Generalstudien. Auf diese Weise wurde eine solide Ausbildung der Lektoren sichergestellt und damit der Übergang zur scholastischen Studienweise auch für die theologische Grundbildung aller Ordenspriester ermöglicht – ein gewaltiger Vorsprung der Mendikanten gegenüber der Masse der Weltkleriker. Auf dem 1259 in Valenciennes abgehaltenen Generalkapitel wurde eine Kommission zur Erarbeitung einer Studienordnung eingesetzt.[71] Sie bestand aus Albertus Magnus, Bonushomo Brito (ca. 1253-1255 Magister in Paris, † nach 1269), Florentius de Hisdino (1255-1257 Magister in Paris), Petrus de Tarentasia (Magister in Paris 1258-1260, später Papst Innozens V.) und Thomas von Aquin, den angesehensten Gelehrten des Ordens zu

[65] DENIFLE, *Entstehung* (s. Anm. 43), 2-4. Näherhin zur Entstehung und Entwicklung der dominikanischen Generalstudien W. SENNER, „Gli *studia generalia* nell'ordine dei Predicatori nel duecento", in *Archivum Franciscanum Historicum* 98 (2005), 175-99.

[66] DENIFLE, *Entstehung* (s. Anm. 43), 18-19.

[67] IDEM, *Ibid.*, 14, 21. Zur Diskussion von Denifles Darstellung, die sich – wenn auch polemisch überspitzt – als zutreffend erwiesen hat, s. CLASSEN, *Studium* (s. Anm. 42), 1-2.

[68] DENIFLE, *Entstehung* (s. Anm. 43), 19-20.

[69] IDEM, *Ibid.*, 21-22.

[70] IDEM, *Ibid.*, 348-49.

[71] WALZ, *Compendium* (s. Anm. 27), 211.

jener Zeit. Den von diesem Gremium erarbeiteten Text billigte das Kapitel und setzte ihn als Anordnung in Kraft.[72] Er enthält vornehmlich Anweisungen und Ermahnungen an die Adresse der Oberen, die das Studium nach Kräften fördern, der Lektoren, die gewissenhaft ihre Vorlesungen halten und sich auch an denjenigen Disputationen, die sie nicht selbst abhalten, beteiligen, und der Studenten, die sich ganz ihrem Studium widmen sollten. Doch nicht nur die Studenten im eigentlichen Sinn waren gehalten, an den Vorlesungen und Disputationen teilzunehmen, sondern alle Mitbrüder – der Prior nicht ausgenommen. Die Zeit, in der diese stattfanden, war deshalb möglichst von anderen Beschäftigungen freizuhalten. Damit war ein erster Schritt zur Konzentration auch des Grundstudiums getan. Dort, wo die Studenten aus mehreren Klöstern zusammenkamen, konnte leichter eine Infrastruktur aufgebaut werden. Ein Bakkalaureus, der dem Lektor assistiert, soll in den Studienzentren nicht fehlen. Auch ein Repetitor wird vorgesehen, nach Möglichkeit sollen wöchentlich Repetitionen stattfinden.

Aufgrund dieser Anordnungen wurde in der zweiten Hälfte des 13. Jahrhunderts ein differenziertes System einzelner Studienhäuser geschaffen, die jeweils für ein bestimmtes Gebiet einen Abschnitt des Studiengangs übernahmen.[73] Diese Schulen waren nicht fest in einem Kloster lokalisiert, sondern wechselten gegebenenfalls nach Verfügung der Provinzkapitel von einem zum anderen – hauptsächlich um die mit dem Unterhalt der Lehrkräfte und Studenten verbundenen Lasten auf mehrere Konvente zu verteilen.[74]

II.3. Das *curriculum*

Vor dem eigentlichen Studium stand für den als geeignet befundenen, nach positiver Abstimmung des Konventskapitels eingekleideten[75] angehenden Dominikaner das Noviziat, eine mindestens sechsmonatige – ab 1254 in der Regel einjährige – Probezeit unter der Obhut des Novizenmeisters zur Einführung in das Ordensleben und den Chorgesang.[76] Nach

---

[72] *ACGOP* 1, 99-100.

[73] HINNEBUSCH, *History* 2 (s. Anm. 59), 19-20.

[74] IDEM, *Ibid.*, 19-20. Vgl. auch I.W. FRANK, „Zur Studienorganisation der Dominikanerprovinz Teutonia in der ersten Hälfte des 14. Jahrhunderts und zum Studiengang des Seligen Heinrich Seuse OP“, in *Heinrich Seuse: Studien zum 600. Todestag*, hrsg. v. E. FILTHAUT, Köln 1966, 39-70, hier 54.

[75] *Constitutiones* d.1 c.14, ed. THOMAS (s. Anm. 15), 324-25; dazu *Ibid.*, 167-69.

[76] *Constitutiones* d.1 c.15, ed. THOMAS (s. Anm. 15), 325-26. Anfangs, bis 1232, konn-

deren Ablauf wurde der Novize bei guter Bewährung auf seine Bitte zur Profess zugelassen, durch die er sich definitiv an den Orden band – und der Orden an ihn.[77] Das ab etwa 1232 in den Konstitutionen festgelegte Mindesteintrittsalter von achtzehn Jahren[78] wurde nicht lange eingehalten: Das Generalkapitel von 1265 forderte ein Mindestalter von fünfzehn Jahren, der jeweilige Provinzial sollte aber in Ausnahmefällen die Aufnahme noch jüngerer Kandidaten erlauben können.[79] In der Folge wurde es nötig, den Elementarunterricht der sehr jungen *fratres* zu vervollständigen. Die Generalkapitel von 1295 und 1311 setzten fest, dass diese vor dem eigentlichen Studienbeginn zwei Jahre damit verbringen sollten.[80]

Die einzige Erwähnung von Philosophie im Neuen Testament ist eine Warnung: „Gebt acht, dass euch niemand mit seiner Philosophie und falschen Lehre verführt, die sich nur auf menschliche Überlieferung stützen und sich auf die Elementarmächte der Welt, nicht auf Christus berufen" (Kol. 2.8). Dementsprechend lässt Johannes Cassianus die Begründer des Mönchtums, die ägyptischen Wüstenväter, mit äußerstem Misstrauen zu Wort kommen: „Wenn uns eine Lehre verkündet wird, dann lasst uns mit größter Sorgfalt prüfen, ob sie göttlich und durch den himmlischen Heiligen Geist gereinigt ist, ob sie zum jüdischen Aberglauben gehört, oder ob sie vom bösartigen Geschwür der weltlichen Philosophie stammend, nur oberflächlich fromm erscheint."[81] Selbst der hoch gebildete hl. Hilarius warf Häretiker und Philosophen in einen Topf: „Ecclesiastici rustici sunt et simplices, omnes vero haeretici Aristotelici et Platonici."[82] An diesen

ten ältere und gereifte Bewerber auch gleich um die Profess bitten (325.3-6); dazu *Ibid.*, 170-171.

[77] Die Rechtsfolgen der Profess galten als so selbstverständlich, dass sie in den *Constitutiones* d.1 c.16, ed. THOMAS (s. Anm. 15), 326-27, nicht eigens erwähnt werden, sondern nur der Professritus beschrieben wird. Auch HUMBERTUS DE ROMANIS, *Expositio super const.*, ed. BERTHIER (s. Anm. 16) enthält nichts dazu.

[78] *Constitutiones* d.1 c.14, ed. THOMAS (s. Anm. 15), 325.23; dazu *Ibid.*, 290, Anm. 241.

[79] *ACGOP* 1, 129.19-20.

[80] *ACGOP* 1, 12.29-32 (1295); *ACGOP* 2, 52.1-5 (1311).

[81] IOANNES CASSIANUS, *Collationes patrum* I.20 (Sources chrétiennes 42), Paris 1955, 102.

[82] HIERONYMUS STRIDONENSIS, *Tractatus de Psalmo* 77, ed. D.G. MORIN, in *Sancti Hieronymi Presbyteri tractatvs sive homiliae in Psalmos, in Marci evangelium aliaque varia argumenta* (Anecdota Maredsolana 3.2), Maredsous-Oxford 1897, 63.5. Zur Geschichte dieses Topos H. HAGENDAHL, „*Piscatorie et non Aristotelice*: zu einem Schlagwort bei den Kirchenvätern", in B. KARLGREN, *Septentrionalia et orentalia: Studia Bernhardo Larlgren dedicata* (Kunglik Vitterhets och Antikvitets Akademiens handligar 91), Stockholm 1959, 184-93; M. BAMBECK, „Fischer und Bauern gegen Philosophen und sonstige Großkopfe-

Topos knüpfte Gerardus de Fracheto in seinen nach dem Modell der *Vitae patrum* der Wüstenväter angelegten *Vitae fratrum* an, indem er von einem englischen Dominikaner berichtet, dieser träumte, Christus überreiche ihm eine ganz beschmutzte Bibel mit der Erklärung: „Ihr habt sie mit euren Philosophen so befleckt“, und weiter davon, dass andere fürchteten, im jüngsten Gericht wegen ihrer philosophischen Studien angeklagt zu werden.[83]

Doch nicht nur diese traditionelle negative Einschätzung hat zu dem Verbot der Lektüre heidnischer Philosophen und säkularer Studien in den Ordenskonstitutionen der Dominikaner geführt:

> In libris gentilium et philosophorum non studeant, etsi ad horam inspiciant. Seculares scientias non addiscant nec etiam artes, quas liberales vocant, nisi aliquando circa aliquos magister ordinis vel capitulum generale voluerit aliter dispensare, sed tantum libros theologicos tam iuvenes quam alii legant.[84]

Bereits das Partikularkonzil der Bischöfe der Pariser Kirchenprovinz hatte unter dem Vorsitz des päpstlichen Legaten Robert de Courçon 1213 allen in der Pfarrseelsorge tätigen Priestern (*habenti curam parochialem*) aus Sorge um das Seelenheil der ihnen Anvertrauten und auch dem Regularklerus (Ordensleuten und Regularkanonikern) Studien in den weltlichen Wissenschaften untersagt.[85] Unter Berufung auf diese Verfügung wurde das Verbot für den Regularklerus 1219 von Papst Honorius III. nachdrücklich wiederholt.[86] Die Predigerbrüder waren als Ordensleute und Seelsorger in doppelter Hinsicht betroffen und konnten es sich schwerlich leisten, das bischöfliche und päpstliche Verbot zu ignorieren.

In den Schriften des Humbertus de Romanis (Ordensmeister 1254-1263) über das dominikanische Ordensleben, die bald einen offiziösen

---

ten: ein christlicher Topos in Antike und Mittelalter“, in *Mittellateinisches Jahrbuch* 18 (1983), 29-50.

[83] GERARDUS DE FRACHETO, *Vitae fratrum Ordinis Praedicatorum necnon chronica ordinis ab anno MCCIII usque ad MMMLIV* p.4 c.20, ed. B.M. REICHERT (MOPH 1), Roma 1896, 208.

[84] *Constitutiones* d.2 c.28, ed. THOMAS (s. Anm. 15), 361.7-11. G. MEERSSEMAN, „*In libris gentilium non studeant*“, in *Italia medioevale e umanistico* 1 (1958), 1-13, hier 11, interpretiert das als Verbot lediglich vertiefender Spezialisierung. Dazu W. SENNER, *Johannes von Sterngassen OP und sein Sentenzenkommentar* 1 (QF N.F. 4-5), Berlin 1995, 108-9.

[85] *CUP* 1, nr. 19: 77-78.

[86] *CUP* 1, nr. 32: 90-93, hier 91-92.

Status erhielten, ist diese negative Haltung einer den Nutzen für die seelsorgliche Arbeit vorsichtig abschätzenden gewichen: „Bei den Philosophen finden sich viele Irrtümer und viel Wahres, wie in der Schlange Gift und Gegengift. Und wie das Gegengift das Wirksamste gegen das Gift ist, so auch das Wahre bei jenen.“[87] Wie ein Garten nützliche und schädliche Kräuter, so enthalten die Werke der Philosophen Gutes und Schlechtes. Wer zwischen beidem nicht unterscheiden kann, sollte sich deshalb mit ihnen nicht befassen.[88] Denjenigen, die zwar etwas, aber nicht viel Eignung haben, darin Fortschritte zu machen, soll diese Beschäftigung in Maßen und selten (*raro et cum discretione*) zugestanden werden; denen aber, von denen viel zu erhoffen ist – für die Theologie – („ex quorum aptitudine magna ad ista speratur magnus profectus et fructus circa Divinam Scripturam“), sollen keine Beschränkungen auferlegt werden.[89]

Diese hilfswissenschaftliche Schätzung der Philosophie als *ancilla theologiae* fand sich bereits in der theologischen *Summa* des Roland von Cremona,[90] des ersten Pariser theologischen Magisters (1229) aus dem Dominikanerorden:

> .... solent ergo decipere heretici et demones fideles in scripturis sophisticis argumentis. Scriptura autem sacra non dignatur descendere ad solutionem illarum inuolutionum... mittat unam de ancillis suis, logicam, in suo strepitu et ueritate ab infestinatione domine sue fugat inimicos.[91]

Das klingt wie ein Widerhall des Briefes *Ab Egyptiis argentea vasa et aurea* Papst Gregors IX. an die *magistri* der Theologie in Paris vom 7. Juli 1228, in dem ausgeführt wird:

> .... Et quidem theologicus intellectus quasi vir habet preesse cuilibet facultati, et quasi spiritus in carnem dominium exercere, ac eam in viam dirigere rectitudinis ne aberret... ipsi doctrinis variis et peregrinis abducti redigunt caput in caudam et ancille cogunt famulari reginam, videlicet documentis terrenis celeste, quod est gratie tribuendo nature.[92]

---

[87] HUMBERTUS DE ROMANIS, *Expositio regulae beati Augustini* IV, ed. J.J. BERTHIER, in *B. Humberti de Romanis Opera de vita regulari* 1, Roma 1888, 436 §144.

[88] IDEM, *Ibid.* §144, 438-39.

[89] IDEM, *Ibid.* §144, 435.

[90] *SOPMA* 3, nr. 3551: 331, unter dem Titel *Quaestiones in libros Sent[entiarum]*.

[91] ROLANDUS CREMONENSIS, *Summa* I prol. q.2 a.2 (Paris, Bibliothèque Mazarine, Ms. 795, f. 1vb30-33).

[92] *CUP* 1, nr. 59: 114-16. Zum Hintergrund dieses Schreibens vgl. F. VAN STEEN-

Dennoch zitiert Roland in seiner *Summa* den *philosophus* Aristoteles häufiger als seine Zeitgenossen Guilelmus de Alvernia, Philippus Cancellarius und Hugo de Sancto Caro;[93] allerdings ist über eine eklektische Benutzung neoplatonischer und aristotelischer Elemente hinaus kein Interesse an einer systematischen philosophischen Synthese festgestellt worden.[94]

Erst Albertus Magnus sollte der Philosophie unter ihrem eigenen Recht im Dominikanerorden zum Durchbruch verhelfen. In seinem Kommentar zum siebten Brief des Pseudo-Dionysius Areopagita, der polemisch gegen solche gerichtet ist, die meinen, die natürliche Vernunft genüge zur Erkenntnis der göttlichen Wahrheit, betont der *doctor universalis*, es sei vordringlicher, die eine Wahrheit zu erkennen, durch die die verschiedenen Irrtümer offenbar werden, als jene zu bekämpfen.[95] Schließlich liege, wie bereits Aristoteles vermerkte, der Grund für Irrtum bei den Philosophen darin, dass sie nicht so sehr die Wahrheit suchten, als sich gegenseitig zu widersprechen trachteten.[96] Als Kriterium für Wissenschaft gilt – wiederum unter Berufung auf den *Philosophus* – eine Verallgemeinerbarkeit durch die auf die Vernunftprinzipien gegründete, logisch zwingende Kraft von Beweisen.[97] Für die – hier als Bibelauslegung gefasste – Theologie gilt jedoch, dass ihre Wahrheit über den Prinzipien der Vernunft steht und nur durch göttliche Erleuchtung erkannt werden kann.[98] Dementsprechend räumt Albertus Magnus der Metaphysik, nicht der Theologie, Prinzipienkompetenz für die anderen Wissenschaften ein.[99]

BERGHEN, *La philosophie au XIIIe siècle*, Louvain[2] 1991, 93.

[93] Übersicht mit Vergleichszahlen in E. FILTHAUT, *Roland von Cremona OP und die Anfänge der Scholastik im Predigerorden*, Vechta i.O. 1936, 60-66.

[94] IDEM, *Ibid.*, 93, 119-20.

[95] ALBERTUS MAGNUS, *Super Dionysii epistulas* 7, ed. P. SIMON, in *Alberti Magni Opera omnia* 37.2, Münster i.W., 502.27-30. Zur eingehenderen Interpretation dieses Textes siehe W. SENNER, „Albertus Magnus als Gründungsregens des Kölner *Studium generale* der Dominikaner", in *Geistesleben im 13. Jahrhundert*, hrsg. v. J.A. AERTSEN und A. SPEER (Miscellanea mediaevalia 27), Berlin 2000, 149-69, hier 166-67.

[96] ALBERTUS MAGNUS, *Super Dion. ep.* 7, ed. SIMON (s. Anm. 95), 502.38-41; vgl. ARISTOTELES, *De caelo et mundo* II.9 (291a 7-28).

[97] ALBERTUS MAGNUS, *Super Dion. ep.* 7, ed. SIMON (s. Anm. 95), 502.77-83; vgl. ARISTOTELES, *Metaphysica* V.5 (1015b 6-15).

[98] ALBERTUS MAGNUS, *Super Dion. ep.* 7, ed. SIMON (s. Anm. 95), 502.81-503.1. Zu Alberts Trennung zwischen Philosophie und Theologie vgl. M. BURGER, „Das Verhältnis von Philosophie und Theologie in den Dionysius-Kommentaren Alberts des Großen", in *Was ist Philosophie im Mittelalter?*, hrsg. v. J.A. AERTSEN und A. SPEER (Miscellanea mediaevalia 26), Berlin 1998, 579-86.

[99] ALBERTUS MAGNUS, *Super Dion. ep.* 7, ed. SIMON (s. Anm. 95), 503.33-39.

Philosophische Beweisgründe (*rationes philosophicae*) sind für die Theologie selbst zwar nicht ausschlaggebend, wohl aber sind sie nützlich, um mit den Mitteln der natürlichen Vernunft aufzuzeigen, dass die Übervernünftigkeit des Glaubens keine Widervernünftigkeit ist.[100] Auch wenn die Philosophen keinen unmittelbaren Zugang zum Glaubensgut haben, so können sie doch das Göttliche ahnen und schließen, etwa dass Gott von höchster Einfachheit ist. Dies ist von den Theologen nicht zu bekämpfen, sondern zu bewundern.[101] Wenn auch vorsichtiger als in seinem vorhergehenden *Sentenzen*-Kommentar spricht Albert der Philosophie hier Eigenwert und eine positive Bedeutung für Theologie und Verkündigung zu. Noch wesentlich bedeutender für die Rezeption der (aristotelischen) Philosophie – nicht nur im Dominikanerorden – sollte seine wenige Jahre später begonnene philosophische Enzyklopädie werden. Dieses gewaltige, über die Werke des Aristoteles hinaus alle Wissensgebiete der natürlichen Vernunft umfassende Werk, verfasste Albertus Magnus auf Bitten seiner Mitbrüder, um ihnen und allen, die die *scientia naturalis* erlernen wollten, nützlich zu sein.[102] Überwiegend folgt er dem Argumentationsgang des Aristoteles, ohne dessen Text wörtlich wiederzugeben, und schiebt gelegentlich Digressionen über größere Zweifelsfragen und von dem *Philosophus* nicht Behandeltes ein.[103] Diese Arbeit, so sehr sie von einigen Dominikanern beharrlich erbeten wurde, fand bei anderen Dominikanern jedoch Widerspruch, der ob seiner Stärke und seiner Qualifikation Albert im Epilog zur *Politik* des Aristoteles, die den Abschluss der Enzyklopädie bildet, zu dramatischen Worten der Abgrenzung von Bericht des Aristoteles und seiner eigenen Lehre, Referat und Zustimmung, sowie des Tadels

---

[100] IDEM, *Ibid.*, 504.11-26.

[101] IDEM, *Ibid.*, 504.28-505.40.

[102] ALBERTUS MAGNUS, *Physica* I tr.1 c.1, ed. P. HOSSFELD, in *Alberti Magni Opera omnia* 4.1, Münster i.W. 1987, 1.9-22: „Intentio nostra in scientia naturali est satisfacere pro nostra possibilitate fratribus ordinis nostri nos rogantibus ex pluribus iam praecedentibus annis, ut talem librum de physicis eis componeremus, in quo et scientiam naturalem perfectam haberent et ex quo libros Aristotelis competenter intelligere possent. Ad quod opus licet non sufficientes nos reputemus, tamen precibus Fratrum deesse non valentes, postquam multotiens abnuimus, tandem annuimus et suscepimus devicti precibus aliquorum ad laudem primo dei omnipotentis, qui fons est sapientiae et naturae sator et institutor et rector, et ad utilitatem Fratrum, et per consequens omnium in eo legentium et desiderantium adipisci scientiam naturalem." Es ist hierbei zu beachten, dass in Deutschland, zumal in den kleineren Dominikanerkonventen, die Werke des Aristoteles nur selten zur Verfügung standen.

[103] IDEM, *Ibid.*, 1.9-22.

am Verhalten antiintellektualistischer Mitbrüder hinriss.[104] Derselbe Text macht sowohl die Existenz von nervenden Gegnern der Philosophie im Dominikanerorden deutlich, wie die einer Studiengemeinschaft um Albertus Magnus, die ihm Hilfe und Ansporn war. Jedenfalls hat der *doctor universalis* mit seiner philosophischen Enzyklopädie die Grundlage für die umfassende Einbeziehung der Philosophie in das dominikanische Studiensystem gelegt.

Bereits in den ersten Konstitutionen wird neben dem für jeden Konvent unentbehrlichen Lektor ein *magister studentium* vorgesehen, der den Studienerfolg überwacht, zustimmt, dass Vorlesungen besucht und Skripten (*quaterni*) angelegt werden, kleinere Disziplinarverstöße ahndet und schwerwiegende dem Prior vorlegt,[105] Fragerunden und Gespräche zur Nachbereitung der Vorlesungen und Disputationen, wie auch gemeinsame Freizeiten leitet, fleißigen Studenten Einzelzellen zuteilt und diese solchen, die nicht den erhofften Erfolg bringen auch wieder entzieht.[106]

Im Zuge des Ausbaus der scholastischen Studienorganisation lassen sich gegen Ausgang des 13. und im 14. Jahrhundert Studienabschnitte unterscheiden, die der damals weit verbreiteten Aufgliederung in *philosophia rationalis*, *philosophia naturalis* und *philosophia moralis* entsprachen.[107] Der erste Abschnitt, meist als *studium artium* bezeichnet, umfass-

---

[104] ALBERTUS MAGNUS, *Politica* VIII c.6, ed. A. BORGNET, in *Alberti Magni Opera omnia* 8, Paris 1891, 803-4: „Nec Aristoteles dicit de se hoc, sed recitat qualiter tales gentes politias suas ordinaverunt. Nec ego dixi aliquid in isto libro, nisi exponendo quae dicta sunt, et rationes et causas adhibendo. Sicut enim in omnibus libris physicis numquam de meo dixi aliquid, sed opiniones Peripateticorum quanto fidelius potui exposui. Et hoc dico propter quosdam inertes, qui solatium suae inertiae quaerentes, nihil quaerunt in scriptis, nisi quod reprehendant: et cum tales sint torpentes in inertia, ne soli torpentes videantur, quaerunt ponere maculam in electis. Tales Socratem occiderunt, Platonem de Athenis in Academiam fugaverunt, in Aristotelem machinantes etiam eum exire compulerunt.... Qui in communicatione studii sunt, quod hepar in corpore... ita in studio semper sunt quidam amarissimi et fellei viri, qui omnes alios convertunt in amaritudinem, nec sinunt eos in dulcedine societatis quaerere veritatem."

[105] *Constitutiones* d.2 c.28, ed. THOMAS (s. Anm. 15), 361.1-6.

[106] *Constitutiones* d.2 c.29, ed. THOMAS. (s. Anm. 15), 362.1-18.

[107] SENNER, *Johannes von Sterngassen OP* 1 (s. Anm. 84), 113-14. Aus dem Fehlen curriculärer Vorschriften in den früheren erhaltenen Quellen lässt sich jedoch nicht schließen, Studien der *artes* habe es zuvor im Dominikanerorden nicht gegeben. Eingehender zur Curriculumsentwicklung I.W. FRANK, *Hausstudium und Universitätsstudium der Wiener Dominikaner bis 1500* (Archiv für Österreichische Geschichte 127), Wien 1968, 156-65; SENNER, *Johannes von Sterngassen OP* 1 (s. Anm. 84), 113-24; MULCHAHEY, *'First the bow'* (s. Anm. 22), 219-344.

te die Logik. Die durchgenommenen Lehrbücher waren dieselben, wie an den Universitäten: *Categoriae*, *Perihermeneias*, die *Isagoge* des Porphyrius für die *ars vetus*, die *Analytica priora* und *posteriora, Topica, Sophistici Elenchi* und später die *Summulae logicales* des Petrus Hispanus für die *ars nova* – dazu die Kommentare des Albertus Magnus und des Thomas von Aquin. Der nächste Studienabschnitt, die *philosophia naturalis*, wurde auch als *philosophia realis* bzw. *studium naturalium* bezeichnet. Seine Inhalte waren *Physica*, *Geometria*, *De caelo*, *De anima*, *De memoria et reminiscentia* und *Metaphysica*.[108] 1305 waren dafür zwei Jahre angesetzt.[109] In dieser kurzen Zeit konnten nicht alle diese Werke eingehend kommentiert werden. Deshalb wurden verschiedene Versuche unternommen, die *naturalia* oder die ganze zu behandelnde Philosophie in einer gerafften Form darzustellen. Für Deutschland ist besonders die wahrscheinlich zwischen 1315 und 1321 entstandene *Summa philosophica* des Nikolaus von Straßburg zu nennen.[110] Als Buch für Studienanfänger gedacht, sind hier „das jedem, der im Studium der Philosophie Fortschritte machen möchte Nötige"[111] der *philosophia realis* und der Ethik in den Rahmen der vier Ursachen gestellt: Buch I *causa efficiens*, Buch II *causa materialis*, Buch III *causa formalis* und das nicht erhaltene Buch IV *causa finalis*.[112] Gegen Ende des 14. oder Anfang des 15. Jahrhunderts hat an nicht näher bekannten Orten in der *Teutonia* Johannes, genannt Krosbein, als *lector artium* gewirkt und sowohl ein *Compendium naturalis philosophiae* als auch ein *Compendium moralis philosophiae* hinterlassen.[113] Beide Werke sind noch nicht näher untersucht; sie könnten uns Aufschluss darüber geben, was philosophisch aus der ersten Blütezeit des Kölner Generalstudiums tradiert wurde. Ob Johannes *dictus* Krosbein OP mit dem als Aristotelesübersetzer genannten Henricus K[r]osbein OP iden-

---

[108] FRANK, „Zur Studienorganisation" (s. Anm. 74), 53, 55; HINNEBUSCH, *History* 2 (s. Anm. 59), 27-28.

[109] *ACGOP* 2, 12.9.

[110] *SOPMA* 3, nr. 3033, 144; *SOPMA* 4, 202; R. IMBACH und U. LINDBLAD, „*Compilatio rudis ac puerilis*: Hinweise und Materialien zu Nikolaus von Straßburg OP und seiner *Summa*", in *Freiburger Zeitschrift für Philosophie und Theologie* 32 (1985), 155-233, hier 177-80.

[111] NICOLAUS DE ARGENTINA, *Summa philosophica* prol., ed. IMBACH et LINDBLAD, in „*Compilatio*" (s. Anm. 110), 198-200, hier 198.

[112] IMBACH und LINDBLAD, „*Compilatio*" (s. Anm. 110), 194.

[113] *SOPMA* 2, 464-65. Eine weitere verlorene (?) Handschrift des *Compendium naturalis philosophiae* befand sich in der Bibliothek von S. Giovanni in Viridario in Padua; vgl. J.P. TOMASINI, *Bibliothecae Patavinae manuscriptae publicae et privatae*, Utini 1639, 32.

tisch oder Letzterer lediglich eine fiktive Person ist, bleibt eine offene Frage.[114]

Ein detailliertes theologisches Curriculum gab es anfangs noch nicht: Die Brüder sollten so lange studieren, bis sie zum Predigen für geeignet befunden wurden, mindestens aber ein Jahr;[115] lediglich für diejenigen Lektoren, die öffentliche Vorlesungen halten sollten, wurde ein vierjähriges[116] und für die Generalprediger ein dreijähriges Theologiestudium verlangt.[117]

Neben den Lektoren wird in der 1259 verabschiedeten Studienordnung auch die Bestellung von *baccalaurei* gefordert, die jedem Lektor *tenens aliquod sollemne studium* zugeordnet werden und unter ihrer Anleitung Vorlesungen halten sollen.[118] Eine Präzisierung nahm das Generalkapitel von 1265 vor, das für die Generalstudien jeweils die Bestellung eines geeigneten Mitbruders für die kursorische Sentenzenvorlesung verordnete.[119]

Das Generalkapitel von 1278 ermahnte die Prioren, für die Förderung der Studien zu sorgen und auch selbst an ihnen teilzunehmen. Es legte für alle *studia* fest, ohne näher auf die Aufteilung zwischen ihnen einzugehen, dass die Lektoren ihren Vorlesungen den Bibeltext und die *Sentenzen* (des Petrus Lombardus) zugrunde legen und die *lectiones* und Disputationen regelmäßig halten sollten. Dass dem nicht immer so war, lässt sich daraus ersehen, dass die Visitatoren ebendas überwachen sollten, wie auch dass das Theologiestudium nicht unter dem der *artes* leide. Die Bakkalaurei schließlich sollten für ihre außerordentlichen Vorlesungen aus Ehrfurcht vor den *magistri* nicht deren Lehrkanzel besteigen.[120]

1305 legte das Generalkapitel in Genua neben den bereits genannten curriculären Bestimmungen für das *studium artium* fest, dass nur wer die-

---

114 So A. PELZER, *Études d'histoire littéraire sur la scolastique médiévale* (Philosophes médiévaux 8), Louvain 1964, 178-83.

115 *Constitutiones* d.2 c.31, ed. THOMAS (s. Anm. 15), 363.4-6.

116 *Constitutiones* d.2 c.30, ed. THOMAS (s. Anm. 15), 363.2-3.

117 *Constitutiones* d.2 c.31, ed. THOMAS (s. Anm. 15), 363.2-3; zwischen 1221 und 1235 zugefügt. Zum *praedicator generalis* vgl. *Ibid.*, 287-88; H.C. SCHEEBEN, „Prediger und Generalprediger im Dominikanerorden des 13. Jahrhunderts", in *Archivum Fratrum Praedicatorum* 31 (1961), 112-41.

118 *ACGOP* 1, 100.20-. Zum *studium sollemne*, vgl. oben, S. 14.

119 *ACGOP* 1, 129.28-29.

120 *ACGOP* 1, 196.29-197.5.

se erfolgreich abgeschlossen hatte zum Theologiestudium – hier als Sentenzenvorlesung (*ad sententias audiendas*) gefasst – zuzulassen war. Über die Dauer dieses Studienabschnitts wird nur im Zusammenhang der Weiterqualifikation zukünftiger Lektoren etwas gesagt: Diese durften (durch das Provinzkapitel oder den Provinzial) erst nach dem *studium artium*, mindestens zwei Jahren Sentenzenvorlesung in einem Partikularstudium und mit einem speziellen, durch den Lektor, den *Cursor* (Bakkalaureus) und den Studentenmeister auszustellenden Zeugnis auf ein Generalstudium geschickt werden. Dort hat der Studentenmeister für alle Studenten verpflichtende wöchentliche Disputationen zu sorgen. Alle Mitbrüder (*communes autem fratres*) – nicht nur die eigentlichen Studenten – wurden zur Teilnahme an den Studienveranstaltungen verpflichtet; sollten sie unentschuldigt fehlen, war ihnen der Wein oder die Zwischenmahlzeit für diesen Tag zu entziehen. Prioren, die nicht für die Durchführung dieser Sanktion sorgten, sollten ihr selbst verfallen, besonders nachlässige Studenten mussten das Studium abbrechen und andere Aufgaben wahrnehmen.[121]

II.4. Kontroversen

Von den Werken des griechischen Philosophen Aristoteles waren bis ins 12. Jahrhundert im Abendland nur einige logische Schriften bekannt (*logica vetus*). Erst über die arabische Philosophie, v.a. Ibn Rušd, latinisiert Averroes, der im 12. Jahrhundert in Andalusien und Nordafrika lebte, wurden seine Naturphilosophie, Metaphysik und Ethik durch Übersetzungen aus dem Arabischen und erst nach der Jahrhundertmitte auch direkt aus dem Griechischen ins Lateinische bekannt. Die Herausforderung, besonders für die Kirche, bestand darin, dass hier nun ein wissenschaftliches Weltbild vorgelegt wurde – in seiner extremen Form als vollständiger Determinismus mit einer Wirkungskette von den Himmelskörpern über irdische Vorgänge bis zum Denken und Handeln der Menschen –, in dem für menschliche Freiheit und ethische Verantwortung kein Platz mehr war, ebenso wenig für ein Verständnis Gottes als in die Läufe der Welt und Geschicke der Menschen eingreifeud. Die erste Reaktion waren Verbote: 1210 untersagten die Bischöfe der Senser Kirchenprovinz im Zuge der Verurteilung der Lehren des Amalrich von Bena und des David von Dinant der Universität Paris den Unterricht der *libri naturales*[122] – wir erin-

[121] *ACGOP* 2, 13.1-22.

[122] *CUP* 1, nr. 11: 70-72. Zur Abfolge und Bedeutung der Vorgänge vgl. VAN STEENBERGHEN, *La philosophie* (s. Anm. 92), 82-91.

nern uns an die wenig später erlassenen Verbote durch das Provinzialkonzil, dass Kleriker und Mönche sich mit *saeculares scientiae* beschäftigten.[123] 1229 war dieses Verbot noch in Kraft, denn die neu gegründete Universität Toulouse warb um Studenten mit dem Hinweis, dass dort die Aristoteles-Lektüre nicht verboten sei.[124] Während die strikten Verbote in der zweiten Jahrhunderthälfte keine Beachtung mehr fanden, waren einige Kernthesen zur Macht Gottes, Ewigkeit der Welt, Materie des Himmels, Bestimmung des irdischen Geschehens durch die Gestirne, Individualität der intellektiven Seele, zum Verhältnis von Seele und Leib des Menschen, zur Geltung kirchlicher moralischer Gebote und ethischen Verantwortlichkeit heiß umstritten.

Im Rahmen seiner Enzyklopädie nahm Albertus Magnus zu einigen dieser Probleme Stellung – hier sei nur kurz die zur Streitfrage referiert, ob die Welt anfangslos sei. Er stellt fest, dass hierzu Naturphilosoph, Metaphysiker und Theologe verschiedene Aussagen treffen.[125] Eine Bewegung kann nicht ohne Prinzip sein. Eine physische Ortsbewegung, die sich in Zeit und Raum vollzieht, kann nicht – wie Aristoteles das zu sehen scheint – ohne zeitlichen Anfang, ohne einen *primus motus* sein.[126] Nach langer Erörterung der Denkmöglichkeit einer unendlichen kreisförmigen Bewegung, einer unendlichen Folge jeweils für sich endlicher Bewegungen und einer nicht in Raum und Zeit sondern in einem Intellekt geschehenden Bewegung kommt Albert zu dem Schluss, dass es mit Wahrscheinlichkeitsgründen beweisbar ist, dass die Welt durch Schöpfung entstanden sei, und Gott ihr nicht nur in der Naturordnung, sondern auch im Sein und der Dauer vorausgehe.[127] Doch das gehöre nicht zu dem in diesem Zusammenhang zu behandelnden Gebiet der *Physica*, wie auch Aristoteles nur in *De natura deorum* ausdrücklich davon gehandelt habe.[128]

---

[123] Vgl. oben, Anm. 84 und 85.

[124] VAN STEENBERGHEN, *La philosophie* (s. Anm. 92), 96.

[125] ALBERTUS MAGNUS, *Physica* V tr.1 c.6, ed. P. HOSSFELD, in *Alberti Magni Opera omnia* 4.2, Münster i.W. 1993, 415.31-33: „....de inceptione mundi aliter loquitur naturalis et aliter metaphysicus et aliter theologus, qui solum divina perscrutatur."

[126] IDEM, *Ibid.*, 415.10-14.

[127] IDEM, *Physica* VIII tr.1 c.13, ed. HOSSFELD (s. Anm. 125), 577.37-40: „Ergo prima causa non est solum ordine naturae praecedens sua creata, sed etiam esse et duratione. Sic igitur probatur et mundus esse creatus et deus duratione aeternitatis praecedere mundum."

[128] IDEM, *Physica* VIII tr.1 c.14, ed. HOSSFELD (s. Anm.125), 579.41-47: „Aristoteles autem non consuevit dicere in physicis nisi physica, quae physicis rationibus possunt probari. Sed inceptio mundi per creationem nec physica est nec probari potest physice, et ideo hanc viam putatur Aristoteles tacuisse in physica, sed tamen tetigit eam expresse in libro De

Ähnlich heutiger Wissenschaftsauffassung wird also diese metaphysische bzw. theologische Frage – wenn auch erst nach eingehender Abwägung – aus dem auf die Physik beschränkten Zusammenhang ausgegrenzt.

In *De quindecim problematibus*, seiner Antwort auf eine Anfrage im Zusammenhang der Pariser Aristotelismus-Diskussion nach 1270, fasst Albertus Magnus sich kurz und eindeutig: Er verweist auf Moses Maimonides, der eine Ordnung in den kosmischen Bewegungen feststellt, die nicht ohne Ursache sein kann und darauf, dass letztlich alles Viele auf ein Eines zurückzuführen ist, auf die erste Ursache, auch jeder Bewegung.[129]

Trotz der Anerkennung der methodischen Autonomie der Philosophie und Nutzung ihrer argumentativen Standards wie auch der in ihr zu findenden Wissensbestände über menschliches Handeln und dessen Bedingungen in der Theologie durch Albertus Magnus und Thomas von Aquin verschärfte sich die Frontstellung zwischen Gottesgelehrtheit und profaner Wissenschaft weiter. Schließlich zensierte der Bischof von Paris 1277 nach Konsultation der dortigen theologischen Fakultät 219 untereinander nicht immer zusammenhängende Sätze,[130] eine Maßnahme, der der Erzbischof von Canterbury, Robert Kilwardby, für die Universität Oxford folgte[131]. Doch auch diesem Verbot war keine dauernde Wirkung beschieden: Bereits vor 1300 wurde es nicht mehr durchgängig beachtet und 1323 nach der Heiligsprechung des Thomas von Aquin musste in aller Form erklärt werden, davon seien dessen Lehren nicht betroffen.[132] Ja, es lässt

natura deorum, quem ipse edidit." Albertus hält hier Ciceros *De natura deorum* fälschlich für ein Werk des Aristoteles. Später, in *De quindecim problematibus*, ed. B. GEYER, in *Alberti Magni Opera omnia* 17.1, Münster i.W. 1975, 38.67-68, teilt er es dem richtigen Autor zu, hält die Stelle jedoch für ein Aristoteles-Zitat, während in modernen Ausgaben kein entsprechender Verweis zu finden ist; s. M.T. CICERO, *De natura deorum* II.6.17, recogn. C.F.W. MUELLER, in *M. Tulli Ciceronis Scripta quae manserunt omnia* 4.2 (Bibliothecae Graecorum et Latinorum Teubneriana), Leipzig 1890, 52.35-53.51, bzw. M.T. CICERO, *De natura deorum* II.17, ed. A.S. PEASE, in *M. Tvlli Ciceronis De natvra deorvm libri III*.2, Darmstadt 1968, 591-92.

129 ALBERUS MAGNUS, *De quindecim problematibus*, ed. GEYER (s. Anm. 128), 37.14-38.28.

130 R. HISSETTE, *Enquête sur les 219 articles condamnés à Paris le 7 mars 1277* (Philosophes médiévaux 22), Louvain 1977; D. PICHÉ, *La condamnation Parisienne de 1277*, Paris 1999 (Sic et non).

131 F. VAN STEENBERGHEN, *La philosophie* (s. Anm. 92), 426-27.

132 P. GLORIEUX, „Tempier, Étienne", in *DTC* 15.1 (1946), 99-107, hier 106-7. Zur Frage, ob es einen eigenen, aufgrund des Todes von Papst Johannes XXI. 1277 eingestellten Prozess gegen Thomas von Aquin gegeben habe, s. R. WIELOCKX, „Autour du procès de Thomas d'Aquin", in *Thomas von Aquin*, hrsg. v. A. ZIMMERMANN (Miscellanea

sich sagen, dass die Erhebung des Thomas zum verbindlichen Ordenslehrer erst durch die Anfeindungen seiner Gegner innerhalb des Ordens in Gang gesetzt wurde.[133]

Was die Orden, besonders die an die Universität drängenden Dominikaner und Franziskaner anging, so vertraten einige Pariser Theologen aus dem Weltklerus in der Zuspitzung des sogenannten Bettelordensstreits 1250-1254 die Meinung, diese dürften überhaupt nicht lehren, auch nicht Theologie. Ihr Hauptvertreter, Guilelmus de Sancto Amore, sah in seiner Kampfschrift *De periculis novissimorum temporum* (1255-1256) in den Mendikanten ein geradezu eschatologisches, durch die Heilige Schrift angekündigtes Übel, vor dem die berufenen Ausleger der Bibel, die Pariser Professoren warnen müssten.[134] Gleich zu Beginn mahnt Wilhelm, vor dem *philosophicus ac subtilis disputator* auf der Hut zu sein, der mit sophistischen Argumenten die Hörer (und Leser) zu verführen sucht.[135] Wer damit gemeint ist wird bald deutlich: Es sind diejenigen Prediger, die weder Bischöfe noch Pfarrer sind, sondern ohne eine legitime Sendung durch den Anschein von Gelehrsamkeit und Frömmigkeit die Einfältigen in ihren Bann ziehen,[136] sie vom Gehorsam gegenüber der kirchlichen Obrigkeit abwenden und zum Handeln gegen die guten Sitten und gegen die Glaubenslehre verleiten.[137] Sie suchen nur ihre eigene Ehre und Bereicherung.[138] Diese gefährlichen Feinde der Kirche sind unter den Gebildeten, besonders unter denen, die sich Studien widmen und dabei vorgeben, dem evangelischen Rat der höchsten Armut, Keuschheit und Demut zu fol-

---

mediaevalia 19), Berlin 1988, 413-38; die Diskussion abschließend, s. IDEM, „Procédures contre Gilles de Rome et Thomas d'Aquin", in *Revue des sciences philosophiques et théologiques* 83 (1999), 293-313. Dort ist Literatur angegeben.

133 W. VAN DER MARCK, „Geschichte und Ursprung des Thomaseides im Dominikanerorden", in *Bijdragen* 26 (1965), 433-43.

134 GUILELMUS DE SANCTO AMORE, *De periculis novissimorum temporum* prol., in *Opera omnia quae reperiri potuerunt*, Paris 1632, ND Hildesheim 1997, 17-72, hier 17-18. Zu Guilelmus und dem Ablauf des Konflikts, s. M.-M. DUFEIL, *Guillaume de Saint-Amour et la polémique universitaire parisienne 1250-1259*, Paris 1972; THOMAS DE AQUINO, *Contra impugnantes dei cultum et religionem*, in *Sancti Thomae Aquinatis Opera omnia iussu impensaque Leonis XIII P.M. edita* 41, Roma 1970, §§4-6, 7-12 (Vorwort von H.-F. DONDAINE).

135 GUILELMUS DE SANCTO AMORE, *De periculis* prol. (s. Anm. 134), 19-20.

136 IDEM, *De periculis* c.2, 24.

137 IDEM, *De periculis* c.4, 30-31.

138 IDEM, *De periculis* c.7, 36.

gen.[139] Unter den einundvierzig Zeichen, an denen sie erkannt werden könnten, ist, dass die wahren Apostel nicht mit gefälligen und gekünstelten Reden kamen, wohl aber diese Pseudoapostel[140] und ebenso wenig mit logischen und philosophischen Beweisen.[141] Konkret stellt Guilelmus de S. Amore einen umfangreichen Maßnahmenkatalog für die Bischöfe auf, wie dieser Gefahr zu begegnen sei. Dazu gehört u.a. ein Lehr- und Predigtverbot, die Beschränkung auf die traditionelle, monastische Handarbeit und die Verweigerung von Entgelt für seelsorgliche Arbeit wie auch der Erlaubnis zum Betteln bei den Gläubigen.[142]

Wie schon sein Lehrer verteidigte Thomas von Aquin die Legitimität wissenschaftlicher – und gerade auch philosophischer – Studien. In seinem *Contra impugnantes Dei cultum et religionem* aus dem Spätjahr 1256 wirft er den Gegnern der Mendikanten vor, sie wollten den Ordensleuten das Studium und die (Glaubens-)lehre entwinden, um sie der Möglichkeit sich zu verteidigen und des geistlichen Trostes in den Schriften zu berauben.[143] Humbertus de Romanis hatte das Studium noch als *utilitas* gesehen, als nützlich v.a. zur Vorbereitung der Predigt als Erfordernis der Nächstenliebe[144] – hier wird es darüber hinaus zur Quelle geistlichen Trostes[145]. Zur Rechtfertigung philosophischer – überhaupt weltlicher – Studien übernimmt Thomas u.a. eine Umdeutung der Bibelstelle Deut. 21.10-12 durch Hieronymus, die bereits Papst Gregor IX. angeführt hatte – freilich mit gegenteiliger Sinnspitze: Wenn die von der Philosophie ausgehende Gefahr ihrer verführerisch schönen Haare – ihrer Rhetorik – und ihrer scharfen Krallen – ihrer sophistischen Argumente – beseitigt ist, ist ihre Vermählung mit der Theologie legitim.[146]

---

[139] IDEM, *De periculis* c.13, 55-56.

[140] IDEM, *De periculis* c.14, 61 62 (13. *Signum*).

[141] IDEM, *De periculis* c.71 (39. *Signum*).

[142] IDEM, *De periculis* c. 12 (s. Anm. 134), 46-49.

[143] THOMAS DE AQUINO, *Contra impugnantes* prol. (s. Anm. 134), A52a.96-99: „Primo enim eis pro posse studium et doctrinam aufferre conantur, ut sic adversariis resistere non possint, nec in Scripturis consolationem spiritus invenire."

[144] HUMBERTUS DE ROMANIS, *Expositio reg.* IV §143, ed. BERTHIER (s. Anm. 87), 433-35; IDEM, *Expositio super const.* (s. Anm. 16), n. xii, 41

[145] U. HORST, *Wege* (s. Anm. 9) 20, 30.

[146] THOMAS DE AQUINO, *Contra impugnantes* c.11 §3 (s. Anm. 134), A133a.119-34: „Item quod non solo studio litterarum sacrarum sed etiam studio litterarum saecularium laudabiliter vacare possint [religiosi], expresse habetur per Ieronymum in epistola ad Pammachium monachum: 'Si adameris captivam mulierem, id est sapientiam saecularem, et eius pulchritudine captus fueris, decalva eam et illecebras crinium atque ornamenta verborum

Zeitlich parallel fand der Armutsstreit seinen akademischen Widerhall nicht nur in Disputationen um die Fragen, ob Bettelmönche Seelsorge betreiben, predigen, gar Theologie lehren dürften – hierin waren sich alle Mendikanten gegen die ihre Pfründen verteidigenden Weltgeistlichen einig –, sondern um die grundsätzliche Frage, ob Armut in sich selbst evangelische Vollkommenheit sei (und damit im Prinzip von allen Gläubigen und erst recht von den Hirten der Kirche, angefangen mit dem Papst, zu fordern) oder ob sie ein Mittel sei, das es Ordensleuten ermögliche, unbeschwert von Sorgen um die Verwaltung irdischer Güter sich ungeteilt dem Gottesdienst und der Verkündigung des Evangeliums zu widmen – in dieser Frage waren Franziskaner und Dominikaner entzweit.[147]

III. Studien in der *Teutonia* - speziell am Rhein

III.1. Das Generalstudium in Köln

Wie jeder Dominikanerkonvent hatte auch der Kölner seit seiner Gründung einen Lektor. Der erste soll ein Fr. Salomon gewesen sein, über den nichts weiter bekannt ist.[148] Das durch den 1248 in Kraft gesetzten Zusatz zu den Konstitutionen begründete Generalstudium in der deutschen Ordensprovinz wurde in Köln eingerichtet. Diese Ortswahl war um so naheliegender, als die *Colonia Aggripina* am Rhein nicht nur die damals größte Stadt Deutschlands und ein überragendes wirtschaftliches und geistiges Zentrum war, sondern auch die wichtigste dominikanische Niederlassung auf deutschem Boden beherbergte.[149] Dank dem Wirken des hl. Albertus

cum remotis unguibus seca, lava eam prophetali nitro et tunc requiescens cum illa dictio: Sinistra eius sub capite meo et dextra illius amplexabitur me, et multos tibi fetus captiva dabit ac de Moabitide efficitur Israelis.' Ex quo patit quod etiam monachis licet saeculares scientias addiscere, dummodo ea quae ibi reprehensibilia inveniuntur secundum regulam sacrae Scripturae recensentur." Vgl. HIERONYMUS STRIDONENSIS, *Epistula* 66, in PL 22, Paris 1845, 644 nr. 399, zitiert Cant. 2,6 und Deut. 21.10-12 nach der Vulgata: „Si... videris in numero captivorum mulierem pulchram et adamaveris eam voluerisque habere uxorem...." In Deut: „Sie soll sie sich kahl scheren und ihre Fingernägel kürzen...." Die von Hieronymus umgedeutete biblische Metapher war auch von Papst Gregor IX. in seinem Schreiben an die Pariser *magistri* 1228 bereits benutzt worden (vgl. oben Anm. 92) – dort jedoch für eine vollständige Unterwerfung der Philosophie unter die Theologie.

[147] HORST, *Evangelische Armut* (s. Anm. 9); IDEM, *Bischöfe und Ordensleute:* Cura principalis animarum *und* via perfectionis *in der Ekklesiologie des hl. Thomas von Aquin*, Berlin 1999; IDEM, *Wege* (s. Anm. 9), 104-14, 184-94.

[148] C. GREITH, *Die deutsche Mystik im Prediger-Orden*, St. Gallen 1861, 15 und 37.

[149] Zum Kölner *studium generale* der Dominikaner ist immer noch grundlegend G.M.

Magnus erlangte die neue hohe Schule, die von vornherein auch für öffentliche Vorlesungen gedacht war, bald Berühmtheit – zumal sein erster Bakkalaureus Thomas von Aquin war. Eine kürzlich Maria Burger in der Kölner Dombibliothek gelungene Entdeckung gibt uns Einblick in die Zusammenarbeit zwischen Meister und Schüler: Von Thomas' Hand finden sich dort in einer Handschrift des *Corpus Dionysiacum* in den beiden Hierarchien zwischen den Zeilen die abweichenden Worte des Pariser Corpus, in den Zeilen die Aufteilung der Lemmata, wie sie Alberts Kommentar aufweist und auf einigen unteren Seitenrändern kaum entzifferbare Marginalien.[150]

Einen Blick auf den internationalen Charakter des Kölner *studium generale* gewährt die Korrespondenz des Fr. Petrus de Dacia, der dort von 1266 bis 1269 studierte, mit der Begine Christina von Stommeln.[151] Zu dieser Zeit waren Studenten aus Skandinavien, Ungarn, Böhmen und Italien neben den Angehörigen der *Teutonia*, Deutschen, Flamen, Holländern und Schweizern im geistigen Zentrum der mitteleuropäischen Dominikaner – dem einzigen Studium in Deutschland, das in jener Zeit als von mit Paris und Oxford vergleichbarer Bedeutung erscheint. Ein weiteres Zeugnis ist in den bald nach 1260 entstandenen anonymen mittelhochdeutschen Gedichten enthalten, die sich an die des sogenannten Strickers anschlie-

---

LÖHR, *Die Kölner Dominikanerschule vom 14. bis zum 16. Jahrhundert: mit einer Übersicht über die Gesamtentwicklung*, Freiburg i.Ue. 1946. Weiterhin E. MEUTHEN, *Die alte Universität* (Kölner Universitätsgeschichte 1), Köln 1988, 42-48. SENNER, *Johannes von Sterngassen OP* 1 (s. Anm. 84), 126-41; W. SENNER, *Blühende Gelehrsamkeit: eine Ausstellung zur Gründung des* Studium generale *der Dominikaner in Köln vor 750 Jahren*, Köln 1998; W.P. ECKERT, „Die Generalstudien der Mendikantenorden in Köln während des 13. und frühen 14. Jahrhunderts", in *Dombau und Theologie im mittelalterlichen Köln: Festschrift zur 750-Jahrfeier der Grundsteinlegung des Kölner Domes und zum 65. Geburtstag von Joachim Kardinal Meisner*, hrsg. v. L. HONNEFELDER [u.a.], Köln 1998, 383-94; W. SENNER, „Das *Studium Coloniense* der Dominikaner im Mittelalter", in *Kölner Theologen: von Rupert von Deutz bis Wilhelm Nyssen*, hrsg. v. S. CÜPPERS, Köln 2004, 136-61.

[150] Köln, Erzbischöfliche Diözesan- und Dombibliothek, Cod. 30; im Internet unter „www.ceec.uni-koeln.de". *Glaube und Wissen* (s. Anm. 41), 210-12; M. BURGER, „Codex 30 der Dombibliothek Köln. Ein Arbeitsexemplar für Thomas von Aquin als Assistent Alberts des Großen", in *Mittelalterliche Handschriften der Kölner Dombibliothek.* Erstes Symposion der Diözesan- und Dombibliothek zu den Dom-Manuskripten. 26. bis 27. November 2004, hrsg. v. H. FINGER (Libelli Rhenani 12), Köln 2005, 190-210.

[151] *Vita Christinae Stumblensis ex mss. Petri de Dacia et Johannis capellani in Stumbel*, ed. I. COLLIJN (Samlingar utgivna av Svenska formskriftsällskapet 2.2), Uppsala 1936, *passim*.

ßen: „Ich bin gewesen ze portigal, vnd ze dolet sunder twal / Mir ist kunt kalatra daz lant, da man di besten meister vant. / Ze choln und ze Paris, da sint di pfaffen harte wis."[152]

Isnard Frank macht darauf aufmerksam, dass das Generalstudium in der deutschen Ordensprovinz nicht *per se* in Köln gesucht werden müsse, denn ein dominikanisches Studium dieser Zeit war ja „in erster Linie ein ortsungebundener Personenverband, dem Jahr für Jahr ein bestehendes Kloster als Aufenthaltsort zugewiesen wurde."[153] So sehr das grundsätzlich zutrifft, ist im Fall Kölns kein einziger dem dauerhaften Bestand des Studiums an diesem Ort entgegenstehender Quellenbeleg zu finden. Im Gegenteil: 1303 schrieb das Generalkapitel zwar nicht alle Orte von *studia generalia* fest, wohl aber Bologna, Köln, Barcelona und Montpellier.[154] Lediglich während eines Konflikts zwischen dem Kölner Dominikanerkonvent und dem Rat der Stadt, der 1347 sogar zur Vertreibung der Predigerbrüder aus ihrem Kloster und zu ihrem Exil bis 1351 führte,[155] war das Studium an einem anderen Ort untergebracht[156]. Dass diese Verlegung aber lediglich als ein durch die äußeren Umstände erzwungenes Provisorium angesehen wurde, zeigt die Einsetzung des Henricus de Hunnis als *lector in conventu Coloniensi* während des Exils durch das Generalkapitel von 1350.[157] Nach diesem Konflikt sollten die Dominikaner in Köln nie mehr wieder ein so großes Ansehen und eine solche Stellung erlangen wie zuvor. Er markiert auch das Ende der bedeutendsten Epoche

---

[152] Wien, Österreichische Nationalbibliothek, Cod. lat. 2705, f. 154vb, lin. 35-38; vgl. H.-J. ZIEGLER *et al.*, „Der Stricker", in *VL*^{2} 9 (1995), 417-49, hier 430; zur Datierung K. SCHNEIDER, *Gotische Schriften in deutscher Sprache* 1, Wiesbaden 1987, 177-78. Zu der noch nicht vollständig gelungenen Abgrenzung von dem „echten Stricker-Gut", vgl. F.P. KNAPP, *Geschichte der Literatur in Österreich von den Anfängen bis zur Gegenwart* 1, Graz 1994, 346-47; H. DE BOOR, *Die deutsche Literatur im späten Mittelalter* 1, neubearb. v. J. JANOTA (Geschichte der deutschen Literatur von den Anfängen bis zur Gegenwart 3.1), München ^{5}1997, 203; J. BUMKE, *Geschichte der deutschen Literatur im hohen Mittelalter* (Geschichte der deutschen Literatur im Mittelalter 2), München^4 2000, 292-93. Für germanistischen Rat danke ich Frau Dr. Sabine Schmolinsky (Hamburg) und Frau Prof. Dr. Uta Störmer-Caysa (Mainz).

[153] FRANK, *Hausstudium* (s. Anm. 107), 44, Anm. 24; vgl. o., Anm. 62.

[154] *ACGOP* 1, 325.3-4.

[155] G.M. LÖHR, *Beiträge zur Geschichte des Kölner Dominikanerklosters im Mittelalter* 1 (QF 15), Leipzig 1920, 81-145, bes. 123-26; M. GECHTER, „Die Auseinandersetzungen um den Grund- und Rentenbesitz der Dominikaner im 14. Jahrhundert", in SENNER, *Blühende Gelehrsamkeit* (s. Anm. 149), 34-39.

[156] LÖHR, *Beiträge* (s. Anm. 155), 126 vermutete in Mainz.

[157] *ACGOP* 2, 337.14-15. Zu Henricus de Hunnis, vgl. *SOPMA* 2, 199.

des Generalstudiums, die nach Albertus Magnus mit der Anwesenheit Meister Eckharts in Köln – auch wenn es nicht als sicher angesehen werden kann, dass er das Studium geleitet hat – einen zweiten Höhepunkt fand und mit Berthold von Moosburg ausklang. In der jüngeren Forschung wird in diesem Zusammenhang oft von einer „deutschen Dominikanerschule"[158] oder einer „rheinischen Dominikanerschule"[159] gesprochen. Bei einer differenzierten Sicht lassen sich zumindest drei Strömungen unterscheiden:

(1) Von Albertus Magnus ausgehend, nahm Ulrich Engelberti von Straßburg[160] besonders die neoplatonischen Elemente von Alberts Denkens auf, Dietrich von Freiberg[161] griff außerdem auf den schon von Albert stark einbezogenen arabischen Aristoteles-Erklärer Averroes zurück. Berthold von Moosburg erscheint in den Quellen erstmals 1315, als er auf das Generalstudium in Oxford geschickt wurde,[162] später ist er 1335, 1343, 1353 und 1361 in Köln bezeugt; innerhalb dieses Zeitraums ist er auch, zumindest zeitweise, Leiter des Generalstudiums gewesen, doch wann genau, ist nicht sicher.[163] Sein gewaltiger Kommentar zur *Elementatio theologica* des neoplatonischen Philosophen Proklos stellt schließlich den Abschluss jenes Traditionsstranges dar. Die Albertisten der Kölner Universität des 15. Jahrhunderts waren keine Dominikaner, sondern aus Paris gekommene *magistri* aus dem Weltklerus und deren Schüler.[164]

(2) Der vom Dominikanerorden als Ganzem immer stärker vertretenen Orientierung entsprechend, gab es auch in Deutschland – und speziell in Köln – sich an Thomas von Aquin ausrichtende Predigerbrüder, zu denen

---

[158] R. IMBACH, „Albert der Große und die deutsche Dominikanerschule: philosophische Aspekte", in *Freiburger Zeitschrift für Philosophie und Theologie* 32 (1985), 4 (Vorwort).

[159] A. DE LIBERA, *La mystique rhénane: d'Albert le Grand à Maître Eckhart*, Paris ^{2}1994, 10-13 u.ö.

[160] IDEM, *Ibid.*, 99-162.

[161] IDEM, *Ibid.*, 163-229; L. STURLESE, *Dokumente und Forschungen zu Leben und Werk Dietrichs von Freiberg* (Corpus philosophorum Teutonicorum medii aevi, Beiheft 3), Hamburg 1984.

[162] T. KAEPPELI, „Ein Fragment des in Friesach 1315 gefeierten Kapitels der Provinz Teutonia", in *Archivum Fratrum Praedicatorum* 48 (1978), 70-75, hier 72.

[163] SENNER, *Johannes von Sterngassen OP* 1 (s. Anm. 84), 137-38; zu Berthold, s. DE LIBERA, *La mystique* (s. Anm. 161), 317-442.

[164] G. MEERSSEMAN, *Geschichte des Albertismus* 1 (Dissertationes historicae 3), Paris 1933; IDEM, *Geschichte des Albertismus* 2 (Dissertationes historicae 5), Roma 1935; MEUTHEN, *Universität* 1 (s. Anm. 149), 186-93.

Johannes Picardi von Lichtenberg,[165] Nikolaus von Straßburg,[166] Johannes Korngin von Sterngassen[167] und Giselher von Slatheim[168] zu zählen sind. Spätestens nach der Mitte des 14. Jahrhunderts hat sich diese thomistische Richtung durchgesetzt.

(3) Ausgehend vom *Compendium theologiae veritatis* des Hugo Ripelin von Straßburg,[169] ist von den beiden genannten noch eine pastoralpraktisch ausgerichtete Schulrichtung zu unterscheiden, für deren Lehre besonders der Franziskanertheologe St. Bonaventura wichtig ist. Zu ihr ist Gerhard Korngin von Sterngassen, Johannes' Bruder, zu zählen.[170]

Meister Eckhart entzieht sich einer derartigen schulmäßigen Einordnung, obwohl er wichtige Anregungen vom Werk Thomas' von Aquin, den er nicht mehr persönlich gekannt haben kann, und Dietrichs von Freiberg, dem er sicher zumindest öfter begegnet ist, falls er nicht etwa sein Student war, empfangen hat. Gerade diese Unterschiede führten zu intellektuellen Kontroversen und zu einem hohen Diskussionsniveau im Kölner Generalstudium.[171] Auch wenn die Meinungen weit auseinander gingen, wurde das mitbrüderliche Verhältnis nicht *dadurch* gestört: Meister Eckhart wurde von dem mit ihm wissenschaftlich nicht einigen Nikolaus von Straßburg entschlossen verteidigt. Schon Albertus Magnus hatte über solche gestöhnt, die „brummend vor Dummheit, den Erwählten einen Makel anzuhängen versuchen."[172] Doch nicht nur einzelne Bösartige sahen

---

[165] L. STURLESE, „Johannes Picardi von Lichtenberg", in *VL*^{2} 4 (1983), 706-10; A. LANDGRAF, „Johannes Picardi de Lichtenberg O. Praed. und seine *Quaestiones disputatae*", in *Zeitschrift für katholische Theologie* 46 (1922), 510-45.

[166] Vgl. oben, S. 24.

[167] SENNER, *Johannes von Sterngassen OP* 1 (s. Anm. 84).

[168] L. SEPPÄNEN, „Giselher von Slatheim", in *VL*^{2} 3 (1981), 46-47; K. RUH, *Geschichte der abendländischen Mystik* 3, München 1996, 393-94.

[169] DE LIBERA, *La mystique* (s. Anm. 159), 73-98; dort in seiner Originalität doch wohl überschätzt.

[170] N. APPEL, *Gerhard von Sterngassen und sein Pratum animarum*, Saarlouis 1934. Eine eingehende Studie des Hauptwerks *Pratum animarum* – oder nach seinem wahrscheinlich ursprünglichen Titel *Medela animae languentis* – von S. KAUP ist in Vorbereitung.

[171] R. IMBACH, „Die deutsche Dominikanerschule: drei Modelle einer *Theologia mystica*", in *Mystik in Geschichte und Gegenwart* 1.5, hrsg. v. M. SCHMIDT, Stuttgart 1987, 157-72; L. STURLESE, „Die Kölner Eckhartisten: das *Studium generale* der deutschen Dominikaner und die Verurteilung Meister Eckharts, in *Die Kölner Universität im Mittelalter*, hrsg. v. A. ZIMMERMANN (Miscellanea mediaevalia 20), Berlin 1989, 192-211. Dort sind Hinweise auf die umfangreiche weitere Literatur.

[172] ALBERTUS MAGNUS, *Politica* epil., ed. BORGNET (s. Anm. 104 dort Zitat), 803-4.

die Entwicklung des Studiums kritisch: Heinrich Seuse, selbst um 1325 *studens generalis* in Köln, verglich es mit dem müßigen Streit um eine silberne Kugel – die vor allem kein anderer haben dürfe.[173] Er selbst ist freilich ein gewichtiger Zeuge dafür, dass es nicht um ein akademisches Glasperlenspiel ging, sondern um die intellektuelle Orientierung einer Kirche und Gesellschaft erschütternden spirituellen Bewegung.

1350 wird Henricus de Hunnis, von dessen Lehre wir nichts Näheres wissen, *lector Coloniensis*,[174] 1358-1361 Johannes de Hürwin,[175] 1363 Henricus de Cervo,[176] dessen bereits früher entstandener *Sentenzen*-Kommentar eindeutig thomistisch orientiert ist.[177] Nicht genau datierbar ist das Wirken des Henricus Hager, dessen *Sentenzen*-Kommentar handschriftlich in der Münsteraner Universitätsbibliothek vorlag und im 2. Weltkrieg dort verbrannt ist.[178] 1372 ist Gerardus de Buren[179] und direkt anschließend (1372-1373) Johannes Kusin[180] als *lector* in Köln bezeugt, 1376 Ulrich Theobaldi,[181] 1378 Peter von Lauffen.[182]

Die Eröffnung der Universität 1388 – die nicht auf einen Zusammenschluss der in Köln bereits bestehenden *scholae* und *studia* zurückgeht, sondern auf eine Initiative des Stadtrates – unter Mitwirkung von Alexander de Kempis OP[183] brachte ein intensives Miteinander: Dominikaner erlangten an der theologischen Fakultät akademische Grade und stellten einen erheblichen Teil ihrer Professoren.[184] Wir haben durch die Universi-

---

[173] HENRICUS SUSO, *Horologium sapientiae* II.1, ed. P. KÜNZLE (Spicilegium Friburgense 23), Fribourg, Suisse 1977, 522.3-17.

[174] LÖHR, *Dominikanerschule* (s. Anm. 149), 15.

[175] IDEM, *Ibid.*, 44-45.

[176] IDEM, *Ibid.*, 46.

[177] M. GRABMANN, „Der Sentenzenkommentar des Magisters Henricus de Cervo und die Kölner Dominikanertheologie des 14. Jhs.“, in *Archivum Fratrum Praedicatorum* 12 (1942), 9-117.

[178] LÖHR, *Dominikanerschule* (s. Anm. 149), 47.

[179] IDEM, *Ibid.*, 49.

[180] *SOPMA* 2, 466-; *SOPMA* 4, 156.

[181] LÖHR, *Dominikanerschule* (s. Anm. 149), 49.

[182] IDEM, *Ibid.*, 50.

[183] IDEM, *Ibid.*, 52; H. KEUSSEN, *Die alte Universität Köln: Grundzüge ihrer Verfassung und Geschichte*, Köln 1934, XII-XIV; MEUTHEN, *Universität* (s. Anm. 149), 57-60.

[184] Zur theologischen Fakultät vgl. MEUTHEN, *Universität* (s. Anm. 149), 141-69, zu den Mendikanten an ihr 150-53, speziell zu den Dominikanern, 154-58; die institutionelle Einbindung wird von dem überaus quellenkundigen H. KEUSSEN, *Universität Köln* (s. Anm.

tätsmatrikel nun zwar mehr Quellenmaterial,[185] aber für die Funktionen, die die dort genannten Dominikaner im eigenen Studium ausübten sind wir auf verstreute Angaben angewiesen. Vergleichsweise gut dokumentiert ist Heinrich Kalteisen OP aus Koblenz: 1411 wurde er in London, wo er wohl *ratione studii* weilte, zum Subdiakon geweiht, 1415 in der theologischen Fakultät der Universität Wien eingeschrieben, 1423 war er an der Kölner Universität *baccalaureus biblicus*, ein Jahr später *sententiarius*. Aus nicht bekannten Gründen wurde ihm erlaubt, die Sentenzenvorlesung in Mainz fortzusetzen, wo er 1425 als *baccalaureus formatus* erscheint. Vor 1430 zum Magister promoviert, ist er 1431 als Inquisitor in den Diözesen Cambrai (deren nördlicher Teil mit Brüssel und Löwen zum Bereich der *Teutonia* gehörte) und Lüttich tätig, 1435 in Köln, Mainz und Trier. Vom Mainzer Erzbischof zum Basler Konzil delegiert (1432-1433), wird er von Papst Eugen IV. an die römische Kurie berufen (1438) und dort *magister sacri Palatii* (Theologe des päpstlichen Hofes, 1440). 1452 zum Titularerzbischof erhoben, zog er sich schließlich in hohem Alter in seinen Heimatkonvent Koblenz zurück und starb dort am 2. Oktober 1465.[186] Nur durch eine Universitätspredigt am Allerheiligenfest wird dagegen 1429 Johannes Part OP als *baccalaureus formatus* der theologischen Fakultät und *magister studentium* des Generalstudiums fassbar.[187] Auch anderswo gab es im 15. Jahrhundert mit der Gründung von immer mehr Universitäten auch in Deutschland enge Verbindungen mit diesen, z.B. Leipzig. In Heidelberg wurde 1474 ein Konvent wegen der dort bestehenden Universität gegründet.

Nach einer Zeit des Niedergangs wurde der Kölner Dominikanerkonvent 1464 wieder zu dem ursprünglichen strengeren Ordensleben zurückgeführt.[188] Auch für das Generalstudium bedeutete das neuen Auftrieb: Es kommen nun zahlreiche Studenten aus den bereits reformierten Konventen – am bekanntesten sollte Jakob Sprenger werden, der schließlich aus Basel nach Köln umbeheimatet wurde, hier Regens, Dekan der theologi-

---

185) bis auf das *Seminarium Norbertinum* der Prämonstratenser (221-24) und das *Seminarium Benedictinum* (224-28) – Gründungen des 16. bzw. 17. Jh. – nicht näher behandelt.

[185] H. KEUSSEN, *Die Matrikel der Universität Köln* 1, Bonn 1892; IDEM, *Die Matrikel der Universität Köln* 2, Bonn 1919.

[186] *SOPMA* 2, 199-208, und *SOPMA* 4, 113-14; T. PRÜGL, *Die Ekklesiologie Heinrich Kalteisens OP in der Auseinandersetzung mit dem Basler Konziliarismus* (Veröffentlichungen des Grabmann-Institutes N.F. 40), Paderborn 1995, 7-36.

[187] *SOPMA* 2, 525 nr. 2592.

[188] IOANNES MEYER, *Reformacio* V c.82, ed. REICHERT (s. Anm. 36), 157-58.

schen Fakultät, fast 20 Jahre Prior war und den Rosenkranz als populäre Gebetsform einführte. Mit dem berüchtigten „Hexenhammer“ hatte er jedoch nichts zu tun.[189] 1483 erließ der Generalmeister Salvus Cassetta umfangreiche Bestimmungen für das Kölner Studium: Lektoren, Bakkalaurei und Studenten wurden von einem Teil des Chorgebets und der seelsorglichen Aufgaben befreit und daran gemahnt, das Verbleibende und die tägliche Messfeier gewissenhaft zu erfüllen; an den Disputationen und Promotionen der theologischen Fakultät sollen alle teilnehmen, bei den in Verbindung damit und auch sonst in Studentenkreisen üblichen Gastmählern sind sie zur Einhaltung der vegetarischen Speisevorschriften des Ordens verpflichtet. Der Regens oder ein anderer Magister hat täglich Vorlesung über Thomas von Aquins *Summa theologiae* zu halten, an denen auch für die *baccalaurei* Anwesenheitspflicht besteht. Eine Aufnahmeprüfung wird eingeführt, graduierende Studenten müssen intern eine Disputation durchführen. Auch die jährlich durch den Heimatkonvent zu zahlende Pension von acht rheinischen Gulden wird geregelt, sowie die den Studenten zustehenden Leistungen an Kleidung und medizinischer Versorgung.[190]

Zu Beginn des 16. Jahrhunderts steht das Kölner Dominikanerstudium durch das Wirken von Gelehrten wie Dietrich von Süsteren und Konrad Köllin in hohem Ansehen. Doch durch die grobschlächtige Polemik Jakobs von Hoogstaeten wird es in den Pfefferkorn-Reuchlin-Streit hineingezogen, der ausgehend von der Frage, ob rabbinische Bücher – und damit die geistige Identität jüdischer Gemeinden – geduldet werden dürften, schließlich zur Kontroverse um Bildungs- und Studienziele und -methoden wurde.[191] Die Kölner Universität – und mit ihr die Dominikaner – gerieten so in Verruf. Ebenfalls stark von Polemik gekennzeichnet ist die Stellungnahme der Kölner Theologen zur Reformation; besonders die Predigerbrüder bekämpften sie früh und mit der Verschärfung des Streits gab es auch unter ihnen Märtyrer wie Johannes von Köln. Die deutschen Dominikaner gingen bis auf wenige Einzelne nicht zur lutherischen Lehre über und ihre Konvente lösten sich nicht selbst auf. Doch die Zahl der Ordenseintritte sank dramatisch; an einen geregelten Studienbetrieb war nicht mehr zu denken; ein Rest wissenschaftlicher Aktivität konnte nur noch mit ausländischer – besonders spanischer – Hilfe aufrechterhalten

---

[189] SENNER, *Blühende Gelehrsamkeit* (s. Anm. 149), 47-50.

[190] *Registrum litterarum Salvi Cassettae 1481-1483* (QF 7), ed. B.M. REICHERT, Leipzig 1912, 66-71.

[191] SENNER, *Blühende Gelehrsamkeit* (s. Anm. 149), 53-57.

werden. Das 17. und 18. Jahrhundert brachte eine Erholung aus der tiefgehenden Krise in Besinnung auf die thomistische Tradition. Am 17. Juni 1799 wurde das Kölner Dominikanerkloster – und mit ihm das Generalstudium – von der französischen Besatzungsmacht geschlossen.[192]

III.2. Andere *studia*

Wesentlich weniger wissen wir über die regionalen *studia particularia* im Bereich der Ordensprovinz, von denen ja jeweils eines für einen bestimmten Studienabschnitt in praktisch jedem, zumindest jedem größeren Konvent anzunehmen ist – wenn auch von Zeit zu Zeit wechselnd –, sodass dort, wo ein *studium artium* zu einem bestimmten Zeitpunkt nachgewiesen ist, sich einige Jahre später ein *studium theologiae* befinden kann (und umgekehrt). Freilich sind so viele verstreute Fragmente auf uns gekommen, dass der Versuch, sie zu einem Gesamtbild zusammenzusetzen, den hier gegebenen Rahmen sprengen würde.[193] Es können deshalb nur durch einige Streiflichter die wichtigsten und einige paradigmatische Entwicklungen angerissen werden.

Das Kloster der Predigerbrüder in Straßburg war so bedeutend, dass es „der zweite Hauptkonvent" der deutschen Ordensprovinz genannt worden ist.[194] Erste Kunde von einem Konventslektor haben wir aus dem Jahr 1232, als „Waltherus, prior und lesmeister des convents von Straßburg" genannt wurde.[195] Im 13. Jahrhundert sind Albertus Magnus und sein

[192] IDEM, *Ibid.*, 13. Etwa 460 gedruckte Bände aus der alten Klosterbibliothek sind über die nach der Annexion Kölns durch Frankreich eingerichtete École centrale und die unter preußischer Herrschaft entstandene Gymnasialbibliothek noch in der heutigen Universitäts- und Stadtbibliothek nachweisbar; vgl. G. QUARG, *Ganz Köln steckt voller Bücherschätze: von der Ratsbibliothek zur Universitäts- und Stadtbibliothek 1602-2002* (Ausstellungskatalog), Köln 2002, 60, 96-100. Nach einem Klosterbrand 1659 sind nur wenige Handschriften übrig geblieben, von denen heute einige im Historischen Archiv der Stadt Köln verwahrt werden. Zwei Fragmente eines Gesamtkatalogs Rheinischer Klosterbibliotheken lassen einen reichhaltigen Bestand im 15. Jhd. ahnen; vgl. SENNER, *Blühende Gelehrsamkeit* (s. Anm. 149), 32-33.

[193] Eine Zusammenstellung für das 13. Jhd., aus dem die Quellen nur spärliche Nachrichten bis zu uns haben fließen lassen, gibt nach dem damaligen Forschungsstand A.J. KÜHL, *Die Dominikaner im deutschen Rheingebiet und im Elsaß während des dreizehnten Jahrhunderts: mit einem Exkurs über die Entwicklung der dominikanischen Ordensgeschichtsschreibung*, Freiburg i.Br. (masch. Diss.) 1922, 141. Gerafft für die Diözesen Mainz, Worms und Speyer T. BERGER, *Bettelorden* (s. Anm. 25).

[194] A.J. KÜHL, *Dominikaner* (s. Anm. 193), 141.

[195] Freiburg i.Br., Stadtarchiv, B.1 Nr. 203, f. 246v; zitiert von H.C. SCHEEBEN, „Der Konvent der Predigerbrüder in Straßburg – die religiöse Heimat Taulers", in *Johannes*

Lieblingsschüler Ulrich Engelberti dort Lektoren gewesen.[196] Nicolaus de Argentina, aus Straßburg stammend, hat um 1315 allerdings nicht dort, sondern vermutlich in Wimpfen am Neckar Philosophie gelehrt.[197] 1310 ist Johannes von Sterngassen in Straßburg nachgewiesen, 1316 dort als Lektor, eine Funktion, die er noch 1320 innehatte – allerdings ohne dass wir über den Ort, wo er sie ausgeübt hat, sichere Kenntnis hätten.[198] Ob Heinrich Seuse in Straßburg – möglicherweise bei Johannes von Sterngassen – studiert hat, lässt sich nicht mit Bestimmtheit sagen.[199] 1321 werden zwei Straßburger Ordensstudenten unrühmlich bekannt, weil sie den Provinzial und seine beiden Begleiter verprügelt und in den Klosterkarzer gesteckt, den Provinzial sogar umzubringen versucht haben. Ihre Strafe war lebenslange Klosterhaft.[200] 1325 sind zwanzig Studenten bezeugt, die aus dem Elsass, anderen *nationes* der *Teutonia*, wie auch wahrscheinlich aus der *Saxonia* und der *Bohemia* kamen. Sie wurden mitsamt ihrem Studentenmeister in ihre Heimatklöster zurück strafversetzt, weil sie sich gegen Anweisungen des Priors zusammengetan hatten.[201] Straßburg erscheint hier zwar nicht als *studium generale*, aber doch als eines von überregionaler Bedeutung. 1343 wird ein sonst nicht bekannter „Hugo von Grast“[202] als Lektor genannt, 1348 wird Johannes Schadelant, bislang Lektor, Inquisitor für Deutschland und später Bischof von Kulm,[203] 1350 liest Bartholomäus de Bolsenheim, nachmals Provinzial.[204]

Zu einem nicht näher bekannten Zeitpunkt im 15. Jahrhundert wurde im Zuge der Vermehrung der Generalstudien auch das Studium in Straßburg zu diesem Rang erhoben, – obwohl es dort erst nach der Reformation eine Universität gab. 1474 wird Magister Wolffhardi aus dem Straßburger

---

Tauler: ein deutscher Mystiker: Gedenkschrift zum 600. Todestag, hrsg. v. E. FILTHAUT, OP, Essen 1961, 37-74, hier 38, 52.

[196] SCHEEBEN, „Konvent“ (s. Anm. 195), 50-54; SENNER, *Johannes von Sterngassen OP* 1 (s. Anm. 84), 141-44.

[197] IMBACH und LINDBLAD, „*Compilatio*“ (s. Anm. 110), 160; SENNER, *Johannes von Sterngassen OP* 1 (s. Anm. 84), 134, 142.

[198] SENNER, *Johannes von Sterngassen OP* 1 (s. Anm. 84), 161-63.

[199] IDEM, *Ibid.*, 143-44; FRANK, „Studienorganisation“ (s. Anm. 74), 60.

[200] *ACGOP* 2, 135.24-31.

[201] *ACGOP* 2, 160.7-21; SENNER, *Johannes von Sterngassen OP* 1 (s. Anm. 84), 143.

[202] F. STEILL, *Ephemerides Dominicanae-Sacrae* I.2, Dillingen 1691, 290b.

[203] *SOPMA* 3, 9-10; SENNER, *Johannes von Sterngassen OP* 1 (s. Anm. 84), 139, 144.

[204] *SOPMA* 1, 145.

Konvent aktenkundig,[205] doch ob er dort auch Leiter des Studiums war, wird nicht gesagt. 1475 ist Fr. Bartholomeus Brenner de Ratisbona – ohne Magistertitel – *lector Argentinensis* und Fr. Balthasar Scholl Supprior und Studentenmeister;[206] Fr. Balthasar wird bereits am 23. Januar zum *baccalaureus biblicus* in Freiburg i. Br. ernannt und für das folgende (Studien-) jahr zum Lesen der *Sentenzen* ebendort bestimmt.[207] Bei der Neuordnung des Studienwesens für die nicht-observanten Klöster der *Teutonia*, die der Generalmeister Joachim Turriani am 8. Juli 1496 approbierte, wird Straßburg das *studium theologiae particulare* – also das für den von allen Studenten zu absolvierenden Studiengang – zugeteilt.[208] 1498 wird Fr. Vitus als Lektor und Regens durch Johannes Winkel, *sacrae paginae magister*, abgelöst.[209]

Der Konvent in Basel wurde 1428 durch den Ordensmeister Bartholomäus Texeri persönlich reformiert, d.h. zur ursprünglichen strengen Observanz zurückgeführt.[210] Mit den steigenden Zahlen Neueintretender nahm auch das Studium einen Aufschwung; zur weiteren Qualifizierung wurden zahlreiche Basler Konventsmitglieder auf auswärtige und ausländische Universitäten gesandt; 25 Basler wirkten zwischen 1442 und 1482 in der *Teutonia* als Lektoren.[211] Das eigene *studium particulare* wurde schließlich 1463 durch den Generalmeister Konrad von Asti zum *studium generale* für die Observanten erhoben.[212]

---

[205] *Registrum litterarum Leonardi Mansueti 1474-1480* (QF 6), ed. B.M. REICHERT, Leipzig 1911, 58; zu diesem Zeitpunkt wurde er zum *vicarius generalis* der reformierten Konvente in der *Alsatia* bestellt; später wurde er zum Gegner der Observanz (IOANNES MEYER, *Buch der Reformacio* IV c.60, ed. REICHERT [s. Anm. 36] 124-25): Bereits am 19. November desselben Jahres wurde er von diesem Amt abgelöst und es wurde ihm untersagt, sich in die Visitationen einzumischen (*Registrum Leonardi*, 63), am 24. Januar 1475 wird er *vicarius generalis* für die nicht reformierten Konvente der *Alsatia* (*Registrum Leonardi*, 67).

[206] *Registrum Leonardi* (s. Anm. 205), 66.

[207] *Ibid.*, 67.

[208] *Registrum litterarum Joachimi Turriani 1487-1500, Vincentii Bandelli 1501-1506, Thomae de Vio Caietani 1507-1513* (QF 10), ed. B.M. REICHERT, Leipzig 1914, 89: „Approbatur ordinatio studiorum facta; ut Treveris sit studium artium, Argentine studium theol[ogie] particulare et Friburgi studium generale cum privilegiis.“

[209] *Ibid.*, 105; vgl. unten, Anm. 222.

[210] G.M. LÖHR, *Die Teutonia im 15. Jahrhundert: Studien und Texte vornehmlich zur Geschichte ihrer Reform* (QF 19), Leipzig 1924, 2-8, 53-63 (Quellentext).

[211] IDEM, *Ibid.*, 29.34-39.

[212] IDEM, *Ibid.*, 16.94 (Quellentext).

Eine der wenigen bekannten Personalia aus Colmar und aus Schlettstadt im Elsass zeigt, welche Anlässe, besonders im ausgehenden 15. Jahrhundert, dazu führten, dass wir in den erhaltenen Quellen, zu denen als mit umfangreichste die Briefregister der Ordensgeneräle gehören, etwas über Lektoren und Studien erfahren: Theobald Heß war 1475 im observanten Konvent Colmar Lektor, geriet aber mit einem anderen Mitbruder so in Streit, dass der Prior keine Lösung finden konnte, der Generalmeister des Ordens entscheiden musste und ihn überdies von nicht durch den Konvent genehmigten höheren Studien in Freiburg i.Br. zurückrief.[213] 1478 treffen wir ihn als Prior im damals noch nicht reformierten Schlettstadt,[214] wohin er in der Folgezeit umbeheimatet wurde. Am 6. Oktober 1482 wird jedoch aktenkundig, dass er dort nicht akzeptiert wird, er deshalb wieder zum *filius conventus* von Colmar erklärt wird, wo er zu diesem Zeitpunkt wieder Lektor war, und die von ihm belegte Krankenstube in Schlettstadt räumen muss.[215] Vor dem 12. März 1483 ist Theobald Heß zum Magister promoviert; an diesem Datum wird ihm untersagt auf dem Grund des Schlettstadter Konvents ein Haus zu bauen.[216] Seine Anhänglichkeit an diesen Ort war aber offenbar so groß, dass er durch einen Befehl des Generalmeisters 1492 aus Schlettstadt entfernt und nach Straßburg – oder in einen anderen Konvent, der ihn aufnehmen will – gesandt wird.[217] Danach schweigen die erhaltenen Quellen über ihn.

Eine wertvolle Quelle – auch für das Studium – ist das in (unvollständiger?) Abschrift von 1777 erhaltene Totenbuch des Konvents Freiburg i. Br.[218] Aus ihm lassen sich die Namen der in ihrem Heimatkloster – bzw. im Amt – verstorbenen Freiburger Lektoren ermitteln, wenn auch nicht immer mit genauen Jahresangaben. Als erster wird genannt der „V[enerabilis] P[ater] Johannes de Friburgo, tuba evangelica, non solum in Germania sed et in Italia, scripsit preter varios libros Summam confessariorum, instauravit bibliothecam conventus; obiit plenus virtutibus ac me-

[213] *Registrum Leonardi* (s. Anm. 205), 92, 102.

[214] *Ibid.*, 122. Dass er zu diesem Zeitpunkt dort auch Lektor gewesen sei, 50; J.V. POLLET, „Le couvent dominicain de Sélestat (13e-18e siècle)", in *Annuaire des Amis de la Bibliothèque humaniste de Sélestat* (1983), 24, gibt die Quelle allerdings nicht her.

[215] *Registrum Salvi* (s Anm. 190), 31-32.

[216] *Ibid.*, 78.

[217] *Registrum Joachimi* (s. Anm. 208), 53.

[218] A. PONSIGNON, „Das Dominicaner- oder Predigerkloster zu Freiburg im Breisgau", in *Freiburger Dioecesan-Archiv* 16 (1883), 1-48, hier 41-48 (*Catalogus mortuorum sive nomina fratrum OP conventus Friburgensis*).

ritis; sepultus ante summum altare 1314."[219] Johannes de Friburgo, gebürtig aus dem nahen Haslach, wurde v.a. durch seine etwa 1297-1298 entstandene *Summa confessorum* und das kurz gefasste *Confessionale* bekannt, die zu den am weitesten verbreiteten theologischen Handschriften gehören.[220] Ihre Quellen sind Raymund von Peñafort, Albertus Magnus, Hugo Ripelin, besonders aber Thomas von Aquin.[221]

Weiter werden an Lektoren genannt: „Johannes Schloternagel [*ob.* zwischen 1319 u. 1349].... A[domodum] R[everendissimus] P. Bartholomaeus de Bolsenheim, magister sacri palatii apostolici, qui olim fuit provincialis Teutoniae 1362.... P. Dominicus Basiliens[is].... P. Johannes [beide *ob.* zwischen 1374 u. 1378].... P. Johannes de Dambach... vocatus ad magisterium S. Palatii... scripsit de consolatione theologiae, de sensibilibus, de deliciis paradysi, et plures alios reliquit tractatus; obiit 1378.... R. D[ominus] Johannes de Rheno... Episcop. Ossuensis in Ungaria, scripsit summam praedicatorum, et aliam summam confessariorum; obiit in hoc suo conventu, quem multis miraculis claruisse testatur [*ob.* zwischen 1402 u. 1425].... R. P. Henricus Waberer S[acrae] theol. Magister, prior huius conventus 1441.... P. Eberhardus Klein S. theol. professor [*ob.* zwischen 1441 u. 1457].... P. Bertoldus Auffholzer [*ob.* zwischen 1457 u. 1462].... P. Conradus Immer per 24 annos lector huius conventus [*ob.* zwischen 1485 u. 1490].... R. P. Georgius Rott, S. theol. prof., prior huius conventus 1490.... P. Conradus Mayr 1493.... P. Jacobus Scheiblin 1499.... P. Conradus Kitterlin, lector Colmariae [*ob.* zwischen 1503 u. 1509].... A. R. P. Jacobus Wirtenberger S. theol. prof., vicar. generalis congregationis Germaniae superioris, prior Argentinensis, ubi ob[iit] 1511; R. P. Johannes Winkel S. theol. prof. et decanus facultatis eiusdem in celeberrima universitate Friburgensi 1512; R. P. Grunewald, S. theol. prof. publicus et suffragan[eus] Herbipolensis, ubi ob. 1513.... R. P. Johannes Ortwinus S. theol. prof., suffrag. Argent[inensis] 1514.... R. P. Michael Molitor, S. theol. prof. et regens Studii generalis Friburg[ensis] 1517.... R. P. Jacobus Lucodi, lector et prior huius conventus 1519.... R. P. Ingoldus Wild, prof., doctor universitatis Frib[urgensis] 1521.... P. Hieronymus Rucff 1523."[222]

---

[219] IDEM, *Ibid.*, 42a.

[220] *SOPMA* 2, 428-36; *SOPMA* 4, 151-52.

[221] Fr. DOSKOCZIL, *Quellennachweis zur Summe Johanns von Freiburg*, Roma Pont. Athenäum Angelicum (Diss.) 1934; L.E. BOYLE, „The *Summa confessorum* of John of Freiburg and the Popularisation of the Moral Teaching of St. Thomas and of Some of His Contemporaries", in *St. Thomas Aquinas 1274-1974: Commemorative Studies* 2, Toronto 1974, 245-68.

[222] PONSIGNON, „Das Dominicaner- oder Predigerkloster" (s. Anm. 218), 42b-45a. *Jaco-*

1474 ist „fr. Conradus Villicus lector conventus Friburgensis"; am 7. August wird dazu Leonardus Ebisbach aus Straßburg berufen, soll aber zunächst seine Studien in Paris abschließen. Bei der Neuordnung des Studienwesens 1496 erhielt Freiburg das *studium generale cum privilegiis* für die Nichtobservanten.[223]

Ab 1280 war Dietrich von Freiberg nach Studien in Paris Lektor in Trier.[224] Als 1473 auch in dieser Bischofsstadt an der Mosel eine Universität eröffnet wurde, waren unter den acht Gründungsprofessoren der theologischen Fakultät die Dominikaner Johannes Milvi und Engelbert Mesmaker (Cultellificis) aus Zutphen.[225] Eine ganze Reihe von Dominikanern aus den Konventen, die sich nicht der strikten Observanz angeschlossen hatten, studierte dort; soweit eruierbar verzeichnet Gabriel Löhr ihre Namen und Lebensdaten.[226] Bei der Neuordnung 1496 wird Trier schließlich das *studium artium* zugeordnet.[227]

Als ein letztes Beispiel sei das Wenige genannte, was über Studien und Bücher im Konvent von Chur bekannt ist: Vor 1326 besaß der Prior Werner von Halle „*Raymundus* (wahrscheinlich die *Summa de poenitentia* des Raymund von Peñafort) und *De proprietatibus rerum*, die nach seinem Tod wieder an seinen Heimatkonvent Bern zurückkamen"[228]. 1336 verkaufte der Prior Walter dem Abt Hermann von Pfäfers eine *Summa*

---

bus Scheiblin aus dem Freiburger Konvent, 1498 „pro gradu et forma magisterii baccalaureus biblicus" an der dortigen Universität; s. *Registrum Joachimi* (Anm. 208), 97 – jedoch offenbar nicht promoviert. *Jacobus Wirtenberger* aus dem Straßburger Konvent wurde 1487 *baccalaureus biblicus* an der Freiburger Universität; s. *Registrum Joachimi*, 4. Zu *Johannes Winkel*, s. oben, S. 41. *Johannes Ortwinus* aus dem Straßburger Konvent, bereits 1475 Magister, s *Registrum Leonardi* (Anm. 205), 90. Ursprünglich aus Ulm, hat *Hieronymus Rueff* 1488 in Rom zum *magister artium* promoviert und die Erlaubnis des Generalmeisters erhalten, bereits im Alter von 22 Jahren die Priesterweihe zu empfangen; s. *Registrum Joachimi*, 15.

[223] *Registrum Leonardi* (s. Anm. 205), 49, 55, 89.

[224] STURLESE, *Dokumente* (s. Anm. 161), 12-16.

[225] G.M. LÖHR, „Die Dominikaner an der Universität Trier", in *Studia mediaevalia in honorem A.R.P. Raymundi Josephi Martin*, Brugge 1948, 499-521, hier 503.

[226] IDEM, *Ibid.*, 509-21.

[227] *Registrum Joachimi* (Anm. 208), 89.

[228] O. VASELLA, *Geschichte des Predigerklosters St. Nicolai in Chur: von seinen Anfängen bis zur 1. Aufhebung (1280-1538)* (Dissertationes historicae 1), Paris 1931, 59. Der Berner Konvent hatte 1326 ganze 20 Bände, von denen lediglich bei 5 keine Brüder genannt wurden, die sie hinterlassen hatten. LÖHR, *Teutonia* (s. Anm. 210), 159-62, hier 160.

confessorum.[229] Erst ab 1474 sind Nachrichten erhalten über Lektoren, die nach Chur versetzt, und über Brüder dieses Konventes, die zum Studium und zur Lehre in andere Konvente der *Teutonia* geschickt wurden.[230]

IV. Schlusswort

Der Dominikanerorden, entstanden aus einer Konfliktsituation in Südfrankreich des beginnenden 13. Jahrhunderts, fand ein wichtiges Wirkungsfeld in den Städten des Hoch- und Spätmittelalters – gerade auch entlang des Rheines. Die Seelsorge in einer zunehmend gebildeten Bevölkerung und die Auseinandersetzung mit Dissidenten brachten neue Herausforderungen, nicht nur an das Lebenszeugnis sondern auch an das Wissen. Die Dominikaner setzten deshalb ein lebenslanges Lernen um und organisierten ein scholastisches Studium der Philosophie und Theologie für alle ihre Ordenspriester nach dem Muster der Pariser Universität – in Deutschland die ersten Hochschulen, auch wenn die Realität nicht immer ganz den Idealen entsprach. Besonders das Rheinland war dann Schauplatz intensiver intellektueller Auseinandersetzungen – auch innerhalb des Ordens und seiner *studia*. Mit dem Entstehen von Universitäten in mehreren Städten entlang des Stromes und seiner Zuflüsse im 15. Jahrhundert begann eine intensive Mitarbeit; die Bedeutung der Ordensstudien wurde allerdings auch gemindert.

Pontficia Universitas Studiorum S. Thomae Aquinatis,Roma

---

[229] VASELLA, *Geschichte* (s. Anm. 228), 59.

[230] IDEM, *Ibid.*, 60.

EDUCATION AND LEARNING IN THE UPPER RHINE REGION IN THE FOURTEENTH CENTURY

WILLIAM J. COURTENAY

One of the striking findings that emerges from the surviving medieval records for the University of Paris is the comparatively small number of scholars from the upper Rhine valley from Alsace and Swabia to the Bodensee, including northern Switzerland, who studied at Paris in the fourteenth century.[1] Even when one looks at the matriculation records for the first decades of the universities of Heidelberg and Cologne, one finds comparatively fewer students from this region.[2] One might infer from this that the region was isolated and that it lagged behind northern Germany, especially the lower Rhine valley, in developing the economic resources and educational culture that made university attendance desirable and affordable. Internally the region did not have towns long-recognized for

[1] The principal records are of three types: (1) the Proctors' register of the English-German Nation, ed. H. DENIFLE and É. CHÂTELAIN in *AUP* 1, and the detailed study by M. TANAKA, *La nation anglo-allemande de l'Université de Paris à la fin du Moyen Âge*, Paris 1990; (2) the results of papal petitions by Parisian masters, ed. W.J. COURTENAY and E.D. GODDARD in *RP* 1-2; (3) information on Parisian bachelors and doctors of theology from the mendicant orders contained in *CUP* 2-3, ed. H. DENIFLE and É. CHÂTELAIN.

[2] For Heidelberg, see *Die Matrikel der Universität Heidelberg von 1386-1662*, 2 Bde., hrsg. v. G. TOEPKE, Heidelberg 1884-1893, which is actually not a list of students but of those affiliated with the University, most of whom came from Prague (see J. MIETHKE, "Universitätsgründung an der Wende zum 15. Jahrhundert: Heidelberg im Zeitalter des Schismas und des Konziliarismus", in *Die Geschichte der Universität Heidelberg: Vorträge der Wintersemester 1985-86*, Heidelberg 1986, 21-22); *Urkundenbuch der Universität Heidelberg*, 2 Bde., hrsg. v. E. WINKELMANN, Heidelberg 1886. Most of those who were drawn to Heidelberg between 1386 and 1400 came from Esslingen, Strasbourg, Haguenau, Mulhouse, Basel and Constance; other towns included Sélestat, Rosheim, Marmoutier and Offenburg in the Strasbourg diocese, Altkirch in the Basel diocese, Herrenberg, Tübingen, Reutlingen, Balingen, Ebingen, Wiesensteig, Ulm and Biberach in the Neckar/Danube watershed, and Schaffhausen, Diessenhofen, Stockach, Pfullendorf and Ravensburg in the Constance region. In the first decade and a half of Heidelberg's existence those attending from the dioceses of Strasbourg, Basel and Constance amounted to 99 out of 2226. For Cologne, see *Die Matrikel der Universität Köln*, 3 Bde., hrsg. v. H. KEUSSEN, Bonn 1892-1928 (index); H. KEUSSEN, *Die alte Universität Köln*, Köln 1934; R.C. SCHWINGES, *Deutsche Universitätsbesucher im 14. und 15. Jahrhundert*, Wiesbaden-Stuttgart 1986, 245-50, 619-25.

their active schools, such as Cologne or Erfurt, nor did its bishops and princes use the opportunity of the Papal Schism to found universities. The absence of university foundations in the region until the second half of the fifteenth century simply reinforces a picture of isolation and educational underdevelopment.[3]

A different picture is formed when one looks at the active religious life of towns along the upper Rhine in the fourteenth century, especially among Dominican convents. Although urbanization came relatively late to the region, Strasbourg, Freiburg, Basel, Augsburg, Constance and Zürich were all active towns before the twelfth century, and by the end of the twelfth century Haguenau, Fribourg, Tübingen, Schwäbisch-Gmünd, Ulm, Breisach, Bern and Überlingen has obtained town status.[4] By the end of the thirteenth century all of these towns had one or more mendicant convents.[5] The careers and writings of Ulrich of Strasbourg, Heinrich Suso, Johannes Tauler, Nicholas of Strasbourg, Rudolf of Biberach and others attest to a world of intense theological activity in the convents along the upper Rhine, albeit one increasingly focused on devotional life and spiritual contemplation rather than Scholastic theology. The nature and importance of Rhinish mysticism to the intellectual history of the fourteenth century underscores distinctive features that appear very different from the Scholastic philosophy and theology of thirteenth- and fourteenth-century universities. It again suggests that the region under consideration developed its own culture and intellectual life, outside the sphere of influence of the University of Paris.

But was that in fact the case? What was the cultural and educational life of the region like in the fourteenth century apart from Rhinish mysticism? For those few who left the region for university study in the four-

---

[3] The universities of Heidelberg and Cologne were founded before the end of the fourteenth century, in 1386 and 1388 respectively. Freiburg and Basel were effectively founded in 1460, Ingolstadt in 1472, and Tübingen in 1477. Remarkably, two of the most important commercial and episcopal cities in the region, Strasbourg and Constance, did not develop universities until the modern period.

[4] K.O. MÜLLER, *Die oberschwäbischen Reichsstädte: ihre Entstehung und ältere Verfassung* (Darstellungen aus der württembergischen Geschichte 8), Stuttgart 1912; K. WELLER, "Die staufische Städtegründung in Schwaben", in *Württembergische Vierteljahrshefte für Landesgeschichte* N.F. 36 (1930), 145-268; H. FEIN, *Die staufischen Städtegründungen im Elsaß* (Schriften des Wissenschaftlichen Instituts der Elsaß-Lothringer im Reich an der Universität Frankfurt N.F. 23), Frankfurt 1939.

[5] J.B. FREED, *The Friars and German Society in the Thirteenth Century* (The Mediaeval Academy of America Publication 86), Cambridge, MA 1977.

teenth century, what universities did they attend, in what numbers, and which course of studies did they pursue? What towns or villages did they come from, and what was their social-economic background? Were there significant differences in background or patterns of study between secular clerics and those in religious orders, especially the mendicant orders? With what centers of study and specific schools and convents in the region were these scholars connected at some point in their careers? Did they return to the region and, if so, what impact, if any, did their university study have in terms of their later careers or the texts they brought back into the region? In short, what were the patterns of study and the intellectual life of this region like before the founding of the universities of Freiburg, Basel and Tübingen?

Universities and Secular Clerks

Beginning in the second half of the nineteenth century, the editing of university documents, particularly those of the German Nation at Bologna and the English-German Nation at Paris, has provided abundant evidence from which to construct the prosopography of secular students and masters from German-speaking lands at those two universities. Surprisingly little work, however, has been done on regional groupings to gain a more precise picture of the topographical, social and ecclesiastical relation of specific regions to attendance and fields of study at those universities. Since the evidence from Bologna is earlier than for Paris, and its disciplinary orientation before 1364 largely limited to civil and canon law—and thus less relevant for philosophy and theology in our region—I will consider it at the beginning.

The advantages of the records of the German Nation in the ultramontane university at Bologna are that they are early, beginning in 1289, that they are matriculation lists of incoming students with payment based on income or financial resources, and that they include both secular students and those in religious orders who affiliated with the law university.[6] Because the entries are annual, albeit with a few gaps and perhaps some un-

---

[6] *Acta nationis Germanicae Universitatis Bononiensis et archetypis tabularii Malvezziani*, ed. E. FRIEDLÄNDER et C. MALAGOLA, Berlin 1887; G.C. KNOD, *Deutsche Studenten in Bologna (1289-1562). Biographischer Index zu den* Acta nationis Germanicae universitatis Bononiensis, Berlin 1899. For comparison with Paris, see W.J. COURTENAY, "Study Abroad: German Students at Bologna, Paris, and Oxford in the Fourteenth Century", in *Universities and Schooling in Medieval Society*, ed. W.J. COURTENAY and J. MIETHKE, Leiden 2000, 7-31.

derreporting, these records allow us to see groups of students from the same town or family entering together, just as we find later in the matriculation records of German universities in the late fourteenth and fifteenth centuries. The disadvantages of these Bolognese records are that they tell us nothing about length of study, program of study apart from law, graduation rates, or the later academic and non-academic careers of those students.[7] Those records have now been supplemented with the notarial records of Bologna, which document German students as far back as 1265 and allow the examination of their careers.[8]

Two remarks relating to the social/economic status of German students at Bologna, in contrast to those we will be examining at Paris, should be noted. First, the level of payment upon entry shows that most German students attending Bologna were wealthy. Second, many of them already held ecclesiastical positions as cathedral canons, canons of a collegiate church, or rectors of a town church, which means they came from families of high social position, for only they could arrange such benefices or prebends for their children, and many chapters were open only to those from the nobility or patriciate class.[9] Looked at from that perspective, it was the economy of the old order—landed wealth and ecclesiastical income rather than urban wealth based on commercial activity—that provided the resources for university study of most students from southern Germany in the late thirteenth and early fourteenth centuries.

Using both the records of the German Nation and the notarial records of Bologna, we find students attending Bologna from all across Germany, especially from the Rhine valley. In the second half of the thirteenth century the area of heaviest representation was the middle and upper Rhine region (Koblenz to Constance). The catchment ranged as far east as Breslau and Olmütz and as far west as Verdun and Besançon. Although few students came from towns or villages in the Alps, the region of Switzerland between the Alps and the Vosges was well represented. By the early

---

[7] KNOD, *Deutsche Studenten* (see n. 6) has fortunately been able to trace the background and careers of many German students at Bologna.

[8] J. SCHMUTZ, *Juristen für das Reich. Die deutschen Rechtsstudenten an der Universität Bologna, 1265-1425*, Basel 2000.

[9] For example, among students entering in 1291 we find Conrad of Freiburg, who by 1295 was Dompropst at Freiburg and rector of its parish church (KNOD, *Deutsche Studenten*, 135), or Conrad and Heinrich of Villingen, both already Canons at Constance (KNOD, 599). The matriculation list for 1303 included two sons of the Count of Freiburg (KNOD, 134-35), and in 1309-10 the young Count of Strassberg bei Büren attended along with his master (KNOD, 560-61).

fourteenth century the western part of the catchment no longer included Lorraine, the Vosges, Franche-Comté or the Besançon region, although the lower Rhine (northern Belgium and Holland), which was numerous in the late thirteenth century but declined throughout most of the fourteenth, began to increase its numbers by the late fourteenth century, even before the Papal Schism.

For the region of our immediate concern (Alsace, Swabia and the upper Rhine valley) we regularly find students from Strasbourg, Colmar, Freiburg, Breisach, Mulhouse, Basel, and along the upper Rhine to Schaffhausen and Constance. Perhaps not surprisingly, we find almost no students from villages in the Schwarzwald between Freiburg and the Villingen/Rottweil area, while the towns in the rich agricultural region and valleys of Switzerland between the Bodensee and Fribourg were well represented. For those German students at Bologna whose careers can be traced, most returned to their home regions either to ecclesiastical positions already held or to practice their training in law for ecclesiastical institutions, town governments, and the nobility of the region. Inasmuch as the mendicant convents at Bologna were part of an educational network that was linked to Paris and Oxford, it is theoretically possible that contact with texts, ideas and methods of argumentation in the disciplines of philosophy and theology may have seeped in, although double degrees in law and theology are far less frequent in the fourteenth century than double degrees in medicine and theology. Yet, where the faculty of study is known for German students at Bologna, it is invariably law, not medicine. And while medicine and theology both required previous study in arts and philosophy, neither civil nor canon law did. It is thus unlikely that non-mendicant German students at Bologna were a conduit for the introduction of philosophical or theological texts into their home region.

Turning next to Paris and to secular students from the upper Rhine valley, we have information from records that are richer in some respects, yet in other areas are less informative than comparable records from Bologna. The earliest surviving document that includes the names of many German students at Paris is the appeal to the papacy in 1313 for a delay in the financial collection for the university.[10] One advantage of the document is that those who signed were, for the most part, students rather than masters. Many students in that document are labeled *Almanus* or *de Almania*, but unfortunately in that document that label was applied to those

[10] W.J. COURTENAY, "Foreign Scholars at Paris in the Early Fourteenth Century: The Crisis of 1313", in *History of Universities* 15 (1997-1999), 47-74.

who came from any part of Germany and even to those from the Low Countries. Moreover, those who signed did so voluntarily and neither numerically nor geographically do they represent a cross-section of the university community. Among those who signed, however, there were several from southern Germany: four from Strasbourg, three from Augsburg, two from Ulm, and one each from Offenburg and Straubing.

The records of the English-German Nation at Paris provide a more complete picture, although they contain information only on advanced students and masters, which informs us of progress to degree and completion ratios between determination (the baccalaureate stage in Arts) and inception as a master as well as length of teaching career. But the Paris records have no information on matriculation and thus no information on students whose insufficient income prevented them from reaching the degree stage, or whose wealth and family position made a degree less important for career advancement.[11] If we had matriculation records for Paris, they would probably show many more students of means than appear among those listed as determining, being licensed, or incepting as masters. What is remarkable about the matriculation records for the German Nation at Bologna is that they have so few students who were paying an entry fee below six *solidi*, while the records of the English-German Nation at Paris have many students unable to pay their promotion fee for reasons of poverty, whose half-burse contribution to a university collection was two solidi, or who were unable to come up with their share of the university collection when required.[12] One might conclude on the basis of that difference that law was a discipline that attracted those whose subsequent careers were already assured on the basis of family background, while Arts and Theology offered a means through which those without family prominence could advance through the Church.

The first thing one notices about the geographical background of advanced students and masters at Paris from the upper Rhine region—

[11] The University collection of 1329-1330 reveals several young students at Paris, often with a private master, who already hold one or more cathedral or collegiate prebends. They do not appear ever to have taken a degree. For examples such as Amanevus de Ramafort, Cantor of Langres, Berengar Frédol, nephew of the Cardinal Bishop of Tusculum of the same name, Guido Caprarii, a noble of the Mâconnais, or William, son of the Count of Hainaut; see W.J. COURTENAY, *Parisian Scholars in the Early Fourteenth Century*, Cambridge 1999, 131, 135-36, 149, 157.

[12] For delay of promotion fees for reasons of poverty, see numerous examples in *AUP*; for the evidence on payments to university collections, see COURTENAY, *Parisian Scholars* (see n. 11), 218-46, and IDEM, "Foreign Scholars at Paris" (see n. 10).

proportionally a far smaller group than those who came from the Province of Cologne and the lower Rhine valley—is that they were coming predominantly from the major towns and cities along the Rhine: Strasbourg, Freiburg, Breisach, Mulhouse, Weil am Rhein, Basel and Constance.[13] And for western Bavaria, while there were numerous students from Augsburg and Regensburg at Bologna, no secular student at Paris can, with certainty, be traced to Regensburg as the town of origin, and only one to Augsburg, although he was a prominent master: Ulrich Leopoldi de Augusta.

Up river from Basel, however, the Rhine seems to be a boundary for the catchment of Paris. Only one secular master can with certainty be traced to Basel, and more surprisingly, only one student appears to have come from Switzerland south of the Rhine, although some German masters at Paris sought promotion to canonical positions at Beromünster, Zürich or Chur.[14] East of Freiburg, there is the same absence of students and masters from villages in the Schwarzwald that was noted for Bologna, but for Paris there was proportionally greater representation from towns in the upper watershed of the Neckar and Danube, from towns such as Rottweil, Balingen, Rottenburg, Esslingen, Münsingen and Messkirch, and from Überlingen near Constance. As at Bologna, we find at Paris groups of students from the same town attending the university together, occasionally brothers or members of the same family. While a few towns, such as Constance, seem to have contributed a small but steady flow of students, clusters of students at Paris from other towns were often erratic, with long periods in which no one from those towns was attending, or at least was not completing a degree.

Among those studying at Paris from this region, there were a few who rose to prominence as proctors for the Nation and masters responsible for overseeing the instruction and promotion of younger colleagues. Such were Bertold of Constance, Burchard of Constance, John of Constance, Hermann of Rottweil and John of Freiburg.[15] Two masters, Ulrich Leopoldi from Augsburg and Ulrich Keller from Constance, are known to

---

[13] There were also a number of advanced students and masters identified only as coming from Swabia (Suevia, Zuevia).

[14] The student Tilmannus Tilmanii de Elfingen (south of Laufenburg am Rhein) determined in 1382 and is not recorded in the records of the Nation after that date (*AUP* 1, 616). The sole scholar from Basel appears even later, determining in 1398 and being licensed and incepting in 1399 (*AUP* 1, 764, 799, 801).

[15] *AUP* 1, 16; 46-57 *passim*; 16-24 *passim*; 130-197 *passim*, and 79-117 *passim*.

have served terms as rectors of the University.[16] While most students from this region seeking promotion did so under masters from the same region, such was not always the case, especially among those whose subsequent university career was more prominent.[17] In the latter cases it would appear that what was sought was a more prominent master in the Nation, usually still from Germany or Holland, while a few sought a dispensation for promotion under a master outside the Nation.

What we would like to know, and which is more difficult to uncover, is the later career of these masters, what positions they held when they returned to their home region, and what effect their Parisian education had on the educational and intellectual environment of the upper Rhine valley. It is certain that all those who attained the level of Master of Arts at Paris were trained in Aristotelian philosophy and had probably collected books to help them in their studies, although how many of the later they brought back with them (as opposed to selling them to cover travel expenses) is not known. In 1348 two masters from the Freiburg area returned home after receiving a dispensation to be included in the *rotulus* of the University that was prepared in 1349. One of these was Petrus Blenkini of Breisach, who determined and was licensed in 1346 and incepted as Master in 1348.[18] The other was John Mathei of Freiburg, who determined, was licensed, and incepted as Master in 1345, served as Proctor for the Nation in 1346, and who oversaw the promotion of several students from his home region in 1348.[19] Another returning Parisian scholar was Rudolph Stukki from Meßkirch in the diocese of Constance.[20] He was active at Paris in this same period, 1344-1348, where he probably came in contact with a Cistercian master of theology, Berthold Tutz from Riedlingen, who had professed at the monastery of Salem on the Bodensee. Stukki's social background may have been well above average, since he had received an expectation of a canonical prebend at Beromünster before or soon after being licensed in Arts in 1345, and could use a named canon as an executor on his 1349 provision to a canonical prebend at Chur, which

[16] On Ulrich Leopoldi, see *CUP* 2, 528; on Ulrich Keller, see *CUP* 3, 233.

[17] For example, Burchard of Constance determined and was licensed under Conrad of Megenberg and incepted under Sunno Karoli of Sweden (*AUP* 1, 46, 50-51, 55); Bertold of Constance was licensed under Burchard of Constance but incepted under Ulrich of Augsburg (*AUP* 1, 57); John of Freiburg determined, was licensed, and incepted under John of Wesel (*AUP* 1, 79, 83, 90).

[18] *AUP* 1, 92, 95, 115, 123; *RP* 1, 438.

[19] *AUP* 1, 79-117 *passim*; *RP* 1, 435.

[20] *AUP* 1, 69, 85, 117-18. He is sometimes listed as Rudolphus Stukki de Constantia.

he was successful in obtaining within a few years.[21] Tutz himself had been appointed abbot of the Cistercian monastery of Wettingen in 1351, although it remained some years before he gained uncontested possession.[22] Tutz included Stukki in his abbatial *familia* by 1353 and became his promoter for a canonical prebend at Brixen in the archdiocese of Salzburg.[23] To the extent there is a pattern, these scholars sought church careers back in their home regions, although sometimes, as in the case of Stukki and Blenkini, who sought a canonical prebend at Worms, some attempted to gain ecclesiastical income in an adjacent area. To the extent these Parisian masters were serious in their studies, they may have brought back philosophical and theological texts and may for a time have taught in the schools of the region, as did Conrad of Megenberg when he left Paris for St. Stephen's school at Vienna before going to Regensburg as a cathedral canon. Unfortunately the biographies of these southwestern German masters give us no information on that question.

Mendicant Scholars

When we turn to those in religious orders, we have more information on the careers of noted theologians and, through them, the dissemination of English and Parisian texts and thought in the region of southwest Germany. Before considering the dissemination of texts, some remarks need to be made concerning the provincial structure of the mendicant orders and their educational programs in Paris.[24]

The provinces of the Dominican and Franciscan Orders by the late thirteenth century for the region under consideration were somewhat larger than southwest Germany, broadly construed. The Dominican province of *Teutonia* stretched from Louvain, 's-Hertogenbosch and Cologne in the northwest to Vienna in the southeast. The Franciscan province of Strasbourg was smaller, stretching from Mainz and Frankfurt in the north to

[21] *RP* 1, 438.

[22] *Helvetia Sacra* III.3.1 (1982), 357, 455-56.

[23] *RP* 2, 496.

[24] On mendicant education, see *Le Scuole degli ordini mendicanti (secoli XIII-XIV)* (Atti del Convegno del Centro di Studi sulla Spiritualità Medievale 17), Todi 1978; *Studio e Studia: Le scuole degli ordini mendicanti tra XIII e XIV secolo* (Atti dei Convegni della Società internazionale di studi francescani e del Centro interuniversario di studi franciscani n.s. 12), Spoleto 2002; M.M. MULCHAHEY, *'First the bow is bent in study'. Dominican Education before 1350*, Toronto 1998; B. ROEST, *A History of Franciscan Education, c. 1210-1517*, Leiden 2000.

Fribourg, Zürich and Constance in the south, essentially Franconia, Alsace, Swabia and Bavaria. The equivalent province for the Augustinian Hermits more closely resembled that of the Franciscan Strasbourg province except that the Augustinian Rheinisch-Schwäbische province, as it was called, did not include Bavaria. The Dominicans and Franciscans had established convents at Strasbourg, Freiburg, Basel, Zürich and Constance before 1250, and the Augustinian Hermits did the same before the end of the thirteenth century.[25]

For the Franciscans and Augustinians, Strasbourg was the most important convent of the province and was designated a *studium generale* for the order. Several other houses, however, were active centers of teaching, especially Basel and Constance. Although those two towns possessed important teaching convents for the Dominicans, as was Strasbourg, the geographically larger Dominican province included Cologne, which was one of the five *studia generalia* for that Order. Thus, although Strasbourg was the home convent for a number of important German Dominicans, it was not a *studium generale* for the Order. Even without that designation, towns that possessed convents for most if not all the major mendicant orders, such as Strasbourg, Basel and Constance, became important centers of higher education inasmuch as Scholastic debates could be held between members from different orders, not just internally within the convent. Each custody within the Franciscan province of Strasbourg had a central or major house of studies: Strasbourg for the custody of Alsace, Basel for the custody of Basel, Würzburg for the custody of Swabia, Constance for the custody of Constance, and Regensburg or Augsburg for the custody of Bavaria. Interestingly, Breisach, even though it lay on the right bank of the Rhine within the diocese of Constance, belonged to the custody of Strasbourg, while Freiburg belonged to the custody of Basel.

Towns in which there were also grammar schools, *Stiftschulen*, and cathedral schools, which by the late thirteenth century was undoubtedly the case for the larger and especially the episcopal cities, had the educational components for a university-like setting. Many of the towns from which we find secular students at Paris and Bologna in the early fourteenth century were also towns that had Franciscan or Dominican con-

[25] On the Dominicans and Franciscans, see W.A. HINNEBUSCH, *The History of the Dominican Order*, 2 vols., New York 1966-1973; J.B. FREED, *The Friars and German Society* (see n. 5). On the Augustinian Hermits, see D. GUTIÉRREZ, *The Augustinians in the Middle Ages 1256-1356*, Villanova, PA 1984, and A. KUNZELMANN, *Geschichte der deutschen Augustiner-Eremiten* 2, Würzburg 1970.

vents, often both: Strasbourg, Haguenau, Breisach, Freiburg, Mulhouse, Basel, Esslingen, Reutlingen, Zürich, Constance, Schaffhausen, Villingen, Überlingen, Augsburg and Regensburg.

All four major mendicant orders sent students to their respective Parisian convents for training in a lectorate program in theology. This was a three-to-four year program conducted at the convent for its own friars, without any direct connection to the university Faculty of Theology. Although this internal program in theology at Parisian convents remained active throughout the fourteenth century, ensuring that a small and educationally elite group of German friars had some exposure to Parisian theology before becoming Lectors in convents of their respective orders or going on to administrative positions, their presence left almost no biographical footprints in the records of the University or the orders.[26] Those who were not selected to be part of that elite group received their advanced training in theology at one of the *studia generalia* of the order, which also qualified them to be lectors in the convents of their province.

Because of the high demand and competitive nature of the opportunity to be chosen by the General and General Chapter of an order to be sent or to return to Paris for the baccalaureate and doctorate in theology, few German friars in the fourteenth century read the *Sentences* at Paris or received the Parisian doctorate. The percentage varied considerably from order to order. With the Dominicans, friars from outside the province of France could only be appointed every other year, and that opportunity became increasingly dominated by Dominicans from southern France and Italy. After Meister Eckhart and Johannes Picardi de Lichtenberg, very few German Dominicans were promoted to the doctorate at Paris in the fourteenth century.[27] A similar pattern developed with the Franciscans,

[26] For example, the Dominican Johannes de Hürwin of Constance studied in the lectorate program at Paris until 1349, was later Lector at Cologne and Prague, and promoted to Master of Theology in 1366 by mandate of Urban V. While Lector of Cologne in 1360, he wrote a work on William Heytesbury's *Insolubilia*; see *SOPMA* 2, 460-61.

[27] A small number of German Dominicans was chosen to read the *Sentences* at Paris, but not all became Doctors of Theology. Those assigned to read at Paris were Theodoricus de Saxonia (BTh 1311-1312, but no evidence on inception as Master), Johannes de Melemberch from the province of Saxony (BTh 1335-1336; *CUP* 2, nr. 991), Bartholomeus de Bolsenheim in Alsace (BTh 1351-1352; DTh 1354), Johannes Kusin of Mainz (BTh c.1365-66; DTh at Paris), Geraldus de Burens from the province of Saxony (BTh 1376-1377; DTh at Bologna), and Godefredus Wisbroetelin from the convent of Strasbourg (BTh 1378-1379; no evidence of inception as Master). The actual number of those sent to Paris to read the *Sentences* may be somewhat higher. There is almost no information on Dominican bachelors of the *Sentences* at Paris between 1351 and 1370, during which time

who conducted a three-year cycle that included one candidate from the province of France and two candidates from the other provinces. Because of the large number of Franciscan provinces and the importance of southern France and Italy within the Order, few German Franciscans appear to have been promoted to the doctorate at Paris in the fourteenth century.[28]

With the Augustinian Hermits and the Cistercians, the matter was quite different. The Augustinian Order was dominated by its Italian houses, with Germany second in importance. The first Augustinian from the southwest-German region to be promoted at Paris was Thomas of Strasbourg, who read the *Sentences* at Paris in 1335-1336, became Doctor of Theology in 1337, and went on to become provincial prior (1343-1345) and Prior General of the Order (1345-1357).[29] Although several other German Augustinians were subsequently promoted to the doctorate in theology at Paris, such as Johannes von Brakel, Angelus Dobelinus, Johannes von Retz and Berthold von Regensburg, it was the southwest region of Germany, broadly construed, that gave the German Augustinians their most noted theologian after Thomas of Strasbourg, namely John Hiltalingen of Basel, whose writings illustrate how Parisian learning and, by way of Paris, Oxford learning came into the southwestern German-speaking region.[30]

Raised in Kleinbasel on the right bank of the Rhine, Hiltalingen entered the Order of Augustinian Hermits at the Basel convent and was edu-

---

one or more German Dominicans may have been promoted. For more information on these and other German Dominican theologians, see *SOPMA* 1-4.

[28] Unfortunately, the evidence for Franciscan Bachelors and Masters of Theology at Paris is not as extensive as it is for the Dominicans. Most of the German Franciscans in the middle and latter part of the fourteenth century who are referred to as Doctors of Theology do not appear to have received that degree at Paris. For further information, see W.J. COURTENAY, "The Franciscan Studia in Southern Germany in the Fourteenth Century", in *Gesellschaftsgeschichte. Festschrift für Karl Bosl zum 80. Geburtstag* 2, hrsg. v. F. SEIBT, München 1988, 81-90.

[29] He was preceded by three other German Augustinians: Heinrich von Friemar the elder, Heinrich von Friemar the younger, both from Thuringia, and Hermann von Schildesche from the region of Würzburg. On Augustinian theologians, see D. TRAPP, "Augustinian Theology of the 14th century", in *Augustiniana* 6 (1956), 146-274; A. ZUMKELLER, "Die Augustinerschule des Mittelalters: Vertreter und philosophisch-theologische Lehre", in *Analeca Augustiniana* 27 (1964), 167-262.

[30] D. TRAPP, "Hiltalinger's Augustinian Quotations", in *Augustiniana* 4 (1954), 412-49; IDEM, "Augustinian Theology" (see n. 29), 242-50, 267; V. MARCOLINO, "Leben und Schrifttum des Augustiner-Eremiten Johannes von Basel († 1392)", in *Augustiniana* 53 (2003), 318-81.

cated at Basel, Heidelberg and possibly at Strasbourg before going to the Augustinian *studium generale* at Avignon (c.1353-1358) for training in theology and promotion as Lector.[31] After serving as Lector at several convents, he was chosen by the General Chapter to give his baccalaureate course of lectures on the Bible at Paris (1365-1367), and after a brief interlude at Toulouse he returned to Paris in 1367 for his preparatory year, read the *Sentences* there in 1368-1369, and incepted as Doctor of Theology early in 1372. The remainder of his career was administrative, being appointed Provincial Prior of the Rheinisch-Schwäbischen province (1372-1377), Procurator-General of the Order (1377-1378), and siding with the Avignon Pope, he was made Prior General of the Augustinian Hermits belonging to the Avignon obedience (1378-1392).

Hiltalingen's *Sentences*-commentary is a compendium of the theological arguments and ideas of the leading fourteenth-century theologians at Oxford and Paris. Hiltalingen's work contains references to or citations from an amazingly large number of Scholastic theologians, some of the citations borrowed from the *Sentences*-commentary of Gregory of Rimini, others original to Hiltalingen's work. Among the English authors he used are Walter Burley, John of Rodington, William of Ockham, Richard Fitzralph, Robert Holcot, Adam Wodeham, Roger Roseth, Monachus Niger, Thomas Bradwardine, Richard Kilvington, Robert of Halifax, William Heytisbury, John Dumbleton, Richard Billingham, Richard Brinkley, Richard Ferybridge, Geoffrey Hardeby, Nicolaus Aston and Osbert Pickingham. Equally, there is hardly a fourteenth-century Parisian Scholastic theologian or philosopher left out of his collection of sources and citations.

How widely Hiltalingen's work was known, however, is a difficult question to answer. The most complete manuscript of Hiltalingen's *Sentences* commentary, now in the Bayerische Staatsbibliothek in Munich and previously in the town library of Regensburg, was presumably in the possession of Hiltalingen when he returned to southern Germany from Paris to become Provincial Prior in 1371. Except for the Basel manuscript mentioned above, and the Toulouse manuscript (Bibliothèque Municipale, Ms. 248, ff. 1-116), which contains the first and fourth Books of his commentary, all other manuscripts are found in southern Germany, Switzerland or Austria, reflecting the dissemination of his writings in his lan-

---

[31] Hiltalingen refers to his time at the Augustinian convent in Heidelberg, which served as a *studium* in philosophy for the province; see MARCOLINO, "Leben und Schrifttum" (see n. 30), 327-28.

guage area and the area of his origin and administrative career.[32] More significantly perhaps, later theologians, for example the Augustinians Peter Gracilis and Angelus Dobelin, the Cistercian James of Eltville and the secular theologian Henry of Langenstein, incorporated portions of Hiltalingen's work into theirs while they were still in Paris, thus giving the content wider attention. And since Eltville's commentary circulated widely in Germany, both under his name and that of Henry of Langenstein, the content of Hiltalingen's work was similarly disseminated.[33]

Basel: Convents and Libraries

We can gain a fuller picture of the intellectual life of the region in the fourteenth century by looking more closely at Hiltalingen's hometown, Basel. Although, as was noted earlier, there is no evidence of any secular student from Basel or from Switzerland who studied in the Arts faculty at Paris before the last years of the fourteenth century, Basel was an active *studium* for the mendicant orders by the late thirteenth century. The manuscripts in the Basel Universitätsbibliothek surviving from the Dominican convent and other religious houses at Basel give us a good picture of what was textually available to those communities and to others who had access to them. In addition to copies of the works of major Dominican authors from the thirteenth and fourteenth centuries, one finds portions of the theological writings of William of Ockham and Adam Wodeham,[34] the Cistercians John of Mirecourt[35] and Conrad of Ebrach,[36]

---

[32] These works include his *Responsiones* (Fribourg, Couvent des PP. Cordeliers, Ms. 26, 34r-79v; Wien, Österreichische Nationalbibliothek, Cod. lat. 4319), and his *Sermo optimus* (Einsiedeln, Stiftsbibliothek, Cod. 45).

[33] A Franciscan example of a manuscript assembled in the area of the upper Rhine region and containing texts of a number of important fourteenth-century English authors is Couvent des Cordeliers, Ms. 26, from Fribourg in Switzerland. It contains the first question of the *Sentences*-commentary of Roger Roseth, a similar treatise of Facinus de Ast, OESA, along with the latter's commentary on Aristotle's *Physics*, some treatises of Walter Burley, Hiltalingen's *Responsiones*, Monachus Niger's *Sentences*-commentary, and the *Sentences* commentary of William of Cremona OFM. For a study of the manuscript, see W.J. COURTENAY, "Friedrich von Regensburg and Fribourg Cordeliers 26", in *Die Philosophie im 14. und 15. Jahrhundert*, hrsg. v. O. PLUTA, Amsterdam 1988, 603-13.

[34] Basel, Universitätsbibliothek, A.VI.22, ff. 19v-29r (GUILELMUS DE OCKHAM, *Ordinatio* d.1 qq.1-4), and ff. 177r-179r (ADAMUS DE WODEHAM, *Reportatio* IV q.11).

[35] Basel, UB, A.VI.22, ff. 5r-6v.

[36] Basel, UB, A.VI.22, ff. 194r-198v (*Questio de cognitione anime Christi*); A.II.26, ff. 194-196 (fragment of his *Lectura super primum Sententiarum*, according to Stegmüller).

and Henry Totting of Oyta,[37] the Prague and Parisian theologian who abbreviated the *Sentences* commentary of Adam Wodeham. The Dominican library contained the *Moralitates* of Robert Holcot[38] and one of the only three known manuscripts of Crathorn's *Questions on the Sentences*.[39] Less remarkable perhaps are the two copies of Heinrich de Cervo's *Lectura super libros Sententiarum*, one a complete work (B.V.27) and one made up of select questions interspersed with questions from James of Eltville and other authors (A.VI.22). Although Cervo has been described as a Cologne Thomist with no connection to Paris, his work shows a familiarity with (and quotes arguments from) Walter Burley and John of Mirecourt. The present Basel library also holds a copy of John Hiltalingen of Basel's *Lectura super primum et secundum Sententiarum*, which may have belonged to the Augustinian Canons at Basel.[40] What strikes one is the diversity of the works ranging from commentaries on Scripture to the highest level of Scholastic theological debate, a diversity that included Oxford authors as well as Parisian. Although what remains today is in no way a complete collection of fourteenth-century university thought, the Dominican and other Basel libraries did contain the core as well as some of the more controversial philosophical and theological texts from Oxford, Paris, Bologna and Prague.

With the Franciscan convent at Basel we know the names of many of the principal Lectors in the fourteenth century, although none of them are known to have been bachelors or doctors of theology from Paris.[41] Already in the third quarter of the thirteenth century Heinrich of Isny composed an abbreviation of Bonaventure's commentary on the *Sentences* and was Lector at the Franciscan convents of Basel and Mainz before becom-

---

[37] Basel, UB, A.X.120, ff. 186-190: "Articuli sex, de quibus eum Adalbertus Ranconis de Ericinio accusavit in curia Avinionensi anno 1371."

[38] Basel, UB, B.VIII.10, ff. 1r-16v, formerly belonging to the library of the Dominican convent.

[39] Basel, UB, B.V.30, also once belonging to the the Dominican convent at Basel. On the Dominican library, see P. SCHMIDT, "Die Bibliothek des ehemaliges Dominikanerklosters in Basel", in *Basler Zeitschrift für Geschichte und Altertumskunde* 18 (1919).

[40] Basel, UB, F.II.9, ff. 137r-194v; see the description of P. KÜNZLE, "Unbekannte Scholastiker-Handschriften der Universitätsbibliothek Basel", in Sapientiae Procerum Amore. *Mélanges Médiévistes offerts à Dom Jean-Pierre Müller O.S.B. à l'occasion de son 70ème anniversaire*, éd. T.W. KÖHLER (Studia Anselmiana philosophica theologica 63), Roma 1974, 467-94, at 469-72.

[41] On the Franciscan schools, see J. KNEPPER, *Das Schul- und Unterrichtswesen im Elsass*, Strasbourg 1905, to be used with caution; see also COURTENAY, "The Franciscan *Studia*" (see n. 28).

ing Bishop of Basel (1275) and Archbishop of Mainz (1286). Dietrich Göllin was Lector at Basel before his election as Provincial Minister for the Strasbourg province in 1280. Although later provincial ministers had previously been Lectors at other custodial schools: Berthold (1290) and Heinrich of Ravensburg (1303) at Constance; Albert of Marbach (1360) and Hesso of Lampertheim (1373) at Strasbourg, Basel remained one of the three most important teaching convents of the province throughout the fourteenth century. Few if any of these figures, some of them titled Doctors of Theology, are known to have taken the theological degree at Paris. The assumption is that they received that title by way of Avignon, either directly from the papal curia or by requesting a Parisian Doctor of Theology in Germany to accord that title to a mendicant candidate who had fulfilled all requirements for the degree.[42]

One can conclude from the above survey that although the number of scholars from southwestern Germany attending Paris was comparatively small, it dated back at least to the early fourteenth century and was principally confined to the cities and towns along the Rhine and the towns of the upper watershed of the Neckar and Danube rivers. It was primarily the mendicant orders, especially the Dominicans, Franciscans and Augustinians who, with only a minimal connection with the Paris *studium* in the case of the first two orders, nevertheless were the principal conduit for the dissemination of Parisian and Oxfordian philosophy and theology in the region in the fourteenth century. Thus, by the time of the foundation of the universities of Freiburg and Basel, there was a long-standing Scholastic tradition in the region on which to build.

University of Wisconsin, Madison

[42] An example is the 1381 request by Clement VII that John Hiltalingen of Basel, OESA, and a Parisian DTh, should make Marquard of Lindau, OFM, a Doctor of Theology (*CUP* 3, 302).

HOW TO PREPARE FOR A BA IN THE LATE MIDDLE AGES: *REPARATIONES* OR STUDY AIDS FOR LOGIC

CORNEILLE H. KNEEPKENS

I. Introduction

The manuscript München, Bayerische Staatsbibliothek, Clm 2971 contains a number of texts that were composed and collected, *expressis verbis*, as tools for students of the Arts faculty at the University of Cologne in 1482. They were intended to help students prepare for the preliminary and final examinations in their Bachelor's and Master's programmes. Because this collection provides some insight into the knowledge required to pass these exams, it represents a valuable starting point for investigating the relationship between the educational ideal and the reality. To what extent do the teaching programmes described in the statutes of medieval faculties of Arts and realised in the official course books correspond with the daily practices indicated by the unofficial study aids and exam preparation guides?[1]

An initial inspection of medieval university and Arts faculty statutes reveals an impressive curriculum and a wide range of thorough requirements that the student had to meet in order to pass the examinations. However, one may question the extent to which the official documents represent anything more than the ideal, one that might be at serious odds with the daily practices at most universities.[2] In modern terminology, it

---

[1] This essay is part of a collaborative project initiated in 2001 by the National Dutch Research School for Medieval Studies and the *Graduiertenkolleg* "Ars und Scientia" of the Eberhard-Karls-Universität zu Tübingen. Its aim is to study and prepare a partial edition of the collection of *reparationes* preserved in the manuscript, München, Bayerische Staatsbibliothek, Clm 2971. The participation of Dutch scholars is made possible by a grant from the Netherlands Organisation for Scientific Research (NOW). Thanks are due to Dr. R. Olsen for help with the English translation of this article.

[2] This is indicated in the—admittedly biased—invective by Johannes Butzbach (1477-1516), the humanist and prior of the Benedictine Abbey of Maria Laach, against the common Scholastic university system. In particular, he denounces the doubtfulness of the university examination practice, and the overvaluation of academic degrees, since anyone, whether good or bad, could easily acquire a Bachelor's, Master's or even Doctor's Degree, provided that he satisfied his financial obligations and regularly attended courses; cf.

was not uncommon for the official teaching objectives to differ from the effective results. To formulate it more positively, the university statutes and the official course books offer us insight into the intended intellectual capacities of students who had passed their exams, but they do not, in effect, tell us what students actually possessed in their intellectual toolkit when they left the university. What were the outlines, the essential points of a text or course that every student was expected to master in order legitimately to be called a Bachelor or Master of Arts? Are the statutes a reliable source of information about the intellectual life of the later Middle Ages? Undoubtedly, they provide a solid framework within which we can situate the teaching activities of individual teachers and examiners, but they do not inform us about the level of knowledge required by examiners. The same holds true for the manuals and course books used in Arts faculties; they are a precious source for the intellectual and philosophical standards of the faculties' top Masters, but we might question if the average Bachelor of Arts really obtained the same level. The majority of modern research focuses on the part played by the *lectiones ordinariae* and *disputationes* in the medieval educational system, but the extensive area of sub-official study material (such as the *exercitia*, *repetitiones* and *resumptiones*) has hardly been the subject of any systematic research.[3] To cultivate some understanding about this grey area of university teaching,

JOHANNES BUTZBACH, *Odeporicon*. Zweisprachige Ausgabe. Einleitung, Übersetzung und Kommentar v. A. BERIGER, Weinheim 1991, 296-99; see also A.R. PERREIAH, "Logic Examinations in Padua *circa* 1400", in *History of Education* 13 (1984), 85-103, esp. 85-86.

[3] For a useful introduction to the *exercitium* see A. MAIERÙ, *University Training in Medieval Europe*. Trans. and ed. D.N. PRYDS (Education and Society in the Middle Ages and Renaissance 3), Leiden 1994, 125-27. In addition, passing observations about the *exercitia* are scattered over several publications; cf., e.g., A. KENNY and J. PINBORG, "Medieval Philosophical Literature", in *The Cambridge History of Later Medieval Philosophy. From the Rediscovery of Aristotle to the Disintegration of Scholasticism 1100-1600*, ed. N. KRETZMANN, A. KENNY and J. PINBORG, Cambridge 1982, 9-42, esp. 21, 23; E. MEUTHEN, *Die alte Universität* (Kölner Universitätsgeschichte 1), Köln-Wien 1988, 71, 91-92; O. WEIJERS, "Le vocabulaire de l'enseignement et des examens de l'université de Cologne", in *Die Kölner Universität im Mittelalter. Geistige Wurzeln und soziale Wirklichkeit*, hrsg. v. A. ZIMMERMANN (Miscellanea Mediaevalia 20), Berlin-New York 1989, 415-32, and G. KAUFMANN, *Geschichte der deutschen Universitäten* II. *Entstehung und Entwicklung des deutschen Universitäten bis zum Ausgang des Mittelalters*, Stuttgart 1896, anast. reprt. Graz 1958, 365-69. All the same, the terms *exercitium*, *repetitor* and *resumere/resumptio* are generally not included as technical terms in terminological studies on this essential area of medieval academic education; see for example M. TEEUWEN, *The Vocabulary of Intellectual Life in the Middle Ages* (CIVICIMA. Études sur le vocabulaire intellectuel du Moyen Âge 10), Turnhout 2003.

we must put aside the statutes and question-commentaries in order to explore other academic genres that might provide a penetrating glimpse into the other side of university education: the routine study and examination practices revealed by the extensive study-aids that every medieval Arts student had at his disposal and to which Grabmann devoted a seminal study as early as 1939.[4]

In this essay, I shall confine myself to the lowest level of academic education: the Bachelor of Arts degree. It appears that the majority of the medieval students fortunate enough to acquire any academic degree left the university with the qualification of Bachelor of Arts. Schwinges has shown that about 47% of the students passed their Bachelor's examination at the University of Cologne in the second half of the fifteenth century, a remarkably high proportion for the time. At Basel only 42% of the students succeeded in gaining the degree of Bachelor of Arts.[5] The picture of the University of Leipzig, another large German university of the time, is even less favourable. Only 35% of the matriculated students in 1484 obtained a Bachelor's degree. In Cologne, the degree of Master of Arts, the next step on the academic ladder, was obtained by only 45% of Bachelors of Arts, which means that of 100 freshmen about 20 left the faculty with the final degree,[6] whereas at Leipzig 330 freshmen matriculated in 1484, 109 of them becoming Bachelors of Arts, while only 19 of them left the Faculty of Arts with the Master's degree (about 6%).[7] This implies that Bachelors of Arts constituted the majority of those holding academic degrees in medieval society. They were not necessarily the most influential but were, nevertheless, a substantial and active part of the intellectual backbone in the medieval community. According to the university teaching programme, this intellectual lower middle class should have received

[4] M. GRABMANN, *Methoden und Hilfsmittel des Aristotelesstudiums im Mittelalter* (Sitzungsberichte der Bayerischen Akademie der Wissenschaften, Philosophisch-Historische Abteilung, 1939/5), München 1939, anast. reprt. in IDEM, *Gesammelte Akademieabhandlungen* (Veröffentlichungen des Grabmann Institutes N.F. 25.2), Paderborn 1979, 1447-1637.

[5] R.C. SCHWINGES, "Sozialgeschichtliche Aspekte spätmittelalterlicher Studentenbursen in Deutschland", in *Schulen und Studium im sozialen Wandel des hohen und späten Mittelalters*, hrsg. v. J. FRIED (Vorträge und Forschungen 30), Sigmaringen 1986, 527-64, esp. 546.

[6] IDEM, *ibid.*, 561; see also MEUTHEN, *Die alte Universität* 1 (see n. 3), 117, who supplies numbers that are even more favourable to Cologne University.

[7] Cf. *Die Matrikel der Universität Leipzig*, 3 Bde., hrsg. v. G. ERLER, Leipzig 1895-1903, anast. reprt. Nendeln 1976, here Bd. 1, 340-45.

training in typically Scholastic lines of thought, analytical attitudes, and problem solving approaches. Yet, what did this level of Scholastic training really entail?

The official requirements for the Bachelor's examination at the University of Cologne are well-known.[8] According to the statutes of 1392, students had to prove themselves capable of performing the *sophismata* exercises in a qualified manner, as well as to have completed courses on the *Summulae* of Peter of Spain or of John Buridan, the *ars vetus* and the *ars nova*, one book of the *Physica*, and one of *De anima*. Moreover, they were to swear that, at some time, they had taken a course on the *Parva Logicalia* conducted by an active teacher who did not refrain from asking questions in class.[9] Incidentally, the *Summulae* and the *Parva Logicalia* were the only logical and philosophical texts that a Bachelor was allowed to read; his license was otherwise confined to the reading of grammar and rhetoric. The sections of the *Parva Logicalia* that were to be the subject of the courses are specified by name: the *suppositiones*, *ampliationes*, *appellationes*, *consequentiae*, *obligatoria* and *insolubilia*.[10]

In this essay, I will focus on those parts of the Cologne examination syllabus that deal with the most elementary texts in the logic curriculum: the *ars vetus* and the *Parva Logicalia*. Unfortunately, this collection of study materials does not include a separate text on Peter of Spain's *Tractatus*, which also was a requirement in the Bachelor's programme at Cologne.[11] As we shall see, the *Tractatus* was an essential pre-requisite for studying the *ars vetus* and the *Parva Logicalia*. After a concise description of the manuscript and its contents, I will pay special attention to the

---

[8] For the 1392 statutes of the Faculty of Arts, see J.F. VON BIANCO, *Die alte Universität Köln sowie die zu Köln administrierten Studienstiftungen* 1, Köln [2]1855, anast. reprt. Aalen 1974, 59-73; see also S. CLASEN, "Der Studiengang an der Kölner Artistenfakultät", in Artes liberales *von der antiken Bildung zur Wissenschaft des Mittelalters*, hrsg. v. J. KOCH (Studien und Texte zur Geistesgeschichte des Mittelalters 5), Leiden-Köln 1976, 124-36.

[9] The requirements referred to by CLASEN, "Der Studiengang" (see n. 8), 126, are taken from the *Statuta reformata* of 1522; cf. VON BIANCO, *Die alte Universität Köln* 1 (see n. 8), 288-316, esp. 297, 307-8.

[10] VON BIANCO, *Die alte Universität Köln* 1 (see n. 8), 64: "Item statuimus quod promovendi ad gradum Bacalariatus teneantur audivisse hic vel alibi a magistro vel Bacalario, cum questionibus diligenter [+ diligente *ed.*] parva logicalia, scilicet Suppositiones [Supponentes *ed.*], Ampliationes, Appellationes, Consequentias, Obligatoria, et Insolubilia."

[11] Cf. IDEM, *ibid.*, 64: "Nullus admittatur ad examen pro gradu Bacalariatus nisi prius juraverit in manus Decani vel ejus vicesgerentis, se esse in secundo anno Studii... et audivisse libros infrascriptos in scolis facultatis cum diligentia, videlicet Summulas Petri Hispani vel Byridani...."

following topics: First, I shall examine the way in which this syllabus and the related contemporary question-commentaries deal with the texts of the *ars vetus* and the *Parva Logicalia*, which were traditional requirements for the Bachelor's examination; second, as I have shown elsewhere,[12] the *Perihermeneias* section of the *ars vetus* in this examination syllabus bears an Albertist stamp; I will argue that the same holds true for the sections of Porphyry's *Isagoge* and the *Parva Logicalia* and that, consequently, the famous *Wegestreit* pervaded even the lowest level of the logic curriculum.

II. The Manuscript München, Bayerische Staatsbibliothek, Clm 2971

The Munich manuscript is a composite codex which consists of at least three codicologically independent parts. A note on the fly-leaf says that it was composed in 1482 as an aid to the preliminary (*temptamen*) and final (*examen*) Bachelor's and Master's examinations in the Red Room.[13] It was specifically compiled for the students who were educated according to the principles of the Thomistic school of thought.[14] The texts preserved in the manuscript are called *principalia puncta sive reperationes*, a designation that clearly points to the didactic activity of testing and drilling. We must bear in mind that, although the title *reparationes* was frequently used, it applies to various didactic sub-genres ranging from concise commentaries complete with minor questions[15] that could have served as text-

[12] C.H. KNEEPKENS, "*Nam defecatum vas quandoque servat amatum*. Elementary Aids-to-study: An Unconventional Access to Late-Medieval University Philosophy", in *Bulletin de philosophie médiévale* 45 (2003), 105-29.

[13] The *Rubea camera* (Red Room) was the official examination room for the Faculty of Arts at Cologne University; cf. MEUTHEN, *Die alte Universität* (see n. 3), 118.

[14] On f. 0r, one reads: "In hoc liebro continentur principalia / puncta siue reperaciones pro gradu baccalariatus / et magisterii secundum uiam sancti thome / et ritum uniuersitatis colloniensis 1482 / que solent queri in temptamine et examine / in rubea camera 1482 / [in another hand:] Georgius Perndorffer eiusdem uniuersitatis / coloniensis Bacc<alarius> arcium Anno 1486."

[15] E.g., the *Epitomata siue reparationes logice veteris et noue Aristotelis* by ARNOLDUS TONGRENSIS (†1540) (hereafter *Com. AV*); I am using the edition printed at Cologne by Henricus Quentell on 5 July 1496 (*GW* 2514). For Arnoldus, see C.H. LOHR, "Medieval Latin Aristotle Commentaries. Authors A-F", in *Traditio* 23 (1967), 313-413, esp. 369; G.-R. TEWES, *Die Bursen der Kölner Artisten-Fakultät bis zur Mitte des 16. Jahrhunderts* (Studien zur Geschichte der Universität zu Köln 13), Köln 1993, 62-; M.J.F.M. HOENEN, "The *Reparationes librorum totius naturalis philosophiae* (Cologne 1494) as a Source for the Late Medieval Debates between *Albertistae* and *Thomistae*", in *Documenti e studi sulla tradizione filosofica medievale* 4 (1993), 307-44, esp. 310, 314.

books for the academic *exercitia* to elementary texts mainly composed for self-tuition and supported by a wealth of diagrams. On the other hand, the genre of the *reparationes* as such always has a direct link to the texts that were part of the official university curriculum. All of the *reparationes* are subordinate to curriculum texts; they are study aids for texts and not independent treatises.

According to Dekker,[16] the present state of the codex may be due to Georgius Perndorffer, who had it in his possession in 1486 and was responsible for its transfer from Cologne to the south of Germany. The first two parts were written by two students, namely Alexius Haller and Anthonius Witstock.[17] Both parts were in Haller's possession and were likely combined by him into one codex before he wrote the text on the fly-leaf, since the part that he wrote himself concerns only the Master's examination, whereas the note also mentions the Bachelor's examination. The Bachelor's texts are found only in the Witstock part, where we also find several remarks by Haller in the margins. Although Haller's explicit reference to the Thomistic flavour of the collection in the fly-leaf note would imply that it was composed to support students of the Thomistic *Bursa Montana*,[18] several of the texts written by Witstock, a student of the Albertist *Bursa Laurentiana*, display an undeniable Albertist origin.

This collection (especially the Witstock sections that cover *inter alia* the *ars vetus* and the *Parva Logicalia*) gives an excellent opportunity to discover and examine the minor doctrinal differences between the several late-medieval schools of thought, discrepancies that are generally neglected in polemic texts. Moreover, these texts enable us to gain some insight into the level of knowledge that the prospective Bachelors of Arts actually were expected to have mastered.[19]

* * *

---

[16] D.J. DEKKER, "Die *Reparationes* München BSB CLM 1971 (A.D.) als Instrument der Wissensvermittlung an der Kölner Universität", an internal paper that will be published in the near future.

[17] IDEM, *ibid.*

[18] For a survey of the *bursae* at Cologne University and their doctrinal particularities, see MEUTHEN, *Die alte Universität* (see n. 3), 88-97, 189-91.

[19] For an overall view of the procedures of the Arts faculty at Cologne, see CLASEN, "Der Studiengang" (see n. 8), 124-36.

III. The Examination *Reparationes* and the Cologne Statutes on the *Ars vetus* and *Parva Logicalia*

This section will investigate the treatment of the traditional texts of the *ars vetus* and *Parva Logicalia* in the examination syllabus and compare it to the approaches found in the Cologne statutes of 1392 and the official question-commentaries. The commentaries selected for this comparison have been composed by authors from both *factiones* involved: the Albertists and Thomists.[20] The comprehensive commentaries on the *ars vetus*, on Peter of Spain's *Tractatus* or *Summulae*, on the *Parva Logicalia* by Gerardus de Harderwijc,[21] and the more concise *Reparationes* on the *ars vetus* by Arnoldus Luydius Tongrensis[22] are representative of the Albertists. The Thomists are represented by the *Copulata* on the *ars vetus*, on Peter of Spain, and on the *Parva Logicalia* by Lambertus de Monte Domini ('s-Heerenberg).[23] Furthermore, I have used Johannes Versoris' commentaries on the *ars vetus* and Peter of Spain's *Summulae*, which are said to be Thomistic with an Albertist flavour.[24] Occasional references are

[20] In Cologne, the Albertists had their basis in the *Bursa Laurentii* or *Laurentiana*, whereas the *Bursa Montis* or *Montana* was Thomistic. For a general introduction to the late-medieval philosophical schools, see M.J.F.M. HOENEN, "Thomismus, Skotismus und Albertismus. Das Entstehen und die Bedeutung von philosophischen Schulen im späten Mittelalter", in *Bochumer Philosophisches Jahrbuch für Antike und Mittelalter* 2 (1997), 81-103.

[21] For Gerardus de Harderwijc (*immatr.* Cologne 1468-†1503), see C.H. LOHR, "Medieval Latin Aristotle Commentaries. Authors G-I", in *Traditio* 24 (1968), 149-245, esp. 161-62; H.A.G. BRAAKHUIS, "School Philosophy and Philosophical Schools. The Semantic-Ontological Views in the Cologne Commentaries on Peter of Spain, and the *Wegestreit*", in *Die Kölner Universität im Mittelalter*, hrsg. v. A. ZIMMERMANN (Miscellanea Mediaevalia 20), Berlin-New York 1989, 1-18; TEWES, *Die Bursen* (see n. 15), 62-, and HOENEN, "The *Reparationes*" (see n. 15), 310-11, 313.

[22] See above, n. 15

[23] For Lambertus de Monte Domini (ca. 1434-1499), see H.L.P. LEEUWENBERG, "Lambertus van 's-Heerenberg (de Monte Domini) (†1499): een nederlands geleerde aan de universiteit van Keulen", in *Tijdschrift voor geschiedenis* 85 (1972), 325-49, esp. 337-38; C.H. LOHR, "Medieval Latin Aristotle Commentaries. Authors: Johannes de Kanthi – Myngodus", in *Traditio* 27 (1971), 251-351, esp. 310: "Processus Lamberti de Monte (Bursa Montana).... Copulata Veteris Artis Aristotelis secundum viam thomistarum."

[24] For Johannes Versoris (after †1482), see LOHR, "Commentaries. Authors: Johannes de Kanthi – Myngodus" (see n. 23), 251-351, esp. 290-99, who remarks, 290: "Thomist, 'sed Albertizabat'." E.P. BOS, "John Versor's Albertism in his Commentaries on Porphyry and the *Categories*", in *Chemins de la pensée médiévale. Études offertes à Zenon Kaluza*, éd. P.J.J.M. BAKKER (Textes et Études du Moyen Âge 20), Turnhout 2002, 47-78; P. RUTTEN, "*Secundum processum et mentem Versoris*: John Versor and His Relation to the Schools of

also made to the commentaries by the Scotists Johannes de Magistris and Nicolaus de Orbellis or Dorbellius.[25]

(A) The *Ars Vetus*

A preliminary inspection reveals differences in the books that were commented on. The commentaries by Gerard of Harderwijc, Arnold of Tongeren, Lambert de Monte and John Versor include comments on the traditional four *ars vetus* texts: Prophyry's *Isagoge*, Aristotle's *Categories* or *Praedicamenta*, Pseudo-Gilbert of Poitiers' *Liber de sex principiis*, a text that was supplementary to the *Categories*,[26] and finally the two books of the *Perihermeneias*. Such works are also encountered in other commentaries on the *ars vetus*, for instance in the printed edition of texts by Walter Burley.[27]

The examination syllabus deals only with three works: the *Isagoge*, the *Categories* and the *Perihermeneias*. The omission of Pseudo-Gilbert's *Liber sex principiorum* does not, however, allow us to conclude that the compiler of the examination syllabus considered this work to be irrelevant to the prospective Bachelor and therefore omissible. A closer examination of the text shows that the section on the *Categories* does not just refer to the comments on Aristotle's authentic works. The chapter on the category of quality is immediately followed by a discussion of the six minor categories: *actio*, *passio*, *quando*, *ubi*, *situs* or *position* and *habitus*. In his *Categories*, Aristotle summarized the treatment of these categories in one

---

Thought Reconsidered", in *Vivarium* 43 (2005), 292-336; O. WEIJERS, *Le travail intellectuel à la Faculté des arts de Paris: textes et maîtres (ca. 1200-1500)* 5 (Studia Artistarum 11.5), Turnhout 2003, 170-76. I used JOHANNES VERSOR, *Quaestiones super totam veterem artem Aristotelis*, Köln 1494, anast. reprt. Frankfurt a.M. 1967 (hereafter *Com. AV*), and JOHANNES PAPA XXI, *Summulae logicales: cum Versorii Parisiensis clarissima expositione*, Venezia 1572, anast. reprt. Hildesheim-New York 1981 (hereafter *Com. PH*).

[25] For Johannes de Magistris (*floruit* second half s. XV), see LOHR, "Commentaries. Authors: Johannes de Kanthi – Myngodus" (see n. 23), 257-61, and WEIJERS, *Le travail intellectuel* (see n. 24), 116-18. For Nicolaus de Orbellis (†1475), see C.H. LOHR, "Medieval Latin Aristotle Commentaries. Authors: Narcissus – Richardus", in *Traditio* 28 (1972), 281-396, esp. 288-90, and O. WEIJERS, *Le travail intellectuel à la Faculté des arts de Paris: textes et maîtres (ca. 1200-1500)* 6 (Studia Artistarum 13), Turnhout 2005, 166-68.

[26] Cf. ARISTOTELES LATINUS I.6.7: *Categoriarum supplementa: Porphyrii Isagoge, translatio* BOETHII *et Anonymi fragmentum vulgo vocatum 'Liber sex principiorum'*, ed. L. MINIO-PALUELLO, Bruges-Paris 1966, xxxix-lxii, 33-59.

[27] I am referring to GUALTERUS BURLAEUS, *Super artem veterem Porphirii et Aristotelis*, Venezia (Otinus de Luna of Pavia) 1497.

very concise chapter. He only touches on *actio* and *passio*. For the category of *situs*, the Stagirite refers his readers to the chapter on the relatives; in his opinion, the other three are subject to common sense and do not, therefore, require any further explanation.[28] Aristotle concludes his booklet on the categories with the well-known discussion of the five *postpraedicamenta*: *oppositio*, *prius*, *simul*, *motus* and *habere*.

In the examination syllabus, the discussion of Aristotle's *Categories* is divided into three sections: first, the *antepraedicamenta*, followed by a full discussion of all ten categories, and finally, the five *postpraedicamenta*. No mention is made of the incomplete treatment of the categories found in Aristotle's original work. A comparison of the syllabus text with the *Liber sex principiorum* shows that parts of the syllabus text are based on the Pseudo-Gilbert text but that there also must have been an additional source. This was likely Peter of Spain's *Summulae*, a text that also restricts its treatment of the categories to brief discussions of *qualitas*, *actio* and *passio*, after which Peter switches to the *postpraedicamenta*, in fact following Aristotle's lead.[29] Furthermore, the wording and contents of the syllabus text shows a greater affinity with Peter of Spain's discussions of *actio* and *passio* than with Aristotle's:

Aristoteles, *Categoriae*[30]	Peter of Spain, *De predicam.*[31]	Cologne Syll., *De predicam.*[32]
De facere et pati.	*De actione* Actio est secundum quam	*De praedicamento actionis* Actio est secundum quam in id

[28] ARISTOTELES LATINUS I.1.5: *Categoriae vel praedicamenta, translatio* BOETHII c.10, (11b9-16), ed. L. MINIO-PALUELLO, Bruges-Paris 1961, 30.19-24: "Ac de his quidem haec dicta sunt; dictum est autem et de situ in relativis, quoniam denominative a positionibus dicitur. De reliquis vero, id est quando et ubi et habere, propterea quod manifesta sunt, nihil de his ultra dicitur quam quod in principio dictum est, quod habere significat calciatum esse vel armatum, ubi vero in Lycio, vel alia quaecumque de his dicta sunt. [10] Igitur de generibus quae proposuimus sufficienter dictum est."

[29] PETRUS HISPANUS, *Tractatus* III.28-29, ed. L.M. DE RIJK, in PETRUS HISPANUS, *Tractatus: Called afterwards Summule Logicales*, first critical ed. from the manuscripts with an introd. by DE RIJK (Philosophical Texts and Studies 22), Assen 1972, 39.1-7: "*De passione*. Passio est effectus illatioque actionis, ut calefieri efficitur et infertur a calefacere. Proprium autem passionis est primo inferri ex actione. Item. Passio non est in agente, sed in patiente. De reliquis autem sufficiant modo que dicta sunt prius. *De quadruplici oppositione*. [29] Dicitur autem alterum alteri opponi quadrupliciter."

[30] ARISTOTELES LATINUS, *Categoriae* c.9, (11b1-7), ed. MINIO-PALUELLO (see n. 28), 30.12-18.

[31] PETRUS HISPANUS, *Tractatus* III.27-28, ed. DE RIJK (see n. 29), 38.17-39.6.

[32] München, BSB, Clm 2971, f. 148r-v.

	in id quod subicitur, agere dicimur. Ut secans dicitur aliquid agere eoquod secat. Unde sectio est actio et secundum sectionem agit secans in eo quod secatur. Et percussio est actio.	quod subicitur agere dicimur, ut secans in eo quod secat.
		Et est definitio descriptiva, quia definitur per suam propriam denominationem quae est agere. Et actio est duplex, scilicet corporis et animae. Actio corporis est in qua agens in agendo repatitur. Sed actio anime est....
	Proprium est actionis ex se inferre passionem.	Proprietates: Proprium est actioni ex se inferre passionem.
Suscipit autem et facere et pati contrarietatem et magis et minus; calefacere enim et frigidum facere contraria sunt, et calefieri et frigidum fieri, et delectari et contristari; quare suscipit contrarietatem facere et pati.	Recipiunt autem facere et pati contrarietates. Calefacere enim ei quod est frigefacere contrarium est, et calidum fieri ad frigidum fieri, et delectari ad tristari.	Actio et passio suscipiunt contrarietatem.
Et magis autem et minus; est enim calefacere et magis et minus, et calefieri magis et minus, et contristari. Suscipiunt ergo et magis et minus facere et pati.	Item. Recipiunt magis et minus. Calefacere enim magis et minus dicitur et calefieri et delectari et tristari magis et minus.	Actio et passio suscipiunt magis et minus.
		Actio et passio fundantur in motu.
	De passione Passio est effectus illatioque actionis, ut calefieri efficitur et infertur a calefacere.	*De passione* Passio est effectus illatioque actionis secundum quam haec quidam patiuntur, illa vero minime. Nota quod '-que' debet capi expositive hic, ut sit sensus: 'passio est effectus illatioque actionis': passio est effectus, – '-que': idest –, idest

		illatio actionis, idest primus et immediatus effectus actionis. Et quod secundum passionem quaedam patiuntur, quaedam vere non, hoc est verum, quoniam illa agentia que non communicant in materia cum passo (f. 148v), non patiuntur secundum passionem in agendo, ut corpora celestia non patiuntur, tamen agunt in ista inferiora. Vel potest ly 'minime' teneri positive et non solum negative. Et tunc est sensus, quod secundum passionem quaedam patiuntur magis et quaedam minus. Unde dicit quod quedam sunt animantiora quibusdam.
		Proprietates
	Proprium autem passionis est primo inferri ex actione.	Proprium passionis est inferri ex actione
	Item. Passio non est in agente, sed in patiente.	
	De reliquis autem sufficiant modo que dicta sunt prius.	Require alias proprietates in actione.

Further evidence is also provided by the late-medieval *Summulae* versions, which deviate substantially from the thirteenth-century "original" product. In the later texts, the chapter on *passio* is immediately followed by Peter of Spain's final statement on the categories: "What has been said before, should be sufficient for the other categories." Subsequently, there is an explicit statement indicating that the discussion of the last four categories does not derive from Peter of Spain's *Summulae* ("what follows about the other four categories is not found in Peter of Spain's *Summulae*").[33] Several late medieval commentators on Peter of Spain, including

[33] PETRUS HISPANUS, *Summulae*, Leipzig (Melchior Lotter) 10.07.1499, f. D-iiii v°: "De reliquis vero que dicta sunt modo sufficiant. Que sequuntur de aliis quattuor predicamentis non sunt dicta a Petro Hispano." I have used the electronic copy of the Herzog August Bibliothek, Wolfenbüttel.

Gerard of Harderwijc,[34] Lambert de Monte,[35] John Versor,[36] Dorbellius[37] and also the nominalist John Buridan,[38] knew that the source of the supplementary text on the last four categories was not Peter of Spain but Pseudo-Gilbert. They explicitly mention the *Liber sex principiorum* as the source for their comments on this part of the *Summulae*. A similar dual underpinning by both the fifteenth-century Peter of Spain text and the Pseudo-Gilbert text is also noticeable in the examination syllabus. Evidence of borrowing from the Pseudo-Gilbert can be derived from the fact that the syllabus mentions the division of *actio* into *actio corporis* and *actio animae*, which is not found in Peter of Spain's text but stems from the *Liber sex principiorum*.[39] Neither Gerard of Harderwijc nor Lambert

---

[34] GERARDUS DE HARDERWIJC, *Copulata Petri Hyspani secundum processum Burse Laurentii*, Köln (Henricus Quentell) 1488 (hereafter *Com. PH*), f. p-viii r°: "Postquam determinatum est de actione et passione, de quibus summarie determinauit Arestoteles, nunc consequenter determinandum est de residuis quattuor generibus a Gilberto diffuse et exquisite traditis."

[35] LAMBERTUS DE MONTE DOMINI, *Textus et Copulata omnium Tractatuum Petri Hispani... secundum doctrinam irrefragibilem diui Thome Aquinatis*, Nürnberg (Antonius Koberger) 1494 (hereafter *Com. PH*), f. T-iii v°: "Postquam autor determinauit de actione et passione, que ex se inuicem dependent in cognitione, hic consequenter determinat de 'quando'. Et primo diffinit ipsum, secundo diuidit, tercio ponit eius proprietates. Dicit ergo primo quod 'quando' est quod ex adiacentia temporis in re temporali derelinquitur, ut hodie esse, cras fore. Tunc ibi (Item duplex) diuidit 'quando' in simplex et compositum ad diuisionem temporis, ut latius patet in Gilberto." I have used the electronic copy of the Herzog August Bibliothek, Wolfenbüttel.

[36] IOANNES VERSORIS, *Com. PH* (see n. 24), 105C: "Postquam Auctor determinauit de actione et passione, hic consequenter est determinandum de quattuor praedicamentis ultimis, de quibus aut nullam aut paruam facit Auctor mentionem. Et primo de Quando, quod ab Auctore Sex Principiorum sic definitur."

[37] NICOLAUS DORBELLIUS, *Summule philosophie seu logica... secundum doctrinam doctoris subtilis Scoti*, Basel (Michael Furter) 1494, f. E-vii v°b: "De ceteris autem predicamentis, scilicet 'quando', 'ubi', 'situs' et 'habitus', non facit auctor mentionem nisi in generali, et ideo de his breuiter me expediam, et primo de predicamento 'quando', quod sic diffinitur ab auctore Sex Principiorum."

[38] IOANNES BURIDANUS, *Summulae in praedicamenta* 3.6.1, ed. E.P. BOS (Artistarium 10.3), 76.1-6: "Notandum est quod de actione et passione et de aliis quattuor ultimis praedicamentis ego non intendo sequi doctrinam illius Sex Principiorum. Quia puto quod erravit ex eo quod credidit nullos terminos diversorum praedicamentorum posse supponere pro eodem. Ideo credidit quod actio esset una forma et passio alia, et quod passio esset effectus actionis; quod totum est falsum. Ideo dicta eius fecerunt multos errare."

[39] Examination syllabus, München, BSB, Clm 2971, f. 148r: "Actio est secundum quam in id quod subicitur agere dicimur, ut secans eo quod secat.... Et actio est duplex, scilicet corporis et animae." For Peter of Spain's text, see above, pp. 71-72; for the *Liber sex principiorum* see ARISTOTELES LATINUS, *Categoriarum supplementa*, ed. MINIO-PALUELLO

de Monte commented on this division in their *Copulata* on Peter of Spain's *Summulae*, but, as is to be expected, Gerard, Lambert and Arnold all pay extensive attention to this topic in discussions of the *Liber sex principiorum* in their commentaries on the *ars vetus*.[40]

(B) The *Parva Logicalia*

The introduction to the *Parva Logicalia* in the examination syllabus provides a list of the nine treatises that should make up the *Parva Logicalia*, divided into two sets. The first group consists of six treatises that were handed down by the *antiqui*; the other three treatises were composed and developed by the *moderni*.[41] I will not enter into a discussion about the number of the treatises and the order in which they are presented in the various texts on the *Parva Logicalia*. Instead, I will draw attention to the fact that the compiler of the syllabus appended descriptions for only six of the nine treatises mentioned in his list: the *suppositiones*, *ampliationes*, *appellationes*, *obligatoria*, *insolubilia* and *consequentiae*. At first glance, one might feel inclined to attribute the omitted descriptions of the other three treatises to the compiler's negligence. However, closer inspection shows that it was not negligence but something done deliberately. According to the 1392 statutes of the Arts faculty at the University of Cologne, a candidate for the Bachelor's degree was examined *inter alia* on the *Parva Logicalia*. The treatises on this text that should be prepared for the examination are mentioned by name: the *suppositiones*, *ampliationes*, *appellationes*, *consequentiae*, *obligatoria* and *insolubilia*.[42] The list appears to be exhaustive. The compiler of the syllabus apparently confined himself to presenting only the compulsory examination material. Further support for this thesis can be found in a section of the prologue to Lambert de Monte's *Copulata* on the *Parva Logicalia*. Lambert discusses the number

(see n. 26), 38.14-16: "Actio vero est secundum quam in id quod subicitur agere dicimur, ut 'secans' quis eoquod secet dicitur. Est autem alia quidem animae, alia vero corporis."

[40] It is remarkable that the Scotist IOANNES DE MAGISTRIS does not pay any attention to the Pseudo-Gilbert in his commentary on the *ars vetus*; cf. his *Questiones super totum cursum logice Porphyrii et Philosophi cum explanatione textus secundum mentem Scoti*, Basel (Michael Wenssler) before 1490.05.25. I have used a microfilm of the copy of the BSB, 4° Inc. s.a. 1193.

[41] Examination syllabus, München, BSB, Clm 2971, f. 158v: "Sex sunt tractatus *Parvorum Logicalium* traditi ab Antiquis: suppositio, ampliatio, restrictio, appellatio, distributio, syncategoremata. Item. Alii tres tractatus sunt appositi a Modernis: consequentiarum, insolubilium, obligatoriorum."

[42] See above, n. 10

of treatises that constitute the *Parva Logicalia* and enumerates eight treatises written by or attributed to Peter of Spain. He also points to three other treatises, the *obligatoria*, *insolubilia* and *consequentiae*. To his mind, the first two tracts are more extravagant than necessary—*curiosus* is the negative term Lambert uses—and the third one also suffers from many mistakes made by the *moderni*. However, one must bear in mind, the Thomist Lambert argues, that six treatises are read *formally* in the Faculty of Arts of the University of Cologne, by which he means that they are part of the *forma*, the examination programme. Consequently, when being examined about the number of the treatises of the *Parva Logicalia* in the Red Room (*in Rubea Camera*), the candidates must answer only the number and names of these six compulsory treatises: the *suppositiones*, *ampliationes*, *appellationes*, *consequentiae*, *obligatoria* and *insolubilia*.[43]

To summarize and offer a preliminary conclusion, the traditional commentaries on the *ars vetus* follow the canonical texts almost step-by-step in commenting on the *Categories* and the *Liber sex principiorum* separately. Peter of Spain also stuck to the original Aristotelian text, and did not introduce Pseudo-Gilbert's supplementary text, which was hardly known in the first decades of the thirteenth century. In the later Middle Ages, Peter of Spain's *Summulae* was augmented by including complementary discussions of the four categories not dealt with by Aristotle. The result was a complete and integral text on the ten categories, if only at an elementary level. Although the source of this supplementary matter was not mentioned in the late-medieval editions of Petrus Hispanus, it was

[43] LAMBERTUS DE MONTE DOMINI, *Copulata super omnes tractatus paruorum logicalium Petri hyspani ac super tres tractatus modernorum textui pulcerrime annotata in argumentis et replicis denuo diligentissime correcta iuxta inuiolatum processum magistrorum Colonie bursam montis regentium*, Nürnberg (Antonius Koberger) 1494 (hereafter *Com. PL*), f. I r°: "Queritur ergo primo quot sint tractatuli paruorum logicalium a Petro Hyspano traditi. Dicendum quod octo, scilicet tractatus suppositionum, relatiuorum, ampliationum, restrictionum, <appellationum>, distributionum, exponibilium et sincathegorematum. Est tamen uerum quod a multis tractatus exponibilium negatur esse Petri Hyspani. Sed preter istos sunt tres alii, scilicet obligatoriorum, insolubilium et consequentiarum. Quorum duo primi non sunt tam necessarii quam curiosi. Similiter et tercius habet nonnullos errores modernorum sibi insertos. Est etiam bene considerandum quod in alma uniuersitate Coloniensi ex statuto facultatis artium dumtaxat formaliter leguntur sex, scilicet suppositionum, ampliationum, appellationum, obligatoriorum, insolubilium et consequentiarum. Et ergo promouendi in facultate artium prenominate uniuersitatis cum fuerint in Rubea Chamera debent esse cauti et interrogati de numero illorum tractatuum respondere quod sint sex tractatus Paruorum Logicalium iuxta numerum nunc immediate traditum." I have used the electronic copy of the Herzog August Bibliothek, Wolfenbüttel.

evident to the commentators of Peter's *Tractatus* that it stemmed from Pseudo-Gilbert's work. As a consequence, they also used this text for their commentaries. In this respect, the examination syllabus sided with the contemporary editions of Peter of Spain's work against the *ars vetus* commentary tradition, as its discussions of the ten categories do not make any distinction between the original and the supplement. The sources of the content in the syllabus are, nevertheless, both the *ars vetus* and the commentaries on Peter of Spain. In effect, the information about the categories was streamlined for didactic reasons to make it easier to learn, though not completely simplified, as it was not completely identical with the commentaries on Peter of Spain's *Summulae*. The examination syllabus matched the material of the curriculum texts, while not being in formal agreement with them.

It appears that, even in the last decades of the fifteenth century, the candidates were constrained by the requirements of the late fourteenth-century statutes and were therefore prepared to give the correct answers as required by a century-old statute. It is this requirement that is reflected in the examination syllabus.

IV. The Examination Syllabus and the *Wegestreit*: The Subject of Logic

In the examination syllabus, the issue of the subject is repeatedly raised in beginning the discussion of each book of the *ars vetus* and *Parva Logicalia*. By contrast, the subject of logic is discussed in the *ars vetus* only in the introduction to the section on Porphyry. In this respect, the syllabus represents a compilation of official commentaries. However, unlike the commentaries, it leaves out any reference to the eight kinds of subject[44] and immediately focuses on that aspect of the discussion that was esteemed of paramount importance to the students: the subject of a discipline (*subiectum scientiae*). This is the subject that constitutes the unity of a discipline, distinguishes it from any other discipline and determines its

[44] See, e.g., IOANNES VERSORIS, *Com. PH* (see n. 24), 1E-F, who enumerates the (1) *subiectum alicuius potentiae*, (2) *famulus alicuius domini*, (3) *corpus positum sub alio*, (4) *subiectum accidentis*, (5) *subiectum propositionis*, (6) *subiectum propriae passionis*, (7) *subicibile*, (8) *subiectum attributionis*, which are included in the mnemonic verses: "obiectum (1), uerna (2), positum sub cui (3), quod inhaeret (4), / quod prius est copula (5), proprii (6), logicaliter infra (7), / quo simul ars haeret (8), sunt bis subiecta quaterna." One usually finds these verses in full in the commentaries on Peter of Spain, whereas the majority of the commentaries on the *ars vetus* confine themselves to a passing reference.

status (practical or theoretical, particular or universal) within the system of disciplines.[45] In the later Middle Ages, the subject that had to perform all these tasks was commonly called the *subiectum attributionis* and defined as "the most common thing in the discipline being considered and first known that does not transcend the boundaries of the discipline at issue, and according to which everything considered in the discipline is ordered and to which everything considered in the discipline is attributed."[46] However, notions about the subject of logic were not uniform. To complicate the matter, at least three kinds of subject surface in the discussions about the subject of a discipline.[47] The most important of them is the already-mentioned *subiectum attributionis*, sometimes also called the *subiectum speciale* or *subiectum commune*, the latter of which has proved to be a troublesome term. The second kind of subject is the *subiectum communitatis*,[48] also called the *subiectum commune transcendens*; it is the most common object dealt with in a discipline, one that, unlike the *subiectum attributionis*, transcends the boundaries of the discipline in question, i.e., it is also dealt with in other disciplines. Finally, we meet the *subiectum principalitatis*, which is the most important and central part of the *subiectum attributionis*. Since discussions about the subject of a discipline did not always include these three types and sometimes referred to them

[45] For an introduction to late medieval thinking about the notion of subject of knowledge or discipline (*subiectum scientiae*), see M. DREYER, "*Subiectum scientiae*. Mittelalterliche Wissenschaftstheorie und Subjektgedanke", in *Fluchtpunkt Subjekt. Facetten und Chancen des Subjektsgedankens*, hrsg. v. G. KRIEGER und H.-L. OLLIG, Paderborn 2001, 73-83.

[46] GERARDUS DE HARDERWIJC, *Commentaria in isagogas Porphirii phenicis per Anicium Manilium Seuerinum Boetium uirum... processum gymnasii laurentini Coloniensis....*, Köln (Henricus Quentell) 1494 (hereafter *Com. AV*), f. BB-i r°-v°: "subiectum attributionis, quod sic describitur: 'est quid communissimum in scientia consideratum, primo notum, non transcendens metas [sc. istius scientie], ad quod omnia in scientia considerata ordinem habent et attributionem....' Non oportet subiectum predicari de omnibus in scientia consideratis..., sed sufficit quod habeant quandam analogicam reductionem ad ipsum. Etiam non oportet subiectum predicari de omnibus in scientia consideratis in recto, sed sufficit quod predicetur in obliquo, et hoc modo bene predicatur argumentatio de nomine et uerbo. Dicimus enim vere: 'nomen est pars argumentationis', 'uerbum est pars argumentationis.'" I used a microfilm of the copy of the BSB, 2° Inc. c. a. 2999^{s}.

[47] I leave out the *subiectum haesionis*, i.e., the souls of discussion, as was also done by the majority of the medieval commentators, if they touched on it at all.

[48] Cf. IOANNES DUNS SCOTUS, *Quaestiones in librum Porphyrii Isagoge* q.2, ed. R. ANDREWS, G. ETZKORN, G. GÁL, R. GREEN, T. NOONE et R. WOOD, in *B. Ioannis Duns Scoti Opera philosophica* 1, St. Bonaventure, NY 1999, 9.3-6: "Quaeritur utrum logica sit scientia communis. Videtur quod non: Quia communitas scientiae est a communitate subiecti; subiectum logicae distinctum est a subiectis aliarum scientiarum."

under different names, the doctrine of the subject of a discipline can be viewed as one of the issues that characterize respective late medieval schools of thought.

In the discussions on the subject of a discipline, the Albertists (e.g., Gerard of Harderwijc and Arnold of Tongeren) tend to distinguish three kinds of *subiectum*: the *ens rationis* is the *subiectum communitatis* of logic, since the *ens rationis* is also the subject in grammar and rhetoric; the *argumentatio*, which is called a particular *ens rationis*, is the *subiectum attributionis* of logic; and finally, the *syllogismus*, which is the most important kind or species of *argumentatio*, is the *subiectum principalitatis*.[49] The last kind of subject, the *subiectum principalitatis*, is typical of the Albertists. It has its origins in Albert the Great's discussions of the subject of a discipline. In considering the subject of theology in his *Summa theologiae*, for the sake of illustration Albert develops the notion of the subject of the *prima philosophia* or metaphysics. *Ens* appears to be the subject that corresponds to the *subiectum attributionis*; the *subiectum communitatis* is comparable to Albert's *subiectum scientiae* as the *adminiculantia ad subiectum primo et secundo modo dictum*; but the *subiectum principalitatis* of metaphysics is God, for the principal part of metaphysics is about God and divine substances.[50] In his introduction to the

[49] GERARDUS DE HARDERWIJC, *Com. PH* (see n. 34), f. a-v v°: "ad quintum dicendum quod syllogismus est bene *subiectum principalitatis*, ut probat argumentum, sed non est subiectum attributionis.... Ad septimum est dicendum quod ens rationis est bene *subiectum communissimum et transcendens*, sed non est *subiectum attributionis*." IDEM, *Com. AV* (see n. 46), BB-i v°. "triplex potest assignari alicuius scientie subiectum, scilicet commune transcendens, subiectum proprium attributionis, et tercio subiectum principalitatis. Primum est ens rationis; secundum est argumentatio; tercium est syllogismus." ARNOLDUS TONGRENSIS, *Com. AV* (see n. 15), f. b-i r°: "triplex potest assignari alicuius scientie subiectum, scilicet *subiectum communitatis* seu transcendentie, *subiectum attributionis* et *subiectum principalitatis*. Iam subiectum communitatis in logica est bene ens rationis, et subiectum principalitatis syllogismus, sed sola argumentatio est subiectum attributionis."

[50] ALBERTUS MAGNUS, *Summa theologiae* I tr.1 q.3 c.1, ed. D. SIEDLER, in *Alberti Magni Opera Omnia* 34.1, Münster i.W. 1978, 10b.65-82: "Subiectum in scientiis tripliciter assignatur, scilicet quod principaliter intenditur et in principali parte scientiae, sicut deus dicitur esse subiectum primae philosophiae, quia in principali parte eius de deo intenditur et de substantiis divinis, quae separatae sunt.... Secundo modo assignatur subiectum in scientiis, de quo et de cuius partibus probantur passiones, sicut ens subiectum dicitur esse primae philosophiae.... Tertio modo assignatur subiectum scientiae, circa quod est continentia eius propter bonitatem et claritatem doctrinae, et talia sunt, quaecumque sunt adminiculantia ad subiectum primo modo vel secundo dictum." Cf. A. ZIMMERMANN, *Ontologie oder Metaphysik? Die Diskussion über den Gegenstand der Metaphysik im 13. und 14.*

Organon, Albert also discusses the subject of logic. For him, the *subiectum commune* of logic is the *argumentatio*, because logic is the discipline that deals with argumentation, its parts and kinds. Some people, Albert argues, propose the syllogism as this subject, but they are confusing the *subiectum commune* of logic with its *subiectum principale*.[51] It is important to emphasise that Albert's *subiectum commune* is the same as the later *subiectum attributionis*.

Unlike the Albertists, the Thomists accepted only two kinds of subject of a discipline. Lambert de Monte mentions the *ens rationis* as the *subiectum communitatis*, and the *argumentatio* as the *subiectum attributionis*. He notes that in logic some teachers introduce a third kind of subject, because they accept the *syllogismus* as the *subiectum principalitatis*.[52] He also refers to a similar situation in metaphysics, in which God is sometimes identified as its *subiectum principalitatis*, undoubtedly an allusion to the Albertists. A similar view is evident in the commentary by John Versor, but unlike Lambert he explicitly refers to Albert the Great as the

---

Jahrhundert. Texte und Untersuchungen, Leuven 1998, 186-98, esp. 186-87 n. 81, and A. DE LIBERA, *Albert le Grand et la philosophie*, Paris 1990, 44-47.

[51] ALBERTUS MAGNUS, *Logica* I, ed. A. BORGNET, in *Alberti Magni Opera Omnia* 1, Paris 1890, 6-7: "Inter species autem argumentationis praecipua est syllogismus. Propter quod quidam dixerunt quod logica tota est de syllogismo et partibus syllogismi, determinantes commune subjectum logicae secundum id quod est subjectum principale.... Propter quod syllogismus commune subjectum logicae esse non potest.... Propter quod cum logici intentio sit docere ea per quae per se venitur in notitiam ignoti per quod notum est, logicae subjectum est argumentatio, quia per argumentationem efficitur id quod intenditur."

[52] LAMBERTUS DE MONTE DOMINI, *Com. PH* (see n. 35), f. VII r°a: "Queritur quid sit subiectum attributionis in logica. Dicendum quod argumentatio vel ens rationis. Et tamen considerandum quod ens rationis capitur dupliciter: uno modo pro ente fabricato per rationem, et sic est subiectum communitatis, quia etiam conuenit aliis scientiis; alio modo capitur pro ente ratiocinationis existens idem cum argumentatione; et ut sic, est subiectum attributionis." IDEM, *Copulata supra veterem artem Arestotelis secundum viam thomistarum*, Köln (Henricus Quentell) 1488 (*GW* 2397) (hereafter *Com. AV*), f. VIII v°b: "Arguitur. Omnia que in logica considerantur reducuntur ad syllogismum; ergo syllogismus est subiectum logice. Antecedens probatur, quia syllogismus est perfectissima species argumentationis ad quam alia reducuntur. Dicendum quod syllogismus non est satis generale instrumentum inueniendi quodlibet ignotum, quia illud quandoque inuenitur procedendo a singularibus ad uniuersalia, sed syllogismus procedit solum ab uniuersali uniuersaliter accepto. Est tamen uerum quod secundum aliquos ponitur triplex subiectum in logica, scilicet communitatis, ut ens rationis, (f. IX r°a) attributionis, ut argumentatio, et principalitatis, ut syllogismus, quia est principalior species argumentationis. Sic etiam in metaphisica ens commune est subiectum attributionis, sed Deus est subiectum principalitatis." I have used a microfilm of the copy of the BSB, 2° Inc. s.a. 896/1.

originator of the doctrine of the three subjects of a discipline.[53]

The Scotists held a different view.[54] Johannes de Magistris first mentions two traditional distinctions concerning the subject, namely the eight kinds of subject expressed in the mnemonic verse[55] and the three-pronged distinction between the *subiectum commune*, *subiectum speciale* or *attributionis* and *subiectum specialissimum*.[56] Subsequently, he adds a third distinction between the *subiectum commune communitate praedicationis* (this is the *ens rationis*) and the *subiectum commune communitate adequationis* (this is the *syllogismus*). In the *conclusio responsalis*, Johannes follows Duns Scotus[57] in stating that the syllogism is the *subiectum attributionis* of logic.[58] In the same Scotistic line of thought, Dorbellius also claims that the *syllogismus in communi sumptus* is the *primum subiectum logicae*.[59] Thus it appears that the three schools of thought that make up

---

[53] In *Quaestio IVa* ("Utrum argumentatio sit subiectum totius logice"), Versor rejects the view that the syllogism was the *subiectum attributionis* of logic (*Concl. 4a*), accepts the *ens rationis* as logic's *subiectum commune* (*Ad rat. 1am*), stresses that the *argumentatio* is the *subiectum attributionis* (*Sciend. 1°*), but refers to Albert the Great's distinction between the three kinds of subject with the qualifying remark that *secundum hoc* the syllogism could be called the *subiectum specialissimum*, the *argumentatio* the *subiectum speciale*, and the *ens rationis* the *subiectum commune* (*Concl. 4a*); cf. IOANNES VERSORIS, *Com. AV* (see n. 24), f. IV v°a-V r°b.

[54] IOANNES DE MAGISTRIS, *Questiones* (see n. 40), f. V r°b: "Queritur tertio utrum sillogismus sub eius ratione uniuersali non precisa sit subiectum totius logice. Et uidetur quod non.... Primo notandum est quod pro declaratione quesiti solent poni tres distinctiones."

[55] IDEM, *ibid.*, f. V r°b: "Prima distinctio est: Obiectum [= subiectum] capitur octo modis, ut patet in his uersibus: 'Obiectum uerna positum sub....'"

[56] IDEM, *ibid.*, f. V r°b: "Secunda distinctio triplex est subiectum, scilicet commune et est illud quod uerificatur de omnibus principaliter consideratis in scientia cuius est subiectum. Aliud est subiectum speciale et illud uocatur subiectum attributionis cuiusmodi est argumentatio in logica. Aliud est subiectum specialissimum et illud est principalior pars subiecti attributionis sicut sillogismus in logica."

[57] IOANNES DUNS SCOTUS, *Quaestiones in librum Porphyrii Isagoge* q.3 c.20, ed. R. ANDREWS et al., (see n. 48), 16.17-17.1: "Dicendum ergo quod subiectum primum et proprium est syllogismus."

[58] IOANNES DE MAGISTRIS, *Questiones* (see n. 40), f. VI r°b: "Conclusio responsalis. Sillogismus consideratus sub ratione eius uniuersali non precisa est subiectum attributionis logice. Patet quia sibi conueniunt tres conditiones subiecti attributionis posite in secundo et tertio notabilibus. Nam sillogismus continet uirtualiter omnes ueritates logice, et est omnino independens; est etiam causa omnium passionum demonstrabilium in logica."

[59] NICOLAUS DORBELLIUS, *Summule philosophie* (see n. 37), f. a-ii r°b: "ex quo patet quod syllogismus in communi sumptus est primum subiectum siue adequatum totius logice. Probatur: quia continet uirtualiter actualiter passiones proprias que sibi primo insunt, ut

the *via antiqua* held manifestly different positions about the subject of logic.

When we now turn to the examination syllabus, we see that the preliminary question about the subject of logic is discussed in its due place, namely the beginning of the section on Porphyry. However, there appears at first sight to be a completely muddled distinction between the *subiectum communitatis* and the *subiectum principalitatis*, for the *subiectum communitatis* is said to be the *argumentatio* and not the *ens rationis* as such; the reason given for rejecting the *ens rationis* as the *subiectum communitatis* is that the *ens rationis* is also dealt with in grammar. As we have seen above, this was the reason that Gerard of Harderwijc identifies the *ens rationis* as the *subiectum communitatis*. In compliance with the Albertist tradition, the *subiectum principalitatis* is the *syllogismus*.[60] The reason underlying this at first glance enigmatic distinction can be discovered by an analysis of the sections on the subject of the *Perihermeneias*.

In their commentaries on the *Perihermeneias*, Thomists often claim that the *interpretatio* is its *subiectum communitatis* or *commune* (sic!), and the *enuntiatio* the *subiectum attributionis* of the *Perihermeneias*.[61] Some

---

uerum a falso discernere, a magis noto ad minus notum euidenter conducendo procedere et huiusmodi." I have used the electronic copy of the Herzog August Bibliothek, Wolfenbüttel.

[60] München, BSB, Clm 2971, f. 137r: "Duplex est subiectum in logica: comunitatis est argumentatio et non ens rationis, quia hoc consideratur in gramatica; principalitatis et est silogismus."

[61] LAMBERTUS DE MONTE DOMINI, *Com. AV* (see n. 52), f. CXXXIIII r°a: "Queritur quid sit subiectum huius libri. Dicendum quod enunciatio secundum Doctorem sanctum. Dicit enim quod iste liber sit de interpretatione quidem generaliter capiendo interpretationem pro qualibet uoce significatiua que per se aliquid significat siue sit complexa siue incomplexa, sed specialiter et proprie prout sola oratio etiam enunciatiua dicitur interpretatio. Dicit enim in capitulo *De nomine* quod nomen et uerbum sint principia enunciationis, que in hac scientia ponitur subiectum. Et posset confirmari ratione, quia omnia que hic determinantur propter ipsam considerantur; ergo conuenienter ponitur subiectum.... Etiam diffinitio *subiecti attributionis enunciationi* conuenit respectu scientie huius, et similiter omnes conditiones subiecti attributionis illi conueniunt; ergo est subiectum. • Arguitur. Scientia denominatur a suo subiecto, sed iste liber dicitur Perihermeneias, idest de interpretatione; ergo uidetur quod interpretatio sit hic subiectum. Et confirmatur per Boetium, qui ponit interpretationem esse subiectum. Dicendum quod interpretatio capitur dupliciter. Uno modo generaliter ut est superius per Boetium diffinita, et sic non est subiectum proprium istius scientie, quia dicitur tam de complexis quam de incomplexis, quorum consideratio proprie pertinet ad *librum Predicamentorum*. Alio modo capitur specialiter pro oratione enunciatiua in qua uerum uel falsum est, quia ille, ut inquit sanctus Thomas, interpretari uidetur qui exponit aliquid esse uerum uel falsum, et conuertitur cum enunciatione, et posset poni subiectum sicut enunciatio. Vel dicendum negando maiorem saltem uniuersaliter,

of the Albertists argue, on the other hand, that the *interpretatio* is the *subiectum commune* and the *enuntiatio* the *subiectum principalitatis*.[62] We must bear in mind, however, that it is of no use discussing the subject of a discipline without talking about the *subiectum attributionis*. The purpose of reflecting on the subject of a discipline is to identify the *subiectum attributionis* and distinguish it from other possible candidates. This implies that for the Albertists either the *interpretatio* or the *enuntiatio* must be what is usually called the *subiectum attributionis*. Gerard of Harderwijc's commentary on Peter of Spain shows that such a view presents us with a serious problem.[63] In his introduction to Peter's first treatise, he discusses the topic of the subject of this part of the *Summulae* and states that it is the

---

quia scientia quandoque denominatur a fine uel ab efficiente aut ab aliquo huiusmodi et non semper a subiecto. Ad confirmationem dicendum quod interpretatio, ut eam capit Boetius, est subiectum communitatis et non attributionis. • Arguitur. Subiectum debet esse commune omnibus de quibus in scientia determinatur, sed enunciatio non est huiusmodi; ergo non est subiectum. Maior est nota ex ratione subiecti; minor probatur, quia hic determinatur de nomine et uerbo, de quibus enunciatio non predicatur. Dicendum quod subiectum esse commune omnibus potest dupliciter intellegi: uno modo communitate predicationis, quomodo totum uniuersale est commune suis partibus subiectis, et sic maior est falsa, quia sic solum est commune illis que principaliter considerantur in illa scientia, sicut sunt partes subiectiue et passiones. Alio modo communitate cognitionis, quia scilicet principaliter queritur in scientia in cognitione omnium aliorum in quantum illa determinantur propter cognitionem principalis subiecti, et sic etiam enunciatio est communis nomini et uerbo, quia Philosophus hic non agit de nomine et uerbo nisi inquantum sunt partes integrales enunciationis." • IDEM, *Com. PH* (see n. 35), f. Xr°: "Dicendum quod *interpretatio non* est *subiectum attributionis* libri Perihermeneias, sed *enunciatio*, cum qua propositio conuertitur.... Unde primo modo *interpretatio* est *subiectum communitatis*, quia communiter predicatur de omnibus in hac scientia consideratis...." • IOANNES VERSORIS, *Com. AV* (see n. 24), f. lviii(recto)-b: "Conclusio prima: De *enunciatione* est scientia tanquam de *subiecto attributionis* in hoc libro *Perihermeneias*, quamuis *interpretatio* communiter dicta sit *subiectum commune* huius libri."

[62] ARNOLDUS TONGRENSIS, *Com. AV* (see n. 15), f. q-vi v°: "Queritur quod est subiectum istius libri. Solutio Alberti quod interpretatio. Et ratio illius est, quia illud est subiectum commune alicuius scientie quod sub se continet omnia considerata in tali scientia. Sed interpretatio in ista scientia est huiusmodi; ergo est hic subiectum.... Arguitur. Enunciatio est hic subiectum; ergo non interpretatio.... Solutio quod non omnia que in hoc libro determinantur, conueniunt enunciationi secundum quod enuciatio est, et ergo licet enunciatio sit bene subiectum principalitatis istius scientie seu id de quo potissime est ista scientia, tamen melius inscribitur iste liber de interpretatione tanquam de subiecto quam de enunciatione."

[63] GERARDUS DE HARDERWIJC, *Com. PH* (see n. 34), f. a-vi r°b: "Ad primum est dicendum, quod interpretatio est subiectum communitatis, quia dicit expositionem rei secundum omnem modum quo exponi potest siue finite siue infinite siue uniuersaliter siue particulariter, ut dicit Albertus primo *Perihermeneias*, sed enunciatio est subiectum attributionis."

same as that of the *Perihermeneias*. His conclusion is that the *interpretatio* is the *subiectum communitatis* and the *enuntiatio* the *subiectum attributionis*, a position that is similar to that of the Thomists. In his commentary on the *Perihermeneias*, however, Gerard presents a clearly different view. There he argues that *interpretatio* is the *subiectum commune*,[64] implicitly comprising everything involved in a discipline. The *enuntiatio*, on the other hand, is the *subiectum principalitatis*, which means that it is the most important species of the *interpretatio*, a view that, as we have seen, is shared by Arnold of Tongeren.[65]

When we look at the *Perihermeneias* section of the examination syllabus, we also find the same two kinds of subjects, namely the *subiectum communitatis*, i.e., *interpretatio*, and the *subiectum principalitatis*, i.e., *enuntiatio*.[66] The view that the *enuntiatio* is the *subiectum principalitatis* is in agreement with the positions held by the other Albertists discussed, namely Gerard Harderwijc, in his commentary on the *ars vetus*, and Arnold of Tongeren. But the claim that the *interpretatio* is the *subiectum communitatis*, since it is also the subject of grammar, logic and rhetoric (the *scientiae sermocinales*) is strange, since the *ens rationis* could not be accepted as the *subiectum communitatis* of logic because it is common to grammar, logic and rhetoric. The source of this problem is to be found in Albert the Great's commentary on the *Perihermeneias*, for the Albertists' protagonist speaks of *interpretatio* as the *subiectum commune* of the *Perihermeneias*, but also insists that this book *potissime* deals with the *enuntiatio* which is, accordingly, its special subject.[67] The issue was compli-

---

[64] IDEM, *Com. AV* (see n. 46), f. Yy-i v°a: "Ex quibus patet quod *interpretatio* est *subiectum commune* huius libri, quia illud est subiectum commune alicuius scientie quod sub se continet omnia considerata in scientia. Sed interpretatio est huiusmodi, quia quelibet uox per se significatiua siue sit complexa siue incomplexa est interpretatio. Et hoc modo omnis enunciatio est interpretatio, sed non econtra eoquod multa sub interpretatione continentur, que tamen non continentur sub enunciatione. Est tamen hec scientia de enunciatione, sicut dicit Auerrois, tanquam *de potissima specie* eiusdem, sicut *in simili prima philosophia* de *ente* est *inquantum ens* de *subiecto communitatis* et de *substantia* tanquam de *subiecto speciali principaliter intento*, et sic multipliciter datur scientie subiectum.... Nec hoc singulariter dissonat dicto domini Alberti Magni dicentis quod *enunciatio* est *subiectum principalitatis* huius libri et principaliter intentum."

[65] See above, n. 62

[66] München, BSB, Clm 2971, f. 151r-v: "Item. Subiectum est duplex, scilicet unum est communitatis – et sic interpretatio est subiectum grammaticae, logicae et rhetoricae, quia est communius – aliud est subiectum principalitatis – et sic enuntiatio est subiectum huius libri, quia est principalior pars interpretationis."

[67] ALBERTUS MAGNUS, *Logica* I, ed. BORGNET (see n. 51), 375a: "ideo interpretatio commune subjectum est hujus scientiae" and 374a: "Dicitur tamen etiam de enuntiatione

cated in the refinement and standardization of the subject terminology, which was a post-Albertinian development. The problem must have generated some uncertainty among the late fifteenth-century Albertists at Cologne, who were frequently rather conservative in their approach. In any case, Gerard of Harderwijc in his *Copulata* on Peter of Spain and the compiler of the examination syllabus took the *enuntiatio* to be the *subiectum attributionis*, whereas the *interpretatio* was considered to be the subject that was common to the three *artes sermocinales*.

We return to the discussion of the subject of logic in the section on Porphyry's *Isagoge* of the examination syllabus. It appears that the compiler followed the line of thought that we also find in Gerard of Harderwijc's and Arnold of Tongeren's discussions about the subject of the *Perihermeneias* in their commentaries on the *ars vetus*: when dealing only with the distinction between the *subiectum commune* of a discipline and the *subiectum principale* or *principalitatis*, they accepted the *subiectum commune* or *communitatis* as the *subiectum attributionis* of that discipline. Unfortunately, the compiler of the syllabus fell into a terminological trap, and meshed together the *subiectum communitatis* and the (Albertist) *subiectum commune*. In any event, it appears that the subject of a discipline was an issue in the late fifteenth-century debates between the schools of thought. The Albertists, Thomists and Scotists[68] differed from each other not only at the terminological level, but they also held different views about the several kinds of subject involved in a discipline, as well as about the so-called *subiectum attributionis* of logic in general and the subject of the *Perihermeneias*.

V. The *Parva Logicalia* of the Examination Syllabus and the *Wegestreit*

An important issue in the commentaries on the *Parva Logicalia*, which contains basic treatises on logic and semantics "presenting the innovations of terminist logic" (as Lisa Jardine remarks), is the position of the *Parva*

---

sicut de quo est potissime, sicut dicitur Averroes, quod philosophia est de ente secundum quod est commune omni, sicut de communi subiecto ad quod reducuntur omnia quaecumque in scientia determinantur: et est de substantia, sicut de speciali subiecto, de quo potissimum intenditur in scientia illa."

[68] In this essay, I focus on the Albertists and Thomists and their doctrinal differences, since they are the parties directly involved in the examination syllabus. I touch on the Scotistic school of thought only when it is pertinent to my central topic. The same applies the adherents of the *via moderna*.

Logicalia in the whole of logic.[69] Are they an essential part of logic? And if so, why was the subject matter of these tracts not handed down by Aristotle himself in his regular treatises on logic? Was Aristotle insufficient in this respect? In short, the logical *Ehrenrettung* of the *Parva Logicalia* and of Aristotle himself is at stake.

This is why, in the introductory sections, the commentators of the *Parva Logicalia* attempted to establish the position of these treatises by exploring the connection of these newly-developed topics to the traditional Aristotelian works on logic. They claimed that, in his logical works, Aristotle had already discussed, be it in a nutshell, the subject matter of these treatises. Accordingly, the treatises of the *Parva Logicalia* were only an elaboration of Aristotle's logic and philosophy. To prove their thesis, they usually supply the places in Aristotle's works on which these *Parva Logicalia* treatises are based, in the general introductions to commentaries on the *Parva Logicalia*. Both Gerard of Harderwijc and Lambert de Monte begin their introduction with this topic. A comparison of their texts shows that generally they are very close in doctrine and in wording:

Gerard of Harderwijc, *Com. PL*, ed. 1488[70]	Lambert de Monte, *Com. PL*, ed. 1494
(f. AA-ii r°a) Primum dubium est an noticia Paruorum Logicalium sit utilis pariter et necessaria pro complemento logice. Et uidetur primo quod non, quia si noticia Paruorum Logicalium esset utilis et necessaria, sequeretur quod Philosophus incomplete et insufficienter tradidisset logicam, sed hoc est falsum. Minor probatur: Ipse in fine secundi *Elencorum* petit grates de hoc quod totam logicam compleuerat....	(f. a-ii r°-v°) Arguitur. Si isti tractatus superius enumerati pertinerent ad logicam, sequeretur quod Arestoteles incomplete et insufficienter nobis tradidisset logicam et quod immerito in fine secundi *Elenchorum* peteret sibi grates haberi de logice traditione (184b5-8). Sequela probatur, quia ipse illorum tractatuum noticiam nobis non tradidit.
(f. AA-ii v°a) Ad obiecta in oppositum.	Dicendum est dupliciter. Primo quod ipse Arestoteles sufficienter compleuit logicam (f. a-ii v°) quantum ad esse logice. Nichilominus tamen possunt superaddi quidam

[69] L. Jardine, "Humanism and the Teaching of Logic", in *The Cambridge History of Later Medieval Philosophy* (see n. 3), 797-807.

[70] Gerardus de Harderwijc, *Copulata super omnes tractatus paruorum logicalium Petri Hyspani et non nullos modernorum secundum uiam Albertistarum*, Köln (Henricus Quentell) 1488 (hereafter *Com. PL*). I have used a microfilm of the copy of the BSB, 2° Inc. c.a. 2064.

Ad primum est dicendum licet Aristoteles noticiam Paruorum Logicalium explicite per distinctos tractatus nobis non tradiderit, tamen implicite in multis passibus suorum librorum multa posuit ex quibus tanquam ex fundamentis et principiis potest aliqualiter eorum noticia haberi et quia eorum principia dedit et principium plus est quam dimidium tocius, merito pro complemento logice grates petit.

Quod autem tractatuum Paruorum Logicalium principia dedit, patet inductiue in singulis, quia *tractatus suppositionum* trahi potest ex primo *Perhermenias*, ubi dicitur: Rerum hec quidem uniuersalia, illa uero singularia (17a38-39). In qua diuisione innuit esse duplicem terminum, scilicet communem et discretum, qui est subiectum suppositionis communis et discrete. Etiam trahitur ex primo *Elencorum*, ubi determinat de fallatia figure dictionis dicens inter ceteros paralogismos, quod in isto 'homo est species; Sortes est homo; ergo Sortes est species', mutetur quale quid in hoc aliquid, idest suppositio simplex in personalem.

Tractatus appellationum trahitur ex Aristotele in *Predicamentis*, ubi diffinit denominatiua dicens Denominatiua dicuntur etc. (1a12), et secundum illud nomen habent appellationem. Vel ex tertia proprietate substantie ubi dicitur quod secunda substantia uidetur significare hoc aliquid sub appellationis figura (3b13-14).

Tractatus ampliationum trahitur ex primo *Elenchorum*, ubi dici solet communiter quod in hoc paralogismo 'quicunque surgebat, stat; sedens surgebat; ergo sedens stat' arguitur a magis amplo ad minus amplum, et quia opposita habent fieri circa idem (165b38-);

ergo ex eodem passu trahi potest *tractatus restrictionum*.

Distributionum tractatus elicitur ex Aristotele primo *Perihermenias*, ubi dicit: 'Om

alii tractatuli quo ad bene esse tanquam principales libros declarantes et ad eorum complementum deseruientes.

Secundo dicendum quod quamuis Arestoteles non inuenit istam logicam que hic traditur in se et in propria forma istorum tractatuum, tamen inuenit istos tractatus in suis principiis, quia posuit quedam principia ex quibus isti tractatus ulterius eliciuntur et fiunt; et ergo dicitur quodammodo istos tractatus inuenisse. Vnde patet quod magis est regratiandum Philosopho quam Petro Hyspano cum circa principia maior sit labor inuentionis.

Circa quod sciendum quod *tractatus suppositionum* elicitur ex Arestotele in primo *Perihermeniarum*, ubi dicitur: Quoniam autem sunt hec quidem rerum uniuersalia, illa uero singularia (17a38-39). Res autem particulares habent suppositionem discretam. Et ulterius diuidit res uniuersales, quia alie sunt res que uniuersaliter rem suam enunciant, et ille supponunt confuse; alie uero sunt res que non uniuersaliter enunciant, et ille supponunt determinate.

Tractatus uero *ampliationum* et similiter *restrictionum* trahitur ex tercio modo fallacie equiuocationis, ubi habetur quod non licet arguere a magis amplo ad minus amplum nec econtra, et ponitur paralogismus talis: 'Quicunque sanabatur sanus est; laborans sanabatur; ergo laborans sanus est', in quo 'laborans' ampliatur (165b38-).

Tractatus appellationis elicitur ex tercia proprietate substantie, ubi dicitur quod secunda substantia uidetur significare hoc aliquid sub appellationis figura (3b13-14), id est sub similitudine appellationis, quia scilicet prima substantia et secunda idem appellant.

Sed *tractatus distributionum* trahitur ex primo *Perihermenias*, ubi dicitur quod

nis' non significat uniuersale, sed quoniam uniuersaliter consignificat (20a9-10),	'omnis' non uniuersale, sed quoniam uniuersaliter significat, et 'omnis' est signum distributiuum (20a9-10).
	Tractatus exponibilium passim elicitur et ex diuersis passibus Arestotelis trahitur secundum quod hincinde uaria ponit sincathegoremata quibus propositio redditur obscura sic quod expositione indigeat.
et ex eodem passu trahitur *tractatus sincathegorematum*, quia omnia illa sunt consignificantia et terminorum dispositiones.	Et *tractatus sincathegorematum* elicitur ex secundo *Perihermenias*, ubi docet Arestoteles multiplicare propositiones penes terminos finitos et infinitos cum negatione, sed illa negatio est quoddam sincathegorema[ta] (19b5-).
Tractatus obligatoriorum elicitur ex Aristotele primo *Priorum*, ubi dicit quod possibile posito in esse nullum sequitur impossibile (32a19-20).	Sed *obligatoria* eliciuntur ex primo *Priorum* (32a19-20) et nono *Metaphisice* (1047a11-), ubi dicitur quod possibili posito in esse nullum sequitur impossibile. Hoc autem est fundamentum omnis obligationis, quia liber obligatoriorum docet tenere possibile, ne ex illo sequatur impossibile.
Insolubilium ex quarto Methaphisice, ubi dicit: Accidit quidem et famatum est propositiones aliquas seipsas interimere (1012 b14-15). Etiam ex secundo *Elenchorum*, ubi agit de modo soluendi paralogismos.	*Insolubilia* uero trahuntur ex quarto *Metaphisice*, ubi dicit Arestoteles: Accidit utique ut famatum est quasdam propositiones seipsas destruere (1012b14-15), sed propositio insolubilis semper destruit seipsam, quia implicite includit duas partes contradictionis copulatiue, ut hec est insolubilis 'ego non loquor'.
Tractatus consequentiarum elicitur ex multis passibus, scilicet ex secundo *Perihermenias*, ex primo Priorum, ex secundo *Thopicorum* et aliis locis diuersis.	*Consequentie* autem eliciuntur ex diuersis passibus Arestotelis primo ex libro *Priorum*, ubi circa finem primi ponit aliquas regulas consequentiarum, et ex secundo *Thopicorum*, ubi determinat de consequentia in ipso et de consequentia econtrario.
Ad secundum est dicendum: (f. AA-ii v^{o}b) Licet tempore Aristotelis non fuerunt explicite tradita Parua Logicalia, fuerunt tamen in principiis et suis fundamentis uirtualiter contenta prout ex prioribus euidenter patent.	

This manner of defending the status of the *Parva Logicalia* has consequences for the examination syllabus as well. In the description of the six treatises that were officially part of the examination material, we find explicit mention of the passages in the Aristotelian works on which they are based. The candidates clearly had to be ready to answer questions on this subject:

> München, BSB, Clm 2971, f. 158v: Item. SUPPOSITIONES trahuntur ex primo *Perihermeneiarum*, ubi sic dividitur: Enuntiationum alia universalis, alia particularis. Modo subiecta uniuersalium supponunt confuse et subiecta enuntiationum particularium determinate supponunt.
> Item. AMPLIATIONES trahuntur ex primo *Elenchorum*, ubi dicitur quod non valet argumentum a magis amplo ad minus amplum sine distributione magis ampli ut 'quicumque sanabatur, sanus est' etc.
> Item. APPELLATIONES secundum viam Antiquorum trahuntur ex tertia proprietate substantiae, ubi dicitur quod secundae substantiae significant quale quid sub appellationis figura. Sed secundum viam Modernorum trahuntur ex diffinitione denominativorum, ubi dicitur: 'et secundum illud nomen habent appellationem.'
> Item. OBLIGATORIA ex libro *Priorum* et nono *Metaphysice*, ubi dicitur possibili posito in esse nullum sequitur impossibile.
> Item. INSOLUBILIA ex quarto *Metaphysice*, ubi dicitur: 'Accidit et famatum est quasdam se ipsas destruere.'
> Item. CONSEQUENTIAE ex libro *Posteriorum* et secundo *Peri hermeneias* et ex aliis multis passibus.

Generally, the Thomists and the Albertists cite the same Aristotelian references to support the positions in the *Parva Logicalia* treatises of the *Logik-Lehrgebilde*. It is not surprising, therefore, that we meet the same references to Aristotle's works mentioned in the examination syllabus. The Thomists and the Albertists disagree, however, about the exact Aristotelian source of the treatise on appellation.

In the examination syllabus, it is argued that the adherents of the *via antiqua* base the doctrine of *appellatio* on the third property of substance.[71] This doctrine is found in thc fifth chapter of the *Categories*, where Aristotle states that the secondary substances seem to signify, under the qualification of naming, a certain 'this', Aristotle's *tode ti* (*hoc aliquid*).[72] On the other hand, the followers of the *via moderna* refer to the

---

[71] München, BSB, Clm 2971, f. 158v: "APPELLATIONES secundum *viam Antiquorum* trahuntur ex *tertia proprietate substantiae*, ubi dicitur quod secundae substantiae significant quale quid sub appellationis figura."

[72] ARISTOTELES, *Categoriae* c.5 (3b13-18), ed. MINIO-PALUELLO (see n. 28), 11.2-7: "In secundis vero substantiis videtur quidem similiter ad appellationis figuram hoc aliquid significare, quando quis dixerit hominem vel animal; non tamen verum est, sed quale quid significat (neque enim unum est quod subiectum est quemadmodum prima substantia, sed de pluribus homo dicitur et animal)." See also J. HAMESSE, *Les Auctoritates Aristotelis. Un florilège médiéval*. Étude historique et édition critique, Louvain-Paris 1974, 302.84-85: "[*Praedicamenta*:] (16) Omnis substantia videtur hoc aliquid significare, et hoc indubitanter verum est in primis substantiis, in secundis similiter."

same Aristotelian work but tend to base their views on Aristotle's discussion of the denominatives.[73] The reason for this deviant behaviour stems from a different notion of appellation favoured by the *moderni*. For them, an appellation is not a special type of supposition, as is the case for the notion of *appellatio* propagated by the *antiqui*. The *moderni* claimed that, when being used in a proposition, only an appellative (in Ockhamistic terminology: a connotative) term or, under special conditions, a substantial term in an oblique case "appellates that which it connotes by means of the mode of inhering in that thing for which it supposits" ("appellat illud quod connotat per modum adiacentis ei pro quo supponit").[74] According to the *moderni*, an adjective noun also could have appellation, a consequence of their interpretation of *appellatio*.[75] In their theory of the proper-

[73] München, BSB, Clm 2971, f. 158v: "Sed secundum *viam Modernorum* trahuntur *ex definitione denominativorum*, ubi dicitur: 'et secundum illud nomen habent appellationem.'" Cf. ARISTOTELES, *Categoriae* c.1 (1a12-15), ed. MINIO-PALUELLO (see n. 28), 5.15-17: "Denominativa vero dicuntur quaecumque ab aliquo, solo differentia casu, secundum nomen habent appellationem, ut a grammatica grammaticus et a fortitudine fortis."

[74] IOANNES BURIDANUS, *Summulae de suppositionibus* 4.5.1, ed. with indices by R. VAN DER LECQ (Artistarium 10.4), Nijmegen 1998, 80.4-8: "Sed omnis terminus connotans aliud ab eo pro quo supponit, dicitur appellativus; et appellat illud quod connotat per modum adiacentis ei pro quo supponit, ut 'album' appellat albedinem tamquam adiacentem ei pro quo [qua *ed.*] iste terminus 'album' innatus est supponere." For a fundamental study on the *moderni*'s notion of *appellatio*, see L.M. DE RIJK, "On Buridan's Doctrine of Connotation", in *The Logic of John Buridan*, ed. J. PINBORG, Copenhagen 1976, 91-100 (reprt. in L.M. DE RIJK, *Through Language to Reality. Studies in Medieval Semantics and Metaphysics*, ed. E.P. BOS, Northampton 1989). For the history of the notion of appellation in sixteenth-century logic, see E.J. ASHWORTH, *Language and Logic in the Post-Medieval Period*, Dordrecht-Boston 1974, 92-97.

[75] Cf. MARSILIUS DE INGHEN, *De appellationibus*, in IDEM, *Treatises on the Properties of Terms*, a first critical ed. of the *Suppositiones*, *Ampliationes*, *Restrictiones*, and *Alienationes*, with introd., transl., notes, and appendices by E.P. BOS, Dordrecht 1983, 128.1-130.26: "Dicto de ampliationibus dicendum est de appellationibus.... duplex est appellatio. Est enim aliquando acceptio termini pro suo significato formali. Ut *Johannes fuit albus*; iste terminus *albus* appellat albedinem adiacuisse Iohanni in preterito. Aliquando est acceptio termini pro ratione secundum quam talis terminus significat. Ut hic *diligo pecuniam, pecuniam* appellat suam rationem secundum quam impositum fuit ad significandum, seu rationem suam secundum quam sua significata significat. Nam ista propositio *diligo pecuniam* significat quod diligo pecuniam secundum eam rationem secundum quam dicitur pecunia.... Significatum autem formale dicitur res connotata per huiusmodi terminum [sc. connotativum]. Unde significatum materiale huius termini *album* dicitur res habens albedinem, puta, ipsum subiectum albedinis. Sed significatum formale est istud quod iste terminus connotat, puta, ipsa albedo. Tertio notandum quod terminus dicitur appellare istud quod connotat. Nam clarum est quod nichil dicitur album nisi cui adiacet albedo. Et ideo iste terminus *album* appellat albedinem rei adiacere pro qua supponit iste terminus.... Ite-

ties of terms, appellation is the property of a term connoting a quality in addition to the *substantia* meaning, unless this quality is a substantial form. Accordingly, absolute terms (in the nominative case), the quality of which is always a substantial form, do not have *appellatio*.[76] On the other hand, the *antiqui* assign appellation only to substantive nouns, for in their opinion appellation can be the property only of a term that refers to an existing being, be it a universal or a particular. For the *antiqui*, existence of its *denotatum* is an unavoidable requirement for a term having appellation.[77]

In the general introduction to his *Copulata* on the *Parva Logicalia*, the Thomist Lambert de Monte does not mention the section on the denominatives in Aristotle's *Categories* as a possible source for the treatise on appellation, but he refers to it in his comments on the treatise on appellation.[78] He adamantly refuses to accept it as a source, since, to his mind, the consequence of attributing the origin of the property *appellatio* to the Aristotelian discussion of denominatives would be that only adjectives have appellation and no substantive nouns. Such a view would be counter to Peter of Spain, as well as to truth.[79] He explicitly rejects the view that

---

rum generaliter: terminus appellat rem quam connotat.... Quam rem terminus appellat, dicitur significatum suum formale."

[76] Cf. IDEM, *ibid.*, 134.22-28: "Secunda est differentia, nam aliquis terminus supponit qui non appellat, et aliquis terminus appellat qui non supponit. Exemplum primi, ut *homo*, *animal*, etiam sicut termini abstracti. Isti supponunt pro suis significatis, ut notum est. Sed isti termini non appellant, quia appellatio est significatio respectu sui significati formalis. Modo isti non habent significatum aliquod formale, cum sint termini absoluti, qui nichil connotant."

[77] IOANNES VERSORIS, *Com. PH* VII, *De Appellationum Natura* (see n. 24), f. 226F-G: "Quarto sciendum quod dictionum quaedam sunt appellatiuae qualitatis et appellant, sed per se appellata non habent, sicut sunt nomina communia et adiectiua quae sunt appellatiua, sed non habent appellata nisi sua substantiua et per sua subiecta eoquod indiuiduatio non in accidentibus nisi per substantiam loquendo proprie." Cf. PETRUS HISPANUS, *Tractatus* 10, ed. DE RIJK (see n. 29), 197.4-11: "Appellatio est acceptio termini communis pro re existente.... '*homo*' autem significat *hominem* et de natura sua supponit tam pro existentibus quam non existentibus et appellat tantum homines existentes." Cf. A. DE LIBERA, "Le traité *De appellatione* de Lambert de Lagny (Lambert d'Auxerre)", in *AHDLMA* 48 (1982), 227-85, esp. 243-44, and L.M. DE RIJK, *La philosophie au moyen âge*, Leiden 1985, 184-85.

[78] LAMBERTUS DE MONTE DOMINI, *Com. PL* (see n. 43), f. I v°: "Tractatus appellationum elicitur ex tercia proprietate substantie, ubi dicitur quod secunda substantia uidetur significare hoc aliquid sub appellationis figura, id est sub similitudine appellationis, quia scilicet prima substantia et secunda idem appellant."

[79] IDEM, *ibid.*, f. XLIII r°: "Sed in diffinitione denominatiuorum capitur appellatio aliter,

can be found more or less in Marsilius' treatise on appellation and which states that the words meaning the *accidentia concreta* primarily signify the subjects of the accidents and secondarily the qualities that inhere in these subjects.[80] The objection that the substantive nouns signifying qualities as 'whiteness' do not signify existing entities but entities as "existing in" is overcome by referring to the doctrine of the modes of signifying and the Boethian semantic triplet.[81]

The Albertist Gerard of Harderwijc is less negative about the *moderni*'s interpretation of appellation. In his introductory section, he presents two interpretations in juxtaposition (one based on the denominative section and the other on the third property of substance) without showing any preference. The same tactic is adopted in his comments on the third property of substance in Peter of Spain's discussion of the categories.[82] Discussing the treatise on appellation itself, he first enumerates the four tradi-

---

scilicet pro accidentali denominatione, et ideo ex illo passu non sumitur iste tractatus, quia sic solum adiectiua appellarent et nulla substantiua, quod est contra Petrum Hyspanum, immo secundum ueritatem sola substantiua appellant et non adiectiua. Quod probatur tribus rationibus.... Tercia ratio sumitur ex diffinitione appellationis, in qua dicitur quod appellatio est acceptio termini pro re existente, sed adiectiua non significant res existentes, sed res alteri inherentes."

[80] IDEM, *Com. PH* (see n. 35), f. CXIX r°: "Sed aliqui moderni fundantes se in perfectione et primitate substantie dicunt quod accidentia concreta primo significant sua subiecta, et secundo qualitates illis subiectis inherentes; quod est falsum, quia omne accidens concretum primo significat qualitatem et secundario concernit subiectum, et ergo dicitur concretum a 'concerno, -is, -ere', quia concernit subiectum suum et proprie non significat." For Marsilius' text, see above, n. 76.

[81] IDEM, *Com. PL* (see n. 43), f. XLIII v°: "Arguitur. 'Albedo'et 'nigredo' appellant, et tamen non significant res existentes; ergo male dicitur in diffinitione 'pro re existente'. Dicendum quod secundum rem significant res inexistentes, tamen non secundum modum significandi, quia significant rem per modum per se stantis. Vnde uoces non significant res immediate a parte rei existentes, sed res conceptas. Modo albedo existit in conceptu, quia est nomen substantiuum, sed 'album' adiectiuum significat rem existentem tam a parte rei quam quo ad intellectum; ergo non appellat."

[82] GERARDUS DE HARDERWIJC, *Com. PL* (see n. 70), f. AA-ii v°a: "Tractatus appellationum trahitur ex Arestotele in *Predicamentis*, ubi diffiniuit denominatiua dicens: 'denominatiua dicuntur etc., et secundum illud nomen habent appellationem', uel ex tertia proprietate substantie, ubi dicitur quod secunda substantia uidetur significare hoc aliquid sub appellationis figura." IDEM, *Com. PH* (see n. 34), III, *De praedicam.*, f. k-viii r°b: "Dicitur enim appellatio aliena nominatio, quia dicitur ab 'ad' et 'pulsio' quasi ad aliud pulsio, quod aliud est subiectum a quo et ad quod extrinsece dependet. Unde et nomina communia dicuntur appellatiua, quia per ea multa appellantur in unum. Et quia denominatiua pelluntur ad alienam naturam, ideo dicuntur habere appellationem secundum nomen a quo deriuantur."

tional interpretations of appellation, which he attributes to Albert the Great. To these four, he adds appellation as the extrinsic denomination that was used in Aristotle's section on the denominatives.[83] Furthermore, he comprehensively discusses the *appellatio rationis formalis*, which, according to him, is used by the *moderni*. Although he is far from amused by their interpretation, he appears to be inclined to accept this interpretation of appellation, under an extremely qualified condition.[84]

In sum, the Thomist Lambert de Monte is completely averse to connecting the property *appellatio* to Aristotle's section on denominatives; it would force him to accept a notion of appellation that is incompatible with the notion of appellation that he found in Peter of Spain. The Albertist Gerard of Harderwijc views this section as one of the possible Aristotelian sources on which appellation could be based. Furthermore, he introduces the *moderni* and their denomination-bound interpretation of ap-

---

[83] IDEM, *ibid.*, EE-iii v°b-EE iiii r°a: "Ad obiecta in oppositum similiter est dicendum quod appellatio secundum Albertum quadrupliciter accipitur. • Primo dicitur propria nominatio alicuius persone siue proprium nomen, secundum quod dicimus 'iste uocatur Petrus, ille Paulus.' Et secundum hunc modum dicitur appellatio institutio rerum ad significandum rem complexam uel incomplexam. • Secundo dicitur differentia specifica nominis, que est qualitas. Et uocatur qualitas propria uel communis secundum quod dicimus: 'nomen est appellatiue uel proprie qualitatis', et sic consideratur a grammatico. • Tercio dicitur appellatio acceptio termini cuiuslibet pro supposito uel suppositis contentis sub suo significato, et sic accipitur communiter, et conuenit terminis significantibus naturam aliquam prout ex-tendantur ad omnia supposita existentia et non-existentia, actualia et possibilia, que sub eius significato continentur. Conuenit etiam hoc modo terminis non significantibus aliquam naturam sicut nominibus figmentorum. • Quarto dicitur acceptio termini pro supposito uel suppositis existentibus, et sic solum appellatio conuenit rebus existentibus, et isto modo accipitur hic. • Preter istos quattuor modos positos ab Alberto accipitur adhuc dupliciter. Uno modo pro extrinseca denominatione, et sic dicitur in diffinitione denominatiuorum, et secundum illud nomen habent appellationem. Alio modo ut est prouocatio a sententia inferioris iudicis ad iudicem superiorem, et sic iuriste tractant de appellationibus."

[84] IDEM, *ibid.*, f. EE-iiii r°a: "Secundo sic. Moderni ponunt appellationem formalis rationis secundum quam non solum dicitur res existens appellare, sed et preterita et futura, quia ratio formalis significati non dependet ex tempore. Qualem appellationem dicunt esse in his propositionibus et consimilibus 'cognosco uenientem', 'percussi papam' sub hoc sensu, ut uirtus cognitiua referatur ad formam ueniendi siue ad propriam rationem aduentus. Et similiter percussio referatur ad propriam rationem pape ut papa est et non ut homo singularis.... Ad obiecta in oppositum.... Ad secundum est dicendum quod talis appellatio non est approbanda si fiat secundum solam et abstractam [abstractum *ed.*] forme potentiam. Si tamen fiat secundum potentiam forme coniunctam materie et supposito iuxta exigentiam adiuncti sustineri potest. Et sic non procedit obiectio, et hoc modo Arestoteles uidetur eam admittere."

pellation into the discussion without completely rejecting it.

The compiler of the examination syllabus mentions both interpretations in the introductory section of his discussion of the *Parva Logicalia*. His presentation of the Aristotelian sources of appellation as one of the properties of terms is more in keeping with Gerard's position than with that of the Thomist Lambert. The Albertist attitude is confirmed by his inclusion of adjectives among the terms that may exert the function of appellation.[85] This fits in well with the results of previous research on the doctrinal affiliation of the *ars vetus* part of the examination syllabus, which was written by Anthony Witstock, an Albertist.

VI. Concluding Remarks

The compiler of the syllabus presented a text of the categories that was streamlined and influenced by Peter of Spain's *Summulae*. His procedure allows us to conclude that this more or less conflated text sufficiently contained all that was required for the preliminary and final examinations for the degree of Bachelor of Arts. It shows the central position of Peter of Spain's work in the logical instruction associated with the *via antiqua*. Furthermore, it appears that there was a clear difference between the texts read by the Masters, their question-commentaries, and the texts tested in the pre-examination and actual examination sessions.

The list of the six treatises of the *Parva Logicalia* proves that the compiler of the examination syllabus presented his readers with topics on which the candidates could actually expect to be examined. In all probability, the texts and diagrams that the syllabus offers did not function only as mnemotechnic stepping-stones. On the contrary, it would seem that the syllabus comprised everything one needed to know about the *ars vetus* and the *Parva Logicalia* to pass the relevant part of his Bachelor of Arts examination in the Red Room at the University of Cologne.

Such general topics as the subject of the respective disciplines were obviously part of the examination material. The unstable or quite confused terminology, especially in Albertist texts, generated some uncertainty and even led to serious mistakes in the syllabus. Based on Albert the Great's discussion about the subject of metaphysics, the Albertists distinguished

[85] München, BSB, Clm 2971, f. 163r: "Dicitur notanter 'termini' et non 'communis' vel 'discreti', quia omnes termini appellant sive substantivi sive adiectivi sive communes sive singulares. Dicitur notanter 'pro re existente', quia terminus significans non-ens nihil appellat, ut 'chimera', 'hircocervus'."

three types of subject of a discipline, a distinction that appears to be typical of the Albertist school of thought. The Albertists, Thomists and Scotists did not agree as to the subject of logic or the subject of the *Perihermeneias*.

The various discussions of the sources of the treatises on appellation show that the Thomists and Albertists agreed on the essential points and adhered to Peter of Spain's definition of this property of terms. This also held for the doctrine of *appellatio*, in which Thomists and Albertists took a common stand against those adhering to the *via moderna* while disagreeing on details. These minor disagreements enable us to substantiate the claim that, just like the sections on the *ars vetus*, the *Parva Logicalia* part of the examination syllabus has more affinity with the Albertists' *factio* than with that of the Thomists.

In general, one may conclude that at the level of the Bachelor's examination there was a significant difference between the degree of knowledge required as implied in the statutes and official text books, and the degree of knowledge actually possessed by young Bachelors when they left the university. Furthermore, it is evident that the doctrinal differences between the several schools of thought involved in the *Wegestreit* pervaded the whole of the university curriculum, even at the most elementary level.

Rijksuniversiteit Groningen

EINIGE SPEZIFIKA DES ALBERTISTISCHEN UNIVERSALIEN-REALISMUS BEI JOHANNES DE NOVA DOMO UND IN EINEM ANONYMEN *TRACTATUS DE UNIVERSALIS NATURA*

HENRIK WELS

Als der französische König am 1. März 1474 per Dekret den Nominalisten verbietet, an der Pariser Universität, die kurz zuvor ihre Unabhängigkeit verloren hat, ihre Lehrsätze zu verbreiten, und weiterhin anordnet, ihre Bücher einzuziehen und zu prüfen, reagieren die Pariser Nominalisten, wie nur allzu bekannt ist, mit einer Verteidigungsschrift, in der sie die Leidensgeschichte ihrer Verfolgungen ausbreiten. Der ersten nominalistischen Verfolgung war Ockham ausgesetzt, als er an den päpstlichen Hof in Avignon zitiert wurde. Die zweite traf die böhmischen Nominalisten aufgrund der an der Prager Universität Einzug haltenden hussitischen Häresien und führte zu deren Auszug und zur Gründung der Leipziger Universität. Die dritte Verfolgung fand nach der Ermordung des Herzogs Ludwig von Orleans, also nach 1407, in Paris statt. Aufgrund der durch diese Ermordung entstandenen Wirren und Kämpfe hätten die gelehrtesten Nominalisten, *viri in via Nominalium eruditissimi*, wie es in der Verteidigungsschrift heißt, die der Pariser Universität zu ihrem Glanz verholfen hatten, Paris verlassen und sich zerstreut. Durch diese Zerstreuung konnten *quidam Albertistae* an der Pariser Universität das Ruder übernehmen und – da niemand ihnen mehr Widerstand leisten konnte – für die Vertreibung der *doctrina Nominalium* sorgen. Später hätte jedoch die Lehre der Nominalisten in Paris wiederbelebt werden können, um nun durch das Dekret des französischen Königs der vierten Verfolgung ausgesetzt zu sein.[1]

Durch die Studien Meerssemans[2] wissen wir heute, dass dieser nominalistische Rückblick und die Berichte des Heymericus de Campo über seine Studienzeit im zweiten Jahrzehnt des 15. Jahrhunderts in Paris mehr oder weniger die Gründungsdokumente der philosophischen Strömung

[1] Für diesen Zusammenhang immer noch tragend ist F. EHRLE, *Der Sentenzenkommentar Peters von Candia, des Pisaner Papstes Alexanders V. Ein Beitrag zur Scheidung der Schulen in der Scholastik des 14. Jahrhunderts und zur Geschichte des Wegestreites* (Franziskanische Studien, Beiheft 9), Münster i.W. 1925, 321-26, 117-26.

[2] Vgl. G. MEERSSEMAN, *Geschichte des Albertismus* 1 (Dissertationes historicae 3), Paris 1933; IDEM, *Geschichte des Albertismus* 2 (Dissertationes historicae 5), Roma 1935.

des Albertismus sind. Eine Berufung „auf Schriften Alberts des Grossen“[3] als Kriterium einer eigenen, von Thomismus und Scotismus unterschiedenen Richtung innerhalb der mittelalterlichen Philosophie hat es zwar schon zuvor gegeben, aber niemals zuvor war diese Berufung gekoppelt mit der internen und externen Bezeichnung der Träger dieser Strömung als ‚Albertistae‘. Eine explizite Berufung auf Albertus Magnus findet sich zuvor schon etwa in der sogenannten deutschen Dominikanerschule, im heterodoxen Aristotelismus (etwa bei Siger von Brabant), aber auch in der Paduaner Schule. Ebenso bietet die pseudo-albertische *Summa naturalium* oder *Philosophia pauperum*, das wohl erste Kompendium aristotelischer Naturphilosophie im Mittelalter, einen eigenen Rezeptionsstrang albertischer Schriften und ihres Gedankengutes. Gerade die Rolle dieser *Summa naturalium*, die sich in zahllosen spätmittelalterlichen Handschriften mit Glossen und umfangreichen Kommentaren versehen findet, als Textbuchs, Transformators und Quelle albertischen Gedankenguts ist bisher kaum untersucht. Auch mögliche Interferenzen dieser Strömungen und Rezeptionsstränge harren noch der Forschung.[4] In einem engen Sinne kommt jedoch allein dem Albertismus am Anfang des 15. Jahrhunderts diese Charakterisierung zu Recht zu, da nur bei ihm eine qualifizierende Selbsteinschätzung seiner Träger mit einer entsprechenden externen Charakterisierung dieser Träger zusammenfällt.

Durch die Studien von Meersseman[5], Kaluza[6] und anderen weiß man heute, dass diese philosophische Strömung ihren Ursprung in Paris bei einem Professor der Artesfakultät genommen hat, der auch tatsächlich bestimmte, in der *via moderna* vertretene Lehrsätze abgelehnt und bekämpft hat. Es handelt sich dabei um den Magister Johannes de Nova Domo. Aufmerksam wurde Meersseman auf diesen Autor durch den in

---

[3] Vgl. W.P. ECKERT, „Albertinismus“, in *HWPh* 1 (1971), 148.

[4] Vgl. dazu meine Bemerkungen in H. WELS, *Aristotelisches Wissen und Glauben im 15. Jahrhundert. Ein anonymer Kommentar zum Pariser Verurteilungsdekret von 1277 aus dem Umfeld des Johannes de Nova Domo: Studie und Text* (Bochumer Studien zur Philosophie 41), Amsterdam-Philadelphia 2004, lix-lxiv.

[5] Vgl. oben, Anm. 2.

[6] Vgl. Z. KALUZA, *Les querelles doctrinales à Paris. Nominalistes et realistes aux confins du XIVe et du XVe siècles* (Quodlibet 2), Bergamo 1988, bes. 87-120 (Kap. 3); IDEM, „Le *De universali reali.* Jean de Masionneuve et les *epicuri litterales*“, in *Freiburger Zeitschrift für Philosophie und Theologie* 33 (1986), 469-516; IDEM, „Les débuts de l’albertisme tardif (Paris et Cologne)“, in *Albertus Magnus und der Albertismus*, hrsg. v. M.J.F.M. HOENEN und A. DE LIBERA, Leiden-New York 1995, 207-97, um nur einige von Kaluzas Arbeiten zu nennen.

den 20er Jahren des 15. Jahrhunderts aufflammenden Streit zwischen Albertisten und Thomisten. Der wohl berühmteste Schüler des Johannes de Nova Domo, Heymericus de Campo, berichtet in einer gegen seinen Kölner Gegner, den Thomisten Gerardus de Monte, gerichteten Streitschrift, der sogenannten *Invectiva*, dass er, als er 1423 von Paris nach Köln kam, hier dieselben Streitigkeiten vorfand wie in Paris.[7] Deshalb habe er bei seiner Ankunft in Köln seinen *Tractatus problematicus inter Albertistas et Thomistas* (auch *Problemata inter Albertum magnum et sanctum Thomam*)[8] verfasst, der wiederum Gerardus de Monte zum Anlass wurde, eine Widerlegung, den *Tractatus ostendens concordiam S. Thomae et venerabilis domini Alberti, in quibus dicuntur esse contrarii*,[9] zu schreiben. In dieser seiner *Invectiva* berichtet Heymericus weiter auch von seinem Pariser Lehrer Johannes de Nova Domo, der – selbst Albertist – 16 Jahre lang ebenda die Scotisten (*formalistae*) und Buridanisten (*terministae*) bekämpft und diese als *epicuros nominales* geschmäht habe.[10] Der Lebenslauf dieses wohl ersten Pariser Albertisten bleibt ziemlich im Dunkeln. Man weiß, dass er einen Kommentar zum *Doctrinale* des Alexander de Villa Dei verfasst hat und, wie Kaluza daraus erschließen konnte, einen Kommentar zu den *Summulae* des Petrus Hispanus, der allerdings bisher nicht aufgefunden wurde. Des Weiteren einen Kommentar zur *Metaphysik* des Aristoteles, der sich eng an den Kommentar des Albertus Magnus anlehnt. Außerdem noch mindestens zwei Traktate, bei denen seine Autor-

---

[7] Vgl. MEERSSEMAN, *Geschichte des Albertismus* 2 (s. Anm. 2), 113 (5*): „Anno domini, sicut putatur, millesimo quadrigentesimo vigesimo tertio, quidam studiosus philosophiae Aristotelis iuxta interpretationem peripateticam venerabilis Alberti magni declarate discipulus, de universitate studii Parisiensis mediante studio Dicstensi ad studium Coloniense animo ibidem in eadem philosophia certatim profeciendi productus, cum reperiret ibi similem cum ea, quam reliquit parisius, inter terministas, qui dicebantur tunc moderni, thomistasque et albertistas, qui dicebantur antiqui, controversiam...."

[8] Der Text wurde 1496 in Köln unter dem Titel *Problemata inter albertum magnum et sanctum thomam ad utriusque opinionis intelligentiam multum conferentia. edita a disertissimo viro hemerico de campo artium et theologice professore eximio* gedruckt.

[9] Auch dieser Text wurde sehr bald – wahrscheinlich 1493 ebenfalls in Köln – gedruckt: *Tractatus ostendens concordantiam sancti Thome et venerabilis domini Alberti in multis in quibus dictantur*[!] *esse contrarij*.

[10] Vgl. MEERSSEMAN, *Geschichte des Albertismus* 2 (s. Anm. 2), 117 (9*): „Itaque primo idem tractatus has infrascriptas contra praememoratos terministas modernos seu, ut utar solito magistri mei Joannis de Nova Domo, primi parisiensis doctrinae Alberti, post iuge suae variae in doctrinae Scoti et sequacium eiusdem formalistrarum[!] doctrinaeque Buridani et suarum sequacium terministarum per anno sedecim, sicut ex ore eiusdem concepi, exercitium resuscitationis, loquendi modo, epicureos nominales, proponit quaestiones, sicut praememoratur, problematice disceptatas: An universalia sint...."

schaft zweifelsfrei gesichert ist, einen *Tractatus de ente et essentia* und einen *Tractatus universalium*. Auf den letzteren werde ich mich im Folgenden v.a. beziehen, wenn es um den Universalienrealismus des Johannes de Nova Domo geht. Ansonsten wird Johannes einmal (1410-1411) als *magister artium* der Picardischen Nation in Paris erwähnt, außerdem war er wohl im Jahre 1410 an der Fakultätsreform beteiligt; später (1413) wird er in die *natio anglica* eingeschworen. Gestorben ist er vor dem 2. Juni 1418, denn an diesem Tag wird über seinen Nachfolger verhandelt.[11] Bisher hat man angenommen, dass Johannes de Nova Domo die Artesfakultät niemals verlassen hat, um in die höhere theologische Fakultät zu wechseln. Im Incipit und Explicit einer Abschrift des *Tractatus universalium* oder *De natura universalium* in einer aus Heidelberg stammenden Handschrift, die heute in Tübingen aufbewahrt wird, wird dieser Traktat allerdings als „venerabilis viri Johannis de Nova Domo sacraeque theologiae professoris eximii quondam Parisius pro suis discipulis compendiose compilatus" bezeichnet.[12] Ob es sich dabei um einen späteren Überlieferungsfehler handelt oder ob Johannes tatsächlich noch in die höhere Fakultät der Theologie aufgerückt ist, lässt sich noch nicht sagen. Als Meersseman diesen *Tractatus universalium* 1936 im *Jahrbuch des Kölnischen Geschichtsvereins* herausgab, war diese Abschrift noch unbekannt, so dass Meersseman den Text nach einer einzigen Handschrift edierte.[13] Eine erste Kollationierung hat eine Menge abweichender Lesarten ergeben, die eine Neuedition sinnvoll erscheinen lassen.[14]

Wie schon Kaluza bemerkte, ist es auffällig, dass sich ein Großteil der

[11] Zu den biographischen Fakten, vgl. KALUZA, *Les querelles doctrinales* (s. Anm. 6), 87-92.

[12] Es handelt sich um die philosophische Sammelhandschrift Tübingen, Universitätsbibliothek, Mc 103. Die im Katalog (*Die lateinischen Handschriften der Universitätsbibliothek Tübingen* 1, beschr. v. H. RÖCKELEIN, Wiesbaden 1991, 218) angegebene Lesart des Explicits auf f. 73v ist nicht ganz korrekt. Ich gebe sie hier mit den verbesserten Lesarten in eckigen Klammern wieder: „Et in hec finitur tractatus, determinatur [de natura] universalium natura [del. cod. Mc 103] venerabilis viri Johannis de Nova Domo sacreque theoloye professoris eximii quondam prius [Parisius] pro suis discipulis compendiose compilatus."

[13] Meersseman gab den *Tractatus universalium* nach der Handschrift Angers, Bibliothèque Municipale, Ms. 1582 heraus; vgl. G. MEERSSEMAN, „Eine Schrift des Kölner Universitätsprofessors Heymericus de Campo oder des Pariser Prof. Johannes de Nova Domo?", in *Jahrbuch des Kölnischen Geschichtsvereins* 18 (1936), 144-68.

[14] Diese Neuedition bereite ich zurzeit vor. Inzwischen konnte ich noch eine weitere Abschrift des *Tractatus universalium* auffinden; sie findet sich in Città del Vaticano, BAV, Cod. Pal. lat. 1058. Bisher konnte ich diesen Text noch nicht einsehen.

Handschriften mit Werken des Johannes de Nova Domo (wie auch die eben erwähnte) in Deutschland – einige noch in Polen – findet und auch dort entstanden ist.[15] Wie Heymericus de Campo die Texte seines Pariser Lehrers von Paris an den Rhein nach Köln mitgebracht hat, so mögen auch andere Kollegen, Schüler und Studenten Texte und Gedankengut des Johannes bei ihrer Abwanderung aus Paris mitgenommen haben. In dieser Weise ist wahrscheinlich auch der anonym überlieferte *Tractatus de universalis natura*, auf den ich noch eingehen werde, entstanden. Sicher ist, dass sich manches von Johannes de Nova Domo in der zweiten Hälfte des 15. Jahrhunderts in Krakau wiederfindet und hier rezipiert wird, und dass manche der Handschriften in Mitteldeutschland entstanden sind, so z.B. in Leipzig oder Zittau.[16]

Im Rahmen der Historiographie der spätmittelalterlichen Philosophie wurde v.a. die Universalienkonzeption des Nominalismus untersucht. Als Projektionsfläche, von der sich die Neuerungen der nominalistischen Position abheben sollten, diente dabei die Universalienlehre der beiden klassischen spätmittelalterlichen Schulen, des Thomismus und des Scotismus. Anders als die beiden eben genannten Schulen scheint sich der Albertismus jedoch jenseits der von den Dominikanern bzw. Franziskanern vorgegebenen Ordensdisziplin formiert zu haben und dürfte somit gerade den ordensunabhängigen Weltklerikern und den unabhängigen Universitätsangehörigen einen offenen Rahmen geboten haben, in dem sie ihre philosophischen Forschungen durchführen konnten. Und tatsächlich ist es gerade der Albertismus in Gestalt eines Johannes de Nova Domo, der in Opposition zum Nominalismus einen relativ eigenständigen Universalienrealismus entwickelt.[17]

Der Satz, mit dem Gerhard Ritter das Kapitel über den Gegenstand der Schulstreitigkeiten in seinem Band über die Via antiqua *und die* via

[15] Vgl. KALUZA, *Les querelles doctrinales* (s. Anm. 6), 92, 113 (Anm. 25).

[16] Vgl. dazu WELS, *Aristotelisches Wissen* (s. Anm. 4), lxxvii-lxxx.

[17] Zur Ablehnung der *via moderna* durch den Albertismus, vgl. P. RUTTEN, „*Contra occanicam discoliam modernorum*: The So-Called *De universali reali* and the Dissemination of Albertist Polemics against the *via moderna*“, in *Bulletin de philosophie médiévale* 45 (2003), 131-65. Rutten geht in seinem Artikel besonders auf die antinominalistische Polemik des *Capitulum de universali reali* ein, welches er für ein authentisches Werk des Johannes de Nova Domo hält (vgl. 142-48). Einige der Handschriften, die das *Capitulum* enthalten, enthalten auch die hier behandelten Universalientraktate. Rutten verweist auf diese Texte und rückt am Schluss die bereits oben erwähnte Tatsache, dass sich viele der Handschriften in Deutschland finden bzw. deutscher Provenienz sind, recht stark in den Vordergrund (vgl. 156-61).

moderna *auf den deutschen Universitäten des XV. Jahrhunderts* von 1922 einleitete, hat noch immer – obgleich manches an dem Buch und an Ritters Auffassung kritisiert worden ist – seine Gültigkeit. Ritter schrieb: „Eine unbefangene Betrachtung der Quellenzeugnisse kann nicht in Abrede stellen, dass die Erkenntnislehre und insbesondere die Beantwortung des Universalienproblems von den Beteiligten selbst als das wichtigste Unterscheidungsmerkmal der ‚alten' und ‚neuen' Schule betrachtet worden ist."[18] Dieses Urteil über die Bedeutung des Universalienproblems im Mittelalter findet sich bereits bei dem barocken Enzyklopädisten Daniel Georg Morhof, der im philosophiehistorischen Abschnitt seines *Polyhistor literarius, philosophicus et practicus* im 13. Kapitel „über die scholastischen Gelehrten im Allgemeinen und über die Nominalisten im Besonderen" bemerkt, es sei bekannt, dass die Scholastiker in Realisten und Nominalisten unterschieden seien und dass aus den Meinungen beider „Sekten" die heftigsten Kämpfe unter ihnen erwachsen seien, wobei unter den Schülern manchmal auch Blut vergossen worden sei. Das Feld dieser Plänkeleien war zuerst die Dialektik, später seien diese Streitereien aber auch in die anderen Disziplinen eingedrungen, ja sogar in die Theologie, da jene, die sich Realisten nannten, die Nominalisten wie Häretiker angefeindet hätten. In diesem Sinne hätte bereits Anselm von häretischen Dialektikern gesprochen. Bei der ganzen Angelegenheit gehe es aber um die Lehre von der Existenz der Universalien, was eher die Metaphysiker als die Logiker betreffe.[19] Morhof stellt dann weiter fest, dass dieser Streit seinen Ursprung bereits in der Antike nehme und keine ausschließliche Angelegenheit der Scholastik gewesen sei. Morhofs Hinweis, dass die Frage nach der Existenzweise der Universalien eigentlich mehr metaphysischer denn logischer Natur sei, ist daher interessant, weil sich gerade bei den spezifischen Momenten der albertistischen Universalienlehre dieser

[18] Vgl. G. RITTER, Via antiqua *und* via moderna *auf den deutschen Universitäten des XV. Jahrhunderts*, Heidelberg 1922, ND Darmstadt 1963, 69.

[19] Vgl. D.G. MORHOF, *Polyhistor literarius, philosophicus et practicus* 2, editio quarta, Lübeck 1747, 73-74: „Notum enim est, Scholasticos fuisse distinctos in Nominales & Reales, & ex utriusque sectae placitis acerrima inter illos fuisse orta bella, ac nonnunquam etiam inter discipulos cruenta. Campus autem harum velitationum erat Dialectica:... Atque haec dissidia in reliquas disciplinas, imo ipsam Theologiam, postea penetrabant, cum illi, qui se Reales appellabant, Nominales, velut haereticos, aversarentur. Anshelmus certe appellavit haereticos Dialecticos. Tota res versabatur in doctrina de existentia universalium, quae ad Metaphysicos potius, quam Logicos, referenda." RUTTEN, „*Contra occanicam discoliam*" (s. Anm. 17), 137, weist allerdings begründet darauf hin, dass von albertistischer Seite kein direkter Häresievorwurf erhoben wurde: „The nominalists are not directly accused for heresy."

metaphysische Charakterzug besonders deutlich zeigt.[20]

Ein erstes Spezifikum des Universalienrealismus albertistischer Ausprägung liegt in der Klassifikation des *universale* in ein *universale ante rem, in re* und *post rem.*[21] Diese Einteilung des *universale* entspricht in etwa der klassischen Einteilung in ein *universale in causando, in essendo* und *in abstrahendo*. Diese Klassifikation als Eigenart einer Universalienlehre *secundum Albertum* bestätigt auch der bereits erwähnte Gerardus de Monte, der in Opposition zu Heymericus de Campo die Übereinstimmung von Albertus Magnus und Thomas de Aquino nachzuweisen gesucht hat. In einer ohne Jahres- und Ortsangabe gedruckten Inkunabel (wahrscheinlich Köln 1493) mit durchlaufender Blattzählung findet sich zwischen den Quästionen des Johannes Versoris zu den *Parva Naturalia* und der bereits erwähnten Konkordanzschrift des Thomisten Gerardus de Monte der Kommentar des Gerardus zu der Schrift *De ente et essentia* oder – wie sie in dieser Zeit auch häufig genannt wird – *De quidditatibus rerum* des Thomas de Aquino. Am Ende des ersten Traktats macht Gerardus darauf aufmerksam, dass es nach Albertus nominell ein dreifaches *universale* gibt, eben das *universale ante rem, post rem* und *in re*. Das *universale ante rem* werde jedoch ebenfalls nach Albert weiterhin unterschieden in ein *universale ante rem tempore et natura* und in ein *universale ante rem natura tantum*, so dass das *universale* eigentlich vierfach unterschieden

[20] Bereits der eigenständig zwischen Albertismus und Thomismus vermittelnde Johannes Versoris verweist die Lösung der Fragen nach den Universalien ins Gebiet der Metaphysik. Nach Angabe seines Schülers Dominicus de Flandria dürfte er dabei allerdings mehr dem Albertismus zugeneigt gewesen sein, denn dieser schreibt über seinen Lehrer: „Albertizabat magis quam sequebatur Doctorem Sanctum" (Vgl. L. MAHIEU, *Dominique de Flandre. Sa Métaphysique*, Paris 1942, 22). Dementsprechend kannte er wohl auch die im Folgenden genannte Dreiteilung des *universale* nach Albertus Magnus. In Prantls ob der vielen Quellenzitate immer noch sehr nützlicher *Geschichte der Logik* heißt es: „Illae quaestiones de universalibus... determinari non possunt per logicae facultatem, quia... necesse est uti rationibus sumptis ex principiis, causis et passionibus entis inquantum ens.... An die übliche Dreigliederung der Universalien *ante rem, in re, post rem* (im Anschlusse an Albertus Magnus und Thomas) reihen sich dann über die einzelnen Fragen Erörterungen, welche nahezu wörtlich aus Heimerich Campen entnommen sind." Vgl. C. PRANTL, *Geschichte der Logik im Abendlande* 4, Leipzig 1870, 221, Anm. 261. Das Versoris-Zitat findet sich nach Prantl in IOANNES VERSORIS, *Elucubratio et commentaria in veterem Aristotelis artem*, Köln 1503, f. 5r B.

[21] Zu den Ursprüngen dieser Einteilung bei Albertus Magnus, vgl. S. WŁODEK, „Albert le Grand et les albertistes du XVe siècle. Le problème des universaux", in *Albert der Grosse. Seine Zeit, sein Werk, seine Wirkung*, hrsg. v. A. ZIMMERMANN (Miscellanea Mediaevalia 14), Berlin-NewYork 1981, 194-96, und A. DE LIBERA, *La querelle des universaux. De Platon à la fin du Moyen Âge*, Paris 1996, 434-37.

sei. Das *universale ante rem* in der ersten Art, als sowohl der Zeit wie der Natur nach früher, werde von Albert als „die im intellektuellen Licht der ersten Ursache aufgefasste Form selbst“ verstanden; diese Form ist aber in der ersten Ursache in der Art eines idealen und exemplarischen Quellprinzips (*habet rationem principii fontalis idealis et exemplaris*), sie existiert dort als Licht und Leben (*lux et vita*). Diese etwas gewundenen Formulierungen sind in der albertistischen Universalienlehre nötig, um den extremen Realismus wiclefitischer und hussitischer Prägung abzuwehren, der, zumindest nach seinen Gegnern, den Universalien *ante rem tempore et natura* eine Realexistenz außerhalb der ersten Ursache, also Gottes, zuspricht.[22] Das Universale in der zweiten Art, also insofern es allein der Natur nach früher ist, ist dann die „in der Hinsicht betrachtete Form, insofern sie ein Strahl dieses ersten Lichts (*radius primae lucis*) ist.“ In dieser Art besitzt sie die *ratio* eines fließenden, noch nicht auf ein Individuum hin bestimmten Prinzips (*ratione fluentis principii non determinati ad individuum)*. Das *universale in re* entspricht eben dieser Form, insofern die Individuen an ihr teilhaben (*prout est participata individuis*). Sie wird zwar in den Individuen singularisiert (*singularisetur*), ist jedoch in ihnen nicht singulär in dem Sinne vorhanden, in dem Sortes singulär, also ein Einzelwesen, genannt wird. Das *universale post rem* schließlich sei, so Gerardus de Monte über die Auffassung des Albertus, eben diese Form, insofern sie von den individuierenden Sachverhalten durch das Licht (*lumen*) des *intellectus agens* abstrahiert und durch den *intellectus possibilis* allgemein wahrgenommen worden sei.[23] Da sich diese Lehre nur teilweise

---

[22] In diesem Sinne schreibt IOANNES DE NOVA DOMO in seinem *Tractatus de ente et essentia*: „Hoc vero quod est, alio nomine vocatur possibilitas rei, quae res creata, antequam facta sit, est in potentia ad essendum in effectu, non, ut quidam aestimantur, quod res creata, antequam facta sit, dicatur aliquomodo esse. Cuius aestimationis bene de propinquo sunt illi qui essentias dicunt esse a aeterno et etiam extra mentem divinam. Dicunt enim essentiam rei creatae antequam creata sive facta sit in esse per creationem, aliquomodo habere esse, ita quod non est purum nihil, sed aliquomodo est. Istud neque favet principiis theologicis neque philosophicae facultati. Ideo dico quod creatura, antequam sit facta, sic est in potentia quod non habet ante se nisi non esse.“ Vgl. MEERSSEMAN, *Geschichte des Albertismus* 1 (s. Anm. 2), 115. Meersseman hat dort den gesamten *Tractatus de ente et essentia* ediert. Verschärft findet sich diese Ablehnung noch im *Capitulum de universali reali*: „Et sunt quidam intromittentes se de antiquis... et ideo enuntiant rem universalem esse praeter singularia et extra singularia, quod est haereticum et sanae fidei contrarium.... Et in hoc puncto deceptus est Ieronimus haereticus et sui sequaces, qui ponebant rem universalem separatam a singularibus et extra singularia, et videntes eam non esse de ordine animarum nec angelorum, posuerunt eam coaeternam Deo et fore ab aeterno.“ Vgl. WELS, *Aristotelisches Wissen* (s. Anm. 4), xciv-xcv.

[23] Vgl. GERARDUS DE MONTE, *Commentatio compilata circa compendium de quidditati-*

und verstreut bei Albertus Magnus findet und dann – wenn überhaupt – mit einer abweichenden Begrifflichkeit, bleibt zu fragen, wieso Gerardus de Monte sie hier als genuine Auffassung des Albertus Magnus referiert. Es wäre naheliegend, wenn Gerardus dies aus dem *Tractatus problematicus* des Heymericus de Campo, dem er ja eine ausführliche Widerlegungsschrift gewidmet hat, bezogen hätte. Doch weder in dem der Widerlegung der Universalienlehre der Modernen gewidmeten ersten Teil, noch beim zweiten Problem des zweiten Teils, welches sich mit eben jener drei- bzw. vierfachen Unterscheidung des *universale* befasst, findet sich diese Vierteilung in der Form komprimiert, wie sie Gerardus wiedergibt. Anders dagegen in dem von Meersseman edierten *Tractatus universalium* des Johannes de Nova Domo und im anonymen *Tractatus de universalis natura*.

Die Abhängigkeit der Zusammenfassung des Gerardus de Monte vom *Tractatus universalium* des Johannes de Nova Domo möchte ich nur an einem Beispiel deutlich machen. In der zweiten *propositio* des *Tractatus universalium* bestimmt Johannes de Nova Domo das *universale ante rem tempore et natura* als „forma in intellectu primae causae accepta, in qua est sicut in formali et primo lumine, hoc modo, quo ipsum est fons et vita omnium". Ein solches *universale* bestimmt Johannes weiter als „forma secundum esse idealis principii et exemplaris sumpta."[24] Gerardus hat die-

bus rerum, quod edidit sanctus Thomas de Aquino (nach dem Explicit), o. O. u. J. (wahrscheinlich Köln 1493), f. 40va-b: „Advertendum quod secundum Albertum universale est triplex in genere loquendo, scilicet universale ante rem, post rem et in re, sed universale ante rem secundum cum subdistinguitur in universale ante rem tempore et natura, et in universale ante rem natura tantum, et ita loquendo specialius universale esset quadruplex. Unde universale ante rem tempore et natura ante rem inquantum scilicet singularem creaturam, est secundum eum ipsa forma accepta in intellectuali lumine cause prime in quo habet rationem principii fontalis ydealis et exemplaris existens illic lux et vita. Universale autem ante rem natura tantum est ipsa forma considerata prout est radius lucis primae, quomodo consideratur in ratione fluentis principii non determinati ad individuum. Universale vero in re est eadem forma prout est participata individuis, in quibus licet singularisetur, non tamen est singularis, utputa sortes dicitur singularis. Sed universale post rem est eadem forma prout est abstracta ab individuantibus per lumen agentis intellectus et per intellectum possibilem communiter apprehensa."

[24] Bei dem zitierten Text handelt es sich um einen durch die Lesarten der bereits erwähnten Tübinger Handschrift, die Meersseman für seine Edition nicht heranziehen konnte, verbesserten Text. Die gesamte zweite *propositio* lautet bei MEERSSEMAN, „Eine Schrift des Kölner Universitätsprofessors" (s. Anm. 13), 153 folgendermaßen: „Secunda proposito[!]: Universale primo modo est forma in intellectu primae causae accepta sicut in formali et primo lumine, hoc modo, quo ipsum est fons et origo et vita omnium et – ut verius dicam – est forma secundum esse idealis principii sumpta et exemplaris." In der Handschrift

se zweite *propositio* für seine Zusammenfassung komprimiert und sie Albertus Magnus selbst zugeschrieben. Um die Abhängigkeit deutlich zu machen, zitiere ich nochmals den lateinischen Text: „Ipsa forma accepta in intellectuali lumine causae primae, in quo habet rationem principii fontalis ydealis et exemplaris existens illic lux et vita.“[25]

Die Tübinger Handschrift, die diese zweite bekannte Abschrift des *Tractatus universalium* birgt, ist in mehrfacher Hinsicht interessant und aufschlussreich. Es lassen sich durch sie nicht nur eine Reihe korrupter Stellen im *Tractatus universalium* klären, sondern sie dokumentiert auch die Präsenz und Wanderung des Albertismus rheinaufwärts nach Heidelberg. Diese Wanderung wird in dem in der zweiten Hälfte des 15. Jahrhunderts in Heidelberg entstandenen *Manuale scolarium* klar benannt. Auf die Frage des in Dialogform abgefassten Handbuchs, was denn der *ritus universitatis* hinsichtlich des Wegestreites sei, antwortet der Heidelberger Scholar, dass hier Magister aus allen Richtungen zugelassen würden, es gebe auch welche, die Albert folgen. Später wird dies noch dahingehend präzisiert, dass es nur einige wenige seien, die aus Köln hierher gekommen sind.[26] Nach der Wiedereinführung der *via antiqua* 1452 an der Heidelberger Universität gab es hier auf jeden Fall ein – obgleich geringes – Interesse für den Albertismus in seiner stark neuplatonischen Ausformung durch Johannes de Nova Domo. Dies belegt weiterhin auch eine Abschrift seines *Tractatus de ente et essentia*, die 1469 in Heidelberg erstellt wurde.[27] Bei der Tübinger Handschrift handelt es sich um eine philosophische Sammelhandschrift, die der am 23.3.1475 in Heidelberg immatrikulierte Sebastian Farner wahrscheinlich während seines Studienaufenthaltes in Heidelberg zusammenstellte.[28] Nach den Matrikeln der

---

(Tübingen, Universitätsbibliothek, Mc 103) findet sich der Text auf f. 67r.

[25] Vgl. oben, Anm. 22.

[26] Wiederum zitiere ich nach PRANTL, *Geschichte der Logik* 4 (s. Anm. 20), 189, Anm. 67: „... quis sit ritus universitatis nostrae... si quid boni haurire poterimus, non recusamus; tum in quaque via magistri admittuntur; salvum est cuique, resumere, quod probationibus suis continere valeat; siquidem apud nos sunt aliqui, qui Albertum sequuntur, qui Thomam in diligentia, qui subtilissimi Ioannis Scoti vestigia observant... qui Albertum sequuntur, pauci sunt, tres tantum quatuorve magistri Coloniae promoti, et totidem, qui fortasse Scotum sequuntur....“ Prantl zitiert nach F. ZARNCKE, *Die deutschen Universitäten im Mittelalter* 1, Leipzig 1857, 20, 44; zu den verschiedenen Drucken des *Manuale*, vgl. ZARNCKE, *Die deutschen Universitäten* (s. diese Anm.), 221.

[27] Es handelt sich um folgendes Manuskript: Città del Vaticano, BAV, Cod. Pal. lat. 1053, ff. 108r-118v; vgl. dazu WELS, *Aristotelisches Wissen* (s. Anm. 4), lxxviii.

[28] Dazu und zum Folgenden, vgl. die Beschreibung der Handschrift in *Die lateinischen Handschriften* 1 (s. Anm. 12), 217-19.

Universität Heidelberg wurde Sebastian Farner am 8.11.1477 *baccalaureus artium viae antiquae*. Die Handschrift enthält neben der erwähnten Abschrift des *Tractatus universalium* noch den ersten Teil der entweder von Johannes de Nova Domo oder aus dessen Schülerkreis stammenden Schrift *De universali reali*, verschiedene Traktate zur Logik, den *Liber de causis* mit Quästionen dazu und einen anonym überlieferten *Tractatus de universalis natura*, der eine konzise und zum Teil deutlichere Zusammenfassung der Universalienlehre in ihrem albertistisch-neuplatonischen Gewand enthält als der Traktat von Johannes de Nova Domo selbst. Mit Hilfe dieses Traktats versuche ich etwas mehr Klarheit in die oben nur sehr schematisch angesprochene albertistische Aufteilung des *universale* zu bringen und das zweite Spezifikum herauszukristallisieren.

Der Traktat ist zweigeteilt. Der erste Teil handelt *de natura universalis ex parte sui*, der zweite Teil über die Natur des Allgemeinen, insofern diese *concreta est habitudinibus*, also wirklich in ihrem Bezug und ihrem Verhältnis zu Anderem ist. Der Ausdruck ‚concretum est habitudinibus' wird auch von Johannes de Nova Domo häufig verwendet und geht zurück auf Albertus Magnus' *De causis et processu universitatis a prima causa*.[29] Die in diesem Werk von Albertus Magnus dargelegte neuplatonische Emanationslehre bildet bereits bei Johannes de Nova Domo den Hintergrund seiner Universalienlehre.[30] Was den ersten Teil betrifft, so ist hier v.a. die Frage interessant *sub quo genere entium*, also zu welcher Gattung dessen, was ist, das Universale gehört. Allgemein gebe es eine Dreiteilung dessen, was ist. Einmal das wahrhaft Seiende, was sein gesamtes Sein außerhalb der Seele besitzt, wie z.B. das Rind oder die Ziege. Dann gibt es die Intentionen dieser Dinge, die vollständig in der Seele sind. Schließlich gibt es *entia, quae partim habent esse in re et partim in anima*, wie z.B. die Wahrheit. Gemäß ihrer Fundamente sind diese in den Dingen, gemäß ihrer vollständigen Wesensform sind sie jedoch in der Seele.[31]

---

[29] Vgl. ALBERTUS MAGNUS, *De causis et processu universitatis a prima causa* II tr.1 c.17, ed. W. FAUSER, in *Alberti Magni Opera omnia* 17.2, Münster i.W. 1993, 81.64

[30] Welche Rolle dieses Werk für Johannes de Nova Domo spielt, lässt sich den zahllosen Verweisen darauf entnehmen, die Meersseman in seiner kritischen Edition des *Tractatus de ente et essentia* gibt. Vgl. MEERSSEMAN, *Geschichte des Albertismus* 1 (s. Anm. 2), 91-191. Für den *Tractatus universalium* von Johannes de Nova Domo und den *Tractatus de universalis natura* müssen kritische Editionen dies erst noch leisten.

[31] Neben der bereits erwähnten Tübinger Handschrift (Mc 103, ff. 103r-108v) sind mir noch zwei weitere Abschriften (beide Mainz, Stadtbibliothek, Hs. I.81 und Hs. I.560) dieses Textes, den ich bald ebenfalls in einer kritischen Edition vorzulegen hoffe, bekannt. Im

Der zweite, wesentlich umfangreichere Teil des Traktats betrifft die *habitudines*, die Verhältnisse, in denen und aus denen das Universale besteht. Gemäß der vierfachen Rücksicht, in der das Universale besteht, ist dieser Teil viergeteilt. Zuerst geht es um das Verhältnis zum *intellectus universaliter agens*, von dem das Universale ausfließt. Auch dies ist ein bereits von Johannes de Nova Domo aus *De causis* von Albertus Magnus übernommenes Konzept. An zweiter Stelle geht es um das Verhältnis des *universale* zum menschlichen Intellekt, von dem es erkannt wird; dann zur Materie, in die es eingeführt und aus der es eduziert wird; zuletzt um das Verhältnis des *universale* zu seinen *supposita*, von denen es prädiziert wird. Diese Vierteilung ist zwar nicht direkt übertragbar auf die Vierteilung von Johannes de Nova Domo bzw. Gerardus de Monte, hat aber eine ganze Reihe Entsprechungen.

Das *universale ante rem tempore et natura* wird im Intellekt der ersten Ursache als Form in der Hinsicht aufgefasst, in der die Form Quelle und Ursprung von allem ist. Da die erste Ursache aber ihr Sein selbst ist – denn ansonsten fände ein *processus in infinitum in entibus* statt, lässt sich mit dem anonymen *Tractatus de universalis natura* weiter ausführen – umfasst sie die Vollkommenheiten (*perfectiones*) aller Dinge in besonderer und zuhöchst einheitlicher Weise, also begreift sie auch die Vollkommenheit der universalen Natur. Die Formen, die auch *rationes ideales* genannt werden, sind im Ersten auch von derselben Natur wie das Erste und werden erst in ihrer Hinordnung auf die Dinge, die sie konstituieren sollen, unterschieden, wie auch alle aus dem Zentrum zum Umkreis geführten Linien im Zentrum eins sind und erst durch ihren Ausgang vom Zentrum unterschieden werden.[32] Die Formen *in intellectu primae causae* sind

Folgenden zitiere ich nach der Tübinger Handschrift, wobei die Zeichensetzung von mir stammt. Vgl. ANONYMUS, *Tractatus de universalis natura* (Tübingen, Universitätsbibliothek, Mc 103, ff. 103r-108v), f. 103r: „Expedita universalis natura restat videre, sub quo genere entium universale comprehendatur. Pro quo notandum, quod triplex est differentia entium in generali. Quedam sunt vera entia, que totaliter extra animam habent esse, ut vacca, bos. Alia sunt entia, que sunt modi dictorum entium siue intenciones, que totaliter in anima sunt, licet a rebus accipiantur. Alia vero sunt entia, que partim habent esse in re et partim in anima, ut veritas etc., que secundum sua fundamenta sunt in re et secundum formam sue rationis completam sunt in anima. Universale autem comprehenditur sub tertia differentia encium."

[32] Im Folgenden gebe ich um der größeren Klarheit willen einen durch die Lesarten der Handschrift Mainz, Stadtbibliothek, Hs. I.81 verbesserten Text, ohne dies eigens zu kennzeichnen; vgl. ANONYMUS, *Ibid*, f. 103v: „ ....causam primam esse suum esse, alias esset processus in infinitum in entibus.... Causa igitur prima comprehendit omnium rerum perfectiones supereminenter et unitissime et per consequens comprehendit universalis nature

quasi die *formae formarum omnium productivae*. Dieses Konzept soll wohl vor allem dazu dienen diese *formae in intellectu primae causae* von den platonischen Ideen zu unterscheiden.[33] Diese Formen werden also in der Hinsicht aufgefasst, insofern ihnen das ideale und exemplarische Prinzip einer Quelle eignet.

Insofern der Form das Prinzip des Ausfließens aus der Quelle eignet, handelt es sich um ein *universale ante rem natura tantum*. Insofern die *natura universalis* vom Ersten ausfließt, eignet ihr die *communicabilitas*, die Fähigkeit sich Vielen mitzuteilen. In dieser Hinsicht wird das *universale* auch Strahl des Lichtes der ersten Intelligenz (*radius luminis primae intelligentiae*) genannt, während das zuvor behandelte *universale* eben das Licht (*lux*) selbst sei. Das Licht der Intelligenz ist die Hypostase jeder Form, insofern diese kommunikabel ist.[34] Ein Beispiel, das Heymericus de Campo in seinem *Tractatus problematicus* gibt, verdeutlicht diese Konzeption noch etwas. Wie das Auge in dem die Spezies der Farbe hervorbringenden Licht die Farbe sieht, so erblickt der Intellekt im Lichte der

---

perfectionem. Et formae rerum in primo vocantur rationes ydeales, quae in primo sunt penitus eiusdem nature cum primo, diversificantur autem in ordine ad res constituendas. Sicut omnes linee ducte ad circumferentiam in centro sunt unum et diverse secundum egressum earum a centro, sic res create secundum egressum earum a primo in diversitatem aguntur, et tales rationes rerum in mente divina vocantur rationes exemplares rerum, et ideo universale ante rem tempore et natura est forma in intellectu prime cause accepta ea parte, qua est fons et origo omnium, et talis est forma secundum esse ydealis principii.“

[33] Vgl. ANONYMUS, *Ibid*, f. 104r: „Unde secundum ipsum [i.e. Aristotelem], ut dicit Egidius et Albertus in intellectu materie clauditur esse formam in ea secundum inchoationem. Et Aristoteles non negat formas esse in intellectu prime cause et intelligentiarum, sed posuit ibi formas formarum omnium productivas, ita quod lumen formarum omnium, quod est in fonte luminis, ab intelligentiis capiatur intellectualiter et quelibet intelligentia lumen, quod sibi influitur, per motum sui orbis exequitur et explicat, ita quod tandem infunditur materie generabilium et corruptibilium.“

[34] Vgl. ANONYMUS, *Ibid*, f. 104r: „Natura universalis fit universalis ex duplici origine. Prima est propria communicabilitas ipsius universalis, quam communicabilitatem accipit ipsum universale in singulari efluxu et emanatione a primo principio universorum. Quod patet, quia primum principium communicat se omni enti absque hoc, quod commiscatur alicui, cum nulla essentia creata fluxum primi principii et eius communicabilitatem terminare possit, cum quelibet sit finite capacitatis et omnis rivus sapit naturam sui fontis. Ideo universalis natura, inquantum effluit a primo, capit potestatem communicandi se multis, et, si velimus nominare apropriato nomine universale, cum eius prima origine dicemus ipsum esse radium luminis prime intelligentie.... Sic universalis natura habet primam eius originem, scilicet communicabilitatem, secundum quod refertur ad intelligentiam universaliter agentem et cognoscentem, cuius est radius. Et sic convenientissime nominatur radius luminis intelligentie.... Ex quo patet lumen intelligentie esse ypostasim omnis forme in eo, quod communicabilis est.“

ersten Ursache oder Intelligenz, nachdem eine Spezies oder Ähnlichkeit der außerhalb der Seele existierenden *natura communis* gebildet wurde, die Wesenheit (*quidditas*) dieser Natur, denn wie das körperliche Licht der Sonne die formale Hypostase ist, die der Farbe ihr Wesen gewährt, so essentialisiert und hypostasiert das Licht der ersten Ursache die Wesenheit jeder beliebigen Sache.[35]

Diese metaphysisch überspitzten, vor neuplatonischer Lichtmetaphorik strotzenden Erörterungen des *universale ante rem* sind das zweite Spezifikum der von Johannes de Nova Domo geprägten albertistischen Universalienspekulation. Ein besonderes Merkmal dieser Erörterungen ist die Übertragung der von Albertus Magnus in seiner Schrift *De causis et processu universitatis* dargelegten und entwickelten Emanation des Alls aus der ersten Ursache auf die Universalienlehre. Diese Übertragung wird von Albertus Magnus zwar angedeutet und liegt an manchen Stellen nahe, wird jedoch nirgends von ihm expliziert.

Der Traktat enthält selbstverständlich noch eine Menge Interessantes und an manchen Stellen gibt es sogar wörtliche Übereinstimmungen mit Texten von Johannes de Nova Domo, doch möchte ich dies hier beiseite lassen, um lieber noch auf eine letzte Gemeinsamkeit der verschiedenen Texte einzugehen, hinter der sich teilweise der Beweggrund für den Universalienrealismus der Albertisten verbirgt. Kaluza hat bereits darauf hingewiesen, dass einer der Beweggründe für das nachdrückliche Beharren auf der Realität der Universalien und somit die Triebkraft, diese Realität in unterschiedlicher Weise zu begründen und zu festigen, darin liege, dass für die Albertisten damit der Status und die Sicherheit des Wissens steht und fällt. Wenn es wahres Wissen nur vom Universellen gibt, wie die Albertisten unter Berufung auf Aristoteles nicht müde werden zu verkünden, das Universale aber nicht mehr als ein *conceptus* oder ein *terminus ad placitum* ist,[36] dann ist sowohl für Johannes de Nova Domo wie für den anonymen Autor des *Tractatus de universalis natura* unser Wissen auf nichts Festes gegründet. In diesem Sinne beginnt der *Tractatus* mit der Bemerkung, dass es notwendig sei die Natur des Universalen, die das

---

[35] Vgl. HEYMERICUS DE CAMPO, *Problemata inter albertum magnum et sanctum thomam ad utriusque opinionis intelligentiam multum conferentia*, Köln 1496, f. 10r: „Ego enim intelligo quod sicut oculus in lumine vehente speciem coloris videt colorem, ita intellectus in lumine prime cause seu intelligentie formata specie et similitudine nature communis extra animam existentis intuetur ipsam illius nature quiditatem, quia sicut lumen solis corporalis est formalis ypostasis prebens colori essentia, ita lumen prime cause essentiat et formaliter ypostasiat cuiuslibet rei quiditatem."

[36] Vgl. KALUZA, *Les querelles doctrinales* (s. Anm. 6), 114-15, Anm. 34.

Fundament allen Wissens ist, zu kennen.[37] Das Incipit des *Tractatus universalium* von Johannes de Nova Domo, welches nur die Tübinger Handschrift überliefert,[38] setzt ähnlich ein: „Quicumque ignorat universale, ignorat omne genus scientie." Entsprechend beginnt auch das wahrscheinlich von einem Schüler des Johannes de Nova Domo stammende *Capitulum de universali reali*. Ein ganzes Heer von Philosophen ruft hier einheitlich mit der Stimme seines Fürsten Aristoteles, dass das Universale das Prinzip aller Wissenschaft und allen Wissens ist, und zwar das objektive, subjektive und formale Prinzip, auf das sich alles Wissen beziehen muss. Ohne diesen Bezug vermögen wir überhaupt nichts zu erkennen und zu begreifen.[39]

Bayerische Julius-Maximilians-Universität Würzburg/Berlin

[37] Vgl. ANONYMUS, *Tractatus de universalis natura* (s. Anm. 31), f. 103r: „Cum sit necessarium scire universalis naturam, que fundamentum est omnis scientie, ex quo omnis scientia est universalium."

[38] Vgl. Tübingen, Universitätsbibliothek, Mc 103, f. 67r.

[39] Vgl. WELS, *Aristotelisches Wissen* (s. Anm. 4), xc-xci: „Contra subsanatores universalisantium realistarum clamat totus philosophorum exercitus in voce principis eorum, Aristotelis, universale esse principium artis et scientiae, principium quidem obiectivum, subiectivum et formale, quod omnis scientia speculatur et quo non speculato nihil penitus intelligimus nec concipimus." Das Defizit, kein wahres Wissen zu besitzen, wird den *moderni* auch im *Manuale scolarium* vorgeworfen. Dort stellt der aus Erfurt zugewanderte Scholar bzgl. der *moderni* fest: „Non recte intelligis, nam clari sunt in enuntiationibus et syllogismis; non reperies artium studiosos, qui syllogismos ceterasque species argumentationis facilius noscant, quam moderni." Worauf der in Heidelberg ansässige Scholar nur lakonisch erwidert: „Et in vera scientia nihil sciunt." Auf die Frage, was denn diese „vera scientia" sei, fährt er dann fort: „Praedicabilia Porphyrii, Kathegorias Aristotelis, in quibus aut parum noscunt aut nihil." Darauf gibt der Erfurter Scholar zu: „Turpe esset, tam claros viros illa non intelligere; animadverte regulas consequentiarum, in quibus usitatissimi sunt; integram observant speciem nonnullam [wohl zu lesen ‚notabilem'] argumentationis et syllogismi, et cum universalia praedicamentaque principia sunt argumentationis, necesse est ut pernoscant; alioquin in tota nihil efficerent argumentatione...." Wenig später gibt sich der Heidelberger Scholar als Anhänger eines Albertisten zu erkennen: „Scio magistrum, qui Albertum, quem vocitant doctorem magnum, imitatur; illius sequar doctrinam." Als solchem ist ihm natürlich klar, „dominum vero Albertum scientiae propter excellentiam meruisse magnitudinis nomen." Zitiert nach PRANTL, *Geschichte der Logik* 4 (s. Anm. 20), Leipzig 1870, 188-89, Anm. 66 und 185, Anm. 59. Nach Prantl findet sich das Ganze bei ZARNCKE, *Die deutschen Universitäten* 1 (s. Anm. 26), 12, 14.

Duae opiniones probabiles: Der Kölner Wegestreit und seine Verbreitung an den Universitäten des 15. Jahrhunderts

Pepijn Rutten

I. Der Kölner Wegestreit: Albertismus und Thomismus

Am 15. Juli im Jahre 1503 wurde von Johann Schott in Freiburg i. B. zum ersten Mal die *Margarita philosophica* von Gregor Reisch gedruckt.[1] Reisch, der in Freiburg und Heidelberg studiert hatte und nun Prior der Freiburger Kartause war, hatte mit diesem enzyklopädischen Werk über die sieben freien Künste großen Erfolg. Das Werk ist heute v.a. wegen der prachtvollen, meist allegorischen Holzschnitte bekannt. Einer dieser Holzschnitte geht dem Buch über die Logik (dem zweiten Buch der *Margarita*) voran und trägt die Überschrift *Typus logicae*. In diesem Bild wird die Logik als ein Jäger, der einen Hasen jagt, dargestellt. Der Hase verkörpert, wie aus der Bildunterschrift hervorgeht, das *problema*. In der Gestalt von Jagdgerät, z.B. einem Messer und einem Bogen, hat der Jäger u.a. die *quaestio* und den *syllogismus* zur Hand.[2] Unter den vielen anderen abgebildeten Sachen findet sich auch, im Hintergrund der Szene, ein „Wald der Meinungen" (*silva opinionum*). Die Bäume in diesem Wald repräsentieren die Schulen der spätscholastischen Philosophie; sie heißen: *albertistae*, *thomistae*, *scotistae* und *occamistae*.[3] Die Allegorie der Logik zeigt

Diese Studie wurde ermöglicht durch finanzielle Unterstützung vonseiten der Niederländischen Organisation für Wissenschaftliche Forschung (NWO). Ich danke Sigrid Müller für die sprachliche Durchsicht des Textes.

[1] Vgl. Gregorius Reisch, *Margarita philosophica nova*. Introduzione di L. Andreini (Analecta Cartusiana 179), Salzburg 2002, xi-xii. Diese Ausgabe ist ein Nachdruck des Straßburger Druckes von 1508.

[2] Vgl. Idem, *Ibid.*, 114. Eine ausführlichere Beschreibung gibt C. Prantl, *Geschichte der Logik im Abendlande* 4, Berlin 1955, 294, Anm. 744.

[3] Die *Margarita* wurde verschiedene Male gedruckt. In einigen Ausgaben sind andere, von dem hier beschriebenen Holzschnitt durch kleine Unterschiede verschiedene Versionen des *Typus logicae* abgedruckt worden. So gibt es z.B. eine Version, in der die Skotisten nicht erwähnt werden. Die hier beschriebene Version ist die des Straßburger Druckes von 1508; hierzu Gregorius Reisch, *Margarita philosophica nova* (s. Anm. 1), xi-xii, 114. Zur geistesgeschichtlichen Einordnung der *Margarita*, s. G. Münzel, *Der Kartäuser-*

in diesem metaphorischen Wald die philosophische Landschaft ihrer Zeit. Dieselben philosophischen und theologischen Schulen wurden wenige Jahre später von Desiderius Erasmus, der mit Reisch befreundet war, in seinem *Lob der Torheit* lächerlich gemacht.[4] Der „Wald der Meinungen" kann als eine bildliche Darstellung des sogenannten Wegestreits, der v.a. zwischen *via antiqua* (Realismus) und *via moderna* (Nominalismus) bestehenden Auseinandersetzung über grundlegende philosophische und theologische Fragen, betrachtet werden. Wie die Verweise bei Gregor Reisch und Erasmus schon zeigen, war der Wegestreit in Wirklichkeit aber komplizierter als jener von der schematischen Darstellung zweier *viae* suggerierte Zweikampf. Unter den Realisten gab es verschiedene Richtungen, namentlich Albertisten, Thomisten und Skotisten. Die große Kontroverse, in der alle Realisten sich auf einer Seite gegen die *moderni* vereinigten, bezog sich auf den ontologischen Status der Universalien.[5] Bestanden sie nur im Intellekt, oder auch außerhalb der Seele? Dass nicht nur die späteren Humanisten, sondern auch die Nominalisten schon die mangelnde Einigkeit der realistischen Schulen verspotteten, geht aus einem Schreiben der Nominalisten in Ingolstadt aus der Zeit um 1500 hervor. Nach diesem Schreiben waren die Realisten sich so uneinig, dass es nicht einfach war, zwei Realisten zu finden, die über die Universalien dieselbe Auffassung hatten.[6]

An der Kölner Universität, der größten im Gebiet des Rheins und im Westen des Deutschen Reiches, gab es um 1500 eigentlich nur zwei Parteien, nämlich Albertisten und Thomisten.[7] Diese Trennung der Realisten

---

prior Gregor Reisch und die Margarita philosophica (Sonderdruck aus Zeitschrift des Freiburger Geschichtsvereins 48), Freiburg i.B. 1937, 39-48, 75-87.

[4] Vgl. DESIDERIUS ERASMUS ROTERODAMUS, *Moriae encomium id est Stultitiae laus*, ed. C.H. MILLER, in *Opera omnia Desiderii Erasmi Roterodami* 4.3, Amsterdam-Oxford 1979, 144-54.

[5] Vgl. etwa M.J.F.M. HOENEN, „*Via Antiqua* and *Via Moderna* in the Fifteenth Century: Doctrinal, Institutional, and Church Political Factors in the *Wegestreit*", in *The Medieval Heritage in Early Modern Metaphysics and Modal Theory, 1400–1700*, ed. R.L. FRIEDMAN and L.O. NIELSEN, Dordrecht 2003, 9-36, bes. 29.

[6] Die Nominalisten in Ingolstadt behaupteten, dass unter den Realisten „fere omnes sunt varii inter se, ut non facile duos reperias, qui de universali idem sentiant." Der Text ist abgedruckt bei F. EHRLE, *Der Sentenzenkommentar Peters von Candia des Pisaner Papstes Alexanders V. Ein Beitrag zur Scheidung der Schulen in der Scholastik des vierzehnten Jahrhunderts und zur Geschichte des Wegestreites* (Franziskanische Studien, Beiheft 9), Münster 1925, 332.

[7] Über die Kölner Universität im Vergleich zu anderen, s. E. MEUTHEN, *Die alte Universität* (Kölner Universitätsgeschichte 1), Köln-Wien 1988, 31.

war in dem Bursensystem, in dem jede Schule ihre eigene Burse hatte, institutionalisiert worden: Die Albertisten waren in der *Bursa Laurentiana* vereinigt, die Thomisten in der *Bursa Montana*.[8] Wie die Forschung gezeigt hat, ist der Kölner Wegestreit eng mit dem Aufstieg des Albertismus und mit der Person des Heymericus de Campo verbunden. Dessen Traktat über die Lehrunterschiede zwischen Albertisten und Thomisten, der sogenannte *Tractatus problematicus* oder *Problemata inter Albertum Magnum et Sanctum Thomam*, gab dem Kölner Albertismus seine anti-thomistische Prägung.[9] Die Forschung stellt sich schon lange die Frage, inwieweit diese Albertismus-Thomismus-Debatte, die in Köln während des ganzen 15. Jahrhunderts dominierte, eine exklusive Kölner Angelegenheit war.[10] Was für die Geschichtsschreibung des spätscholastischen Wegestreits insgesamt von größter Bedeutung ist, nämlich eine bessere Sicht auf die persönlichen Verbindungen und doktrinären Zusammenhänge zwischen den verschiedenen Schulen, den verschiedenen örtlichen oder regionalen Traditionen und zwischen den verschiedenen Texten zu bekommen, trifft auch auf diesen Fall, auf die Verbreitung der in Köln angefangenen Kontroverse zwischen Albertismus und Thomismus, zu.

Der Brabanter Heymericus de Campo hatte, bevor er 1422 nach Köln zog, in Paris bei seinem Landsmann Johannes de Nova Domo studiert und von ihm die ersten albertistischen Anregungen empfangen.[11] Obgleich Johannes de Nova Domo nicht nur, nach dem späteren Zeugnis Heymerichs, gegen die Formalisten (die Anhänger von Duns Scotus) und die Terministen (die Anhänger von Buridan) kämpfte, sondern sich auch, wie z.B. aus seinem *Tractatus de esse et essentia* hervorgeht, gegen Thomas von Aquin kehrte, ist dennoch von ihm kein derartiges anti-thomistisches Manifest bekannt, wie es der *Tractatus problematicus* seines Schülers Heymerich darstellt.[12] Dementsprechend variieren die Reaktionen der lo-

---

[8] IDEM, *Ibid.*, 88-97; weiter G.-R. TEWES, *Die Bursen der Kölner Artisten-Fakultät bis zur Mitte des 16. Jahrhunderts* (Studien zur Geschichte der Universität zu Köln 13), Köln 1993.

[9] Noch immer grundlegend ist G. MEERSSEMAN, *Geschichte des Albertismus* 2 (Dissertationes historicae 5), Roma 1935.

[10] Vgl. etwa K. EMERY, Jr., „Parameters of Intellectual Change from 1370 to 1500" [Besprechung der gleichnamigen Konferenz zu Leuven, 17.-20. Juni 2003], in *Bulletin de philosophie médiévale* 45 (2003), 242-54, bes. 247.

[11] MEERSSEMAN, *Geschichte des Albertismus* 2 (s. Anm. 9), 12-14, 117. Zu Johannes de Nova Domo auch Z. KALUZA, *Les querelles doctrinales à Paris. Nominalistes et realistes aux confins du XIVe et du XVe siècles* (Quodlibet 2), Bergamo 1988, 87-120.

[12] MEERSSEMAN, *Geschichte des Albertismus* 2 (s. Anm. 9), 117 (*Invectiva*, Zeugnis des

kalen, führenden Thomisten. In Köln rief der *Tractatus problematicus* einen gründlichen Gegenangriff hervor, nämlich den von Gerardus de Monte 1456 verfassten *Tractatus ostendens concordiam.*[13] Der Gründer der *Bursa Montana* versuchte in diesem Werk zu zeigen, dass in jedem von Heymerich hervorgebrachten Streitpunkt die Lehren von Albert und Thomas grundsätzlich übereinstimmen. In Paris las Johannes Capreolus zwischen 1407 und 1411, zur selben Zeit, als Johannes de Nova Domo den Albertismus wiederbelebte, die *Sentenzen*. Der *princeps thomistarum* redigierte seinen berühmten *Sentenzen*-Kommentar in der Form einer Verteidigung des Thomismus mit dem Titel *Defensiones theologiae divi Thomae Aquinatis* erst später, nämlich in den zwanziger und Anfang der dreißiger Jahre.[14] Trotzdem gibt es in diesem Werk keine Spuren von einem Bewusstsein einer großen philosophischen Kontroverse zwischen Albert und Thomas oder zwischen Albertisten und Thomisten, wie diese in Köln entstand. Albert und Thomas gegenüber hat Capreolus ein Verhältnis, das von Serge-Thomas Bonino als eine „lecture concordiste" umschrieben wurde.[15] Der Thomist und Dominikaner Capreolus treibt die Lehrunterschiede zwischen Albert und Thomas nicht auf die Spitze, sondern optiert für eine Lektüre, in der die Lehren so gut wie möglich harmonisiert werden. Später, in der zweiten Hälfte des 15. Jahrhunderts, ist das Bewusstsein der Albertismus-Thomismus-Kontroverse aber weit verbreitet. Gerardus de Monte treibt die Harmonisierung in seinem *Tractatus ostendens concordiam*, der aus dieser Periode stammt, bis zum Äußersten weiter. Sein Argumentationsverfahren entspricht aber nicht der allgemeinen Tendenz, die vielmehr von einer Anerkennung der Unterschiede geprägt ist. Die schon genannten Schriften von Gregor Reisch, Erasmus und den Ingolstädter Nominalisten sind bei weitem nicht die einzigen Quellen, die davon zeugen. Auch in den scholastischen, wissenschaftlichen Texten

---

Heymericus), und IDEM, *Geschichte des Albertismus* 1 (Dissertationes historicae 3), Paris 1933, 37-42, 91-191(= IOANNES DE NOVA DOMO, *Tractatus de esse et essentia*).

[13] MEERSSEMAN, *Geschichte des Albertismus* 2 (s. Anm. 9), 67-85. Der Traktat Gerhards wurde um 1485 zum ersten Mal gedruckt, nämlich von Theodoricus Molner oder Konrad Welker in Köln. Die hier verwendete Ausgabe ist GERARDUS DE MONTE, *Tractatus ostendens concordiam sancti Thome et venerabilis domini Alberti in multis in quibus dictantur esse contrarii*, Köln (Heinrich Quentell) um 1489; vgl. *Gesamtkatalog der Wiegendrucke* 9, Stuttgart-Berlin 1991, 405-7, nr. 10683.

[14] S.-Th. BONINO, „Albert le Grand dans les *Defensiones* de Jean Cabrol (†1444). Contribution à la recherche sur les origines de l'albertisme tardif", in *Revue thomiste: Revue doctrinale de théologie et de philosophie* 99 (1999), 369-425, bes. 369-75.

[15] IDEM, *Ibid.*, 417-18.

selbst drängt sich die Kontroverse auf.[16]

II. Der Status der Logik

Ein erstes Beispiel für die hier aufgeführte These der weit verbreiteten Anerkennung der Lehrunterschiede zwischen Albert und Thomas oder zwischen Albertisten und Thomisten findet sich in einem Aristoteles-Kommentar aus Uppsala, in dem an einer bestimmten Stelle folgendermaßen berichtet wird: „.... pro quesito notandum, quod de ipso sunt due opiniones probabiles....“ Der Text ist ein anonymer Kommentar zu *Erste Analytik*, der um 1485 an der Universität zu Uppsala verfasst wurde.[17] Die „zwei wahrscheinlichen Meinungen,“ von denen der anonyme Autor spricht, sind die Meinungen der Thomisten und der Albertisten. Es handelt sich bei dem *quaesitum* um die Frage, ob die Logik eine praktische oder eine spekulative Wissenschaft sei. Die Thomisten seien der Meinung, dass die Logik eine praktische Wissenschaft sei; die Albertisten hingegen, dass sie „in sich“ eine spekulative Wissenschaft sei, auch wenn sie auf irgendeine Weise praktisch genannt werden könne.[18] Diese Frage wurde im 15. Jahrhundert von vielen Autoren erörtert. Auch in Uppsala gehörte sie zum Standardrepertoire der Philosophen in ihren Kommentaren zur Logik. Der Schwede Petrus Johannis Galle, der u.a. in Paris studiert hatte, lehrte in Uppsala, dass die Logik eine praktische Wissenschaft sei.[19] Gal-

[16] In der Forschung wurde bisher v.a. die Verbreitung des Albertismus nach Krakau weiter studiert; vgl. etwa Z. KUKSEWICZ, „Le prolongement des polemiques entre les Albertistes et les Thomistes vu a travers le *Commentaire du De Anima* de Jean de Glogow“, in *Archiv für Geschichte der Philosophie* 44 (1962), 151-71; IDEM, „Contribution au problème de l'influence de l'albertisme sur l'université de Cracovie au XVe siècle“, in *Mediaevalia Philosophica Polonorum* 11 (1963), 49-68; IDEM, „Die Einflüsse der Kölner Philosophie auf die Krakauer Universität im 15. Jahrhundert“, in *Die Kölner Universität im Mittelalter. Geistige Wurzeln und soziale Wirklichkeit*, hrsg. v. A. ZIMMERMANN (Miscellanea Mediaevalia 20), Berlin-New York 1989, 287-98.

[17] Ein Fragment ist ediert in A. PILTZ, Studium Upsalense. *Specimens of the Oldest Lecture Notes Taken in the Mediaeval University of Uppsala.* Critically ed. with an introd., a description of the MSS., a list of abbreviations, and indices (Acta universitatis Upsaliensis C: Organisation och historia 36), Uppsala 1977, 263-71 (Text 44).

[18] Als *logica utens* (im Gegensatz zu *logica docens*) ist sie nämlich ein methodischer Bestandteil aller Wissenschaften. Diese sogenannte *applicatio logicae* hat „quodammodo modum praxis“; vgl. IDEM, *Ibid.*, 268-69.

[19] Er nennt die Logik eine „sciencia organica practica actiua“; s. IDEM, *Ibid.*, 227.92. Galle wurde 1478 in Paris *magister artium*; vgl. IDEM, *Ibid.*, 15, 37-40; A.L. GABRIEL, „*Via antiqua* and *via moderna* and the Migration of Paris Students and Masters to the German Universities in the Fifteenth Century“, in Antiqui *und* moderni. *Traditionsbewußt-*

les Text kann aber nicht die Quelle für den genannten anonymen Kommentar gewesen sein, in welchem die Auffassung, dass die Logik eine praktische Wissenschaft sei, ausdrücklich den Thomisten zugeschrieben wird, denn eine solche Zuschreibung findet sich in Galles Text nicht.[20] Ähnliches gilt von den Werken der bekannten Thomisten jener Zeit. Wenn auch die Diskussion insofern kompliziert war, als die Thomisten nicht alle die gleiche Position verteidigten, muss dennoch festgestellt werden, dass keiner dieser Thomisten die Logik für eine schlichtweg praktische Wissenschaft hielt.

Gewöhnlich bezieht sich die Frage, ob eine Wissenschaft spekulativ oder praktisch sei, nicht nur auf die Logik, sondern auch auf die anderen rationalen oder sermozinalen Wissenschaften, die Rhetorik und die Grammatik. Johannes Capreolus argumentiert im Prolog des ersten Buches seiner *Defensiones* gegen Petrus Aureoli, der diese Wissenschaften praktisch nennt. Capreolus begründet seine Ansicht, dass die Sermozinalwissenschaften spekulativ seien, mit wörtlichen Zitaten aus Thomas von Aquin.[21] Auch der Kölner Thomist Gerardus de Monte beweist in seinem Konkordanztraktat mit präzisen Zitaten, dass für Thomas die *scientiae triviales* spekulativ sind.[22] Der Dominikaner Petrus Nigri dagegen, der sich wie Capreolus gegen Petrus Aureoli richtet, leugnet in seinem *Clipeus thomistarum*, dass die Logik eine Wissenschaft sei. Sie sei bloß ein *modus sciendi*, weshalb sie nach ihm eigentlich überhaupt nicht praktisch oder spekulativ genannt werden könne. Nur in einem abgeleiteten Sinne sei sie einerseits spekulativ, weil ihr Akt *speculari* sei, und andererseits praktisch, weil ihr Habitus so imperfekt sei, dass sie den nobleren, spekulativen Wissenschaften doch kaum ähnle.[23] Auch die späteren Kölner Thomisten, deren Werke meistens anonym als Produkte der gesamten *Bursa Montana* gedruckt wurden, sind der Meinung, dass die Logik eigentlich weder praktisch noch spekulativ sei; ihr Argument ist aber, dass

---

sein und Fortschrittsbewußtsein im späten Mittelalter, hrsg. v. A. ZIMMERMANN (Miscellanea Mediaevalia 9), Berlin-New York 1974, 439-83, bes. 469, Anm. 153.

[20] Vgl. PILTZ, Studium Upsalense (s. Anm. 17), 225-28.

[21] IOANNES CAPREOLUS, *Defensiones theologiae divi Thomae Aquinatis* prol., q.2 a.2, ed. C. PABAN et Th. PÈGUES, in *Johannis Capreoli Tholosani Defensiones theologiae divi Thomae Aquinatis* 1, Tours 1900, 24b-25a, 28b-29b.

[22] GERARDUS DE MONTE, *Tractatus ostendens concordiam* (s. Anm. 13), ff. AAa1rb-AAa1va.

[23] Der *Clipeus thomistarum* ist ein *Quaestiones*-Kommentar zur Porphyrischen *Isagoge* und zu den *Kategorien* des Aristoteles; s. PETRUS NIGRI, *Clypeus Thomistarum*, Venezia 1487, ND Frankfurt a.M. 1967, ff. b3ra-b3va (*Isagoge* q.14).

im eigentlichen Sinn nur reale Wissenschaften praktisch oder spekulativ sein können. Dennoch gleiche die Logik mehr den spekulativen als den praktischen Wissenschaften – sowohl vom Objekt her, weil das Objekt der Logik seine Prinzipien außer uns habe und nicht frei von uns bewirkt werden könne, als auch vom Ziel her, weil das Ziel der Logik ein Wissen (*scire*) sei, das nicht auf eine andere Wirkung ausgerichtet sei.[24] Der viel gelesene Pariser Kommentator Johannes Versor schließlich, der sich in seinen Kommentaren weitgehend auf Thomas stützt, verwirft ebenfalls die Meinung, die er Buridan zuschreibt, dass die Logik eine praktische Wissenschaft sei. Versor hält die Logik für *simpliciter* spekulativ, da ihr Ziel das Erkennen der Wahrheit sei, aber *secundum modum* praktisch, insofern nämlich der Wille den Verstand zum Argumentieren bewegen müsse.[25]

Offenbar gab es im 15. Jahrhundert über diesen Punkt nicht *eine* thomistische Doktrin, die von allen vertreten wurde. In dieser *silva opinionum* erhebt sich dennoch die Frage, wie der anonyme Magister in Uppsala dazu gekommen ist, zu behaupten, die Thomisten verträten die Auffassung der Logik als einer praktischen Wissenschaft. Diese Zuschreibung findet sich sonst nur in den Kölner albertistischen Quellen, nämlich in dem *Tractatus problematicus* von Heymericus de Campo und in dem sich auf diesen Traktat stützenden *Promptuarium argumentorum*.[26] Letztlich kommt also allein das albertistische Handbuch Heymerichs als (sei es di-

---

[24] ANONYMUS, *Copulata commentaria textui omnium tractatuum Petri Hyspani etiam parvorum logicalium et trium modernorum per quam solerter inserta iterum atque iterum emendata et diligentissime correcta secundum irrefragabilem et fundatissimam doctrinam divi Thome Aquinatis peripateticorum interpretis veracissimi ac iuxta frequens exercitium magistrorum Coloniensis gymnasii in bursa Montis regentium qui tanti doctoris sancti sectatores existunt sincerissimi propagatoresque fidelissimi*, Köln (Heinrich Quentell) 1496-1498, ff. A7v-A8r (Tr.1); ANONYMUS, *Copulata pulcherrima diversis ex autoribus logice in unum corrogata in veterem artem Arestotelis cum textu eiusdem secundum viam divi doctoris Thome de Aquino et iuxta processum magistrorum Colonie in bursa Montis regentium*, Köln 1494, f. 5ra (*Isagoge*).

[25] JOHANNES VERSOR, *Quaestiones super totam veterem artem*, Köln 1494, ND Frankfurt a. M. 1967, ff. 5vb-6rb (*Isagoge* q.5).

[26] HEYMERICUS DE CAMPO, *Problemata inter Albertum Magnum et Sanctum Thomam ad utriusque opinionis intelligentiam multum conferentia*, Köln (Johann Landen) 1496, ff. a6r-b1v [probl.1]. Das *Promptuarium argumentorum* (Köln 1492) wurde fälschlich Heymericus de Campo zugeschrieben; vgl. IDEM, *Promptuarium argumentorum*, Köln 1492, ND Frankfurt a.M. 1992, ff. A7v-B1r. Über die Zuschreibung s. M.J.F.M. HOENEN, „Late Medieval Schools of Thought in the Mirror of University Textbooks. The *Promptuarium argumentorum* (Cologne 1492)“, in *Philosophy and Learning. Universities in the Middle Ages*, ed. M.J.F.M. HOENEN, J.H.J. SCHNEIDER, and G. WIELAND (Education and Society in the Middle Ages and Renaissance 6), Leiden 1995, 329-69.

rekte oder indirekte) Quelle des anonymen Uppsalenser Kommentators in Betracht. Das erste Problem, das Heymerich im *Tractatus problematicus* bespricht, ist genau diese Frage nach dem Status der Logik. Auf wen Heymerich mit seiner Beschreibung der angeblich thomistischen Position zielt, bleibt unklar.[27] Das *Promptuarium argumentorum* beweist aber, dass diese Doxographie trotzdem von der albertistischen Schule rezipiert wurde. Dass es sich im Fall des Uppsalenser Kommentators um einen Albertisten handelt, sei damit nicht gesagt; wohl aber, dass der Anonymus unter dem Einfluss des Albertismus gestanden hat.

III. Die Rezeption der Albertismus-Thomismus-Debatte bei den Thomisten

In Köln, wo die Thomisten und die Albertisten an derselben Fakultät lehrten, mussten die Thomisten sich notgedrungen mit den Albertisten auseinandersetzen. Da aber der vom Kölner Albertismus anvisierte Gegner nicht ausschließlich der Kölner Thomismus, sondern der Thomismus an sich war, liegt es auf der Hand, auch jene thomistischen Quellen, die nicht direkt mit Köln verbunden sind, aus dieser Perspektive zu betrachten. Ein Vergleich zwischen den drei berühmten und schon erwähnten Autoren Johannes Capreolus, Petrus Nigri und Johannes Versor bezüglich einiger weiterer philosophischer Streitpunkte soll deutlich machen, inwieweit jeder von ihnen zum Albertismus Stellung nehmen musste.

Der Dominikaner Johannes Capreolus (†1444) ist der Bezugspunkt dieses Vergleichs. Er las (wie schon erwähnt) zwischen 1407 und 1411 in Paris die *Sentenzen*. In seinen *Defensiones theologiae divi Thomae Aquinatis* verteidigt er die Lehre des Thomas von Aquin gegen andere Autoren. Wichtige Gegner des Thomas sind hier Durandus, Scotus, Gregor von Rimini und Petrus Aureoli. Albert ist nicht darunter, wenn auch Capreolus vereinzelt Lehrunterschiede zwischen Albert und Thomas bemerkt. Die Endredaktionen der letzten drei Bücher der *Defensiones* fanden zwischen 1426 und 1432 statt, die Redaktion des ersten Buches ein wenig früher.[28]

---

[27] Übrigens nennt er im letzten Satz der Abhandlung des ersten Problems dieses Problem eine Kontroverse zwischen *moderni* und *antiqui*: HEYMERICUS DE CAMPO, *Problemata* (s. Anm. 26), f. b1v.

[28] Die Redaktion des II. Buches wurde 1426 abgeschlossen, die des III. Buches 1428, die des IV. Buches 1432. Die Endredaktion von Buch I war nach Bonino vor 1423 fertig; s. BONINO, „Albert le Grand dans les *Defensiones*" (s. Anm. 14), 374-75.

Johannes Versor (oder Versoris[29]) studierte und lehrte Philosophie und Theologie an der Pariser Universität. 1435 wurde er als Magister Artium vermerkt, 1458 war er Rektor der Universität, verstorben ist er nach 1482.[30] Er war sehr bekannt als Kommentator des *Corpus Aristotelicum* und der logischen Schriften des Petrus Hispanus. Sowohl die Drucke als auch die Handschriften seiner Werke hatten eine große Verbreitung, auf Grund derer Versor als einer der einflussreichsten Aristoteles-Kommentatoren seiner Zeit gilt; überdies gilt er im allgemeinen als Thomist, wiewohl er für die Erstellung seiner Aristoteles-Kommentare sowohl die Kommentare Alberts als auch die von Thomas herangezogen hat.[31] Wichtig ist, dass seine Kommentare aller Wahrscheinlichkeit nach später verfasst wurden als die *Defensiones* von Capreolus. Die ältesten bekannten Handschriften der Werke Versors stammen aus den vierziger Jahren und sind somit 15 bis 20 Jahre jünger als das hier relevante zweite Buch der *Defensiones* (1426).[32]

Petrus Nigri (Peter Schwarz) wurde um 1435 geboren und trat ebenso wie seine Brüder in den Dominikanerorden ein. Er studierte u.a. in Leipzig, 1471 in Freiburg i. B. und 1473 in Ingolstadt.[33] Vor 1474 verfasste er sein Haupwerk, den *Clipeus thomistarum*, einen Kommentar zu den *Prädikabilien* und den *Prädikamenten*. Wie die *Defensiones* von Capreolus ist

---

[29] Die Namensform ‚Versoris' scheint für einen Philosophen eher richtig zu sein als ‚Versor'. Dennoch findet sich in den ältesten gedruckten Quellen die Nominativform ‚Versor'; vgl. z.B. JOHANNES VERSOR, *Super omnes libros novae logicae*, Köln 1494, ND Frankfurt a.M. 1967, f. a1r (Titelblatt): „Versor super omnes libros nove logice." Verschiedene Wiegendrucke haben auf ihrem Titelblatt einen Holzschnitt, der den Philosophen inmitten seiner Schüler vorstellt und mit den folgenden Worten überschrieben ist: „Versor cum discipulis suis"; vgl. E. VOULLIÉME, *Der Buchdruck Kölns bis zum Ende des fünfzehnten Jahrhunderts*, Bonn 1903, 520-24, nr. 1214, 1216, 1220, 1225. Dagegen bietet L. MAHIEU, *Dominique de Flandre (XVe siècle). Sa métaphysique*, Paris 1942, 22-25, Belege für die Genetivform ‚Versoris'.

[30] O. WEIJERS, *Le travail intellectuel à la Faculté des arts de Paris: textes et maîtres (ca. 1200-1500)* 5 (Studia Artistarum 11), Turnhout 2003, 170-76 (mit Literaturverweisen).

[31] Hierzu P. RUTTEN, „*Secundum processum et mentem Versoris*: John Versor and His Relation to the Schools of Thought Reconsidered", in *Vivarium* 43-2 (2005), 292-336.

[32] Die früheste bekannte Versor-Handschrift stammt aus 1443; vgl. dazu Ch. FLÜELER, „Die verschiedenen literarischen Gattungen der Aristoteleskommentare: Zur Terminologie der Überschriften und Kolophone", in *Manuels, programmes de cours et techniques d'enseignement dans les universités médiévales.* Actes du colloque international de Louvain-la-Neuve (9-11 septembre 1993), éd. J. HAMESSE, Louvain-la-Neuve 1994, 75-116, bes. 82-84.

[33] B.K. VOLLMANN, „Nigri (Schwarz), Petrus OP", in *VL^2* 6 (1987), 1008-13.

der „Thomistenschild" von Schwarz eine Verteidigung der thomistischen Doktrin v.a. gegen die *moderni* und die Skotisten.[34] Vergleichen wir die Werke dieser Autoren, dann stellt sich heraus, dass man im Laufe des 15. Jahrhunderts nicht umhinkonnte, sich verstärkt mit dem Albertismus auseinanderzusetzen. Während nämlich Johannes Capreolus die von den Albertisten hervorgehobenen Lehrunterschiede zwischen Albert und Thomas noch weitgehend ignorierte, konnten Johannes Versor und Petrus Nigri dieses konkordistische Argumentationsverfahren nicht länger aufrechterhalten.

IV. Das Individuationsprinzip

Das Prinzip der Individuation körperlicher Substanzen war bekanntlich ein heißes Eisen in der scholastischen Tradition, wobei die Diskussion noch komplizierter dadurch wurde, dass die Lehre des Thomas von Aquin nicht immer in derselben Weise interpretiert wurde.[35] Die Texte der Scholastiker des 15. Jahrhunderts zeugen von der Komplexität der Diskussion über das Individuationsprinzip. Bei Johannes Capreolus findet sich kein Bewusstsein eines diesbezüglichen Unterschiedes zwischen Albert und Thomas. Er zitiert (wie üblich) viel aus Thomas, um die These vorzubringen, dass das Individuationsprinzip zweifach sei: Entsprechend der Definition des Individuums als dasjenigen, was in sich ungeteilt und von allem anderen verschieden ist (*indivisum* oder *indistinctum in se*, *divisum* oder *distinctum ab aliis*[36]), unterscheidet Capreolus erstens die Materie als Grund der Inkommunikabilität der Form und zweitens die Quantität (oder *dimensio*), auf Grund derer die in der Materie existierende Form von den anderen Individuen derselben *species* verschieden sei.[37] Die Materie und

---

[34] PETRUS NIGRI, *Clypeus Thomistarum* (s. Anm. 23), f. a2r-v.

[35] Hierzu M.J.F.M. HOENEN, „The Thomistic Principle of Individuation in 15th-Century Thomistic and Albertist Sources", in *Medioevo* 18 (1992), 327-57.

[36] THOMAS DE AQUINO, *ST* Ia q.29 a.4 (c.), in *Sancti Thomae Aquinatis Opera omnia iussu impensaque Leonis XIII P. M. edita* 4, Roma 1888, 333b: „Individuum autem est quod est in se indistinctum, ab aliis vero distinctum." IOANNES CAPREOLUS, *Defensiones* II d.3 q.1 a.1, ed. C. PABAN et Th. PÈGUES, in *Johannis Capreoli Tholosani Defensiones theologiae divi Thomae Aquinatis* 3, Tours 1902, 200b-202b, s. 202b: „Illud verissime est principium individuationis formarum et naturarum, per quod forma vel natura est vere et proprie individua, et incommunicabilis, et indivisa in se et divisa ab aliis quae sunt vel esse possunt in eadem specie. Sed materia et quantitas sunt hujusmodi, respectu formarum materialium, vel materiam informantium. Igitur, etc."

[37] IOANNES CAPREOLUS, *Defensiones* II d.3 q.1 a.1, ed. PABAN et PÈGUES (s. Anm. 36), 200b-202b, 231a-b.

die Quantität seien daher zusammen Grund der Individuation der körperlichen Substanzen. Capreolus argumentiert gegen Petrus Aureoli, Durandus und Scotus. Obwohl er in der Formulierung seiner eigenen *conclusiones* Albert nicht heranzieht, benutzt er Alberts Werke in den Widerlegungen dieser anderen Autoren ziemlich oft und ausführlich.[38] An einer dieser Stellen, die sich auf Alberts Universalienlehre bezieht, beobachtet Capreolus sogar eine Diskrepanz zwischen Albert und Thomas.[39] Trotzdem ist von einer solchen Diskrepanz in seiner Behandlung des Individuationsprinzips keine Rede. Johannes Versor dagegen unterscheidet klipp und klar die Lehrmeinungen von Albert und Thomas, des Weiteren auch die Meinung des Aegidius Romanus, wenn er in seinem Kommentar zu *De ente et essentia* das Individuationsprinzip zur Diskussion stellt. Alberts Meinung nach sei das Prinzip der Individuation die Materie, nach Aegidius sei es die Quantität und nach Thomas die *materia quantitate signata*: die von der Quantität zu bestimmten räumlichen Abmessungen determinierte Materie. Versor übernimmt diese Position von Thomas und verwirft die beiden anderen.[40] Der Beweis, den Versor dafür gibt, dass die Auffas-

---

[38] Insgesamt gibt es in dieser *quaestio* 17 Verweise auf Albert; vgl. BONINO, „Albert le Grand dans les *Defensiones*" (s. Anm. 14), 391-95. Es gibt in den *Defensiones* keine andere *quaestio* die so viele Zitate aus und sonstige Verweise auf Albert enthält.

[39] IOANNES CAPREOLUS, *Defensiones* II d.3 q.1 a.3, ed. PABAN et PÈGUES (s. Anm. 36), 229b: „Verumtamen aliqua dicit quae non consonant dictis sancti Thomae, utputa, quod naturae universales habeant aliquod esse reale extra omnem intellectum, et individuum, vel ante omne individuum." Vgl. BONINO, „Albert le Grand dans les *Defensiones*" (s. Anm. 14), 394.

[40] JOHANNES VERSOR, *Super omnes libros novae logicae*, Köln 1494, ND Frankfurt a.M. 1967, darin *Questiones magistri Johannis Versoris super De ente et essentia sancti Thome de Aquino ordinis fratrum predicatorum* (ff. s4ra-u2rb); IDEM, *Ibid.*, f. s5va-b: „Prima opinio est Egidii de Rhoma dicentis quod quantitas de se est principium individuationis. Secunda est Alberti dicentis quod materia est de se hec et incommunicabilis et de se sufficiens reddere formam quam suscipit incommunicabilem; et sic est totale et sufficiens principium individuationis secundum ipsum.... Tertia vero fuit opinio sancti Thome dicentis quod materia signata quantitate est principium individuationis et non materia quocumque modo accepta.... Conclusio prima: Materia quantitate signata est sufficiens principium individuationis.... Dubitatur primo utrum quantitas de se sit principium individuationis sufficiens, ut dicit Egidius de Rhoma.... Respondetur ad dubium quod quantitas de se non est sufficiens principium individuationis.... Dubitatur secundo utrum materia sit de se totale et sufficiens principium individuationis, ut dicit Albertus.... Respondetur ad dubium quod materia secundum se accepta non est totale nec sufficiens principium individuationis." Vgl. THOMAS DE AQUINO, *De ente et essentia* c.2, in *Sancti Thomae de Aquino Opera omnia iussu Leonis XIII P. M. edita* 43, Roma 1976, 371.73-77: „Et ideo sciendum est quod materia non quolibet modo accepta est indiuiduationis principium, sed solum materia signata; et dico materiam signatam que sub determinatis dimensionibus consideratur."

sung Alberts falsch sei, beruht auf dem Verständnis der Materie als eines allgemeinen, den *species* und Individuen gegenüber indifferenten Prinzips.[41]

Was den Vergleich zwischen Capreolus und Versor hier interessant macht, ist die Tatsache, dass sowohl Capreolus als auch Versor die Lehre des Thomas von Aquin verteidigen. Während aber Capreolus die bekannten Thomas-Kritiker Aureoli und Durandus bekämpft und sich dabei vieler Textstellen aus Albert bedient, wendet Versor sich in seiner Verteidigung von Thomas gerade gegen Albert. Diese von Versor bemerkte Diskrepanz zwischen Albert und seinem Schüler Thomas wurde durch die Albertisten an die Öffentlichkeit gebracht. Bei Heymericus de Campo ist das Problem der Individuation das dritte, das er im *Tractatus problematicus* erörtert. Er unterscheidet die Lehrmeinungen der Albertisten und Thomisten auf ungefähr dieselbe Weise, wie Versor Albert und Thomas gegenüberstellt. Heymerichs Darstellung der thomistischen Position bereitet einige Schwierigkeiten: Obwohl deutlich ist, dass es sich immer um die Rolle der Quantität handelt, scheinen einige der pro-thomistischen Argumente sogar ausschließlich die Quantität als Individuationsprinzip zu bestimmen.[42] Die albertistische Position hingegen lautet, dass die Individuation nur von der Materie herrühre. Denn wiewohl Heymerich den Thomisten (vgl. Capreolus) insofern Recht gibt, als er die Materie als Prinzip der Unmitteilbarkeit (*incommunicabilitas*) auffasst, behauptet er, dass die Materie auch Grund der numerischen Verschiedenheit sei. Der letzte Grund dafür scheint zu sein, dass das *compositum*, d.h. die individuelle Substanz, mit der Vereinigung von Materie und Form zustande kommt. Da die Quantität ein Akzidenz der Substanz ist, könne sie nicht Prinzip der Individualität eben dieser Substanz sein.[43] Trotz dieser inter-

[41] JOHANNES VERSOR, *Questiones super De ente et essentia* (s. Anm. 40), f. s5vb: „Patet quia materia secundum se accepta est communis et indifferens ad multas species vel ad multa individua. Igitur non est principium determinationis ad hic et nunc vel ad particulare. Et sic materia secundum se accepta non potest dici sufficiens principium individuationis."

[42] Vgl. HOENEN, „The Thomistic Principle of Individuation" (s. Anm. 35), 347-50.

[43] HEYMERICUS DE CAMPO, *Problemata* (s. Anm. 26), f. b6r: „Aliter autem dicunt Thomiste quod individuo sunt duo, scilicet esse indivisum in se, et hoc est a materia, et aliud est esse divisum a quolibet alio quod dicunt oriri a quantitate. Sed si bene inspiciantur premissa utrumque [utrumquam *ed.*] est a materia substantialiter, ex quo illa quantitas non distinguit vel numerat illud cuius est nisi individuata per esse numerale eiusdem subiecti cuius est. Et hoc innuit Philosophus 11 *Metaphysice* cum dicit quod materia est cum qua est hoc aliquid ens et apparens. Apparens inquam sensibiliter discretum, ut manifeste probat de tactu. Vult enim quod materia sit principium intrinsece singularitatis et discretionis,

pretatorischen Probleme bleibt die Hervorhebung der albertistisch-thomistischen Kontroverse bezüglich des Individuationsprinzips das Verdienst Heymerichs.

V. Das Verhältnis von Materie und Form in der Analyse der Veränderung

Ein weiterer Unterschied zwischen Albert und Thomas, der von Heymericus de Campo zur Sprache gebracht wird, bezieht sich auf das Verhältnis von Materie, Form und Privation in der Analyse der physischen Veränderung. Alberts Lehre der *inchoatio formae* wurde wie von seinen direkten Schülern,[44] so auch von den Albertisten des 15. Jahrhunderts übernommen. Im *Tractatus problematicus* wird diese Lehre im siebten Problem aufgeführt.[45] Nach Albert und Heymerich kann die Empfänglichkeit der Materie für die Form nur erklärt werden, indem die Privation nicht, wie bei Thomas, als bloße Abwesenheit der Form, sondern vielmehr als eine Art Anlage zur Form aufgefasst wird. Diese Anlage (*aptitudo*) beinhaltet einen Anfang der Form oder der Aktualität (*inchoatio formae*).[46] Die Privation ist somit nach Albert nicht passive, sondern aktive Potenz. Heymerich argumentiert gegen die Thomisten, die angeblich diese Lehre bekämpfen und diese Interpretation von Aristoteles bestreiten, wie es ihr Lehrer Thomas tatsächlich an vielen Stellen getan hat.[47] Nach Thomas ist

---

que est secundum tactum extrinsece, ita quod causa huius discretionis prima est materia, licet proxima ratio mensure et numeri sit a quantitate."

[44] Vgl. z.B. ULRICUS ENGELBERTI DE ARGENTINA, *De summo bono* IV tr.2 c.7, ed. S. PIEPERHOFF, in ULRICH VON STRAßBURG, *De summo bono* IV (tr. 1-2), Hamburg 1987, 128.251-131.364. Über den Hintergrund der *inchoatio*-Lehre informiert B. NARDI, *Studi di filosofia medievale* (Storia e letteratura 78), Roma 1960, 69-101 [ND des Aufsatzes „La dottrina d'Alberto Magno sull' *inchoatio formae*", aus *Rendiconti della Classe di Scienzi Morali, Storiche e Filologiche dell'Accademia dei Lincei*, ser. 6, vol. 12, fasc. 1-2 (1936), 3-38].

[45] HEYMERICUS DE CAMPO, *Problemata* (s. Anm. 26), f. e1r-v: „.... privatio est negatio forme cum formali aptitudine ad eandem, et per consequens oportet ponere in materia formalem aptitudinem et inchoationem."

[46] ALBERTUS MAGNUS, *Liber de praedicabilibus* tr.5 c.4, ed. A. BORGNET, in *B. Alberti Magni Opera omnia* 1, Paris 1890, 96b: „.... materia non est materia per hoc quod est nudum subjectum formae ab omni forma denudatum, sed potius in potentia [materia *ed.*] ad formam per inchoationem formae in ipsa."

[47] Vgl. z.B. THOMAS DE AQUINO, *In octo libros Physicorum Aristotelis expositio* I lect.13, ed. M. MAGGIÒLO, Torino 1954, 58 nr. 113: „Patet ergo secundum intentionem Aristotelis quod privatio, quae ponitur principium naturae per accidens, non est aliqua aptitudo ad formam, vel inchoatio formae, vel aliquod principium imperfectum activum, ut

die Privation nichts als eine passive Potenz, nämlich die Rezeptivität der Materie. Eines der Hauptmotive in der Diskussion zwischen Thomas und Albert ist der Unterschied zwischen freier oder natürlicher Veränderung (*mutatio naturalis*) und gezwungener Veränderung (*mutatio violenta*): Kann die Veränderung im physischen Bereich noch natürlich heißen, wenn die beiden Prinzipien, die sich in der Veränderung vereinigen oder trennen (nämlich Materie und Form), einander völlig äußerlich sind?[48] Die albertinisch-albertistische Lösung wird sowohl von ihren Befürwortern als auch von ihren Gegnern mit dem Namen des Anaxagoras verbunden, dessen extreme Position mit dem Kennwort „Latenz der Formen" (*latentia* oder *latitatio formarum*) angedeutet wird und der die verborgene Anwesenheit aller Formen in der Materie annimmt.[49] Nach Heymericus bestehe die Gefahr, dass die Albertisten in die Position des Anaxagoras zurückfallen. Nach Thomas haben die Verteidiger der Lehre der *inchoatio formae*, d.h. Albert und seine Schüler, tatsächlich diesen Fehler begangen.[50]

quidam dicunt, sed ipsa carentia formae vel contrarium formae, quod subiecto accidit."

[48] THOMAS DE AQUINO, *Scriptum super libros Sententiarum* II d.18 q.1 a.2 corp., ed. R.P. MANDONNET, vol. 2, Paris 1929, 452-53: „ ....alii dicunt quod cum omnes formae... de potentia materiae educantur, oportet ipsas formas praeexistere in materia incomplete, secundum quamdam quasi inchoationem... aliter enim non esset generatio mutatio naturalis, sed violenta.... Hoc autem verum non videtur: quia quamvis formae educantur de potentia materiae, illa tamen potentia materiae non est activa, sed passiva tantum.... Nec tamen sequitur, si in materia est potentia passiva tantum, quod non sit generatio naturalis: quia materia coadjuvat ad generationem non agendo, sed inquantum est habilis ad recipiendum talem actionem, quae etiam habilitas appetitus materiae dicitur et inchoatio formae.... Et ideo concedo quod in materia nulla potentia activa est, sed pure passiva."

[49] HEYMERICUS DE CAMPO, *Problemata* (s. Anm. 26), f. d5v: „ ....dicunt Epicurei, quorum caput fuit Anaxagoras, quod materia est universorum primum et perfectissimum principium, quod in se prehabet omnium formas, quas subiective sustentat, sed velamento accidentium ipsam vestientium occultantur, ne alicui appareant preter eam, que dat materie in hoc vel in illo nomen. Et dicit huiusmodi latentias illucescere per agentia naturalia removentia ab ipsa materia talia accidentia occultantia et obumbrancia lucem talium formarum, ita quod generatio non est aliud quam revelatio forme substantialis intus sepulte in caligine materie. Et alteratio est revelatio alicuius forme accidentalis similiter latitantis". Vgl. ALBERTUS MAGNUS, *Liber de praedicabilibus* tr.5 c.4, ed. BORGNET (s. Anm. 46), 95a-b: „.... diffusam formam et confusam vocant quidam formae inchoationem: propter quam inchoationem formae in materia diffusam ipsa materia a quibusdam antiquis locus formae dicebatur, in quo latent formae: et ideo latentiam formarum principium fecerunt, ut dictum est in *Physicis*, et erat hoc dictum Anaxagorae: propter quod etiam Aristoteles et omnes Peripatetici dixerunt educi de materia omnes formas, et non esse eas a datore extrinseco." Der Ausdruck ‚latitatio' findet sich bei Thomas von Aquin und Petrus Nigri (mit Verweis auf Thomas); s. unten, Anm. 50 und 58.

[50] THOMAS DE AQUINO, *In duodecim libros Metaphysicorum Aristotelis expositio* VII

Johannes Capreolus bespricht in seinen *Defensiones* auch das Problem der *inchoatio formae*.[51] Obwohl er weitläufig aus Thomas zitiert und dabei nicht auf jene Texte verzichtet, in denen Thomas implizit Albert kritisiert, führt Capreolus nur Gegenargumente aus Scotus, Aureoli und Thomas selbst an, während er Albert mit keinem Wort erwähnt. Capreolus stimmt Thomas in dessen Verneinung der inchoativen Form zu.[52] Obwohl er sich also mit dem Problem der *inchoatio* und mit bestimmten Gegnern der thomistischen Doktrin auseinandersetzt, bleibt Alberts Lehre als solche bei Capreolus völlig außer Betracht. Dazu sei noch bemerkt, dass genau in der Zeit, als Capreolus in Paris war, der Pariser Albertist Johannes de Nova Domo ausdrücklich Alberts Theorie vertrat, weswegen man bei Capreolus zumindest eine gewisse Kenntnis von dieser Lehre erwarten dürfte.[53]

Vollkommen anders verhält sich Johannes Versor zu dieser Kontroverse. In seinem *Physik*-Kommentar präsentiert er das Problem als eine Kontroverse zwischen Albert und Thomas.[54] Wie bei der Behandlung des Individuationsprinzips tritt Versor auch diesmal auf die Seite des Aquinaten. Er wirft Albert vor, dass dieser mit seiner Theorie der *inchoatio formae* die substantielle Veränderung unmöglich mache. Wenn nämlich die

---

lect.8, ed. M.-R. CATHALA et R.M. SPIAZZI, Torino-Roma 1950, 352-53, nr. 1442δ: „Haec autem opinio videtur propinqua ponentibus latitationem formarum. Cum enim nihil agat nisi secundum quod est in actu: si partes vel inchoationes formarum quae sunt in materia, habent aliquam virtutem activam, sequitur quod sint aliquo modo actu, quod est ponere latitationem formarum." Für Johannes Versor und Petrus Nigri, s. unten, Anm. 55 und 58. Vgl. HEYMERICUS DE CAMPO, *Problemata* (s. Anm. 26), f. d5v: „Nobis enim, iuxta viam et intellectum Doctoris Magni tales formas preesse in materia per essentias suas formales formabiles ponentibus, imponitur error Anaxagore."

[51] IOANNES CAPREOLUS, *Defensiones* II d.17 q.1, ed. C. PABAN et Th. PÈGUES, in *Johannis Capreoli Tholosani Defensiones theologiae divi Thomae Aquinatis* 4, Tours 1903, 112b: „Utrum ante generationem compositi substantialis praecedat aliquid formae per generationem inducendae."

[52] Die meisten dieser Argumente beziehen sich übrigens nicht auf die erste *conclusio*, dass die Formen kein inchoatives Sein haben, sondern auf eine andere *conclusio*.

[53] IOANNES DE NOVA DOMO, *Tractatus de esse et essentia* q.4 prop.2, ed. G. MEERSSEMAN in *Geschichte des Albertismus* 1 (s. Anm. 12), 135-37.

[54] JOHANNES VERSOR, *Phisica Versoris*, Lyon 1489, f. c2vb (*Physica* I q.18): „Queritur decimooctavo utrum forma substantialis ante generationem rei cuius est forma sit in materia secundum esse formale formabile." IDEM, *Ibid.*, f. c3rb: „Pro responsione primo sciendum est et primo erunt duo puncta. In primo ponetur positio Alberti ponentis inchoationem formarum in materia cuius opinionis apparentie tacte sunt post oppositum. In secundo ponetur opinio[nem] doctoris sancti negantis huiusmodi inchoationem formarum et etiam solventur rationes facte post oppositum."

substantiellen Formen zwar im Keime aber doch wesentlich (*secundum essentiam*) in der Materie vorhanden sind, kann es kein Enstehen und Vergehen, sondern nur noch akzidentelle Veränderung geben. Damit sei alles Werden bloß Veränderung (*omne fieri esset alterari*), und Albert begeht nach Versor den bekannten Fehler der alten Philosophen (*antiqui philosophi*), womit natürlich in erster Linie Anaxagoras und seine Theorie der Latenz der Formen in der Materie gemeint ist.[55]

Petrus Nigri schreibt die Position, dass die Form schon vor der Entstehung des *compositum* essentiell aber in unvollkommener Weise in der Materie vorhanden sei, Heinrich von Ghent und „quidam magni" zu.[56] Dennoch sind die Argumente, die er für diese Lehrmeinung anführt, die gleichen wie bei Thomas, Albert und Versor. Zum Beispiel taucht wieder die Forderung auf, dass die Entstehung eine natürliche statt einer gezwungenen Bewegung oder Veränderung sei.[57] Unter Bezug auf Thomas verwirft auch Petrus Nigri ohne Zögern diese Lehre der *inchoatio formae*, wobei er sie der Latenz (*latitatio*) angleicht und mithin die bekannte Anspielung auf Anaxagoras bewirkt.[58] Obgleich die Diskussionen um die *inchoatio formae* bei Petrus Nigri und Johannes Versor vom Inhalt her sehr ähnlich sind, gibt es dennoch einen großen Unterschied: Während Versor, wie die Albertisten, die beiden streitenden Parteien mit Albert und

---

[55] IDEM, *Ibid.*, f. c4ra: „Conclusio responsalis cum doctore sancto: Forma substantialis ante generationem rei cuius est forma non est in materia secundum esse formale formabile.... De ratione forme substantialis est dare esse simpliciter. Si ergo forma substantialis est in materia secundum essentiam, sequitur quod ipsa dat esse simpliciter materie et per consequens quicquid advenit post est accidens. Et ita destrueretur omnis generatio substantialis et omne fieri esset alterari ut ponebant antiqui philosophi."

[56] PETRUS NIGRI, *Clypeus Thomistarum* (s. Anm. 23), ff. s5va-s6ra (*Praedicamenta* q.3).

[57] IDEM, *Ibid.*, f. s5vb (*Praedicamenta* q.3): „Si non [i.e.: si forma generanda non esset inchoata in materia secundum esse formale formabile, PR]... sequeretur quod generatio non esset naturalis sed violenta, quia hec est differentia inter motum naturalem et violentum, quia motus naturalis est ab aliquo principio naturali intrinseco, violentus vero ab extrinseco." Die Gegenposition schöpft Nigri (nach seinem Zeugnis) aus dem *Physik*-Kommentar des Skotisten Johannes Canonicus; er beschreibt sie dann auch als die „opinio thomistarum ac scotistarum" (IDEM, *Ibid.*, f. s6ra.). Zum *Physik*-Kommentar des Canonicus, s. P.J.J.M. BAKKER et D.-J. DEKKER, „Antoine Andrée ou Jean le Chanoine? A propos de l'authenticité du commentaire de la Physique conservé dans le ms. Cambridge, Gonville & Caius College, 368 (590)", in *Bulletin de philosophie médiévale* 42 (2000), 101-31.

[58] PETRUS NIGRI, *Clypeus Thomistarum* (s. Anm. 23), f. s6rb: „Quinto arguit sic sanctus Thomas in commento super 7 *Metaph.*: Nihil agit nisi secundum quod est in actu. Sed forma talis inchoata coagit cum materia, igitur est in actu in materia antequam generetur. Sed hoc est falsum, quod scilicet forma sit in actu antequam generetur. Item sequeretur quod tale esse actuale potius deberet dici latitatio forme quam inchoatio."

Thomas identifiziert, schreibt Petrus Nigri die verschiedenen Meinungen den Thomisten und Skotisten, bzw. Heinrich von Ghent und einigen anonymen „Großen" (*quidam magni*) zu.[59] Wie das zu deuten ist, wird aus dem Folgenden hervorgehen.

VI. Die Universalienlehre Alberts

Die Universalienlehre Alberts des Großen stellt ein letztes Beispiel für die These der weit verbreiteten Anerkennung der Lehrunterschiede zwischen Albert und Thomas dar. Diese Lehre, wie sie im zweiten Traktat des Kommentars Alberts zur *Isagoge* enthalten ist, hatte im 15. Jahrhundert einen großen Einfluss. Sie war die wichtigste Quelle für die logischen Schriften von Johannes de Nova Domo und Heymericus de Campo. Der erste Teil des *Tractatus problematicus* von Heymerich, der von den Universalien handelt und gegen den Nominalismus argumentiert, vertritt Alberts Lehre der dreifachen Seinsart des *universale*, nämlich *ante rem*, *in re* und *post rem*, dessen Auffassung des *universale* als *forma totius* und die These, dass das *universale* inkorporell sei.[60] Dieser erste Teil des *Tractatus problematicus* wurde auch separat überliefert, wobei der Text des öfteren von den Kopisten neu überarbeitet wurde. Das sogenannte *Capitulum de universali reali*, das Johannes de Nova Domo zugeschrieben wird, erlitt das gleiche Schicksal. Trotz ihres albertistischen Ursprungs wurden diese Texte in weiten realistischen Kreisen benutzt.[61]

---

[59] Dabei muss bemerkt werden, dass die Zuschreibung an Heinrich von Ghent sehr fragwürdig ist. Dieser lässt zwar eine dreifache „inchoatio formae" oder „rationes seminales" zu, aber mit Nachdruck nicht in der Materie, sondern nur „in elementis", „in mixtis" und „in ipsis seminibus"; vgl. HENRICUS DE GANDAVO, *Quodlibet IV* q.14, ed. I. BADIO ASCENSIO, in *Quodlibeta Magistri Henrici Goethals a Gandavo*, Paris 1518, ND Louvain 1961, ff. 115r-123v, bes. 120r-v.

[60] HEYMERICUS DE CAMPO, *Problemata* (s. Anm. 26), ff. a2r-a6r; ALBERTUS MAGNUS, *Liber de praedicabilibus* tr.2, ed. BORGNET (s. Anm. 46), 17-40; vgl. S. WŁODEK, „Albert le Grand et les albertistes du XVe siècle. Le problème des universaux", in *Albert der Grosse: seine Zeit, sein Werk, seine Wirkung*, hrsg. v. A. ZIMMERMANN (Miscellanea Mediaevalia 14), Berlin-New York 1981, 193-207 (über Heymerich bes. 202-6).

[61] Der Leser erinnere sich hier an den oben (§I) erwähnten Spott der Nominalisten in Ingolstadt. Die Überarbeitungen dieser Texte scheinen diesen Nominalisten in ihrer Kritik Recht zu geben, dass die Realisten sich über die Universalien niemals einig seien; vgl. P. RUTTEN, „*Contra occanicam discoliam modernorum*: The So-Called *De universali reali* and the Dissemination of Albertist Polemics against the *via moderna*", in *Bulletin de philosophie médiévale* 45 (2003), 131-65, bes. 148-61. Den Text des *Capitulum de universali reali* gibt A.G. WEILER, „Un traité de Jean de Nova Domo sur les Universaux", in *Vivarium* 6 (1968), 108-54, s. 126-30. Einen verbesserten Text des *Capitulum* und eine gründliche Diskussion der noch immer fragwürdigen Zuschreibung an Johannes de Nova Domo

Auch die oben besprochenen, als Thomisten geltenden Autoren wurden von der Universalienlehre Alberts beeinflusst. Johannes Versor übernimmt in seinem *Isagoge*-Kommentar die Universalienlehre Alberts von Anfang bis Ende. Die *quaestiones* 8 bis 15 in Versors Kommentar sind eine paraphrasierte und um einige Erläuterungen erweiterte Abschrift des zweiten Traktats des Kommentars von Albert zur *Isagoge*.[62] An einem Punkt, nämlich dem Unterschied zwischen *forma partis* und *forma totius*, zieht Versor explizit die Meinungen der Albertisten heran um die Lehre Alberts zu erklären.[63] Auch Petrus Nigri übernimmt zum Teil die Fragen zu den Universalien aus Alberts Kommentar, oder vielmehr übernimmt er die Formulierungen der Fragestellungen und ihre Reihenfolge, nicht aber ihren Inhalt. Auch Nigri stellt die Fragen: Besteht das Allgemeine in der außermentalen Wirklichkeit oder nur im Intellekt? Ist das Allgemeine korporell oder inkorporell? Ist es von dem sinnlich Wahrnehmbaren getrennt oder nicht? Ist es Materie, Form oder Kompositum?[64] Hier zeigt sich jedoch der Unterschied zwischen dem wahren Thomisten Petrus Nigri und dem eher eklektisch verfahrenden oder wenigstens zwischen Albert und Thomas vermittelnden Johannes Versor. Obwohl Versor in seinen anderen Schriften, wie bereits deutlich wurde, häufig Alberts Position ablehnt, tut er dies in seinem *Prädikabilien*-Kommentar nicht. Peter Schwarz dagegen kritisiert Albert in vielfacher Weise, wobei zwei Eigentümlichkeiten bemerkt werden müssen. Erstens fällt auf, dass Schwarz hier den Namen Alberts des Großen nicht nennt. Zweitens sind zwei dieser Fragen, in denen Alberts Position kritisiert wird, parallel zu zwei

---

bietet H. WELS, *Aristotelisches Wissen und Glauben im 15. Jahrhundert. Ein anonymer Kommentar zum Pariser Verurteilungsdekret von 1277 aus dem Umfeld des Johannes de Nova Domo. Studie und Text* (Bochumer Studien zur Philosophie 41), Amsterdam-Philadelphia 2004, lxxi-civ.

[62] JOHANNES VERSOR, *Quaestiones super totam veterem artem* (s. Anm. 25), ff. 7vb-14ra. Vgl. ALBERTUS MAGNUS, *Liber de praedicabilibus* tr.2 c.1-8, ed. BORGNET (s. Anm. 46), 17-39a; nur das 9. Kapitel hat Versor nicht übernommen. Nach Prantl hat Versor seine Universalienlehre „nahezu wörtlich" den *Problemata* des Heymericus de Campo entnommen. Dieser Behauptung können wir aber nicht zustimmen. Vgl. PRANTL, *Geschichte der Logik* 4 (s. Anm. 2), 221, Anm. 261.

[63] JOHANNES VERSOR, *Quaestiones super totam veterem artem* (s. Anm. 25), ff. 13va-14va (*Isagoge* q.15).

[64] PETRUS NIGRI, *Clypeus Thomistarum* (s. Anm. 23), ff. k5rb-n2rb (*Isagoge* qq. 24-27, 30 u. 36); vgl. f. k5rb (q.24): „Utrum universale sit aliquid in rebus subsistens aut habeat esse in solis nudis purisque intellectibus." Auch f. k6ra (q.25): „Utrum universalia sint corporalia vel incorporalia." Sowie f. k6vb (q.26): „Utrum universalia a singularibus secundum esse sint separabilia." Und f. n1ra (q.36): „Utrum universale sit materia, forma vel totum compositum."

problemata von Heymericus de Campo. Die beiden Tatsachen sind miteinander verbunden. Denn obwohl Schwarz Albert nicht mit Namen nennt, erwähnt er dennoch die Albertisten. Wie bereits bei dem Thema der *inchoatio formae* deutlich wurde, verbindet Schwarz in der Verteidigung der thomistischen Doktrin die von ihm kritisierte Position nicht gerne mit dem Namen des berühmten Ordensbruders und Lehrers des Thomas. Er spricht nur von *quidam magni*, nicht von Albertus Magnus, zögert hingegen nicht, zu Unrecht den Namen des Heinrich von Ghent hinzuzufügen. Die Universalienlehre veranlasst Schwarz nun zu einer mehrfachen Kritik an Albert: (1.) Er bestreitet die albertinische und von den Albertisten übernommene These „Nullum universale est corporale."[65] (2.) Er verwirft die These, dass das Universale in sich, in den Einzeldingen und im Intellekt zwar der Essenz nach eins sei, der Existenz nach aber verschieden; diese These wurde im zweiten Problem des *Tractatus problematicus* verteidigt.[66] (3.) Er leugnet, dass das Universale durch eine reelle Präsenz für den Intellekt anwesend sei.[67] (4.) Er bestreitet, dieses Mal explizit gegen die Albertisten, dass die Materie kein Teil der Definition einer materiellen Substanz sei, was dem achten Problem des *Tractatus problematicus* widerspricht.[68] Nicht ein Mal wird Albert in diesen Passagen genannt. Wenn Schwarz ihn wohl mit Namen nennt, in einer weiteren von Heymerich hervorgebrachten Kontroverse, viz., der Frage nach dem Subjekt der Physik, wirft er den Albertisten vor, dass sie Albert falsch verstanden hätten.[69]

---

[65] IDEM, *Ibid.*, f. k6ra-b (*Isagoge* q.25); vgl. ALBERTUS MAGNUS, *Liber de praedicabilibus* tr.2 c.4, ed. BORGNET (s. Anm. 46), 26a-29b; HEYMERICUS DE CAMPO, *Problemata* (s. Anm. 26), ff. a5r-a6r.

[66] PETRUS NIGRI, *Clypeus Thomistarum* (s. Anm. 23), ff. l1va-l2ra (*Isagoge* q.28). HEYMERICUS DE CAMPO, *Problemata* (s. Anm. 26), ff. b1v-b4v. Vgl. ALBERTUS MAGNUS, *Liber de praedicabilibus* tr.2 c.6, ed. BORGNET (s. Anm. 46), 34b: „ ....universale unum numero et essentia est in anima et in seipso et in singulari, nec differt nisi secundum esse determinans ipsum ad hoc vel illud."

[67] PETRUS NIGRI, *Clypeus Thomistarum* (s. Anm. 23), f. l2ra-vb (*Isagoge* q.29); vgl. ALBERTUS MAGNUS, *Liber de praedicabilibus* tr.2 c.6, ed. BORGNET (s. Anm. 46), 35b: „Quod autem quaeritur, qualiter sit in anima et in se et in singulari: dico cum Aristotele et Peripateticis, quod est in omnibus his per suam praesentiam realem."

[68] PETRUS NIGRI, *Clypeus Thomistarum* (s. Anm. 23), ff. n2rb-n3ra (*Isagoge* q.37). Sowohl Schwarz als auch Heymerich unterscheiden physische, logische und metaphysische Definitionen. Nach Heymerich ist die Materie kein Teil der metaphysischen (d.h. eigentlichen) Definition, wohl aber der physischen; vgl. HEYMERICUS DE CAMPO, *Problemata* (s. Anm. 26), ff. e4v-f1r. Nach Schwarz wird die Materie sowohl in der physischen als auch in der metaphysischen Definition aufgenommen.

[69] PETRUS NIGRI, *Clypeus Thomistarum* (s. Anm. 23), f. c2rb-va (*Isagoge* q.5 dub.4): „Alia est opinio Albertistarum quod corpus mobile sit subiectum philosophie naturalis....

Johannes Capreolus indessen übernahm in den *Defensiones* lange, wörtliche Zitate aus Alberts *Prädikabilien*-Kommentar, wobei er nur ein paar Male bemerkte, dass Albert Sachen verkündige, die sich nicht mit der Lehre von Thomas vereinbaren ließen, nämlich bezüglich (1.) des Bestehens des Universalen außerhalb der Seele und des Einzeldinges und (2.) der reellen Präsenz des Universalen vor dem Intellekt.[70] Eine systematische Erörterung der ganzen Universalien-Problematik gibt es jedoch in den grundsätzlich theologischen *Defensiones* nicht.

VII. Schluss

Johannes Capreolus und Petrus Nigri sind entschiedene Thomisten. Ihr Ziel ist, die Lehre des Thomas von Aquin ihren Feinden gegenüber zu verteidigen. Beide betrachten die Modernen und die Skotisten als ihre größten Feinde, wenn auch Nigri manchmal seine Argumente aus skotistischen Quellen schöpft.[71] Albert der Große hat in ihren Werken eine merkwürdige Position. Bei Capreolus ist Albert grundsätzlich ein Mitkämpfer des Thomas, bei dem man nur berücksichtigen solle, dass seine Meinung nicht immer mit der seines großen Schülers übereinstimmt. Von Albertisten hat Capreolus anscheinend nie gehört. Bei Petrus Nigri, von dessen Bruder Georg wir übrigens wissen, dass er eine Abschrift des *Tractatus problematicus* besaß, spielt Albert eine Doppelrolle:[72] Seine Standpunkte und diejenigen seiner Anhänger werden behandelt und, insofern sie nicht mit denjenigen des Thomas übereinstimmen, zurückgewiesen; sein Name jedoch wird dabei verschwiegen. Dies erklärt sich aus der Art des *Clipeus thomistarum*, in dessen Vorwort Nigri sein Ziel verkündet, nämlich die Lehre des heiligen Thomas zu verteidigen. Gegen welche „Feinde" soll diese Lehre nun verteidigt werden? Die Antwort gibt Petrus

---

Contra. Si intelligis magnum doctorem Albertum sensisse corpus mobile esse subiectum adequationis passionum, male intelligis." HEYMERICUS DE CAMPO, *Problemata* (s. Anm. 26), ff. d2r-d5r (probl. 6).

[70] IOANNES CAPREOLUS, *Defensiones* II d.3 q.1 a.3, ed. PABAN et PÈGUES (s. Anm. 36), 229b; s. oben, Anm 39. Siehe auch *Defensiones* II d.3 q.2 a.3, 304a: „Dominus Albertus, *Super Porphyrium*, 2 tractatu, cap. 6, concedit et ponit quod eadem essentia universalis naturae est per realem praesentiam in anima, et in singulari. Hoc idem dicit, 3. *de Anima*; et in tractatu *de Intellectu et Intelligibili*. Sed in hoc non concordat sancto Thomae."

[71] S. oben, Anm. 57.

[72] Zu Georg, dem Bruder von Peter Schwarz, und seiner Handschriftensammlung M.J.F.M. HOENEN, Speculum philosophiae medii aevi. *Die Handschriftensammlung des Dominikaners Georg Schwartz († nach 1484)* (Bochumer Studien zur Philosophie 22), Amsterdam-Philadelphia 1994, (über sein Exemplar der *Problemata*) bes. 62.

Nigri in demselben Prolog: Gegen die Franziskaner, die Augustiner-Eremiten und die Regular-Kanoniker: Diese Orden sind die Kategorien, nach welchen Scotus, Ockham, Franciscus de Mayronis, Gregor von Rimini und andere Denker geordnet werden.[73] Die Lehre von Thomas möchte Nigri nun mit Hilfe der berühmtesten Männer des Predigerordens erläutern; der Erstgenannte ist dann natürlich Albert.[74] Erst in zweiter Instanz spricht Nigri von Terministen und Nominalisten, oder von Skotisten und Modernen.[75] Die Zugehörigkeit zu den verschiedenen religiösen Orden ist also das primäre Kriterium, nach dem Nigri die von ihm genannten Denker ordnet. Für ihn ist somit der Wegestreit offenbar auch (und vielleicht vor allem) ein Ordensstreit. Dass in einen solchen Entwurf keine Polarisierung von Albert und Thomas passte, bedarf wohl keiner weiteren Erläuterung.

Wie Petrus Nigri rezipiert auch der Pariser Autor Johannes Versor die von den Kölner Albertisten hervorgebrachten Kontroversen. Seine philosophische Arbeit, eine Kommentierung des gesamten *Corpus Aristotelicum*, erscheint aus der Perspektive der Schulen wie ein schwankendes Rohr im Winde. Oft steht Versor auf der Seite von Thomas, manchmal auch nicht.[76] Wenn dies als ein Vermittlungsversuch gedeutet werden muss, könnte das vielleicht die ungeheure Popularität von Versors Werken und die Tatsache, dass sie gerade in Köln gedruckt wurden, erklären.

---

[73] PETRUS NIGRI, *Clypeus Thomistarum* (s. Anm. 23), f. a2v: „Afferam... ex sacro ordine fratrum minorum Ioannem Scotum, quem doctorem subtilem vocant, Franciscum Mayronem, quem illuminatum, Petrum Aureoli argumentatorem acerrimum, Petrum Aquilanum, Guilielmum Ocham, Antonium Andree atque Landulfum, ex ordine autem heremitarum Gregorium Ariminensem, ex canonicis regularibus Ioannem Cathalanum atque ex alio genere alios paulistas, terministas ac nominales, quorum omnium in Thomam opiniones, argumenta, contrarietates destruere, solvere, confutare est in hoc opere propositi mei. Eam quam ob rem hunc ipsum librum.... Clipeus thomistarum appello." Was mit ‚ex alio genere' gemeint ist, bleibt unklar; vielleicht will Nigri hier jene Denker andeuten, die nicht zu einem der Orden gehören. Die *paulistae* sind wohl die Schüler des populären Logikers und Aristoteles-Kommentators Paulus Venetus.

[74] IDEM, *Ibid.*, f. a2v: „Postremo vero subiiciam que ad ipsius Thome sententias ex aliis auctoribus adiicienda esse delegerim, ut opus habeam copiosum pariter atque perfectum. Sectatus sum quidem ex ordine predicatorum celebratissimos viros: Albertum Colonensem quem vulgo magnum appellant, Herveum Britonem acutissimum, Petrum de Palude, Guilielmo de Maricalmo, Ioannem Capreoli Tholosanum ac Ioannem Neapolitanum...."

[75] IDEM, *Ibid.*, f. a2v: „Spero autem me hac editione illustrata veritate multis esse profuturum, iis precipue qui librorum copiam non habentes potiores difficultates que a scotistis atque modernis adversum thomistas sepius perquiruntur simul coactus atque absolutas habere desiderant." Vgl. auch das Zitat in Anm. 73.

[76] Hierzu RUTTEN, „*Secundum processum et mentem Versoris*" (s. Anm. 31), 292-336.

Wie dem auch sei, das albertistische Problembewusstsein verbreitete sich mit den Werken Versors abermals über Europa. Im Gegensatz zu Capreolus konnten Petrus Nigri und Johannes Versor nicht umhin, sich mit dem Albertismus auseinanderzusetzen. Sie erwähnten die Albertisten und bestritten ihre Lehrmeinungen. Wie der oben erwähnte anonyme Kommentator in Uppsala[77] übernahmen sie von den Albertisten die Lehrunterschiede zwischen Albertismus und Thomismus. In anderen Fällen kritisierten sie die Albertisten wegen ihrer Interpretation der Texte Alberts. Aber ob sie wollten oder nicht, im Verhältnis zu Thomas war Albert im Laufe einiger Jahrzehnte von einem Gleichgesinnten zu einem Gegner geworden.

Radboud Universiteit, Nijmegen

[77] S. oben, §II.

II. Mystical Movements

Basel als Umschlagplatz für geistliche Literatur: Der Fall des *Fliessenden Lichts der Gottheit* von Mechthild von Magdeburg

Dagmar Gottschall

Das große Visionenbuch der Magdeburger Begine und späteren Zisterziensernonne von Helfta, Mechthild von Magdeburg, ist uns nur in einer einzigen Handschrift in seinem vollen Umfang erhalten. Es handelt sich um den Codex Einsiedeln, Stiftsbibliothek, Cod. 277 (Sigle: E), der in der zweiten Hälfte des 14. Jahrhunderts in Basel geschrieben wurde und der Basler Begine und Bürgerin Margareta zum Goldenen Ring gehörte.[1] Margareta war Mitglied in einer religiösen Gruppe, die sich als ‚Gottesfreunde' bezeichnete, wie übrigens zahlreiche derartige Zirkel von religiöser Sehnsucht zusammengehaltener, gleichgestimmter Seelen von Männern und Frauen des weltlichen und geistlichen Standes, die sich um einen spirituellen Führer scharten und im 14. Jahrhundert eine weit verbreitete Erscheinung der Städte waren. Die Gruppe in Basel wurde von dem Weltpriester und Wanderprediger Heinrich von Nördlingen geleitet, über dessen Leben und geistliche Interessen wir dank seiner ausgedehnten Korrespondenz recht gut informiert sind. Dass Mechthilds *Das Fließende Licht der Gottheit*, ein in niederdeutscher Mundart um etwa 1270 niedergeschriebener Text, Aufnahme im Basler Gottesfreunde-Kreis fand und dort zu einer Art Kultbuch avancierte, geht auf die Initiative Heinrichs von Nördlingen zurück, der wir letztlich auch das Überleben dieses Textes verdanken.[2] Ich möchte im Folgenden nachzeichnen, wie und in welcher

---

[1] Zu Text und Textgeschichte von *Das Fließende Licht der Gottheit*, vgl. Mechthild von Magdeburg, *Das fließende Licht der Gottheit*, 2 Bde., hrsg. v. H. Neumann (Münchener Texte und Untersuchungen 100-1), München-Tübingen 1990-1993; H. Neumann, „Beiträge zur Textgeschichte des *Fließenden Lichts der Gottheit* und zur Lebensgeschichte Mechthilds von Magdeburg", in *Altdeutsche und altniederländische Mystik,* hrsg. v. K. Ruh (Wege der Forschung 23), Darmstadt 1964, 175-239; Mechthild von Magdeburg, *Das fließende Licht der Gottheit*, hrsg. v. G. Vollmann-Profe (Bibliothek des Mittelalters 19), Frankfurt a.M. 2003; diese Ausgabe wird im Folgenden zitiert.

[2] Grundlegend zu Heinrich von Nördlingen und seinem Kreis ist nach wie vor P. Strauch, *Margaretha Ebner und Heinrich von Nördlingen. Ein Beitrag zur Geschichte der deutschen Mystik*, Freiburg i.Br.-Tübingen 1882; vgl. auch R. Schultz, „Heinrich von Nördlingen. Seine Zeit, sein Leben und seine Stellung innerhalb der deutschen Mystik", in *Jahrbuch des Vereins für Augsburger Bistumsgeschichte* 10 (1976), 114-64, der die

Funktion Mechthilds Text, zwischen 1250 und 1280 im fernen Magdeburg und Helfta zu Pergament gebracht und – wenigstens nach Auskunft der handschriftlichen Überlieferung –, kaum rezipiert, etwa ein Jahrhundert später in oberdeutsch-alemannischen Mystikerkreisen interessierte Aufnahme fand.

Heinrich von Nördlingen stammt aus einer alteingesessenen Nördlinger Familie reichsministerialer Herkunft. Sein Geburtsdatum ist nicht bekannt. Auch über seinen Bildungsgang wissen wir nichts. Er ist als Weltpriester und Prediger in und um Nördlingen tätig; sein Arbeitsschwerpunkt liegt von Anfang an in der seelsorgerischen Betreuung von Frauenklöstern. Eine Pfründe, die seine Versorgung auf Lebenszeit gesichert hätte, blieb ihm verwehrt. Die erste gesicherte Nachricht stammt aus dem Jahr 1332, als er am 29. Oktober zum ersten Mal das Dominikanerinnenkloster Maria Medingen bei Donauwörth besucht und hier mit der mystisch-schwärmerisch veranlagten Nonne Margareta Ebner zusammentrifft.[3] Aus der Begegnung erwächst eine tiefe Seelenfreundschaft, die Heinrich sein Leben lang in einem ausgiebigen Briefwechsel pflegt,[4] der heute die Hauptquelle für ihn und seinen Kreis darstellt. Diese Begegnung scheint auch Voraussetzung zu sein für Heinrichs späteres Interesse an *Das Fließende Licht der Gottheit,* wie umgekehrt die schriftliche Fassung von Margareta Ebners *Offenbarungen* eng mit der Lektüre von *Das Fließende Licht* zusammenhängen.

Schon in Nördlingen hatte Heinrich begonnen, eine Gruppe frommer Christen um sich zu sammeln, ganz überwiegend Frauen: Seine Mutter gehört dazu, eine immer wieder in den Briefen erwähnte Irmel, die Witwe Ofim (Eufemia) Frickin aus dem Nördlinger Bürgergeschlecht der Frickinger, deren drei Töchter als Nonnen im Zisterzienserinnenkloster Zimmern lebten, eine Irmel Baldofin von Eringen, eine Frau von Wildenroden, die Stauferin, Ellin von Krailsheim und viele mehr. Darüberhinaus hat Heinrich von Nördlingen gute Kontakte zu der benachbarten Zisterzienserabtei Kaisheim und den ihr unterstellten Frauenklöstern Ober- und Niederschönenfeld sowie Zimmern; er verkehrt brieflich mit dem Nürnberger Dominikanerinnenkonvent Engelthal, auch im Frauenkloster zur

ältere Literatur zusammenfasst, sowie den Artikel von M. WEITLAUFF, „Heinrich von Nördlingen“, in *VL*² 3 (1981), 845-52.

[3] Vgl. SCHULTZ, „Heinrich von Nördlingen“ (s. Anm. 2), 133-35.

[4] Die erhaltenen Briefe Heinrichs an Margareta sind ediert in STRAUCH, *Margaretha Ebner* (s. Anm. 2), 169-270 (Br. 1-56), sowie ein Brief Margaretas an Heinrich, 281-83 (Br. 67).

Klause in Höchstädt sowie im Benediktinerinnenkloster Hohenwart zwischen Augsburg und Ingolstadt war Heinrich von Nördlingen persönlich bekannt.[5] Wir haben also einen vielbeschäftigten Seelsorger vor uns, der ständig unterwegs ist und seinen weitgespannten Aktionsradius nur dank ununterbrochener Schreibtätigkeit am Leben halten kann. Das Netzwerk der Gottesfreunde funktioniert in erster Linie über den Schriftverkehr.

In den Briefen der Gottesfreunde um Heinrich von Nördlingen ist ständig von „schreiben" die Rede: „deinen brief send ich dir oder ich bring in selber."[6] „an deinen minenbrieff han ich ietz etwan lang geschriben begirlich und willigklich; die sient nu schir berait. so wil ich dirs dan senden mit meiner mutter, ob si mag vor kranchait."[7] „do ich dinen brief las und verlosz wort und wis von dem heiligen rauch und von götlichem schmack, der mir usz deinen fürigen worten ein viel."[8] „do sant mir mein here der apt von Kaiszhem sein brief"[9] – so äußert sich Heinrich von Nördlingen, ein versierter Briefeschreiber. Doch man lässt auch schreiben, wie Margareta vom Goldenen Ring, die Besitzerin des Einsiedler Codex: „ich enpfilh dir in gantzen trüwen... sunderlich mein lipliche mutter, die mir... mein geistlichen vatter mit gantzen trüwen enpfolhen hat, der mir dis geschriben hat...."[10] Und man lässt sich schreiben, offenbar in einer Art Sammelbrief, aufgesetzt von einer schreibkundigen Klosterfrau, wie die interessante Stelle aus dem Brief eines Anonymus belegt: „ich beger auch, das ir sendet nach der geträwen nachfolgerin unsers heren Jhesu Christi der Frickin, und was si mir wolt schriben, das schriben mir. da horstu auch, ob du wilt, was ich ir geschriben hab. wurd ein gemenü richtung, als man sich gantzlich versicht und uns warlich geschriben ist, so kom ich zu dir. Scheppach, was man mir zu schriben hab, das schribent mir geren durch got."[11]

Der geschriebene Text ist das wichtigste Medium in diesen Kreisen. Man schickt sich Grüße und Mitteilungen, aber auch Texte anderer, die den

---

[5] Vgl. SCHULTZ, „Heinrich von Nördlingen" (s. Anm. 2), 135 und STRAUCH, *Margaretha Ebner* (s. Anm. 2), XXXIX-XL.

[6] STRAUCH, *Margaretha Ebner* (s. Anm. 2), 172.37-38 (Br. 3; Heinrich von Nördlingen an Margareta Ebner).

[7] IDEM, *Ibid.*, 186.61-64 (Br. 11; Heinrich von Nördlingen an Margareta Ebner).

[8] IDEM, *Ibid.*, 194.11-14 (Br. 16; Heinrich von Nördlingen an Margareta Ebner).

[9] IDEM, *Ibid.*, 206.4-5. (Br. 23; Heinrich von Nördlingen an Margareta Ebner).

[10] IDEM, *Ibid.*, 276.35-39 (Br. 63; Margareta zum Goldenen Ring an Margareta Ebner).

[11] IDEM, *Ibid.*, 278.34-40 (Br. 64; Brief eines Anonymus an Margareta Ebner). Strauch vermutet in dem Schreiber einen Kaisheimer Bruder, der Beichtvater in Medingen war.

Gottesfreunden für ihre religiöse Praxis wichtig sind. Es handelt sich um Visionen und Berichte von göttlichen Gnadengaben,[12] deren Autoren für die Gottesfreunde selbst wieder Gottesfreunde sind, ihresgleichen, wenn auch besonders begnadet und auserwählt, und die dank ihrer Texte in deren Kreis gegenwärtig sind. Ferner Gebets- und liturgische Gesangstexte[13] für die meditative Praxis und das kirchliche Leben sowie einfache geistliche Traktate.[14] Dazu kommen – zumindest im Kreis um den Nördlinger – Reliquienbriefe.[15]

Da 56 von Heinrichs Briefen allein an Margareta Ebner gerichtet sind, erhalten wir in erster Linie Einblick in die Praxis des Klosterlebens, doch Texte sind auch außerhalb des Klosters in Gebrauch, wie die Eigentümerin der Basler Abschrift von Mechthilds Buch beweist. Texte und ihre gemeinsame oder private Lektüre stimulieren zum Nachempfinden

---

[12] Identifizierbar sind: *Das fließende Licht der Gottheit* von Mechthild von Magdeburg, vgl. STRAUCH, *Margaretha Ebner* (s. Anm. 2), 242-47 (Br. 43), 247-49 (Br. 44), 250-53 (Br. 46), 256-58 (Br. 48); *Liber specialis gratiae* von Mechthild von Hackeborn, vgl. STRAUCH, *Margaretha Ebner*, 247-49 (Br. 44); und *Gewerte prophecien* von Hildegard von Bingen, vgl. STRAUCH, *Margaretha Ebner*, 267-68 (Br. 53).

[13] Vgl. STRAUCH, *Margaretha Ebner* (s. Anm. 2), 201.119 (Br. 17): „ ....den brief mit dem gebet von unsers heren fronlichnam....“; 201.10-202.11 (Br. 18): „ ....ain kurtz und ain gar gutz gebetlin de corpore Christi.“; 203.32 (Br. 19): „ ....das bauch mitt dein gebett....“ Seuses *Horologium sapientiae* (STRAUCH, *Margaretha Ebner*, 226-29 [Br. 35]); ein „cursz von der sel unsers heren“ (STRAUCH, *Margaretha Ebner*, 277-78 [Br. 64]); ‚cursus‘ ist der liturgische Fachbegriff für den Psalmenvortrag des Stundengebets. Der berühmteste *cursus* ist der Gebetsteil aus Seuses *Horologium* (*cursus eternae sapientiae*).

[14] Die Autoren dieser Texte sind fraglich: *das buch von dem süszen namen und von der richen minen Jhesu*; STRAUCH, *Margaretha Ebner* (s. Anm. 2), 229.91-92 (Br. 35); es könnte sich um PS.-SEUSE, *Büchlein von der Liebe* handeln. Strauch, 364, bemerkt zu diesem Titel: „Unter den Büchern, die im Amtsbuch den Schwestern Predigerordens zur Lectüre empfohlen werden, führt eines den Titel *das buoch von der minn gottes*.“ *Von den siben graden der rechten demut* STRAUCH, *Margaretha Ebner*, 283-84 (Br. 68) und Einsiedeln, Stiftsbibliothek, Cod. 278, ff. 401a-403a. Der Traktat enthält eine Paraphrase von EADMERUS CANTUARIENSIS, *Liber de s. Anselmi similitudinibus* cc.100-108, in PL 159, Paris 1854, 665-68. Heinrich von Nördlingen wird als Verfasser erwogen (STRAUCH, *Margaretha Ebner*, 402) wie auch für einen kurzen Text im Anschluss an *Das Fließende Licht der Gottheit* in Einsiedeln, Stiftsbibliothek, Cod. 277, ff. 166vb-167rb: „Das edelste und das nuzeste das alle meister und alle gottesvrunde gesprechen můgent von gotte... - wider zu der welte“, in P.G. MOREL, *Offenbarungen der Schwester Mechthild von Magdeburg oder Das Fließende Licht der Gottheit*, Regensburg 1869, ND Darmstadt 1980, 283-84. Der auch in einer Handschrift aus dem Augustiner-Chorfrauenstift Pillenreuth bei Nürnberg überliefert ist, vgl. MECHTHILD VON MAGDEBURG, *Das fließende Licht* 2, 178-79.

[15] Vgl. STRAUCH, *Margaretha Ebner* (s. Anm. 2), 237.53-54. (Br. 40): „ ....einen andechtigen brief von dem rock gotz....“

und evtl. Nachschaffen des Geschriebenen. Mystische Erfahrungen, Träume, Visionen müssen schriftlich niedergelgt sein, nur so können alle daran teilnehmen. Was nur mündlich zirkuliert, bleibt einigen wenigen vorbehalten, die zufällig und dank räumlicher Nähe mit der Nachricht in Kontakt kommen.

So schreibt Heinrich von Nördlingen 1334 an Margareta um nähere Informationen, und d.h. „geschriebene Auskunft" aus ihrem Gnadenleben. Es handelt sich um ein Traumgesicht, das ihn selbst betrifft. Ähnliche Gesichte ereignen sich auch in anderen Klöstern, Heinrich hat es erzählt bekommen. Er kennt offensichtlich auch Margaretas Traum aus mündlicher Quelle, sonst könnte er keine Vergleiche anstellen. Doch er will es schriftlich:

> ich westi auch gern den tram, der dich mir und got ze forderst gehorsam machit. mir hat kurtzlich geseit ain fraind gotz in ainem closter, das im an einem uffertag unsers heren, do er stund in einem wunder der manigveltiger uszbruch der gnad gotz usz seinen friunden, also geantwurt wart ze funf malen under andern schonen worten ie voller ie stiller. do gedacht ich an dich....[16]

* * *

Das Selbstverständnis der Gottesfreunde und ihre spirituellen Interessen lassen sich nur vage aus Heinrich von Nördlingens Korrespondenz und den zirkulierenden Texten ableiten. Zunächst ist festzuhalten, dass der Terminus ‚Gottesfreund' im 14. Jahrhundert, in laienmystischen Kreisen, zu denen auch Weltpriester wie Heinrich von Nördlingen zählen, auf eine philosophisch-theologische Begründung weitgehend verzichtet. Wie Egenter gezeigt hat, geht die Lehre von der Gottesfreundschaft auf Thomas von Aquin zurück, der sie mit der Tugend der Gottesliebe gleichsetzte.[17] Doch im 14. Jahrhundert scheint man, gerade unter den Dominikanertheologen, nicht weiter an der philosophisch-dogmatischen Fundierung oder gar an einer Weiterentwicklung interessiert zu sein. Die aufgrund der politischen Lage des Schismas und Interdikts in der ersten Hälfte des 14. Jahrhunderts sich organisierende kirchliche Erneuerungsbewegung, die den Begriff ‚Gottesfreund' geradezu inflationär verwendet, steht der philosophischen Spekulation fern.[18]

---

[16] IDEM, *Ibid.*, 189.48-54 (Br. 13; Heinrich von Nördlingen an Margareta Ebner).

[17] Vgl. R. EGENTER, „Die Idee der Gottesfreundschaft im vierzehnten Jahrhundert", in *Aus der Geisteswelt des Mittelalters*, hrsg. v. A. LANG, J. LECHNER und M. SCHMAUS (BGPThMA, Suppl. 3.2), Münster i.W. 1935, 1021-36.

[18] IDEM, *Ibid.*, 1031: „Daß die Idee der Gottesfreundschaft Grundlage und Motiv der

Man wird eher davon ausgehen dürfen, dass die Gottesfreunde ihr Selbstverständnis auf die Heilige Schrift gründen und zwar auf Joh. 15.12-17: „Hoc est praeceptum meum, ut diligatis invicem, sicut dilexi vos....", und hier die Kernstelle Joh. 15.15: „Jam non dicam vos servos, quia servus nescit quid faciat dominus ejus. Vos autem dixi amicos, quia omnia quaecumque audivi a Patre meo, nota feci vobis." Hier ist nicht nur der Begriff ‚amici Dei' implizit enthalten, sondern auch die göttliche Gnadengabe, die solche Freunde auszeichnet, und zwar die Offenbarung der Geheimnisse Gottes.

Eckhart hat in seinem Kommentar zum Johannnes-Evangelium und in zwei deutschen Predigten diese Stelle erörtert. In seinem lateinischen Kommentar diskutiert er, was unter ‚Freunde' zu verstehen sei und wie die perfektische Formulierung ‚nota feci vobis' zu erklären sei, an deren Stelle wir doch eine zukünftige Verheißung erwarten. Der Freund Gottes – Eckhart schreibt lateinisch ‚amicus Dei' – ist Sohn Gottes; Freund und Sohn lieben Gott. ‚Vos dixi amicos' ist gleichwertig zu Ps. 81.6: „Ego dixi: dii estis et filii excelsi." Sprechen ist bei Gott soviel wie Schaffen, Hören beim Sohn soviel wie Geborenwerden. Der Freund Gottes ist als Sohn im Vater und in der Sohn-Werdung weiß er alles, was der Sohn vom Vater gehört hat. In diesem Sinne hat uns Gott tatsächlich alles bereits offenbart.[19] In seinen deutschen Predigten behält Eckhart diese Linie der Exegese bei. Es handelt sich um Predigt 29,[20] die ihrerseits eng mit Predigt 27 verbunden ist. Auffallenderweise verwendet Eckhart nicht die deutsche Benennung ‚Gottesfreund'. Er akzentuiert das ‚vos dixi amicos' in der deutschen Übersetzung: „ich hân iuch gesprochen mîne vriunde", und setzt göttliches Sprechen mit Schaffen gleich. ‚Freund Gottes' ist also mehr als eine bloße Benennung; es bezeichnet das innerste Wesen, ist die Geburt des Sohnes und unser selbst. Und unser Geborenwerden in Gott ist

---

deutschen Gottesfreunde gewesen sei, wird man rundweg verneinen müssen."

[19] *LW* 3, c.15, 558.2-10: „Sed omnis amicus dei, amans deum, est filius dei. Ergo omnia quae audit filius et pater loquitur, nota fecit, sicut hic dicitur, amicis suis. Et fortassis hoc est quod dicitur: vos dixi amicos. Dicere enim in divinis generare est, secundum illud Psalmi: 'ego dixi: dii estis et filii excelsi', quin immo et in nobis dicere est generare prolem: verbum scilicet genitum nobis in corde sive in anima illius cui loquimur. Quod autem dictum est in minori rationis iam formatae amantem deum esse filium dei probatur ex tribus: primo, quia in divinis amor spiritus sanctus procedit a filio et est id quod filius. Secundo, quia amorem semper praecedit notitia; nemo enim amare potest incognitum. Tertio patet ex signo: amicus enim sicut et filius ab amore nomen trahit: 'philos' enim amor est."

[20] Vgl. *DW* 2, 83.1-84.9 (Pr. 29).

das Hören, die vollkommene Offenbarung Gottes.[21]

Eckharts Auslegung von Joh. 15.15 geht also nur schlecht mit dem recht konkret-handfesten Selbstverständnis der Gottesfreunde des 14. Jahrhunderts zusammen. Sie fühlen sich als etwas Besonderes, dessen Status in harter Anstrengung einer tugendhaften Lebensführung erreicht wird und der bestätigt wird durch göttliche Gnadengaben, wozu auch Offenbarungen zählen. Die Idee der Gottesfreundschaft wird in diesem Ambiente Ausdruck und Mittel der moralisch-asketischen Erbauung, ehrenvoller Name einer Reformgruppe, die sich dank ihres erneuerten spirituellen Lebenswandels in besonderer Nähe zu Gott weiß.[22] Ganz besonders wichtig wird in dieser Zeit die gesellschaftliche Komponente. Die Mystik wird gesellschaftsfähig, ja mehr noch, sie wird zum Gesellschaftsspiel entsprechend disponierter Personen, die, wie die Mitglieder der Gottesfreunde-Zirkel zeigen, der städtischen Oberschicht angehören.[23]

Johannes Tauler verwendet in seinen Predigten das volkssprachliche Lexem ‚Gottesfreund' mehr als 30 Mal, doch er bietet keine Definition. Sie war zu seiner Zeit auch nicht mehr nötig. Das Phänomen war sattsam bekannt, jeder wusste, was und wer gemeint war. Gnädinger hat aus den jeweiligen Predigtkontexten die Charakteristika zusammengestellt, die Tauler den Gottesfreunden zuschreibt.[24] Als *lebemeister* stehen die „geworen Gottes frúnde"[25] im Gegensatz zu den *lesemeistern*, den studierten Theologen und gelehrten Predigern, die das Pharisäertum verkörpern.[26]

---

[21] *DW* 2, 52.8-11 u. 53.4-7 (Pr. 27): „Nû sprichet er: ‚ich hân iuch gesprochen mîne vriunde.' Jâ, in der selben geburt, dâ der vater gebirt sînen eingebornen sun und im gibet die wurzel und alle sîne gotheit und alle sîne sælicheit und im selben niht enbeheltet, in der selben geburt spricht er uns sîne vriunde... Nû sprichet er: ‚daz ich gehœret hân.' Des vaters sprechen ist sîn gebern, des sunes hœren ist sîn geborn werden. Nû sprichet er: ‚allez, daz ich gehœret hân von mînem vater.' Jâ, allez, daz er êwiclîche gehœret hât von sînem vater, daz hât er uns geoffenbâret und enhât sîn uns niht vorbedecket."

[22] Für Ruusbroec ist der Gottesfreund der innere Mensch, der jedoch noch nicht alles äußere Wesen hinter sich gelassen hat; für Tauler vereinigt sich der Gottesfreund mit Gott in vollkommener Weltabsage; für Seuse leidet er mit Christus. Vgl. B. GORCEIX, *Amis de Dieu en Allemagne au siècle de Maître Eckhart* (Spiritualités vivantes. Series Christianisme), Paris 1984, 75.

[23] Vgl. K. RUH, *Geschichte der abendländischen Mystik* 2, München 1993, 252.

[24] Vgl. L. GNÄDINGER, *Johannes Tauler. Lebenswelt und mystische Lehre*, München 1993, 96-103.

[25] Vgl. JOHANNES TAULER, *Die Predigten Taulers. Aus der Engelberger und der Freiburger Handschrift sowie aus Schmidts Abschriften der ehemaligen Straßburger Handschriften*, hrsg. v. F. VETTER ^{2}1968, ND Hildesheim 2000, 47-50 (Pr. 10).

[26] Zum *Gegensatz lebemeister-lesemeister* im Kontext der Gottesfreunde-Literatur, vgl.

Die Gottesfreunde sind einfache Menschen, oft ungebildete Laien, die nichts als Gott suchen, dessen unmittelbare Nähe ihnen zuteil wird. Charismatisch oder visionär begabt sind sie anderen Vermittler und Helfer auf dem Weg zurück in den Ursprung.[27] Die Bezeichnung ‚Gottesfreund' steht bei Tauler also im Kontext der Gottesnähe und der Gnadengaben, gilt aber zunächst für jede Einzelperson, die ein vollkommenes evangelisches Leben führt. Nur einmal schimmert die Vorstellung von festen gesellschaftlichen Zirkeln durch, wenn Tauler von denen, die sich gewaltsam von Anfechtungen befreien wollen, schreibt: „Nu so wellen soliche lúte dis durchbrechen rechte mit gewalte in eime gestúrme und machent boͤse hőbeter, oder soliche louffent zů den lerern und zů den Gottes frúnden, und wenig kan sich ieman hie uz verrichten, und sú werdent ettewenne vil me verirret."[28] Hier steht die Gruppe der Gottesfreunde als feste Institution der Gruppe der Lehrer gegenüber.

Die deutsche Benennung ‚Gottesfreund',[29] die Eckhart bewusst nicht verwendet, ist schon lange vor Tauler im Umlauf. Sie wird schon von Mechthild von Magdeburg benutzt.[30] Der weit verbreitete Begriff scheint in den Kreisen der Gottesfreunde des 14. Jahrhunderts genau das zu bedeuten, was der unmittelbare Wortsinn besagt: Gottesfreunde sind Freunde Gottes, Menschen, die für sich eine besondere Beziehung zu Gott beanspruchen, die sich in spirituellen Gnadengaben äußert. Dank der Gnadenerlebnisse einiger „auserwählter Gottesfreunde" vermag die ganze Gruppe am Einbruch der göttlichen Sphäre in die menschliche Lebenswelt teilzuhaben. Und darauf richten sich alle ihre Bestrebungen. Die von der

---

G. STEER, „Eckhart der meister", in *Literarisches Leben. Rollenentwürfe in der Literatur des Hoch- und Spätmittelalters. Festschrift für Volker Mertens zum 65. Geburtstag*, hrsg. v. M. MEYER und H.-J. SCHIEWER, Tübingen 2002, 713-53, bes. 720-23.

[27] JOHANNES TAULER, *Die Predigten* (s. Anm. 25), 223.22-23 und 25-30 (Pr. 49): „Und dar umbe were es gar sicherlich das die menschen die der warheit gerne lebtin, das die einen Gotz frúnt hetten dem si sich under wúrffen und das si die richten nach Gotz geiste.... Die menschen solten einen gelebten Gotz frúnt úber hundert mile sůchen die den rechten weg bekanten und si richte. Und enwer es och nút ein sunderlich mensche, so wer ein gemein bichter, wie grob die sint, so sprichet doch der heilig geist durch si dicke von irs amtes wegen, das sis dicke nút enwissent noch selber enverstont. Den sol man sich under werffen und gehorsamen und nút usser im selber leben."

[28] IDEM, *Ibid.*, 93.22-26 (Pr. 23).

[29] Mhd. ‚gotes-', ‚gotz-vriunt', ‚-vrûnt', stM.; vgl. B. HENNIG, *Kleines Mittelhochdeutsches Wörterbuch*, Tübingen ^{4}2001, 137.

[30] Vgl. MECHTHILD VON MAGDEBURG, *Das fließende Licht* I.44, hrsg. v. G. VOLLMANN-PROFE (s. Anm. 1), 64.25-26. Zum Wandel des Gottesfreunde-Begriffs, vgl. auch GORCEIX, *Amis de Dieu* (s. Anm. 22), 61-66.

modernen Forschung als süßlich verflachte und banalisierte Erlebnismystik hysterischer Nonnen und in ihrer Phantasie überreizter Prediger verurteilte Spiritualität scheint nichts anderes als der in allen Zeiten vorhandene menschliche Hang zum Übersinnlichen, mit dem man Kontakt aufnehmen möchte, über magische Praktiken oder eben über christliche Praktiken der Meditation, des Gebets und der Askese. Ganz wichtig ist wie in allen „sektiererischen" Zirkeln der starke Gruppenzusammenhalt. Die wenigen mystisch begabten Personen heiligen und erbauen die ganze Gruppe, die an diesen Gnadenerweisen teilhat und sich somit auch indirekt begnadet fühlen kann.

Zur Beginn der Tätigkeit Heinrichs von Nördlingen besteht bereits die gesellschaftliche Ausrichtung der Gottesfreunde. Margareta Ebner berichtet in ihren *Offenbarungen*, und zwar aus der Zeit vor ihrem Zusammentreffen mit Heinrich, von den Gottesfreunden als einer Gruppe, mit der Gott Großes wirke.[31] Ob es sich dabei um den von Heinrich gegründeten Zirkel oder einen anderweitig bestehenden Kreis handelt, lässt sich nicht sagen. In Heinrich von Nördlingen trifft sie dann jedoch den „wahren Gottesfreund", den von Gott gesandten Retter, in dem ihr Leben eine zuverlässige Stütze findet. Margareta Ebner nennt Heinrich von Nördlingen in ihren Visionen nie mit Namen, er ist schlicht der „Gottesfreund": „Dar nach umb sant Narcissen tag do sant uns got sinen warhaften friund ze unserm closter."[32]

* * *

Heinrich von Nördlingens ruhige Betriebsamkeit wird jäh unterbrochen von den politischen Ereignissen. Zunächst scheinen sie positiv für ihn zu stehen. Der Abt von Kaisheim bietet ihm 1338 die Pfarrei Fessenheim als Pfründe an. Die Pfarrei war dem Kloster von den Grafen von Öttingen geschenkt worden, anscheinend aber nicht die Besetzungsrechte. Denn die Grafen von Öttingen haben einen anderen Kandidaten. Es kommt zum Streit. Heinrich lässt seine sämtlichen Beziehungen spielen, für ihn ver-

---

[31] MARGARETA EBNER, *Offenbarungen*, ed. bei STRAUCH (s. Anm. 2), 9.1-4: „und so ich hort von den friunden gocz, daz got grosiu dink mit in tät, da het ich nit begird zuo da von, daz iemant weste die gnaud und werk, diu got mit mir tät."

[32] IDEM, *Ibid.*, 16.3-4 (bei der ersten Begegnung mit Heinrich von Nördlingen). Weitere Erwähnungen in der Folgezeit; s. IDEM, *Ibid.*, 60.2-25 und passim: „der (sc. min herre Jhesus Cristus) sant mir ain creftige genade an sinem lieben friund, der der warhait ain getriwer diener ist.... nu gedahte er as ain getriwer friunt, er wölt mir unsern herren geben, ob ich in meht enphahen.... azo schiet sich der getriu fruint gotes von mir an dem sunnuntag."

wenden sich die Gräfinnen von Graisbach, adelige Klosterfrauen.[33] Der Bischof von Augsburg soll entscheiden. Da erlässt Ludwig der Bayer auf dem Reichstag zu Frankfurt seine Gesetze gegen das päpstliche Interdikt, das den missliebigen Kaiser in die Enge treiben sollte durch Entzug der kirchlichen Gnadenmittel. Der Kaiser verlangt nun vom Klerus in seinem Reich, sich nicht an das päpstliche Verbot zu halten, sondern auf Befehl des Kaisers, bei Androhung der Friedlosigkeit, öffentlich Messe zu lesen und die Sakramente zu spenden. Heinrich von Nördlingen ist überzeugter Parteigänger des Papstes und er steht dazu. Die Situation in Nördlingen wird für ihn gefährlich, er flieht ins Exil, d.h. er sucht eine Stadt, in der das Interdikt befolgt wird. Er wird bei der im Kloster Königsfelden lebenden Königin Agnes von Ungarn vorstellig. Sie gehört zum Kreis der Gottesfreunde. Doch ohne Erfolg. Er versucht, Seuse in Konstanz zu treffen. Doch der hat die kaisertreue Stadt schon verlassen. 1339 kommt er nach Basel, wo übrigens auch die Mitglieder des aus Straßburg vertriebenen Dominikanerkonvents eingetroffen sind, unter ihnen sein alter Bekannter Johannes Tauler, der ebenfalls zu den Bewunderern der Medinger Visionärin Margareta Ebner zählt.[34]

Basel verhält sich im Streit zwischen Kaiser und Papst neutral. Dem Klerus steht es frei, es zu halten wie er will. Verfolgungen finden nicht statt. Diese Sonderstellung Basels macht die Stadt zum Sammelbecken vieler religiöser Flüchtlinge und bietet idealen Nährboden für die Bildung mystisch interessierter Zirkel. In kurzer Zeit organisiert Heinrich von Nördlingen, der zum Basler Modeprediger aufsteigt, einen neuen Gottesfreunde-Kreis aus den besten Mitgliedern der Basler Gesellschaft. Zugleich hält er brieflich Kontakt mit der alten Heimat und dort verbliebenen Gottesfreunden, die sich in seiner Abwesenheit um den spirituellen Mittelpunkt in Medingen scharen.[35] Heinrich versucht, die alten Freunde

[33] Wahrscheinlich Elisabeth und Anna, Töchter Berchtholds von Lechsgemünd und Graisbach (1285-1324), Nonnen in Niederschönenfeld; die Frauen von Graisbach sind in den Briefen 28, 30 und 32 erwähnt. In der Fessenheimer Angelegenheit ist nur von den beiden Schwestern die Rede; STRAUCH, *Margaretha Ebner* (s. Anm. 2), 208.26 (Br. 25); vgl. IDEM, *Ibid.*, 347-48.

[34] Tauler hatte Margareta Ebner in Medingen besucht, wohl in Begleitung Heinrichs von Nördlingen, und zwar kurz bevor er sich im Basler Dominikanerkloster niederließ; vgl. GNÄDINGER, *Johannes Tauler* (s. Anm. 24), 33.

[35] Vgl. STRAUCH, *Margaretha Ebner* (s. Anm. 2), 203.5-9 (Br. 20 von Ende 1335; Heinrich von Nördlingen an Margareta Ebner): „durch alle träu bit ich dich, das du got ze förderst und auch alle die frawen, der hertz got dar zu naiget, bitten wellist mit gantzem flisz, das si ain gemains leben an fahen wellent doch uf ain ander jar, müg es nit ee geschehen."

nach Basel zu holen. Seine Mutter und seine Tante kommen, zeitweilig die Frickin.

Im Basler Kreis ist auch Tauler engagiert, der dann zusammen mit Heinrich den Straßburger Gottesfreunde-Kreis organisiert, und zwar um den Bankier Rulman Merswin. Der Basler Kreis zerfällt mit dem Ausbruch der Pest im Stadtgebiet. Johannes Tauler tritt zwar nicht durch Korrespondenz in Erscheinung – er hält sich vornehm im Hintergrund – doch sein Einfluss auf die Basler Gottesfreunde ist nicht zu unterschätzen,[36] und zwar was deren Lektüre betrifft. Taulers bibliophilen Neigungen sind bekannt. Er war an Texten spirituellen Inhalts interessiert, kaufte Handschriften, lieh aus und schrieb ab, wie allgemein üblich in den Gottesfreunde-Kreisen, die regelrechte Lese- und Kopierzirkel bildeten. Es sieht so aus, als ob er seinen Freund Heinrich von Nördlingen seine Bibliothek mitbenutzen ließ. Aus Heinrichs Briefwechsel mit Margareta Ebner lassen sich die in diesen Jahren zwischen Basel, Medingen und Kaisheim zirkulierenden Texte rekonstruieren, die Heinrich von Nördlingen jeweils vermittelte.

Es handelt sich um Seuses *Horologium Sapientiae*, das nach Heinrichs Auskunft Tauler gehört und das er in dessen Abwesenheit – Tauler hält sich in Köln auf – dem Prior von Kaisheim schickt. Sobald es in Kaisheim abgeschrieben ist, soll Margareta es von dort für den Medinger Konvent ausleihen und abschreiben lassen.[37] Das Kopieren eines Textes scheint also nicht übermäßig viel Zeit in Anspruch genommen zu haben, – nimmt man an, dass Heinrich das *Horologium*-Original Taulers rechtzeitig zur Rückkehr seines Besitzers wieder aus Kaisheim in Basel erwartete.[38] Ferner bezicht sich Heinrich einmal auf Hildegard von Bingen[39] und wir wis-

[36] So auch GORCEIX, *Amis de Dieu* (s. Anm. 22), 84: „De 1338 environ à 1347-1348, le mouvement allemand des Amis de Dieu est promu et organisé par trois membres actifs: un prêtre laic en male de société, Heinrich de Nördlingen, un dominicain en exil, Tauler, une dominicaine visionnaire, de Medingen, Margaretha Ebner."

[37] STRAUCH, *Margaretha Ebner* (s. Anm. 2), 228.82-87 (Br. 35 vom 21. Sept. 1339; Heinrich von Nördlingen an Margareta Ebner): „Ein puch han ich gesant dem prior ze Kaiszheim, das ist das buch das man nent Orologium Sapientiae ze latin, und das ist unszers lieben vatters Taulers, der noch nit kommen ist von Cölen; das haiss dir lihen, so ers erst abgeschribt – das han ich im geschriben –, und schribent es den ab dem convent, das es allzeit bei euch belib."

[38] Tauler war im Frühherbst (vor dem 21. Sept.) 1339 nach Köln abgereist und ist am 18. Oktober 1339 noch unterwegs; vgl. GNÄDINGER, *Johannes Tauler* (s. Anm. 24), 36.

[39] STRAUCH, *Margaretha Ebner* (s. Anm. 2), 267.9-13 (Br. 53; Heinrich von Nördlingen an Margareta Ebner): „... als ich euch auch geschriben hab von den gewerten prophecien sant Hildegart, da sis meinet, das ain gotzfriund den andern vorhin gewarnen sol, wie man

sen, dass Tauler den Rupertsberger Codex des *Liber Scivias* besaß.[40] Heinrich bringt zudem ein längeres lateinisches Zitat mit paraphrasierender Übersetzung in Brief 44 vom Jahre 1346.[41] Es handelt sich dabei um den *Liber specialis gratiae* der Mechthild von Hackeborn, und zwar im Wortlaut eng verwandt mit der St. Galler Hs. 583. Abweichungen sind rein stilistischer Art.[42] Die St. Galler Hs. 583 aber trägt den Besitzeintrag Johannes Taulers.[43] Ferner versuchte Heinrich, die *Summa theologiae* und die *Summa contra gentiles* des Thomas von Aquin mit Hilfe der Medinger Nonnen zu erwerben.[44] Beide Texte konnte er als unverzichtbare Arbeitsinstrumente bei seinem Freund Tauler kennengelernt haben.[45]

Schließlich und endlich schickt Heinrich *Das Fließende Licht der Gottheit* nach Medingen, Kaisheim und Engelthal, und zitiert daraus mehrfach in seinen Briefen. Es liegt nahe, auch hier an Taulers Handbib-

---

sich in den kunftigen plaugen sunder verderben halten sule." Der Brief stammt zwar von 1349, als Tauler längst wieder in Straßburg war, doch Heinrich von Nördlingen bezieht sich explizit auf ein älteres Schreiben, in dem schon einmal von Hildegard von Bingen die Rede war.

[40] Vgl. GNÄDINGER, *Johannes Tauler* (s. Anm. 24), 37 sowie EADEM, „Tauler, Johannes OP", in *VL*^{2} 9 (1994), 635. Allerdings bemerkt Strauch zu Heinrichs Briefstelle: „Die hier der h. Hildegard zugeschriebenen Prophezeiungen sind aus ihren Werken nicht zu belegen"; STRAUCH, *Margaretha Ebner* (s. Anm. 2), 390.

[41] STRAUCH, *Margaretha Ebner* (s. Anm. 2), 247.1-10 (Br. 44; Heinrich von Nördlingen an Margareta Ebner): „Dem lieben in der lieb gotz... entbeut ir unwirdiger freund in got einen andechtigen grusz, den ain meinendu sel an dem wihennachttag in ainem himelschen zug dem neugebornen kind gab.... do sprach si ze latin disze wort, die sie vor nie gehört het: ‚Salve paterni cordis medulla dulcissima, languentis anime mee sagina et refectio beatissima. tibi offero cordis et anime mee medullam in eternam laudem et gloriam' etc."

[42] Vgl. M. SCHMIDT, „Mechthild von Hackeborn", in *VL*^{2} 6 (1987), 253.

[43] Vgl. GNÄDINGER, *Johannes Tauler* (s. Anm. 24), 76.

[44] STRAUCH, *Margaretha Ebner* (s. Anm. 2), 238.74-82 (Br. 40 vor dem 8. Febr. 1345; Heinrich von Nördlingen an Margareta Ebner): „ich beger auch mit groszem ernste, das ir euch lassint enpfolhen sein umb die drüi teil der Sumen sant Thomas des predigers, die zesamen gehörent, als ich euch auch am nechsten enpfalh, die man ze Augspurg verkauffen wil, wan ich geträwe got, das si mir und mangen menschen nutz werdent mit mir. wan ich nun belieben pin von schule, als du wol weist, so wurd ich dar innen ergötzet aller meiner begird. ich weiss nichtz uf erdrich in zergenklichen dingen, das ich gerner hett." Und IDEM, *Ibid.*, 244.59-67 (Br. 43 von 1345; Heinrich von Nördlingen an Margareta Ebner): „ich bitt euch auch durch alle träu, das ir mir das buch wider gewinnent Summam contra gentiles, wan irs recht und redlich kauft hant –... wan das buch, das si mir an des selben stat gesant hant, das ist falsch geschriben und ungerecht, und si sint geverlich mit unsz umb gangen. tunt ewer vermugen dar zu, das es uns werd...."

[45] Vgl. GNÄDINGER, „Tauler, Johannes OP" (s. Anm. 40), 635.

liothek zu denken. Tauler hätte Mechthilds Buch dann aus Köln mitgebracht.[46]

Ein weiterer Vermittlungsweg von *Das Fließende Licht* an den Basler Kreis, der m.W. bisher noch nicht in Erwägung gezogen wurde, könnte über das Zisterzienserinnenkloster Zimmern laufen. Zimmern stand zu Mechthilds Zeiten in Kontakt mit Wichmann von Arnstein. Väterlicherseits dem schwäbischen Hochadel angehörend und schon als Kind Mitglied des Prämonstratenserklosters „Unser lieben Frau" in Magdeburg trat er 1230 in den Predigerorden ein und wurde später Prior des Dominikanerklosters in Eisenach, sodann in Erfurt. Es besteht die nicht unberechtigte Vermutung, dass Wichmann der erste Seelsorger der Begine Mechthild in Magdeburg gewesen ist. Wichmann verfasste selbst mystische Traktate. Sein sechster Sendbrief ist an die Gräfin Udelhildis von Öttingen (Adelheid von Kirchberg, gest. 1274) gerichtet und an ihre geistlichen Töchter, die Zisterzienserinnen in Zimmern. 1246 wurde Wichmann Prior des neugegründeten Dominikanerklosters Neuruppin, wo Heinrich von Halle, Mechthilds Beichtvater und Redaktor von *Das Fließende Licht*, zum Lektor ernannt wurde. Wichmann starb hochbetagt 1270, als Mechthild in das Zisterzienserinnenkloster Helfta eintrat.[47] Ob Wichmann von Mechthilds Buch wusste, ist nicht bekannt. Ob es je zu literarischen Kontakten zwischen Helfta und Zimmern kam, bleibt im Ungewissen, doch wäre es denkbar – Zimmern ist immerhin als Zisterzienserinnenkonvent ein Schwesterkloster zu Helfta. Zu Heinrich von Nördlingens Zeiten, Glanzzeit für die reich begüterte Abtei, steht sie unter der Visitations- und Korrektionsgewalt des Zisterzienserabtes von Kaisheim, Ulrich III. Niblung, ein enger Freund des Nördlingers.[48] Heinrich nimmt auch selbst seelsorgerische Aufgaben in Zimmern wahr. Und in Zimmern lebt eine mystisch begabte Nonne, Ellin von Crailsheim, deren ekstatische Zustände und außerordentliche Gnadenerlebnisse Heinrich von Nördlingen in einer Mechthild würdigen Diktion brieflich Margareta Ebner mitteilt.[49]

[46] Aus Heinrichs Briefen ergeben sich für Taulers Reisen nach Köln die Jahre 1339, 1346 und 1355, was allerdings nicht ausschließt, dass es noch weitere Aufenthalte gegeben hat.

[47] Vgl. K. RUH, „Wichmann von Arnstein OPraem / OP", in *VL*^{2} 10 (1998), 982-85, bes. 983-84.

[48] Vgl. STRAUCH, *Margaretha Ebner* (s. Anm. 2), 337.

[49] IDEM, *Ibid.*, 196.63-78 (Br. 16 von 1335): „und sunderlich Ellin von Crewelsheim, die sant mir got zu ze Zimmern; das trug wol achzehen jar und mer daz liden gotz in wunderlicher minen, in groszer berurde in einem verwundten hertzen, und was des sieben jar ungesprochen. und do er wolt, do schlug er es dar nider, das es fünf tag lag und nit west, wie

Offensichtlich ließ sich die Zisterzienserin nicht zur Aufzeichnung ihres Gnadenlebens bewegen.

* * *

Wir werden nie sagen können, auf welchem Weg Mechthilds Buch die Basler Gottesfreunde erreichte. Doch wie es dort aufgenommen wurde und was dort mit ihm geschah, lässt sich rekonstruieren. Zunächst ist festzuhalten: Es sind die spirituellen Führer, die die Lektüre für ihren Kreis auswählen und beschaffen; in unserem Fall Heinrich von Nördlingen und Johannes Tauler. *Das Fließende Licht der Gottheit*, das sich für die moderne Literaturkritik störrisch jeder Einordnung in ein literarisches Genus entzieht,[50] bereitete den Basler Gottesfreunden offenbar keine Probleme. Sie sahen in diesem Text das schriftlich niedergelegte Gnadenleben einer „auserwählten Gottesfreundin",[51] dessen Lektüre andere Gottesfreunde erbauen und entsprechend begabte Personen zur Imitation anregen konnte – zur Imitation nicht nur im Nacherleben der göttlichen Minnewerke, sondern auch in ihrer Aufzeichnung. Eine solche geeignete Person sahen Heinrich von Nördlingen und auch Tauler von Anfang an in Margareta Ebner.

Wir wissen nicht, wann *Das Fließende Licht* nach Basel kam. Vertraut man Heinrich von Nördlingens Angaben, so erhielten sie den Text leih-

---

im was uszwendigklichen, als sant Pauls geschach. und do wart im geoffent die blosz warhait... do wart es in got vergotet, in dem ainigen ain verainet, mit minen gebunden, mit liecht umbfangen, mit frid durchgosszen, mit lust durchschosszen, das nu gesetzt ist sein leben in uberschweben aller widerwerdigen ding, und baitüt also seins liebs Jhesu Christi in einem fridlichen underwurf als seins willen mit lieblichem schauen, mit gedultigem beiten, mit minfliesszenden herzen und augen und was des glichen ist, das niemant volsagen kan."

[50] Vgl. S. KÖBELE, *Bilder der unbegriffenen Wahrheit. Zur Struktur mystischer Rede im Spannungsfeld von Latein und Volkssprache*, Tübingen-Basel 1993, 72-73: „Das *Fließende Licht* birgt eine erstaunliche Vielfalt z. T. aufeinander durchlässiger literarischer Formen; ebenso ungewöhnlich ist der Reichtum der angesprochenen Themen.... Das Themenspektrum umfaßt breit angelegte allegorische Tableaus, ebenso Gebete, Minneklagen, Traktate, Werbungs- und Streitgespräche, Doxologie, Zeit- und Kirchenkritik.... Die Erzählhaltung springt vielfach abrupt um, etwa von Ich-Erzählung in direkte Rede."

[51] Wenn Heinrich von Nördlingen von *Das Fließenden Licht* spricht, nennt er die Autorin nie beim Namen, sondern gibt ihr Benennungen aus der Terminologie der Gottesfreunde; z.B. STRAUCH, *Margaretha Ebner* (s. Anm. 2), 246.128-130 (Br. 43): „ ....der junckfroulicher himelscher orgelkunigin, durch die got ditz himelschs gesang hat usz gesprochen...."; 257.23-24 (Br. 48): „diz wart geben einer hoch gezogner sel in got." Oder 257.44 (Br. 48): „ ....in ditz glich wart ain grosz gotzfründ gezogen...."

weise etwa 1343. 1345 liegt dann die Übertragung in die heimische Mundart vor und der Text beginnt unter den Gottesfreunden zu zirkulieren. Doch sicher waren Nonnenviten und Visionsberichte, zumindest unter den klerikalen Mitgliedern, bekannt, und der Gedanke, aus Margareta Ebner auch eine Autorin mystischer Visionen zu machen, reifte schon sehr früh. *Das Fließende Licht*, das Margareta erst zur Verfügung gestellt werden konnte, als sie bereits mit der Aufzeichnung ihrer spirituellen Erlebnisse begonnen hatte, sollte ihr als stilistisches und sprachliches Modell dienen. Der Erfolg war gering. Margareta Ebner konnte einer Autorin wie Mechthild von Magdeburg nicht das Wasser reichen.

Sobald sich der Gottesfreunde-Kreis in Basel formiert hatte, stand Margaretas Gnadenleben offenbar im Zentrum des Interesses. Es hätte die ganze Gemeinschaft erbauen können, wäre es in schriftlicher Form zugänglich gewesen. Im ersten Brief Heinrichs aus seiner neuen Heimat Basel aus der Fastenzeit 1339 an Margareta steht als Anhang:

> es begert auch unszer lieber vatter der Tauler und ander gotzfrüind, das du uns in der gemein etwas schribest, was dir dein lieb Jhesus geb und sunderlichen von dem weszen der cristenhait und seiner fruind, die dar under vil lident. hie zu tu, was dir got gebiet etc.[52]

Gnädinger sieht in dieser Bitte Taulers um schriftliche Mitteilungen an die Gemeinde der Gottesfreunde eine Bitte um politische Voraussagen, zu denen die Ebnerin kraft ihres Gebetes befähigt sei, denn „wie viele seiner Mitchristen rechnet Tauler wohl mit dem Anbruch der Endzeit und des Gerichts."[53] Das ist sicher richtig, doch es setzt voraus, dass Tauler auf Prophezeiungen Margaretas vertraut, die sie dank ihrer mystischen Visionen sozusagen als konkret verwertbare Beigaben erhält, im Stile einer Hildegard von Bingen. Die Aufzeichnung dieser prophetischenVisionen sind im Interesse aller. Die Formulierung ‚das du... etwas schribest, was dir dein lieb Jhesus geb' kehrt abgewandelt auch bei Heinrich von Nördlingen wieder, als er bereits die geschriebenen *Offenbarungen* Margaretas erhält:

> Ich danck dir in got und durch dich umb die geschrift... als lang und als vil dirs got gibt... dar umb beger ich mit allen den, die immer mer got dar innen loben sulent, das du nit ab laszist, die wil dirs dein here gibt.[54]

---

[52] STRAUCH, *Margaretha Ebner* (s. Anm. 2), 219.69-73 (Br. 32; Heinrich von Nördlingen an Margareta Ebner).

[53] GNÄDINGER, *Johannes Tauler* (s. Anm. 24), 33.

[54] STRAUCH, *Margaretha Ebner* (s. Anm. 2), 243.35-40 (Br. 43 von 1345; Heinrich von

Hier geht es eindeutig um Margaretas Gnadenleben, dessen Niederschrift ihr Heinrich von Nördlingen in unablässigem Drängen entlockt. An solchen Offenbarungen dürfte auch Tauler selbst interessiert gewesen sein.

Ob Margareta der Bitte Taulers 1339 entsprochen hat, wissen wir nicht. 1340 beginnt Heinrich erneut mit diesem Thema, indem er jetzt seine „Rechte" als Beichtvater in Rechnung stellt:

> wie sich die gnad gotz in dir wandelti und ob dir noch uf geschlossen si das iner aug, dem sich allein got offenpart und wie dein uzer mensch sich noch halt zu der gewonlichen gnad gotz: da von west ich gern, als vil ich wissen solt.[55]

Heinrich fragt nach weiteren mystischen Visionen und den körperlichen Reaktionen darauf. Im Folgenden gibt er Margareta einer Art Anweisung zur mystischen Praxis, zur Realisierung der Gottesgeburt in der Seele, die geradezu als meditative Übung präsentiert wird:

> eins sprich ich mit dem urlaub gotz: vindestu ein antwurt in dir, so wolt ich geren, das du deiner lieblichen kreft schonitist und in hilfist wa mit du mochtist, das si das minigkliche joch unsers heren des baz getragen mohtin und das si das lieblich liden deins heren züchtigklichen enpfahen und sich stilligklicher dar under geneigen kunden, das es in einer innern gotzruwiger schawender stille sich in deinen inern kreften gebern, das es etwan dem liebe verborgen und verstollen werd, so sich dein geist mit dem geist gotz in dem ewigen wort erspillen wolt. hie zu zwing dich mit deinem vermügen. dar zu beger ich dir des mutterlichen hertzens Marien hilf, das da verwundet ward und auch wol geheilt ward. dar zu beger ich dir des engels hilf, der dein einigs lieb uf dem berg sterket, do er stund in arbeit vor dem vater. hie zu beger ich dir aller heiligen innerer und userer minenwerck, das si her komment und helfent in diner sel volbracht werden die himelschen geburt des ewigen gotzsun.[56]

Heinrich, der selbst nie mystische Gnadenerlebnisse erlangte, empfiehlt Margareta, ihre leiblichen Kräfte zu schonen, um den Ansturm der göttlichen Fülle empfangen zu können, die er in der Terminologie Eckharts, doch ganz konkret, als Empfängnis, Schwangerschaft und Geburt des Gottessohnes in der Seele Margaretas erhofft, wofür er ihr den Beistand aller Heiligen herabfleht.

Bis jetzt handelt es sich nur um mündlichen bzw. brieflichen Austausch zwischen Seelsorger und Beichtkind, so auch noch 1341: „doch

---

Nördlingen an Margareta Ebner).

[55] IDEM, *Ibid.*, 231.50-54 (Br. 36 von ca. 1340).

[56] IDEM, *Ibid.*, 231.54-71 (Br. 36 von ca. 1340).

han ich gedacht, das diser wunderbarlich wechsel und wandel, der an dir geschehen ist, ein zeichen sei des himelschen lebens....“[57] Heinrich bestärkt Margareta, in ihren Eingebungen und Gefühlen das Wirken Gottes zu sehen. Im Oktober 1344 fordert er sie schließlich auf, ihm ihre spirituellen Erlebnisse aufzuschreiben. Er tut dies persönlich bei seinem Besuch in Medingen am 9. Oktober 1344 und wiederholt seine Bitte brieflich auf der Rückreise nach Basel: „nun gehab dich wol, du kint gotz, und schrib mir sunderlich von der lieblichen und pinlicher schidung, die ich nu von dir tett, und auch von der wandlung, als ich dich bat.“[58] Um diese Zeit musste Heinrich von Nördlingen bereits Zugang zu *Das Fließende Licht* Mechthilds gehabt haben, die Übersetzungsarbeit war bereits im Gange. 1345, während eines Aufenthaltes in Straßburg, erhält er endlich die langersehnten ersten Seiten von Margaretas Aufzeichnungen. Er antwortet enthusiastisch:

> ich hab enpfangen mit fröd mines hertzen din brief und ander din geschrift, die uns got durch dich geoffenbaret hat, zu Straszburg, da ich was in grossen arwaitten durch got. was sol ich dir schreiben? dein got redender munt machet mich redenlosz. dar umb für alles reden danck ich got mit im selber umb den himlischen schatz, den er uns durch dich entschlossen hatt und noch mer entschliessen sol, als ich siner guttin wol getrau. und dar umb bitt ich dich in gott, als ich vor geton hab, was dir got ze sprechen geb, das du vieleicht vor vergeszen habest oder on das noch nit geschriben habest, das du es mit fleisz schreibest und zesamen samnest bisz an das end, und halt es alles haimlich als du an gefangen hast, wann das will ich auch mit dir thain. ich getar auch weder dar zu oder dar von gelegen weder in latein noch in tüchtz bis das ich es mit dir überlesz und es ausz dinem mund und ausz dinem hertzen in newer warhait verstand. ich bin auch sunderlich erfröet, das dir die ewige warhait sunderbar gezugsal gegeben hat in diner inwendigkait zu diszem werck. dar umb bistu ir schuldnerin, das du ir verleichest dein hertz und deinen munt zu diszem werck etc.[59]

Diese Briefstelle ist wichtig, denn sie legt Heinrichs ehrgeiziges Projekt mit Margareta offen. Zunächst bewertet Heinrich den Text: Es sind göttliche Offenbarungen (*revelationes*), die Margareta in der Vergangenheit widerfuhren und, wie Heinrich hofft, auch noch in Zukunft widerfahren werden. Er betrachtet den erhaltenen Text („din geschrift“) also keineswegs als vollständig, obwohl er die Aufzeichnungen vom Beginn des Gnadenlebens am 6. Februar 1312 bis in die unmittelbare Gegenwart En-

---

[57] IDEM, *Ibid.*, 232.9-11 (Br. 37).

[58] IDEM, *Ibid.*, 235.24-236.27 (Br. 39).

[59] IDEM, *Ibid.*, 240.2-22 (Br. 41).

de 1344 erhalten hat, und bittet Margareta, erstens, scharf nachzudenken, ob sie nicht etwas vergessen hat, und zweitens, alle künftigen Gnadenerlebnisse aufzuschreiben und zu sammeln „bisz an das end", also bis zu ihrem Tode oder zum Versiegen der göttlichen Eingebungen. Margareta wird ihr Buch im Advent des Jahres 1348 abschließen. Weitlauff vermutet: „Todessehnsucht hatte sich ihrer bemächtigt."[60] Es liegt wohl näher, an die Auflösung des Basler Gottesfreunde-Kreises in dieser Zeit zu denken. Margaretas *Offenbarungen* sind für diesen Kreis und besonders für Heinrich von Nördlingen geschrieben, ohne ihr Publikum haben sie keinen Sinn mehr. Ferner dringt Heinrich auf Geheimhaltung des Unternehmens, auch die Fortsetzung will zunächst nur er erhalten. Er kündigt seine Mithilfe in Form redaktioneller Tätigkeit an, allerdings nur in Zusammenarbeit mit der Autorin. Und er schließt mit der ermunternden Aufforderung „weiterzumachen", da sie die Schuldnerin der ewigen Wahrheit sei, verpflichtet, ihr Herz und ihren Mund zu leihen. Margareta ist also göttliches Medium, das, bisher aus der Rückschau, seine Eingebungen diktiert. Dies ist die häufigste Form der schriftlichen Fixierung eines Offenbarungsberichts, nämlich die Aufzeichnung durch vertraute Personen im persönlichen Kontakt.[61] Bei der Ebnerin ist es Elsbeth Schepach, die die Rolle der Schreiberin übernimmt.

Heinrich von Nördlingens Reaktion auf die kostbaren Pergamentblätter aus der Hand „seiner Mystikerin" lassen an den Redaktor von *Das Fließende Licht der Gottheit* denken, der in der lateinischen Version der *Revelationes* mit Heinrich von Halle identifiziert wird. Auf Latein und dann in deutscher Übersetzung teilt er die wichtigsten Daten zu Mechthilds Buch mit: „liber iste... teutonice cuidam begine... per gratiam a domino inspiratus... conscriptus autem a quodam fratre." Auf Deutsch „ .... wart dis bůch geoffent in túsche von gotte einer swester...",[62] also auch *Offenbarungen*. 15 Jahre lang habe Mechthild daran gearbeitet (das bezieht sich auf die ersten fünf Bücher), also eine Lebensaufgabe. Heinrich denkt an Ähnliches für Margareta. Mechthilds Redaktor schließt: „Das solt du gelǒblich, diemůteklich und andehteklich núnstunt überlesen."[63] Diese Angabe wird Heinrich von Nördlingen in seinem Mechthild-

[60] M. WEITLAUFF, „Margaretha Ebner", in *Bavaria Sancta. Zeugen christlichen Glaubens in Bayern* 3, hrsg. v. G. SCHWAIGER, Regensburg 1973, 264.

[61] Vgl. P. DINZELBACHER, *Revelationes* (Typologie des Sources du Moyen Âge Occidental 57), Turnhout 1991, 46.

[62] MECHTHILD VON MAGDEBURG, *Das fließende Licht*, hrsg. v. G. VOLLMANN-PROFE (s. Anm. 1), 10.1-9 und 12.6-7 (Vorbericht).

[63] IDEM, *Ibid.*, 12.15-17 (Vorbericht).

Exemplar abändern. Er versetzt sich also aktiv in die Rolle des Heinrich von Halle.

Zunächst verhindert Krankheit, dass Heinrich Margaretas „hailig geschrift" nochmals überarbeitet.[64] Dennoch drängt er auf mehr: „Ich danck dir in got und durch dich umb die geschrift, die du mir gesant hast und noch furbas senden solt, als lang und als vil dirs got gibt... dar umb beger ich mit allen den, die immer mer got dar innen loben sulent, das du nit ab laszist, die wil dirs dein here gibt."[65] Am Ende seines Briefes kündigt er neue Lektüre für den Medinger Konvent an:

> Ich send euch ain buch das haisst Das liecht der gothait. dar zu zwinget mich das lebend liecht der hitzigen mine Christi, wan es mir das lustigistz tützsch ist und das innerlichst rürend minenschosz, das ich in tützscher sprach ie gelas. eia! ich man euch als des gutz, das got in im selber ist und in diszem buch bewiszt hat. lesent es begirlich mit ainem innern gemerck ewers hertzen und ee irs an vahint ze lesent, so beger ich und gebüit euch in dem heiligen geist, das ir im vii Veni sancte Spiritus mit vii venien vor dem altar sprechent und unserm heren und seiner megdlichen mutter Maria auch vii paternoster und Ave Maria sprechent auch mit vii venien, und der junckfroulicher himelscher orgelkunigin, durch die got ditz himelschs gesang hat usz gesprochen, und allen heiligen mit ir auch vii paternoster und Ave Maria mit vii venien sprechint. und ee brechent das versigelt buch nit uf, ee ir desse gebet tuwend und nemen dar zu alle, die gnad dar zu habint mit ernst, und dar nach vahent an ze lesend sitlichen und nit ze vil und wolchiü wort ir nit verstandint, die zeichend und schribentz mir, so betützsch ichs euch, wan es ward uns gar in fremdem tützsch gelichen, das wir wol zwai jar flisz und arbeit hetint, ee wirs ain wenig in unser tützsch brachtint. uberlesent es dri stund, es stat dran ix. ich getrüwe, es sulle ewer sel gnaden vil mer ernst sein. ich wolt es auch gen Engeltal lichen. o Margaretha, hör, tochter, und siche, versich und schawe, wie susz dein lieb ist Christus. Jhesus Christus – amen.[66]

Heinrichs begeisterte Schilderung von *Das Fließende Licht* ist ein kostbares Dokument der Mechthild-Forschung, das eine kurze Periode der Überlieferungsgeschichte dieses Textes erhellt; zunächst zu Heinrichs Bewertung des Textes, seinen Leseanweisungen und der Wirkung dieser Lektüre auf Margaretas *Offenbarungen*.

Heinrich schickt dieses Buch nach Medingen, denn es ist für ihn das

---

[64] STRAUCH, *Margaretha Ebner* (s. Anm. 2), 242.38-39 (Br. 42 von 1345; Heinrich von Nördlingen an Margareta Ebner).

[65] IDEM, *Ibid.*, 243.35-244.40 (Br. 43 von 1345).

[66] IDEM, *Ibid.*, 246.117-247.142 (Br. 43 von 1345).

beglückendste Deutsch („das lustigistz tützsch") und das im Innersten treffende Geschoss der Minne („das innerlichst rürend minenschosz"), das er jemals in deutscher Sprache gelesen hat: also zuerst ein ästhetisch-stilistisches Erlebnis und dann auch von erbauendem Inhalt. Deswegen sollen es auch die Schwestern im Konvent lesen, doch erst nach gründlicher Vorbereitung. Heinrich schreibt ihnen eine längere Zeremonie vor, die die Spender dieses Seelenschatzes, gebührend ehren. Wie vor Lesung und Betrachtung üblich,[67] sollen die Nonnen die Antiphon *Veni sancte Spiritus* beten, und zwar siebenmal, mit sieben Kniebeugen vor dem Altar, ebenso sieben Ave Maria und Paternoster, ebenfalls mit sieben Kniebeugen für Christus, die Mutter Gottes und die Autorin, die selbst mit einem Marien-Epitheton geschmückt wird („himelsche orgelkunigin"). Diese Anweisung ist nicht weiter beachtet worden, und wenn, nur als Kuriosität.[68] Doch die genannten Gebete werden zur Zeit des Nördlingers vom Prediger nach der Lesung des Evangeliums und vor dem Beginn seiner Ansprache gesprochen, um den göttlichen Beistand für seine Worte herbeizuflehen.[69] Die Lesung des Buchs wird also in den Rang der Verkündigung erhoben. Es soll im großen Kreis gelesen werden, also keine Privatlektüre, und nur in kleinen Abschnitten. Die gemeinsame Lektüre des ganzen Buches soll dreimal vollzogen werden, obwohl im Buch selbst neunmalige Lektüre verlangt wird. Zu keinem anderen der zirkulierenden Texte gibt Heinrich eine derartige Gebrauchsanweisung. Mechthilds Buch scheint geradezu als Mittel zur Initiation in mystisches Erleben verstanden zu werden. Wer es liest, kann unmittelbarer Begnadung teilhaftig werden. Denn das Buch ist eine Selbstoffenbarung Gottes: „eia! ich man euch als des gutz, das got in im selber ist und in diszem buch bewiszt hat", und d.h.: ein heiliger Text, niedergeschrieben von einer von Gott geheiligten Person. Das Buch ist eine Leihgabe für den Medinger Konvent; Heinrich wird es zurückfordern, denn er will es auch den Dominikanerinnen in Engelthal ausleihen; auch dort weiß er eine mystisch begnadete Nonne: Christine Ebner. Auch sie wird ihre Gnadenerlebnisse zu Pergament brin-

---

[67] Vgl. IDEM, *Ibid.*, 375.

[68] H. NEUMANN, „Problemata Mechtildiana", in *Zeitschrift für deutsches Altertum und deutsche Literatur* 82 (1948/50), 161: „Man muß diese umständlichen und geheimnistuerischen Anweisungen im ganzen Zusammenhang lesen, um herauszufühlen, wie bitter ernst Heinrich der Offenbarungscharakter der Mechthildschen Niederschriften war."

[69] Vgl. J.A. JUNGMANN, *Missarum Sollemnia. Eine genetische Erklärung der römischen Messe* 1, Wien 1952, 590; s. auch HIERONYMUS DUNGERSHEIM, *De modo predicandi* II c.3: „Quo facto (*sc.* exordio) fiat divini auxilii imploratio per salutationem angelicam vel antiphonam veni sancte spiritus vel dominicam orationem...." (Zitiert nach R. CRUEL, *Geschichte der deutschen Predigt im Mittelalter*, Detmold 1879, 232.)

gen.

Margareta Ebner hat sicher an der Gemeinschaftslektüre von *Das Fließende Licht* in Medingen teilgenommen, auch wenn sie den Text mit keiner Silbe in ihren *Offenbarungen* erwähnt. Doch es finden sich vage inhaltliche Anklänge, wie auch strukturelle Ähnlichkeiten: Margareta bietet in monotoner Wiederholung ihre Biographie als Wechsel von Krankheits- und Gnadenberichte, fest eingebunden in den liturgischen Rhythmus des Kirchenjahres. Ab 1345, also im zweiten Teil ihrer *Offenbarungen*, lockert sich diese Monotonie plötzlich auf. Margareta benutzt den Lehrdialog[70] – bevorzugte Textgattung Mechthilds – und schiebt erzählte Episoden ein, die über ihren Klosteralltag hinausreichen.[71] Ihren Dialog führt sie selbstverständlich mit dem Christuskind, das sie über ganz konkret-kreatürliche Probleme befragt, die zum einen sicher aus ihrer tiefen und adventlich verstärkten Kindheit-Jesu-Verehrung erwachsen, zum anderen aber auch aus der Lektüre von *Das Fließende Licht*. Margareta möchte nämlich wissen, wo der Schatz der Heiligen Drei Könige hingekommen ist. Jesus antwortet: „Meine Mutter gab ihn armen Leuten."[72] Mechthild hatte danach die Muttergottes befragt und die gleiche Antwort erhalten; nur dass Maria 30 Goldmark zurückbehielt für das Fastentuch.[73] Wie Mechthild beschäftigt sich auch Margareta mit den ersten Windeln des Jesuskindes im Stall von Betlehem. In *Das Fließende Licht* sind sie ein Fetzen vom Tuch, das unter dem Sattel des Esels lag,[74] bei der Ebnerin alte Hosen von Joseph.[75] Beide Mystikerinnen folgen ihren eigenen le-

---

[70] MARGARETA EBNER, *Offenbarungen*, ed. bei STRAUCH (s. Anm. 2), 99.10-102.23.

[71] IDEM, *Ibid.*, 148.2-12 (die Schwierigkeiten Kaiser Ludwigs); 150.11-14 (der Tod des mittelfränkischen Adeligen Konrad von Schlüsselberg); 116.19-117.12 (der Hostienfrevel einer Frau aus dem benachbarten Dorf Medingen); 153.3-24 (die unrechtmäßige Bestattung einer weltlichen Dame im Kloster).

[72] IDEM, *Ibid.*, 101.13-17: „‚min hail Jhesu, wa kom das grosse guot hin, daz dir geben wart und du doch as arem werde?' ez antwurt: ‚daz niderst guot hört nit zuo dem obrosten guot. ich was dar umb nit komen von himel, daz ich den richtum uf ertrich nuzze. min muoter gab ez armen liuten.'"

[73] MECHTHILD VON MAGDEBURG, *Das Fließende Licht* V.23, hrsg. v. G. VOLLMANN-PROFE (s. Anm. 1), 370.3-21: „Ich vragete Mariam, war si das oppfer hette getan... ‚Das oppfer, das minem kinde wart braht, da han ich mitte alle die bedaht, die ich werlich konde vinden nothaft....'"

[74] IDEM, *Ibid.*, 366.13-14: „Maria nam von Josephs sattel ein hertes tůch, das der esel uf sinem ruggen under dem sattel trůg.... "

[75] MARGARETA EBNER, *Offenbarungen*, ed. bei STRAUCH (s. Anm. 2), 100.7-10: „‚kint mins, ist daz auch war, daz dich Joseph want in sin hosen? wan daz was mir ie wider gewesen.' ez sprach: ‚er want mich in waz er gehaben moht, er het nit daz mir zem.'"

gendären Überlieferungen, die Fragestellung ist ihnen gemeinsam.

Die Wirkung von *Das Fließende Licht der Gottheit* auf Margaretas *Offenbarungen* ist gering. Vielleicht kommen noch ein paar stilistische Versuche dazu, doch sie können auch von Heinrichs Briefen ausgehen, der seinerseits von Mechthilds Buch inspiriert wird und fünf Zitate[76] in seine Briefe einflicht, ganz zu schweigen von seinen Imitationsversuchen von Mechthilds Sprache. Heinrich von Nördlingen hatte sich wohl mehr Wirkung erhofft. Christine Ebner weiß ihm dieses besondere Buch besser zu danken. Es erscheint als inspirierende Gabe Gottes in ihren *Offenbarungen*:

> do sprach er: ‚mein ewigez liep, ich hon dir daz buech gesant, daz do heizet ein aus fliezzendes liht der gotheit, vor deim tot dor umb, daz du dester küener seist in dein gnaden nit allein durch dich: du solt dor von reden di weil du lebest, dor umb daz man dein genaden, di ich dir tue, dester gelewiger sei'" (zwischen 7. Juni und 10. August 1346) und: „,ich hon dir daz buch dor umb zu gefuget, daz dein geistliche freude dester grözzer sein und dein ding', und maint daz buch, daz da heisset ein uz flizzendes liht der gotheit (Osterwoche 1348).[77]

Feststeht, dass *Das Fließende Licht* im Basler Gottesfreunde-Kreis als ein von Gott geheiligtes Buch angesehen wird, dem man besondere Verehrung entgegenbringt. Das zeigt die Leseanweisung Heinrichs von Nördlingen und die Reaktion der Christine Ebner in Engelthal. Unter dieser Voraussetzung können wir mit Neumann davon ausgehen, dass der Text mit höchster Ehrfurcht behandelt und in Basel bei seiner Umschrift ins Oberdeutsche keinen inhaltlichen Manipulationen ausgesetzt wurde.[78] Doch man konnte das Buch nicht einfach kopieren, wie die anderen Texte, die unter den Gottesfreunden zirkulierten, denn „es ward uns gar in fremdem tützsch gelichen." Hier beginnen die besonderen Schwierigkeiten, die mit der Tradierung von Mechthilds Text verbunden sind.

* * *

[76] Heinrich zitiert aus *Das Fließende Licht der Gottheit* I,22; V,6 und 7; IV,12 und V,35. Diese Zitate stimmen im Wortlaut nicht völlig mit dem Text der Einsiedler Hs. überein.

[77] Aus den *Offenbarungen* der Christine Ebner, zit. bei STRAUCH, *Margaretha Ebner* (s. Anm. 2), 375-76.

[78] Vgl. NEUMANN, „Problemata Mechtildiana" (s. Anm. 68), 165: „[Das] Prinzip einer pietätvollen Sorgfalt läßt sich nicht allein aus den Äußerungen Heinrichs von Nördlingen über Margarethas Visionsbuch herauslesen, aus der Art und Weise, wie er ihr Mechthilds Schrift als ein Werk von besonderer Verehrungswürdigkeit ankündigt, aus Heinrichs von Rumersheim Begleitbrief zum Einsiedler Kodex; es kann noch dem Text von E unmittelbar entnommen werden."

Von den Büchern, die Heinrich von Nördlingen in seiner Korrespondenz erwähnt, ist *Das Fließende Licht* der einzige deutsche Text – ausgenommen kurze, einfache deutsche Traktate. Doch groteskerweise bietet gerade dieser volkssprachliche Text massive Verständnisschwierigkeiten, so sehr, dass er „übersetzt“ werden muss, bevor er überhaupt gelesen werden kann – was für die lateinische Lektüre nicht nötig ist.

> ....und wolchiü wort ir nit verstandint, die zeichend und schribentz mir, so betützsch ichs euch, wan es ward uns gar in fremdem tützsch gelichen, das wir wol zwai jar flisz und arbeit hetint, ee wirs ain wenig in unser tützsch brachtint.[79]

Diese Passage ist Dreh- und Angelpunkt der Mechthild-Forschung. Zunächst steht hier, dass das hochgelobte Buch Wörter enthält, die die Medinger Nonnen nicht verstehen werden und dass Heinrich ihnen diese Wörter gerne erklären („betützschen“) will. Der Grund für diesen Makel: Der Text wurde „ihnen“ (hier wechselt Heinrich unvermittelt in den Plural) in einem fremden Dialekt („in fremdem tützsch“) geliehen und von einem Team („wir“) in zweijähriger Anstrengung „ain wenig in unser tützsch“ übertragen. Einen recht guten Reflex dieser Arbeit haben wir heute im Einsiedler Codex Ms. 277 vor uns liegen. Doch wie müssen wir uns diese Arbeit vorstellen?

Muschg, der bekanntlich Heinrich von Nördlingen nicht viel zutraute, sah in dem „wir“ ein geübtes Übersetzerteam aus dem Basler Kreis und sprach von „eine[r] überlegene[n], aus dem Ganzen gestaltende[n] Nachschöpfung“, für die Heinrichs Bemerkung ‚ain wenig‘ ganz unangemessen sei.[80] Wir hätten dann also im Einsiedler Codex ein Werk der Gottesfreunde-Literatur vor uns, das sich an Mechthilds Text inhaltlich inspirierte. Dagegen erklärt Neumann nach einer gründlichen Untersuchung der Textqualität von E: „Wir lesen in E gar keine ‚überlegene Nachschöpfung‘, sondern eben nichts als einen mit Geschick und Sorgsamkeit mundartlich umgeschriebenen Text, der erstaunlich treu seiner Vorlage gefolgt ist; ja sie nicht selten unangetastet ließ, um ja nichts zu verwischen oder zu verderben, - Heinrichs Aussage *ee wirs ain wenig in unser tützsch brachtint* hält jedem Verhör stand!“[81] Neumanns Analyse von E über den Vergleich mit den lateinischen *Revelationes*, den Mechthild-Zitaten in Heinrichs Briefen und der Parallelüberlieferung ist überzeugend und

---

79 STRAUCH, *Margaretha Ebner* (s. Anm. 2), 246.134-247.138 (Br. 43; Heinrich von Nördlingen an Margareta Ebner).

80 W. MUSCHG, *Die Mystik in der Schweiz 1200-1500*, Frauenfeld-Leipzig 1935, 302.

81 NEUMANN, „Problemata Mechtildiana“ (s. Anm. 68), 169.

spricht für seine Deutung des Übertragungsvorgangs: Nämlich eine phonetische Umschrift der mittelniederdeutschen Vorlage in den Basler Stadtdialekt. Heinrichs ‚ain wenig' bezieht sich dann auf den unverständlichen und daher unangetastet gelassenen mittelniederdeutschen Restwortschatz und benennt die mangelhafte Qualität dieser Übertragung. Freilich gilt: Da keine Zeile von Mechthilds Original bzw. der Redaktion des Heinrich von Halle erhalten ist, bleibt jede Beurteilung der Übertragungsleistung zu einem Teil immer Spekulation. Ich möchte daher ergänzend das Problem auch „von außen" angehen mit den Fragen: Gibt es vergleichbare Textgeschichten? Welche Kenntnis von der Differenz der unterschiedlichen Schreibsprachen besteht im 14. Jahrhundert? Und wer war zu einer phonetischen Umschrift bei zwei so verschiedenen Dialekten wie das Ostmittelniederdeutsche und das westoberdeutsche Alemannisch fähig?[82]

Nur wenige Texte, und oft erst spät im 15. Jahrhundert oder gar erst in gedruckter Form, schaffen den Sprung über die markanteste Sprachgrenze im deutschen Sprachgebiet.[83] Normalerweise geht der Weg in die umgekehrte Richtung, vom Oberdeutschen ins Niederdeutsche. Ich denke an die *Rechtssumme* Bruder Bertholds[84] oder *Die vierundzwanzig Alten* des Otto von Passau,[85] auch die deutschen Predigten Meister Eckharts werden, wenn auch nur partiell, im niederdeutschen Sprachgebiet rezipiert. Im 14. Jahrhundert, als die Gottesfreunde an der Arbeit sind, herrscht schon ein ausgeprägtes Bewusstsein von der Differenz landessprachlicher Varietäten. Heinrichs Zeitgenosse und Landsmann Konrad von Megenberg bietet stellenweise in seinem *Buch von den natürlichen Dingen* solche mundartlichen Varianten im Bereich der Lexik, die ihm zur Verfügung stehen.[86]

---

82 Auch NEUMANN, „Problemata Mechtildiana", 171-72, hat mit diesem diagonal über das ganze deutsche Sprachgebiet hinwegreichenden Gegensatz Probleme. „Gewiß war das Alemannisch des 14. Jh.'s der Sprache des Mitteldeutsch-Niederdeutschen Grenzlandes noch in manchem näher als heutiges ‚Basler Dütsch' der Eislebener oder selbst der Magdeburger Mundart unserer Tage.... Die Basler Übertragung brauchte kein Notbehelf zu sein, weil Mechthilds Ausdrucksmaterial sprachschichtmäßig hoch genug lag, um sie hier leicht auch der südlichen Gestalt anzupassen."

83 Grundlegend zum Literaturaustausch über Sprachgrenzen hinweg W. WILLIAMS-KRAPP, „Literaturlandschaften im späten Mittelalter", in *Niederdeutsches Wort* 26 (1986), 1-7.

84 Vgl. H. WECK, *Die Rechtssumme Bruder Bertholds. Eine deutsche abecedarische Bearbeitung der* Summa Confessorum *des Johannes von Freiburg. Die handschriftliche Überlieferung* (Texte und Textgeschichte 6), Tübingen 1982.

85 Vgl. A. SCHNYDER, „Otto von Passau OFM", in *VL*[2] 7 (1989), 229-34.

86 Vgl. N. BEREND, „Konrad von Megenbergs *Buch der Natur* (1350). Schriftsprachliche

Er benennt keinen dieser Dialekte, sondern spricht ganz allgemein von ‚ain däutsch' und ‚ander däutsch' oder ‚etleich däutsch'. Nur einmal erwähnt er ausdrücklich die Sprechweise der Thüringer. Thüringisch ist dann auch die nördlichste Varietät, die Konrad von Megenberg seinen Lesern anbietet. Niederdeutsch ist nicht dabei. Konrads Sprachgebrauch von ‚ain däutsch' und ‚ander däutsch' deckt sich mit dem Heinrichs von Nördlingen. Heinrich unterscheidet lediglich ‚fremdez tützsch' und ‚unser tützsch'. Doch beiden ist bewusst, dass es sich stets um Deutsch handelt. Aus Konrads Variantenangeboten wird auch deutlich, wie man die Kenntnis eines fremden Dialekts erwerben konnte: sicher nicht durch Nachschlagen in Mundartwörterbüchern, sondern durch längere Anwesenheit in der entsprechenden Region. Der Megenberger hatte in Erfurt studiert; es ist klar, dass er zumindest einige Ausdrücke des Thüringischen kennt. Ansonsten war der sprachliche Kontakt bei weit auseinanderliegenden Regionen wohl recht schwierig. Der Zisterzienser Peter von Zittau äußert sich zu Beginn des 14. Jahrhunderts auf Latein zu den phonetischen Unterschieden: „Der Sachse hat eine schnelle Zunge, der Bayer brüllt wie ein Ochse (*boat ut bos*) und versteht den Sachsen nicht, so wenig wie eine Nachteule die Elster; und doch werden beide mit Recht Deutsche genannt."[87] Und noch 1495, als in Wismar bei Verhandlungen zwischen Rostock und den mecklenburgischen Herzögen der aus Nürnberg stammende herzogliche Kanzler die Klage vortrug, erklärten die Rostocker, ihn nicht zu verstehen und verlangten eine Übersetzung.[88] Die oberdeutsche Anpassung von Mechthilds Text bereitete also Probleme. Am ehesten kommen für eine solche Aufgabe Berufsschreiber in Frage. Denn sie erledigen dieses Geschäft, ohne Aufhebens davon zu machen, beim Kopieren von handschriftlichen Vorlagen aus fremden Mundarten, die sie lexikalisch und phonetisch dem Sprachgebrauch der eigenen Region anpassen. Im 16. Jahrhundert wird ausdrücklich von ihnen verlangt, verschiedene regionale Sprachformen im Schreiben, Lesen und Verstehen zu

---

Varianten im Deutsch des 14. Jahrhunderts als Ausdruck für regionales Sprachbewußtsein und dessen Reflexion", in *Das Frühneuhochdeutsche als sprachgeschichtliche Epoche. Werner Besch zum 70. Geburtstag*, hrsg. v. J. MACHA, K.J. MATTHEIER, H.-J. SOLMS und K.-P. WEGERA, Frankfurt a.M. 1999, 43-58.

[87] Zit. bei N.R. WOLF, „Das 14. Jahrhundert in der deutschen Sprachgeschichte", in *Zur deutschen Literatur und Sprache des 14. Jahrhunderts*, hrsg. v. W. HAUG, T. R. JACKSON und J. JANOTA, Heidelberg 1983, 379.

[88] Vgl. K. BISCHOFF, „Mittelniederdeutsch", in *Handbuch zur niederdeutschen Sprach- und Literaturwissenschaft*, hrsg. v. G. CORDES und D. MÖHN, Berlin 1983, 115.

beherrschen.[89]

Die Basler Gottesfreunde hatten also einen versierten Schreiber nötig, zumal sie *Das Fließende Licht* möglichst schnell kopieren mussten. Das Buch war ihnen nur ausgeliehen worden. Dieser nahm schon während des Abschreibens eine sprachliche Anpassung vor. Offensichtlich war sie nicht gut gelungen, sonst würde Heinrich nicht von zweijähriger Arbeit sprechen, in der die Gruppe den Erstentwurf überarbeitete. Bis zur letzten Perfektion ist er nie gelangt, wie Heinrich zugeben muss. Wir kennen einen etwa zeitgleichen Parallelfall: die Übertragung geistlicher Traktate des Jan van Ruusbroec aus dem Mittelniederländischen ins Oberdeutsch-Alemannische in Straßburg oder Basel, und zwar ebenfalls im Umkreis der Gottesfreunde.

Vier der elf Traktate Ruusbroecs wurden ins Oberdeutsche übertragen: *Die geestelike brulocht*, *Vanden blinkenden steen*, *Vanden vier becoringhen* und das *Boecsken der verclaringhe.* Wie Mertens gezeigt hat, schickte Ruusbroec 1350 die ersten drei Texte in einem „Sammelpaket" an den Gottesfreunde-Kreis in Straßburg,[90] genauer: den Gottesfreunden im „Oberland", wie Rulman Merswin berichtet. Das kann sich auf Basel oder Straßburg beziehen. Der Straßburger Kreis war ab etwa 1370 aktiv, der Basler um 1350 schon in Auflösung begriffen.[91] Dort wurde das gesamte Textmaterial ins Oberdeutsche übertragen. Diese Umsetzung bildete sodann den Ausgangspunkt für weitere Rezeption der Ruusbroecschen Texte im deutschsprachigen Raum.

Die Übertragung der *Geesteliken brulocht* ist eine mechanische Umsetzung der mittelniederländischen Vorlage ins Alemannische und weist deutliche Qualitätssprünge auf. Mertens rechnet sogar mit mehreren Über-

---

[89] Vgl. W. BESCH, „Die Entstehung der deutschen Schriftsprache – Bisherige Erklärungsmodelle – neuester Forschungsstand", in IDEM, *Deutsche Sprache im Wandel. Kleine Schriften zur Sprachgeschichte*, Frankfurt a.M. 2003, 227: „Eyn schriuer wilcher land art der in duytzscher nacioin geboren is / sal sich zo vur vyß flyssigen / dat he ouch ander duitsch / ... / schriuen lesen vur nemen moeg" (aus: *Formulare und duytsche Rethorica*, gedruckt 1527 bei Servatius Kruffter in Köln).

[90] Vgl. T. MERTENS, „Ruusbroec onder de godsvrienden", in *Die spätmittelalterliche Rezeption niederländischer Literatur im deutschen Sprachgebiet*, hrsg. v. R. SCHLUSEMANN und P. WACKERS (Amsterdamer Beiträge zur älteren Germanistik 47), Amsterdam 1997, 109-30.

[91] Vgl. W. EICHLER, *Jan van Ruusbroecs ‚Brulocht' in oberdeutscher Überlieferung. Untersuchungen und kritische Textausgabe* (Münchener Texte und Untersuchungen zur deutschen Literatur des Mittelalters 22), München 1969, 30-37.

setzern unterschiedlicher Kompetenz.[92] Damit hätten wir eine ganz ähnliche Ausgangslage wie im Falle von *Das Fließende Licht der Gottheit*. Bei Ruusbroecs Traktat kann man die oberdeutsche Übersetzung mit dem mittelniederländischen Original vergleichen. Das Ergebnis sieht für den oberdeutschen Bearbeiter nicht sehr günstig aus. Betrachtet man ihn als Übersetzer, so hat er schlichtweg wegen mangelhafter Kenntnis des Mittelniederländischen versagt.[93] Sieht man ihn als „Umschreiber" an, so lässt sich mit Ruh feststellen, „daß man hier einem hochgeschätzten... Zeugnis geistverwandter Mystik gegenüber, in durchaus bewußter Zurückhaltung eine treue Bewahrung des Wortlautes erstrebte."[94]

Diese getreue Bewahrung gilt für die sprachlich-stilistische Oberfläche, für die mystische Diktion. Der theologisch-spekulative Gehalt kann darunter leiden. Da beides auch für Mechthilds Buch zutrifft, möchte ich ein paar Beispiele bringen. Vergleicht man das erste Kapitel der oberdeutschen Version mit dem mittelniederländischen Original[95], so ergibt sich, dass der Bearbeiter nur wenige Wörter lexikalisch ersetzte: *Mndl.* ‚te ontmoete' = *mhd.* ‚engegene'; *mndl.* ‚gracie' = *mhd.* ‚gnade'; *mndl.* ‚doghen' = *mhd.* ‚liden'; *mndl.* ‚puerste' = *mhd.* ‚reinste'; *mndl.* ‚consent' = *mhd.* ‚gehengnisse'; *mndl.* ‚toent' = *mhd.* ‚wiset'; *mndl.* ‚profijt ende orbore' = *mhd.* ‚nútz vnd fruht'. In diesen Fällen musste er Mittelniederländisch „können", doch nicht einmal in allen. Die mit mittelniederländischen Flexionsmorphemen versehenen Latinismen (‚gracie', ‚puer', ‚consent', ‚profijt') waren einem lateinisch vorgebildeten Bearbeiter sicher geläufig. Es bleiben: ‚ontmoete', ‚doghen' und ‚toent'.

In den anderen Fällen passte er phonetisch an und traf damit zumindest immer in die Nähe der Wortbedeutung: *Mndl.* ‚scalc' = *mhd.* ‚schalg'; *mndl.* ‚swaerheit' = *mhd.* ‚swarheit'; *mndl.* ‚ontscaecte' = *mhd.* ‚entsatte'; *mndl.* ‚soene' = *mhd.* ‚sv̊ne'; *mndl.* ‚ghevisiteeren' = *mhd.* ‚geuisitieren'; *mndl.* ‚trouwen' = *mhd.* ‚vertruwen'; *mndl.* ‚maniere' =

---

[92] MERTENS, „Ruusbroec" (s. Anm. 90), 110: „Merkwaardig is dat juist de moeilijke, mystieke stukken het best vertaald zijn.... Juist de gemakkelijkere passages, die bij de compilatoren in trek waren, zijn slechter vertaald."

[93] Vgl. L. REYPENS, „Bijdragen bij het zesde eeuwfeest der hoogduitse vertaling van Ruusbroec's *Brulocht*", in *Ons Geestelijk Erf* 24 (1950), 225-42, bes. 237-39.

[94] K. RUH, „Altniederländische Mystik in deutschsprachiger Überlieferung", in IDEM, *Kleine Schriften* 2, hrsg. v. V. MERTENS, Berlin-New York 1984, 115.

[95] Vgl. JAN VAN RUUSBROEC, *Die geestelike brulocht*, ed. J. ALAERTS, intr. by P. MOMMAERS, English transl. by H. ROLFSON, in CCCM 103, Turnhout 1988, 151-57, und JAN VAN RUUSBROEC, *Von einre geistlichen brunlöfte zwúschen gotte vnd vnserre naturen*, ed. W. EICHLER, in EICHLER, *Jan van Ruusbroecs ‚Brulocht'* (s. Anm. 91), 81-83.

mhd. ‚maniere' oder ‚wise'; *mndl.* ‚overmids' = *mhd.* ‚ouer mitz'.

Vielleicht stoßen wir hier auf das Hauptproblem solcher Umsetzungen. Das Wort- und Begriffsmaterial der Ausgangssprache kann ohne nennenswerte Probleme in die Zielsprache übernommen werden, Synonyma brauchen gar nicht gesucht zu werden. Doch das bedeutet, dass die feinen Bedeutungsunterschiede bei gleichem Vokabular unberücksichtigt bleiben. In den Kreisen der Gottesfreunde ist das aber auch nicht so wichtig. Ihr überregionales Netzwerk bedient sich auch eines überregionalen Funktiolekts, einer Art mystischer Fachsprache, die zugleich auch Ausdruck von Gruppenzugehörigkeit ist. Es sind immer die gleichen Beobachtungen und Phänomene zu benennen, die göttliche Sphäre wird mit längst eingefahrenen Lexemen metaphorisch umschrieben, Steigerungen sind durch Adjektivhäufungen möglich. Die wahren Probleme stellen sich im nicht-mystischen Wortschatz der Alltagsgrammatik, bei Konjunktionen, Präpositionen, Pronomina und fremden Lexemen. Wenn hier nur „angepasst" wird, kann es zu eklatanten Missverständnissen kommen oder zu Lexemen, die in dieser Form gar nicht existieren oder keinen Sinn ergeben. Solche Fälle gibt es auch in Mechthilds *Das Fließende Licht*.

Mittelniederdeutsch ‚gemôten' (mittelniederländisch ‚ontmoeten'): ‚begegnen' haben die Basler Bearbeiter nicht verstanden. Der Kopist hatte in mittelhochdeutsch ‚(sich) gemuozen': ‚(sich) herbeilassen' „angepasst",[96] was nicht ganz danebenliegt, aber doch dem Gemeinten nicht gerecht wird. In der *Brulocht*-Umsetzung stand das fragliche Lexem gleich im Eingang in einem Bibelzitat,[97] was sein Verständnis sicher erleichterte. Mittelniederdeutsches ‚weder' wurde mechanisch als Adverb ‚wider' (wieder) umgeschrieben, was zumindest an einer Stelle danebenging: „Mit allen heligen bitte ich dich, vil lieber Jhesu Christe, umb... gnedichlich wider [E; ‚weder' Vollmann-Profe; Neumann]."[98] Der Satz ergibt keinen Sinn, doch die *Revelationes*, die lateinische Übersetzung von Mechthilds Text, bringen eine Erklärung: „aeris temperiem" und in

---

[96] Vgl. NEUMANN, „Problemata Mechtildiana" (s. Anm. 68), 168; vgl. M. LEXER, *Mittelhochdeutsches Handwörterbuch* 1, Leipzig 1872, ND Stuttgart 1992, 849: „sich dazu verstehen, sich die musse dazu nehmen". Allerdings bietet HENNIG, *Kleines Mittelhochdeutsches Wörterbuch* (s. Anm. 29), 109: „ge-muozen, -*muoten sw V. mit D. begegnen".

[97] JAN VAN RUUSBROEC, *Die geestelike brulocht* (s. Anm. 95), 151.1: „Siet, de brudegom comt; gaet ute hem te ontmoete." (Vgl. Mt. 25.6: „Ecce sponsus venit, exite obviam ei.")

[98] MECHTHILD VON MAGDEBURG, *Das fließende Licht* VI.37, hrsg. v. G. VOLLMANN-PROFE (s. Anm. 1), 508.9-11; MECHTHILD VON MAGDEBURG, *Das fließende Licht* 1, hrsg. v. NEUMANN (s. Anm. 1), 247.44-45.

der Wolhusener Rückübersetzung heißt es: „gut wetter des luffts.“[99] Vielleicht ist der Fehler jedoch erst in der Einsiedler Kopie passiert.

Probleme bietet auch ein Passus wie: „So gat dú allerliebeste zů dem allerschōnesten in die verholnen kammeren der unschuldigen gotheit.“[100] Die ‚unschuldige Gottheit‘ ist zwar sprachlich völlig korrekt, doch theologisch problematisch. Neumann bessert die Lesart von E in ‚die verholnen kammeren der *unsúnlichen* gotheit‘, also der ‚unsichtbaren‘ Gottheit. Dafür sprechen die *Revelationes* mit ‚inuisibilis‘ und das Budapester Fragment B mit ‚vnsichtigen‘.[101] Ausgangspunkt dürfte mittelniederdeutsch ‚schulen‘ (Nebenform: ‚schulden‘) sein, evtl. noch erweitert durch die Vorsilbe ‚ent-‘/‚unt-‘, die an der Bedeutung nichts ändert. Die Basler hätten also ‚un(t)schul(d)igen‘ in ihrer Vorlage gefunden und als vermeintliches Oberdeutsch stehengelassen.[102]

An dieser Stelle geht es nicht nur um richtige sprachliche Umsetzung, sondern auch um theologische Kompetenz. Die Idee vom *deus absconditus* scheint den Basler Bearbeitern nicht gekommen zu sein. Noch deutlicher wird der Mangel an theologischer Bildung an der folgenden „Paradestelle“ von der Kugelgestalt Gottes. In *Das Fließende Licht der Gottheit* lesen wir:

> Wie was únser herre got do (sc. vor der Schöpfung) gestalt? Rehte ze glicher wis als ein clote und allú ding waren in gotte besclossen ane sclos und ane túr. Das niderste teil des klotes das ist ein grundelosú vestenunge beniden allú abgrúnde, das oberste teil des clotes das ist ein hōhi, da nút úber ist, das umbezil (E: vmbetal) des clotes das ist ein cirkel unbegriffenlich. Nochdenne was got nit schepfer worden. Do er aber allú ding geschůf, <wart do> der clote ufgeschlossen? Nein, er ist noch gantz und er sol iemer gantz beliben.[103]

In dem Abschnitt fällt sofort das immer wiederkehrende Lexem ‚clote‘ auf, das sicher nicht der oberdeutsch-alemannischen Schreibsprache angehört. Das Wort ist wichtig, denn es bezeichnet die Gestalt Gottes. Ohne die Kenntnis seiner Bedeutung läuft der ganze Passus Gefahr missver-

[99] Vgl. MECHTHILD VON MAGDEBURG, *Das fließende Licht* 1, hrsg. v. NEUMANN (s. Anm. 1), 247 Anm.

[100] MECHTHILD VON MAGDEBURG, *Das fließende Licht* I.44, ed. G. VOLLMANN-PROFE (s. Anm. 1), 64.1-2.

[101] Vgl. MECHTHILD VON MAGDEBURG, *Das fließende Licht* 1, hrsg. v. NEUMANN (s. Anm. 1), 31, 78-79 und Anm.

[102] Vgl. IDEM, *Das fließende Licht* (s. Anm. 1), 722 (Kommentar).

[103] MECHTHILD VON MAGDEBURG, *Das fließende Licht* VI.31, hrsg. v. G. VOLLMANN-PROFE (s. Anm. 1), 494.21-29.

standen zu werden. Wir haben hier wieder ein leicht verschriebenes niederdeutsches Restwort vor uns: mittelniederdeutsch ‚klôt‘, mittelniederländisch ‚cloot‘, m.: ‚Kloß‘, ‚Ball‘, ‚Kugel‘; mittelniederdeutsch ‚klûte‘, m.: ‚Klumpen‘. Dem entspräche, in einfacher lautlicher Anpassung, ein mittelhochdeutsches ‚klôz‘, stm. n.: ‚Klumpen‘, ‚Knolle‘[104] oder mittelhochdeutsch ‚kloz‘, ‚-tzes‘, stm. n., eine Nebenform zu ‚klôz‘ mit der gleichen Bedeutung,[105] und zweisilbig ‚klotze‘, ‚klosse‘ für lateinisch ‚globus.‘[106] Die Bedeutung ‚Kugel‘ passt perfekt in Mechthilds Sinnzusammenhang.

Die Basler Bearbeiter haben das Wort stehen lassen, weil sie es nicht verstanden. Es dürfte eines der Wörter gewesen sein, das die Medinger Nonnen angekreuzt hatten. Die Erklärung Heinrichs oder eines anderen Gottesfreundes ging allerdings daneben: „Die klote was der val der tir“ (Die Klote war die Klinke der Tür) glossiert eine fast gleichzeitige Hand zu der des Schreibers in der Einsiedler Handschrift.[107] Dieser Deutungsversuch ist verständlich, da von Schloss und Tür, von Eingeschlossen- und Aufgeschlossensein sein die Rede ist; das Bild Mechthilds wird so jedoch zerstört – ein Bild, das bei einem in mystischer Theologie Bewanderten die bekannte Assoziation von Gott als *sphaera infinita* bzw. *intelligibilis* hervorrufen müsste[108] oder in zweidimensionaler Form vom *circulus Dei.*[109] Mechthild sagt es ganz deutlich: „ ....das vmbetal des clotes das ist ein cirkel unbegriffenlich“. Auch ‚vmbetal‘ in E ist unverständlich,

---

104 Vgl. LEXER, *Mittelhochdeutsches Handwörterbuch* 1 (s. Anm. 96), 1633.

105 Vgl. IDEM, *Ibid.*, 1634.

106 Vgl. MECHTHILD VON MAGDEBURG, *Das fließende Licht* 2, hrsg. v. NEUMANN (s. Anm. 1), 132.

107 Vgl. EADEM, *Das fließende Licht*, hrsg. v. NEUMANN (s. Anm. 1), 825 (Kommentar).

108 Vgl. *Liber XXIV philosophorum* p.1.2, ed. F. HUDRY, in CCCM 143A, Turnhout 1997, 7: „Deus est sphaera infinita cuius centrum est ubique, circumferentia nusquam.“ Die neuplatonisch geprägte Kompilation des *Liber XXIV philosophorum* entstand in der 2. Hälfte des 12. Jh.; Alanus ab Insulis hat Nr. 3 und 7 seiner *Theologicae regulae* dem *Liber* entnommen und in der Alanus-Überlieferung steht anstelle von ‚infinita‘ ‚intellectualis‘ bzw. ‚intelligibilis‘. Gerade diese 2. Sentenz hatte breiteste Wirkung, auch in der Volkssprache; vgl. K. RUH, *Geschichte der abendländischen Mystik* 3, München 1996, 33-44, bes. 38-41.

109 Zum Kreis als Vergleichsobjekt oder Metapher für Gott vgl. G. LÜERS, *Die Sprache der deutschen Mystik des Mittelalters im Werke der Mechthild von Magdeburg*, München 1926, ND Darmstadt 1966, 157-59. Die lateinische Version der *Revelationes* zur Stelle lautet: „Et quae erat forma et similitudo eius? Similis erat circulo et omnis res in eo claudebatur sine sera et ostio.... Circulus est ambitus omnia complectens.“ (Zit. bei EADEM, *Ibid.*, 158.)

Neumann hat in mitteldeutsch ,ummezil' (mittelniederdeutsch *,ummetil') für ,Kugeloberfläche' konjiziert. Die Basler standen dem Text hilflos gegenüber, sogar die mitteldeutsche/niederdeutsche Präposition ,beniden', ,beneden' für oberdeutsch ,niderhalp', ,underhalp' haben sie in ihrer Verwirrung stehen lassen. Mechthilds Text deutet hier die areopagitisch-neuplatonische Spekulation nur an, sie hat kaum den Quellentext des *Liber XXIV philosophorum* studiert, sondern Anregungen aus dominikanischen Predigten erhalten. Im 14. Jahrhundert, als die Gottesfreunde an der Arbeit sind, hat Eckhart in seinen deutschen Predigten und lateinischen Kommentaren den 2. Satz des *Liber XXIV philosophorum* verwendet,[110] existiert die *Granum sinapis*-Sequenz, mit entsprechender volkssprachlicher Metaphorik sowie einem gelehrten lateinischen Kommentar, der wieder auf die Quellentexte verweist,[111] formuliert der mitteldeutsche (thüringische) Traktat *Die Blume der Schauung* diese Frage nach Gott im Anfang vor der Schöpfung flüssig in der Volkssprache,[112] findet sich diese Gottesdefinition in der Predigtsammlung *Paradisus animae intelligentis*[113] und verwendet der Gottesfreund Heinrich Seuse das Bild

---

[110] Vgl. z.B. *LW* 2, 248.2-4: „Ratio quia 'deus', ut ait sapiens, 'est sphaera' intellectualis 'infinita, cuius centrum est ubique cum circumferentia', et 'cuius tot sunt circumferentiae, quot puncta', ut in eodem libro scribitur." Vgl. ferner *LW* 1, 305.5; *LW* 3, 527.4; *LW* 4, 379.13-14 und 457.6, sowie in der Volkssprache *DW* 3, 294.4-7 (Pr. 75): „Rehte als der einen zirkel machete sinwel und der umbe und umbe vol pünctelîne wære und enmitten inne ein punct: dem puncten wæren diu andern pünctelîn alliu glîche nâhe und verre; sölte im ein pünctelîn næher werden, daz müeste ûzer sîner stat rucken, wan der mittelpunct blîbet glîche enmitten."

[111] Vgl. MECHTHILD VON MAGDEBURG, *Das fließende Licht* 2, hrsg. v. NEUMANN (s. Anm. 1), 132-33; Vergleichbar mit Mechthild sind einige Verse der 3. Strophe: „ ....den selben reif / nî sin begreif: / hîr ist ein tûfe sunder grunt... der wunder rink / ist ein gesprink, gâr unbewegit stêt sîn punt." (Zit. nach A.M. HAAS, Sermo mysticus. *Studien zur Theologie und Sprache der deutschen Mystik*, Fribourg, CH 1979, 304.)

[112] Vgl. *,Die Blume der Schauung'*, hrsg. v. K. RUH (Kleine deutsche Prosadenkmäler des Mittelalters 16), München 1991, 78.533-79.538: „Eyn meister vregit: Wa waz got, er he dy werlt macht vnd alle dinc? He antworte vnd sprichet: He waz in sines selbis wesene als he iczvnt ist vnd hatte in vme alle creature besclozen, wan got der ist eyn punt, der da vrvullit alle dinc vnd sin vmmecreize ist nirgen."

[113] Vgl. BRUDER ERBE, *Sermo de tempore*, ed. N. LARGIER et G. FOURNIER, in *Paradisus anime intelligentis (Paradis der fornuftigen sele): aus der Oxforder Handschrift Cod. Laud. Misc. 479 nach E. Sievers Abschrift*, hrsg. v. P. STRAUCH (Deutsche Texte des Mittelalters 30), Hildesheim ²1998, 29.21-23: „ein meistir wart gevragit waz Got were. du antwertite he: Got ist ein cirkil, des punct alle dinc irfullit und des cirkil nirgin inist." EIN BARFÜSSER-LESEMEISTER, *De dedicacione*, ed. N. LARGIER et G. FOURNIER, in *Paradisus anime intelligentis*, 133.24-25: „di schrift sprichit daz Godis punt irfullit alle dinc und sin cirkil ist nirgin."

von der *sphaera* in seinen Schriften.[114] Die Mehrzahl der Basler Gottesfreunde, einfache Weltpriester, Laien, Beginen und Klosterfrauen hatten zu all dem keinen Zugang. Doch offenbar wandten sie sich auch nicht an theologisch kompetente Berater (Die Mitarbeit Taulers an der Übertragung von *Das Fließende Licht* ins Oberdeutsche möchte ich an diesem Punkt ausschließen). Offenbar war ihnen die intellektuelle Durchdringung der Texte nicht so wichtig. Entscheidend war die sprachliche Oberfläche, der schöne Klang, das ästhetische Erlebnis, das stimulierend wirkte, und nicht philosophische Spekulation. Somit gilt für *Das Fließende Licht* in Basel das Gleiche, was schon für die *Geestelike brulocht* in Straßburg gilt: Die Umformung ins Oberdeutsche wurde von „theologisch zwar interessierten, aber kaum gebildeten Laien vorgenommen.“[115] Dass gerade diese für die massenhafte Verbreitung mystischer Texte sorgten, ist für uns heute ein Problem.

Doch man zog nicht nur keine Theologen bei, sondern auch keine Professionisten auf dem sprachlichen Sektor. 150 Jahre später, als Basel zu einem Zentrum des Buchdrucks aufsteigt, zeigt sich, dass Umsetzungen vom Oberdeutschen ins Niederdeutsche perfekt durchgeführt werden können, ohne Sinnverlust oder unverständlichen Restwortschatz. Im Umfeld oberdeutscher Druckoffizinen findet sich auch niederdeutsche Sprachkompetenz. Einen in jeder Hinsicht professionellen Umgang mit niederdeutschem Textmaterial dokumentieren zwei niederdeusche Ausgaben von *Der Heiligen Leben*, die 1511 und als zweite Auflage 1517 in der Basler Offizin Adam Petris gedruckt werden. Petri machte mit seiner qualitativ hervorragenden Ausgabe den niederdeutschen Druckereien erfolgreich Konkurrenz. Es handelte sich nicht nur um eine mechanische Reproduktion der oberdeutschen Druckvorlage, sondern der Textbestand wurde erweitert und erhielt auch in sprachlicher Hinsicht ein individuelles, niederdeutsches Profil. Verantwortlich musste also ein Oberdeutscher mit guten niederdeutschen Sprachkenntnissen gewesen sein. Auch das Phänomen rein dialektal differierender Parallelfassungen findet sich, und zwar bei dem sogenannten *Antichrist*-Drucker, der gegen Ende des 15. Jahrhunderts in Straßburg tätig gewesen sein dürfte. Er druckt eine um-

---

[114] Vgl. HENRICUS SUSO, *Vita* c.51, ed. K. BIHLMEYER, in HEINRICH SEUSE, *Deutsche Schriften*, hrsg. v. K. BIHLMEYER, Stuttgart 1907, ND Frankfurt a.M. 1961, 178.12-13: „got ist als ein cirkellicher ring, des ringes mitle punct allenthalb ist und sin umbswank niene.“ HENRICUS SUSO, *Vita* c.53, ed. K. BIHLMEYER, in *Deutsche Schriften*, 191.13-15: „es seit ein wiser meister, daz got nah siner gotheit genomen sie als ein vil wite ring, des mitle punct sie allenthalb und der umbswank niene.“

[115] EICHLER, *Jan van Ruusbroecs ‚Brulocht‘* (s. Anm 91), 34.

fangreiche *Vitaspatrum*-Prosa in oberdeutscher und niederdeutscher Version. „Ihre Gleichförmigkeit reicht – von wenigen Ausnahmen abgesehen – trotz dialektaler Umsetzung bis hin zur Worttrennung am Seitenende.“[116] Erfolgreiche Drucker mussten auch für die sprachlich-inhaltliche Qualität ihrer Produkte einstehen, wenn sie ihren Absatz sichern wollten. Die mystischen Privatzirkel der Gottesfreunde kennen solche Probleme nicht. Dank ihrer Liebe zu erbauenden Texten hat Mechthilds *Das Fließende Licht der Gottheit* bis heute überlebt, doch weniger als philologisch exakte Adaptation, sondern als Offenbarungsbuch der Gottesfreunde, wie Mechthild selbst gegen Ende ihres ersten Buches schreibt: „Lieber gottes frúnt, disen minneweg han ich dir geschriben, got mu̍sse in an din herze geben.“[117]

Università degli Studi di Lecce

---

[116] K. KLEIN, *‚Vitaspatrum'. Überlieferungsgeschichtliche Untersuchungen zu den Prosaübersetzungen im deutschen Mittelalter*, [Diss.] Würzburg 1985, Kap. II.9. Zum Gesamtkomplex vgl. J. SCHULZ-GROBERT, „Setzer und Übersetzer. Zum Status potentieller Bearbeiter des ‚Eulenspiegelbuchs' in Straßburg“, in *Übersetzen im Mittelalter*, hrsg. v. J. HEINZLE, L.P. JOHNSON und G. VOLLMAN-PROFE (Wolfram-Studien 14), Berlin 1996, 344-58, bes. 350-51.

[117] MECHTHILD VON MAGDEBURG, *Das fließende Licht* I.44, hrsg. v. G. VOLLMANN-PROFE (s. Anm. 1), 64.25-26.

Meister Eckhart und die Frage nach den Quellen in *Des gheest boeck*

Alessandra Beccarisi

I. Einleitung

Karin Schneider stellte 1980 im zweiten Band des Verfasserlexikons einen anonymen mystischen volkssprachlichen Traktat mit dem Titel *Geistbuch* vor. Als älteste Handschrift nannte sie Salzburg, Universitätsbibliothek, Hs. M.I.476, eine der umfangreichsten mystischen Sammelhandschriften, die um 1441 von Jörg Gartner aus der Diözese Straßburg in elsässischem Dialekt geschrieben wurde. Daneben waren Schneider zwei jüngere nordbayrische Textzeugen und eine offenbar jüngere niederländische Fassung bekannt, die in drei Textzeugen vom ausgehenden 15. bis 16. Jahrhundert überliefert wurde. Schneider reihte den Text zwischen spekulativer Mystik und praktischer Anleitung zum vollkommenen Leben ein und bemerkte: „Der Autor verwendet die gebräuchlichen Formeln der deutschen spekulativen Mystik, an einigen Stellen können Einzelsätze Meister Eckharts nachgewiesen werden.“[1] Für diese Vermutung konnte sie sich auf Georg Steer stützen, der bei seiner Beschreibung der *Geistbuch*-Handschrift Augsburg, Universitätsbibliothek, Cod. III.1.4° 41 zu unserem Traktat die Notiz einfügte: „Meister Eckhart?“[2] Für Meister Eckhart plädiert auch Freimut Löser, der ein stark bearbeitetes Fragment des *Geistbuch* in den Melker Eckharthandschriften des Lienhart Peuger zutage

Diese Studie konnte aufgrund eines Alexander-von-Humboldt-Stipendiums am Albertus-Magnus-Institut zu Ende geführt werden. Ich danke Michijel Streijger von der Universität Nijmegen, Geert Warnar und Wybren Scheepsma von der Universität Leiden für freundliche Beratung in sprachlichen Angelegenheiten. Nach dem Kongress in Freiburg wurden *Des gheest boeck* und seine Quellen das Thema eines internationalen Forschungsprojekts, aufgrund dessen manche Schlussfolgerungen meines Beitrags revidiert oder eingeschränkt werden mussten. Der vorliegende Aufsatz ist das Resultat dieses Projekts.

[1] K. Schneider, „Geistbuch“, in *VL*² 2 (1980), 1157-58. Siehe auch J. Quint, *Neue Handschriftenfunde zur Überlieferung der deutschen Werke Meister Eckharts und seiner Schule* (Meister Eckhart, *Die deutschen und lateinischen Werke. Untersuchungen* 1), Stuttgart-Berlin 1940, 269.

[2] G. Steer, *Scholastische Gnadenlehre in mittelhochdeutscher Sprache*, München 1966, 72.

Geistbuch in den Melker Eckharthandschriften des Lienhart Peuger zutage förderte. Er beruft sich dabei auf Steer und Schneider und fährt fort: „Auch der kürzere, im Wesentlichen aber identische Text aus Melk weist deutliche Berührungspunkte mit Werken Eckharts auf",[3] wobei er Parallelen aus Eckhart-Texten anführt.

In jüngster Zeit wurde eine niederländische Vollhandschrift des *Geistbuch* mit dem Titel *Des gheest boeck* entdeckt, die gut hundert Jahre älter ist als der älteste oberdeutsche Textzeuge: Brussel, Koninklijke Bibliotheek van België, 19565 aus der ersten Hälfte des 14. Jahrhunderts.[4] Damit ist die Frage nach dem Ursprung des *Geistbuch* wieder offen. Das *Geistbuch* ist in seiner oberdeutschen und niederländischen Überlieferung seit 2003 Gegenstand eines internationalen Forschungsprojektes der Universitäten Lecce, Freiburg i.Br. und Leiden. Ziel ist die Edition beider Versionen sowie ein linguistischer und quellenkritischer Kommentar. Ich habe eine Transkription des ältesten niederländischen Textzeugen angefertigt, die ich im Folgenden vorstelle. Ich werde den Inhalt von *Des gheest boeck* wiedergeben und versuchen auf die Quellenfrage einzugehen, wobei ich mich besonders auf Meister Eckhart konzentriere. Zunächst sei jedoch die Überlieferungsgeschichte, wie sie sich heute präsentiert, kurz zusammengestellt.

II. Die Überlieferungsgeschichte

Des gheest boeck oder *Das Geistbuch* ist in seinem vollen Umfang in sechs Handschriften überliefert, von denen die älteste (zweites Viertel des 14. Jahrhunderts) und die jüngste (Anfang des 16. Jahrhunderts) in niederländischer Sprache verfasst sind. Die älteste befindet sich in der königlichen Bibliothek von Belgien in Brüssel (Brussel, Koninklijke Bibliotheek 19565, ff. 39r-83v) und die zweite ist ein ehemals in Gaesdonck aufbe-

[3] F. LÖSER, *Meister Eckhart in Melk. Studien zum Redaktor Lienhart Peuger*, mit einer Edition des Traktats „Von der sel wirdichait vnd aigenschafft", Tübingen 1999, 220, 401-3.

[4] J. REYNAERT, „Het vroegste Middelnederlandse palmboomtraktaat", in *Ons Geestelijk Erf* 52 (1978), 3-32, hier 13-17. Vgl. G. WARNAR, „Tauler in Groenendaal", in *Schnittpunkte. Deutsch-Niederländische Literaturbeziehungen im späten Mittelalter*, hrsg. v. A. LEHMANN-BENZ, U. ZELLMANN und U. KÜSTERS, Münster 2003, 60-66, hier 65; W.F. SCHEEPSMA, „Filling the Blanks: a Middle Dutch Dionysius Quotation and the Origins of the *Rothschild Canticles*", in *Medium Aevum* 70 (2001), 278-302, hier 283-84; W.F. SCHEEPSMA, *De Limburgse sermoenen. De oudste preken in het Nederlands (ca.1300)* (Nederlandse literatuur en cultuur in de Middeleeuwen 26), Amsterdam 2005, 107.

wahrter Kriegsverlust[5] (Gaesdonck, Bibliothek des Collegium Augustinianum, Ms. 16, ff. 124r-163r), dessen Text nach einer diplomatischen, im Oktober 2005 erschienen Edition[6] herausgegeben wurde. Die dritte niederländische Fassung (heute in Paris, Bibliothèque de l'Arsenal, Ms. 8209, ff. 262r-281r)[7] datiert aus 1507. Aus 1441 datiert die früheste Version in alemannischem Dialekt (Salzburg, Universitätsbibliothek, Hs. M.I.476 ff. 162v-166v)[8]. Wie Karin Schneider festgestellt hat, entstanden kurze Zeit später Abschriften im nördlichen Bayern.

Zwei Codices in Melk (auf Deutsch: Melk, Stiftsbibliothek, Cod. 705, f. 272rb-272va)[9] und Paris (auf Niederländisch: Paris, Bibliothèque Nationale de France, Hs. néerl. 37, ff. 82r-88v + 97r-98r)[10] enthalten nur einen unvollständigen Text, obwohl die von Freimut Löser beschriebene Redaktion Melks eher eine Bearbeitung von *Des geest boeck* als eine weitere Abschrift des Werkes ist. Der alte Katalog der Kartause Salvatorberg von Erfurt (Ende des 15. Jahrhunderts) überliefert eine verlorengegangene Zusammenfassung auf Deutsch.

Der Titel *Des gheest boeck* (Niederländisch) oder *Das geistbuoch* (Deutsch) wurde schon in der ältesten Handschrift verwendet, und das daneben vorkommende Explicit ‚Buch der geistlichen Übung' kann mit großer Wahrscheinlichkeit als eine Ergänzung oder Korrektur betrachtet werden. Sie wird von keiner der niederländischen Fassungen überliefert und taucht nur im Explicit von Nürnberg und Augsburg[11] auf. Was den Titel *Des geest bouwe* betrifft, unter dem der Text in den Niederlanden bekannt ist,[12] so handelt es sich um eine nur von Gaesdonck überlieferte

---

[5] J.H.A. BEUKEN, „Rondom een middelnederlandsche Eckehart-Tekst", in *Ons Geestelijk Erf* 8 (1934), 321.

[6] *Het Gaesdonckse-traktatenhandschrift. Olim hs. Gaesdonck, Collegium Augustinianum, ms. 16.* Diplomatische editie op basis van foto's uit de Titus Brandsmacollectie bezorgd door M.K.A. VAN DE BERG met een beschrijving en een codicologische reconstructie van de bron door H. KIENHORST (Middeleeuwse Verzamelhandschriften uit de Nederlanden 9), Hilversum 2005.

[7] H. MARTIS, *Catalogue des manuscrits de la Bibliothéque de l'Arsenal*, Paris 1892, 437.

[8] QUINT, *Neue Handschriftenfunde* (s. Anm. 1), 181.

[9] LÖSER, *Meister Eckhart in Melk* (s. Anm. 3), 220.

[10] QUINT, *Neue Handschriftenfunde* (s. Anm. 1), 269-270.

[11] Nürnberg, Stadtbibliothek, Cent. VI, 46^{h}, f. 48v: „Hie endet sich das puch der geistlichen ubung." Augsburg, UB, Cod. III.1.4° 41, f. 215r: „Hie endet sich das puch der geistlichen." Vgl. QUINT, *Neue Handschriftenfunde* (s. Anm. 1), 114; STEER, *Scholastische Gnadenlehre* (s. Anm. 2), 72; LÖSER, *Meister Eckhart in Melk* (s. Anm. 3), 220.

[12] BEUKEN, „Rondom" (s. Anm. 5), 321; REYNAERT, „Palmboomtraktaat" (s. Anm. 4),

Variante und bedeutet ‚Das geistliche Gebäude'.

In dieser Studie stelle ich die niederländische und die oberdeutsche Überlieferung von *Des gheest boeck* vor:

NIEDERLÄNDISCHE ÜBERLIEFERUNG

(1) Brussel (Sigle: **Br**), Koninklijke Bibliotheek, Hs. 19565, ff. 39r-83v, Teil I ca. 1325-1350. „Sequere me et cetera. Onser here Ihesus Cristus sprect volghe mi. Wat es volghen? Volghen es volcomenheit, volghen es dat die mensche gode sinen wille ob geeft sonder behonden ende weder nemen alsoe dat hi gehorsaem si gods wille sonder mormeringhe ende weder sprake. Dat es gods wille dat hi met ere oedmoedegher vresen ende wi in al onsen werken sinen wille socken.... Hier int des gheest boeck dat vele onderscheeds heef hoe men inden gheeste wijlec leben soll und wandelen. Dat ghewerdege god ome ons te vervulne. Amen"

(2) Paris (Sigle: **Pa1**), Bibliothèque de l'Arsenal, Ms. 8209, ff. 262r-281r, Papier um 1507. *Überschrift*: Hier beghint des gheest boeck dat veel onderscheets heeft hoe men inden gheest wijselic wandelen sal. „Sequere me etc. Onse here Ihesus Cristus sprect volghet my. Dat es volghen? Volghen es volcomenheit, volghen es dat die mensche sinen wille gode op ghebe sonderr behonde ende sonder nemen. Alsoe dat es ghehoersam es god wille sonder wille sonder murmereringhe ende weder sprake. Dat es gods wille, dat wi met eender oetmoedegher herten onse wercken doen te gods eeren.... Hier indet des gheest boeck dat veel onderscheets heeft hoe men inden gheest wijselic wandelen sal."

(3) Gaesdonck (Sigle: **Gae)**, Bibliothek des Collegium Augustinianum, Ms. 16 (Kriegsverlust), ff. 124r–163r, um 1550. *Überschrift*: Hier begynt des gheest bouwe dat ons voel onderscheits gheeft hoe men inden geest wysselick wanderen sal. „Sequere me /onse lieue here syt volget my nae. Wat volgen? Volgen is volcomenheit volgen is dat die mensche sijnen wil volcomelick op geeft sonder beholden ende weder nemen alsoe dat hij gehoersam sij gods wil dat wy mit eenre oetmoediger vresen in alle onsen wercken sijn wil sueken.... Hier eyndet des gheest bouwe welck ons voel onderscheits gheeft hoe men inden gheest wisselick wanderen sal dat gheweerdiget god aen ons te veuullen. Amen"

(4) Paris (Sigle: **Pa2)**, BNF, Ms. néerl. 37, ff. 82r-88v + 97r-98r (Fragment), 1471. *Überschrift*: Dit spreckt onse heer. „Onse heer ihs spreckt volcht my nae wat is volgen volcomelyck volgen js dat die mensch synen wil god op geve sonder weder nemen dat is gods wil dat hi met eerre altmediger vresen in allen onsen wercken god sueccken.... Nu is te vragen hoe salen wtgaen onse heer sprac tot abraham

---

13; WARNAR, „Tauler in Groenendaal" (s. Anm. 4), 65; SCHEEPSMA, „Filling the Blanks" (s. Anm. 4), 284.

ganck wt dyne lande ten anderen mael sprack hi gaet wt de lande dinre vrienden ende macschap ten dorden gaet wt dynen lande der geestelyker wellusten des geest wellust dier is twe aen eer die een is eer dat ander ist dat geert wort der bosen wellust ist dat si grotelyck en veel geert worden des sullen si wt gaen mer der goeder bieden ende des en willen si niet wt gaen."

DEUTSCHE ÜBERLIEFERUNG

(1) Salzburg (Sigle: **S1**), UB, Hs. M.I.476, Papier, ff. 162v-166v, um 1441. *Überschrift*: dz geist buoch. „Vnser herr spricht volg mir volgen ist volkomenheit also dz der mensch sinen willen vff Geb das ist gottes will dz wir mit einer demutigen forcht an allen vnsern werken sinen willen suchent.... Dis buechli git vil vnderscheides wie man in dem geist wandelen sol vnd in der nature."

(2) Nürnberg (Sigle: **N1**), Stadtbibliothek, Cent. VI, 46[h], Papier, ff. 23v-48v von 1461. „Unser herr Jhesus Christus sprach volg mir nach. Was ist volgen? Volgen ist volkumenheit, volgen ist das der mensch seinen willen aufgeb an behalten unde wider nehmen, also das er gehorsam sey gotlichen willen an murmeling unde wider sprechen. Das ist gottes wille, das wir mit einer demutigen (*in marg.* gelossenheit) alln unseren wercken seine willen suchen.... Hie endet sich das puch der geistlichen ubung dat vill unterscheidens gibt wie man in dem geistlichen wandeln schulle. Das helf uns mit seinem ungeschaffen geist un(d) der vater un(d) der sun und der heiligen g(eist). Amen."

(3) Augsburg (Sigle: **Au1**), UB, Cod. III.1.4°41, Papier, ff. 198v-215r, 15. Jh. „Nser herre ihesus cristus sprach volg mir nach. Was ist volgen? Volgen ist volkumenheit, volgen ist das der mensch seinen willen aufgeb sunder behalten und widernemen also das er gehorsam sey gotlichem willen an murmeling und widersprechen. Das ist gottes wille das wir mit einer diemutigen forcht an allen unsern werken seinen willen suchen.... Hie endet sich das puch der geistlichen ubung das vil unterscheidens gibet wie man jn dem geistlichen wandeln schulle. Das helf uns got mit seinem ungeschaffen geist und der vatter und der sun un der heilig geist. Amen."

(4) Melk (Sigle: **Me**), Stiftsbibliothek, Cod. 705, Papier, ff. 272ra-273ra, um 1450. Inc.: wann man list luce V das der herr ihesus einn odden sünter sach am tzol sitzen der hies levi zw dem sprach er volig mir nach. vnd er verlies alle ding und voligt im nach. Nach volgen gueter ding ist ein volchömenhait.... der mensch pewegt auch got mit seim frein willen den er im nicht nemen will vnd wil auch wider des willen nicht tuen."

In einem mittelalterlichen Bibliothekskatalog (Erfurt, ehem. Kartause, D 11/3) ist bezeugt: „Excerptum in Theutonico de libro, qui intitulatur vulgariter Das geystbuch" (*Registrum librarie fratrum Carthusiensium apud Erffordiam* des Jacobus Volradi aus dem letzten Viertel des 15. Jh.; vgl. P. LEHMANN, *Mittelalterliche Bibliothekskataloge Deutschlands und der Schweiz* 2, München 1928, 314.24-).

Beim derzeitigen Forschungstand ist die Herkunft von *Des gheest boeck* allerdings noch ein Geheimnis, das nur eine kritische Edition beider Fassungen lüften kann. Mit Ausnahme des Textes *Die gheestelike Brulocht*, den Ruusbroec 1350 den sogenannten Gottesfreunden in Straßburg zusandte, wurden alle niederländischen Texte durch allmähliche Umformung oder Anpassung ins Oberdeutsche übertragen. Wie die von Kurt Ruh[13] aufgeführten Beispiele beweisen, handelte es sich nicht um Übersetzungen im modernen Sinne des Wortes, sondern um mechanische Wort-für-Wort-Umsetzungen. Dies gilt nicht nur für die niederländischen Schriften, die ins Niederdeutsche und Mittelfränkische übertragen wurden (zwischen denen eine gewisse Verwandtschaft bestand), sondern auch für die Aufnahme niederländischer Texte ins Oberdeutsche. Die Hypothese der mechanischen Umformung bezüglich der Vermittlung zwischen ober- und niederländischer Mystik gilt noch weiterhin und erweist sich doch als inadäquat, um die Dynamik zwischen niederländischer und deutscher Fassung von *Des geest boeck* zu definieren. Dieses Werk weist nicht die typischen Spuren lexikalischer Missverständisse auf, die so charakteristisch für Übertragungen sind, wie z.B. die Übertragung von Mechthilds *Das fließende Licht der Gottheit* ins Deutsche,[14] und scheint deswegen eher das Produkt bewußter Umbildung in einen anderen Sprachstoff als das Resultat einer phonetischen Umschrift zu sein.

III. Der Inhalt von *Des gheest boeck*

Ausgehend von den Worten Christi „Sequere me" entwickelt der Autor eine umfangreiche Reflexion über den menschlichen Willen, die auch das ganze intellektuelle und moralische Handeln des Menschen unter die Lupe nimmt. Ziel des Traktats ist es, den Grund des menschlichen Wesens zu zeigen, dessen sich der Mensch bewusst werden muss, um vollkommen zu werden. Diese Vollkommenheit wird nach einer progressiven Aufgabe des eigenen Willens erreicht, die eine wesentliche Einigung mit Gott enthüllt. Anhand zahlreicher Quellen, darunter Philosophen und von ihm so genannte „heidnische Meister", zeigt der Autor die Notwendigkeit, auf eine neue Weise den eigenen Willen zu betrachten, und zwar nicht als einen von Gott unabhängigen und getrennten Willen zur Macht, sondern als Willen, der von Gott kommt und in Gott gründet. Davon ausgehend schil-

[13] K. RUH, „Altniederländische Mystik in deutschsprachiger Überlieferung", in IDEM, *Kleine Schriften* 2, hrsg. v. V. MERTENS, Berlin-New York 1984, 94-117, hier 98.

[14] Vgl. D. GOTTSCHALL, „Basel als Umschlagplatz für geistliche Literatur: der Fall des *Fließenden Lichts der Gottheit* von Mechthild von Magdeburg", S. oben, S. 137-69.

dert der Autor eine in vier Stufen geteilte Progression, gemäß der der Mensch lernen muss, seinen Blick vom Außen abzuwenden und nach innen, in seine Innenwelt zu richten, in der er seine intime Verwandtschaft mit Gott entdeckt.

Der Bezug auf Philosophen und „heidnische Meister" ist ein Zeichen dafür, dass der völlige Verzicht auf das eigene Ich eher eine neue Methode ist, sich selbst zu betrachten, als ein mystisches und irrationales Handeln. Die Komplexität und Vielzahl der behandelten Themen bereiten dem Leser Schwierigkeiten. Auf den ersten Blick hat man den Eindruck, dass dieser Text kein System hat, sondern sich in tausend Überlegungen zu den verschiedensten Themen verliert, wie in den Gedanken zum Nichts oder den Fragen zur Erkenntnis. Diese Komplexität stellte bereits im 16. Jahrhundert ein Problem dar, so dass der Schreiber von Gaesdonck oder dessen Vorlage versucht hat, seinen Text, der ursprünglich unsystematisch war, systematisch zu ordnen. In der Tat ist *Des geest boeck* ein nicht einfacher Text, in dem aber eine subtile Argumentationsführung entdeckt werden kann. Ich werde ihr folgen, indem ich den Text Brussel, KB, 19565 untersuche, also das älteste verfügbare Manuskript.

Der Autor geht von der These aus, der Mensch müsse in all seinen Werken den Willen Gottes suchen. Dazu muss der Mensch jedoch wissen, was Gottes Wille ist und worin der Unterschied zum Willen des Menschen liegt, um einen Willen mit Gott zu haben. Wer nämlich seinen Willen mit Gott vereint, der wird „abgeschieden" von kreatürlicher Lust und wird erleuchtet, so dass er nicht von falschen „Einflüsterungen" betrogen werden kann, und er wird gestärkt, so dass er nicht mehr in Zweifel fällt. Die Perikope 1 Joh. 4,1: „Men sal ondersceet hebben der gheeste" ist als zweites Thema zu betrachten, das der Autor entwickelt, um seinem Leser zu zeigen, dass der Mensch die Einigkeit mit Gottes Willen nur aufgrund einer wahren Erkenntnis erreichen kann.

Gottes Wille ist an sich ganz einfach („eenvuldech"). Wenn daher der Mensch seinen eigenen Willen mit dem Gottes in Einklang bringen will, muss er genauso einfach wie Gott werden. Was sich nun in Gott als Einfachheit („eenvuldecheit") erweist, wird für den Menschen sichtbar auf dreifache Weise, und zwar als Gottes „behagelec wille" (der Mensch lässt die erlaubten Dinge), als Gottes „lieve wille" (der Mensch gebraucht die erlaubten Dinge, doch so wie es Gott geordnet hat) und als „wille sijn gehinghens", d.h. der Mensch ist verdammt zu tun, was er selbst will. Dank dieses Willens kann der Mensch für sich selbst entscheiden und sich über Gott erheben; dadurch wird er Herr über die Handlung und Gott Knecht

([Br 42r]: Inden wille des verhengenessen gaet des menschen wille voren ende heeft hem verheven boven gode ende es here des wercs ende god knecht.“) Mit anderen Worten: Der Mensch eignet sich das an, was ihm nicht gehört, denn was er als eigen betrachtet, stammt von Gott.

Es drängt sich nun die Frage auf (Br 42r), ob demnach Gott der Beweger sowohl der guten als auch der bösen Werke ist, und die Antwort lautet: Jedes Bewegende bewegt zu sich selbst und zu dem, was es liebt. Gott bewegt alle Dinge, sein Wirken geschieht jedoch unterschiedlich. Einige Werke bewirkt er nämlich ohne Werkzeug und ohne Mitwirkung seitens des Menschen, wie z.B. die Schöpfung der Welt und der Seelen. Andere Werke bewirkt er mit Werkzeugen und mit Mitwirkung, wie z.B. die verschiedenen Kreaturen. Für das, was Gott ohne Hilfe bewirkt, ist er Sache und Ursache. Was Gott mit Hilfe bewirkt, dafür sind Gott und die Kreaturen Ursache. Für die guten Werke ist Gott Ursache und der Mensch Sache. Für die bösen Werke ist der Mensch Ursache und Gott Sache.[15] Mit Ursache und Sache meint der Autor also die *causa prima* und die *causa secunda*, die in der Welt nach den im *Liber de causis* beschriebenen neuplatonischen Schemata wirken.

Nach dieser Digression kehrt der Autor zurück zu seinem Thema. Wer in dem „beheglichen“ und „lieben“ Willen ist, der hat sich Gott zugewandt, und ihn hat Gott vorgesehen zur ewigen Seligkeit. Wer im eigenen Willen ist und bleibt, von dem hat sich Gott abgekehrt, und der Mensch hat ihn verloren. Er hat sich auch ewig von Gott abgekehrt und ist von Gott verworfen worden.[16] Die Vorsehung Gottes ist nicht die Ursache für die Verdammnis, sondern die Sache. Deshalb soll der Mensch nicht auf die Vorsehung achten, sondern auf sein Gewissen und seine Vernunft, weil Gott allen Guten und Bösen fünf Kräfte für ihre Werke verliehen hat, und zwar: natürliche Einigung, die der Mensch mit Gott hat, Macht, das Gute zu tun und das Böse zu lassen, „Geleichunge“, sich dem Guten anzugleichen, „Zugabe“, das ist der Dienst der Engel und aller Kreaturen, und schließlich freier Wille, mit dem sich der Mensch freiwillig von Gott abkehrt und somit den ewigen Fall wählt.

[15] (Br 44r): „Dat w*er*c werct sonder hulpe, des es god <oer>sake. Maer des ghemene werc[t]s dat god ghemeinlike w*er*ct mette*n* creaturen, des es hi oersake en*de* oec die creature*n*. M*aer* der goed*er* werke es god oersake en*de* die mensche sake. M*aer* der boeser w*er*ke en es god sake ende die me*n*sche oersake. Dat meer and[en] (Br 44v) w*er*ke es oersake en*de* dat mi*n* sake.“

[16] (B 45r): „Die inde*n* wille des v*er*henghenessen sij*n* en*de* bleue*n* tote aent inde, va*n* die*n* heeft he*m* god ghekeert en*de* heefse v[erc]roden en*de* si hebbe*n* he*m* oec ewelike va*n* gode ghekeert en*de* he*m* va*n* gode v[erc]roden.“

Die Sünde besteht also darin, die falsche Richtung einzuschlagen, nicht zu Gott hin, der Ursache und Ursprung des eigenen Willens ist, sondern zu sich selbst hin. Gott erhält („onthout") die Sünder nicht, weil er nur erhält, was Wesen hat. Die Sünde hat hingegen kein Wesen, weil sie „zuhangend" ist.[17] Nur Wesen und Wille enthalten die Sünde, und deswegen existiert die Sünde nur, wenn der Mensch Sünde will. Die Sünde ist, anders gesagt, die Bindung an das Eigene, wobei unter Bindung eine falsche Perspektive zu verstehen ist: „(Br 47r) Alsoe langhe alse die wille gehort es tote*n* sonden, also langhe blijft die sonde. Hier o*m*me soude[18] die me*n*sche sijns willen vte gaen."

Deshalb muss man, so unser Autor, aus dem eigenen Willen herausgehen, denn nur so erlangt, ja entdeckt man die ursprüngliche Einfachheit wieder, auf die der menschliche Wille gründet. Es geht also darum, gleichzeitig aus den eigenen natürlichen Eigenheiten, den räumlichen und zeitlichen Bestimmungen herauszugehen und in der eigenen natürlichen Kraft zu bleiben, wo die Seele wohnen muss.[19] Diese „naturlike cracht" ist eine der fünf Tugenden, die Gott dem Menschen verliehen hat und die das natürliche Band darstellt, welches zwischen Gott und dem Menschen besteht. Aus dem eigenen Willen herausgehen heißt somit, den ursprünglichen Grund des Menschen wiederentdecken, in dem man mit Gott eins ist.

Eine solche Wiederentdeckung ist jedoch nicht als unmittelbare mystische Erfahrung anzusehen, sondern als Resultat eines langsamen Aufstiegs, der den Menschen von der täglichen, unreflektierten Erfahrung zur Identität mit Gott führt. Gleichzeitig muss man auch auf die eigenen Bedürfnisse achten, denn man darf sich selbst nicht töten. Man soll hingegen „inne bleibend ausgehen". Wie wir sehen werden, kann dies als erste Regel eines monastischen Lebens gelten.

Aufgrund dieses Aufstiegs stellt der Autor vier verschiedene Typen von Menschen dar, die eine bestimmte Stufe dieser Progression erreicht haben, und zwar: die Beginnenden, die Zunehmenden, die Vollkommenen

---

[17] (Br 47r): „god en*de* onthout niet dan dat wesen heeft. Die sonde*n* en heeft ghee*n* wesen an hare selue*n*, mer si es toehangelijc die*n* dat wesen heeft, alse die varwe toeha*n*get materien. Daer wert die sonde onthoude*n* ouer mids middel des wesens en*de* des willen. Alsoe langhe alse die wille gehort es tote*n* sonden, also langhe blijft die sonde."

[18] sou(Br 47v)de

[19] (Br 48r): „Men sal oec bliue*n*de vtegaen, men sal oec vte gaen in selker wijs der natuerliker eyge*n*scape en*de* sal bliue*n* in hare*n* naturlike*n* cracht, daer sal die ziele in woene*n*."

und die Überkommenen oder die toten Menschen.[20]

Die Beginnenden sind Menschen, die sich ihrer selbst noch nicht bewusst sind und die aufgrund der Gewohnheit versuchen, keine Sünden zu begehen und wohltätig zu sein. Sie ahmen gute Menschen nach und lassen sich beeinflussen, solange sie jung sind. Wenn sie zu ihren eigenen Vorstellungen kommen, haben sie keine Gnade und kommen zu Fall. Sie beginnen also von Natur und mit Gnade, d.h. sie erreichen schon zu Beginn die höchste Einigung, doch die Gnade nimmt nicht zu, wohl aber die Natur, und sie siegt am Ende. Diese Leute sind mit äußeren Dingen beschäftigt und kommen wegen Gaben und Erfahrungen zu Fall.

Die Beginnenden „einigen sich auch zu aller Pein“[21]. An dieser Einigung können sie nicht mehr zunehmen, sondern vielmehr an den Werken der Einigung und an der Vereinigung mit der göttlichen Gnade, am Lohn und an der Vernunft.[22]

Wer diesen wichtigen Schritt getan hat, zählt zu den Fortgeschrittenen (Zunehmenden), die zur Erreichung der Vollkommenheit sechs bestimmte Eigenschaften erlangen müssen: Die erste und grundsätzlichste besteht darin, sich in sich selbst einzukehren, um eigene Schwäche und Torheit zu erkennen. Sie sollen auch wahres Leid („recht iammer“) haben und ihre und ihres Nächsten Sünde und Demut üben. Sie sollen auch dankbar sein gegenüber Gott, weil Gott alle seine Gaben einem armseligen Wurm geschenkt hat, ja er hat sich selbst ganz geschenkt, wie die Autoritäten sagen.

Die Zunehmenden sollen noch ohne Unterlass nach innen und nach außen weiter suchen. ‚Nach innen‘ bedeutet, ihre Sinne allein in die Kraft der Seele zu versammeln und nicht abzulassen von dem, „was ihnen vorspelt“, bis sie alle Sinne übersteigen und verstehen, ob Gott ihnen Licht oder Gnade vorhält.

Es folgt eine Digression, die die Rolle des Meisters bei der Reifung

---

[20] (Br 48v): „Nu sijn vierderhande lied*en* die utegaen. Die ierste sijn beghinne eens goets leue*n*s, dander sijn toe nem*er*en, die derde sijn volcome*n* lieden, die vierde sijn ou*er*[comene] of dode liede.“

[21] (Br 50r): „Die derde (Die Beginnenden) beginne*n* claerlike en*de* v*er*heffen he*m* tote alre pine*n*, dat die hoechste v*er*eni*n*ghe es die een mensche met he*m* hebbe*n* mach en*de* selke werde*n* he*m* selue*n* benome*n*.“

[22] (Br 50v): „Aen dier eni*n*ghe en hebbe*n* si gheen toe neme*n*, maer si neme*n* toe ane die werke*n* der v*er*eni*n*ghe*n*, wa*n*t daer sijn si met he*m* selue*n* v*er*eent. Si neme*n* oec toe ander v*er*eni*n*ghe*n* godleker ghenade*n* en*de* ane de rijcheit des loens en*de* ane die rede*n*lecheit.“

des Schülers behandelt. Wie erlangt man das, was einem „vorspielt"? Ein Meister antwortet seinem Jünger und sagt: Man soll sich vor den niederen Seelenteilen hüten, die Vernunft bewahren und eine „geistliche Logik" entwickeln. Mit dem Ausdruck „gheesteliken logiken" meint der Autor eine Logik, die es dem Menschen durch widersprüchliche Rede („[Br 53r] J meer beki*nn*essen, J meer duusternessen; J meer duust*er*nessen, J meer beki*nn*essen") erlaubt, die Wahrheit zu erreichen.

Wie es in der Tradition der *theologia negativa* üblich ist, dienen die göttlichen Namen dazu, Gott dem Menschen, der unfähig ist, Gott in seiner Wesenheit zu erkennen, mit analogen Gottesbezeichnungen anzunähern. Man muss sich aber bewusst sein, dass diese Namen nicht Gott selbst sind. Die negative Theologie von *Des gheest boeck* ist aber nicht schlichtweg der apophatischen Theologie des Areopagiten gleichzusetzen, weil die Verneinung der Möglichkeit von Aussagen über Gott, da sie jenseits unserer Erkenntnismöglichkeit stehen, nichts anderes besagt, als dass der Mensch dank „widersprüchlicher Rede" eine beschränkte Möglichkeit hat, etwas über Gott zu sagen.

Die Zunehmenden sollen endlich auch fleißig nach außen suchen, d.h. bei Weisen, Gelehrten lernen. Das gibt Anlass, von den Eigenschaften eines guten Lehrers zu sprechen, die die folgenden sind: Er soll seine Lehre vom Heiligen Geist haben, er soll sein, was er lehrt, er soll nur durch den Zwang Gottes sprechen.[23]

Als sechste und letzte Eigenschaft der Fortgeschrittenen wird postuliert, sich ständig darin zu üben, was von der Tradition als „Leben Marthas" bezeichnet wird, d.h. ein aktives, den äußeren Tätigkeiten gewidmetes Leben in Beten, Wachen, Fasten. Auffallend ist die Gegenüberstellung zwischen dem ersten Element (in sich selbst eingehen) und dem letzten. Wer gelernt hat, in sich selbst einzugehen und in sich selbst den Grund des eigenen Handelns zu finden, der kann sich den äußeren Tätigkeiten widmen, ohne sich in ihnen zu verlieren. Deswegen betont der Autor, dass der Zunehmende sich im Martha-Leben üben soll, auch wenn er unbescheiden ist. Besser ist es nämlich, unbescheiden zu beginnen und danach bescheiden zu werden, als bescheiden zu beginnen und sich danach als

---

[23] (Br 53v): „Die lerare sal te rechte drie dinghe hebb*en*. Dat een es die in he*m* come*n* sijn vande*n* heileghe*n* gheeste. Dat ander es dat hi dat selue si dat hi leert. S*inte* Paul*us* sprect: Ic en leerde der dinghe nie en gheen die *Ihesus Christus* in mi ghewrocht niet en heeft. Dat meent hi: Ic en leerde (Br 54r) nie word, ic en wrocht selue. Dat derde es dat hi alsoe vol des heilechs geest si en*de* oec der min*nen* tote sijns eu*en*kerste*ns* dat hi van die*n* ghedwo*n*ghe gods wert gheperst, alsoe die p*er*se die wijn vten druue*n* *d*wingt."

faul und träge zu erweisen.[24]

Mit diesen sechs Eigenschaften ahmt man Christus nach. Wer sie nicht hat, wird an der Vollkommenheit gehindert, denn er ist eigensinnig, ungelehrig und übertreibt entweder Erkenntnis oder Minne, weil er nicht das Maß finden kann.[25] Die geforderte Ausgewogenheit von Minne und Erkenntnis ist ein wichtiges Indiz für das literarische Milieu dieses Traktats, weil sie eine Reaktion auf die gegnerischen Positionen der Dominikaner (Erkenntnis) und Franziskaner (Liebe) sein könnte. Darüber jedoch später, zunächst folgen wir weiter dem Gedankengang des Autors.

Es gibt „Minner", die ihre Werke ordnen und Platz für das Licht der Gnade schaffen, so dass sie den Unterschied der „wesentlichen" Dinge erkennen. Doch sie wagen nicht, sich zu den „überwesentlichen" Dingen zu erheben, weil die Minne ohne Erkenntnis blind ist. Deswegen bleiben sie an die Wirklichkeit gefesselt und nennen Finsternis das, was sie eigentlich nicht wissen können oder möchten. Laut dem Autor haben die Minner drei Gebrechen, und zwar: Hochmut, weil die Minne der Erkenntnis nicht gehorsam ist, geistlichen Geiz, d.h. eine übertriebene Aufmerksamkeit bezüglich äußerer Dinge und geistliche Wollust, wenn der Mensch seinen eigenen Trost finden möchte.

Die Vollkommenen hingegen als diejenigen, die erkennen, sind zweierlei: Einige bleiben in der Minne, die anderen überschreiten die Minne und gelangen zu stark zur Erkenntnis. Viele unter diesen erkennen im natürlichen Licht und meinen, es sei Gnade.

Nun stellt sich die Frage, wie man diese zwei Lichter unterscheiden kann. Die Antwort des Autors lautet, es gibt in Wahrheit drei Lichter, und zwar eines der Natur, eines der Gnade und schließlich eines der Natur und der Gnade. Das natürliche Licht verhilft zur natürlichen Kunst, d.h. „scientia" (Wissenschaft). Die Gelehrten kennen die Schrift, lesen und verstehen die Bücher. Für sie ist üblich, neue „Kunst" mit der „Kunst" zu finden und alles das ohne Gnade, weil „co*n*ste gheuet co*n*ste en*de* ghenade geeft ghenade". Es gibt aber auch eine Kunst, die die ungelehrten Leute erlangen, das ist die „ghewo*n*ne*n* co*n*st". Solche Leute sind diejenigen, die das göttliche Wort hören und auf die Tugenden der Hl. Schrift achten.

[24] (Br 54v): „Wa*n*t in ombescedenheit leert me*n* bescede*n*heit, want des ghesciet vele dat die meneghe in hare*n* beghinne*n* besceden sijn en*de* daer na werde*n* si slap ende traghe."

[25] (Br 55r): „Hier o*m*me en co*n*ne*n* si die mate niet vinde*n*. Die ene slaen soe sere int beki*n*nessen, die andere in die mi*n*ne. Niet alsoe dat me*n* te vele kinne*n* moghe ochte mi*n*ne*n* mach, mer men oeffent dat een te vele en*de* dat ander te lettel."

Sie gelangen auch zur Weisheit, doch oft ohne Gnade, und deshalb erheben sich in ihnen die falschen Geister und sie fallen in „ongheordender vriheit" und Glaubensirrtümer, weil sie sich selbst nicht kennen.

Das Licht der Gnade lässt den Menschen hingegen seine eigene Armut erkennen und wissen, ob seine Bewegung von Gott oder von ihm selbst herrührt, und ob er sich selbst oder Gott findet. Wer nämlich Gott findet, achtet nicht mehr auf sich selbst.

Natürliches Licht und Licht der Gnade fallen jedoch in eines zusammen: Wo die Seele mannigfache Erleuchtung empfängt, wirkt das Licht der Natur; wo die Seele sich mit Gott vereint, wirkt die Gnade. Es gibt also drei Lichter, die alle „vermischt" sind. Das eine ist vermischt aus Natur und Kunst: Die Erkenntnis kommt von außen und vollzieht sich ohne Gnade. Diejenigen, die von außen erkennen, besitzen alles mit Eigenheit, und das ist Hochmut, der seinerseits weitere Untugenden hervorbringt. Ein anderes Licht ist vermischt aus Natur, Kunst und Gnade. In diesem Fall kommt die Erkenntnis von außen und von innen. Insofern die Menschen von außen erkennen, verharren sie in Selbstgefälligkeit. Aber mit der Kraft der Gnade verleugnen sie sich selbst und erkennen Gott, so dass die Menschen, die durch die Infragestellung der alltäglichen Erfahrung gelernt haben, ihren Blick auf eine andere menschliche Dimension zu richten, zwei Geburten erfahren. Sie sterben in ihrer eigenen Natur und werden neu in Gott geboren, und Gott gebärt sich in ihrer Seele „in nuwer wise". Gott ist an sich ohne Weise, doch die Seele begreift ihn mit Weise, weil die Seele „bewunden ist" („[Br 62v] bewo*n*de*n* es"). Dabei begreift sie mehr von sich selbst als von Gott. Wie ein „heidnischer Meister" sagt: „Was wir von der ersten Ursache erkennen, sind mehr wir selbst als die erste Ursache."[26] Nach dem inneren Leben gebiert Gott in die Seele und die Seele in ihn, so dass sie ein Geist mit Gott wird.

Die zweite Geburt hingegen vollzieht sich nach dem, wie der Mensch sich selbst denkt, und das ist Hochmut. Solange der Mensch sich auf eine Art der äußeren Erkenntnis beschränkt, kann er Gott und den wahren Grund aller Tugenden nicht erkennen. ‚Äußere Erkenntnis' heißt Erkenntnis, die sich auf alle kreatürlichen Bestimmungen konzentriert. In sich selbst eingehen und in sich Gott erkennen, bedeutet hingegen, vom Licht der Gnade erhellt zu sein. Deswegen fallen die Menschen, die von außen erkennen, in drei Gebrechen, die den Gebrechen der Minner entsprechen,

[26] (Br 62v): „Dat sp*re*ct een heide*n* meester: Wat wi der ierster sake beki*nn*e*n*, dat sijn wi meer selue dan die ierste sake si dat wi van gode beki*nn*e*n* dat een es god."

und zwar wiederum: Hochmut, geistlicher Geiz, ungeordnete Minne zur Weisheit.

Eine dritte Art von Licht ist gemischt aus Natur und Gnade und gehört den Vollkommenen an. Da erkennt der Mensch in sich selbst und nicht von außen her, und das bedeutet „inne bleibend ausgehen" („[Br 65] in bliue*n*de wt gaen"), ein Bezug auf den Anfang des Traktats. Sich selbst kennen bedeutet, sich des eigenen wahren Wesens bewußt werden. Diese Tatsache führt den Verzicht auf das in der bloßen Akzidentalität konstituierte Wesen nach sich. Deshalb gehört das Licht der Natur und der Gnade, das nur wenig von der Wissenschaft hat, ausschließlich den Vollkommenen, denn nur sie erkennen gemäß innerer Prinzipien, die nur ihnen gehören und nicht außerhalb ihrer sind.[27]

Auch die Vollkommenen haben drei Gebrechen. Da sie oft in ihrer Erkenntnis vermengt sind, entspringt daraus auch eine vermengte Minne und letztlich folgt daraus, dass sie in der „Geistung mit Willen zum Letzten gebildet sind". Will der Mensch die guten Bilder haben, so muss er auch die bösen nehmen. Also muss er sich beider entledigen, bis er bloß sich findet, und dann die guten wieder hineinnehmen.

Der schrittweise erfolgte Perspektivenwechsel vom Äußeren zum Inneren des Menschen erreicht seine Vollkommenheit in den „Überkommenen" oder den toten Menschen. Der Ausdruck bezieht sich auf den neuen Zustand, den diese Menschen erreichen. Da sie sich ganz dem Grund ihres Wesens zugewandt haben, besteht kein Unterschied mehr zwischen ihnen und dem erkannten Gegenstand. Es besteht nur die Identität: Sie lieben und erkennen mit göttlichem Licht und göttlicher Liebe. Sie existieren nicht mehr als einzelne Individuen.[28] Sie haben das vermengte Licht und die vermengte Minne überschritten und erkennen mit göttlichem Licht und göttlicher Minne. Sie töten Erkennen und Weisheit, womit man Gott Materie und Form zulegt.

Sie überschreiten auch die „Geistung" und „Teilmachung", sie über-

[27] (Br 65r): „Dat derde lichtes ghemingt met natueren ende met gratien ende niet of lettel met consten. Dat licht hort toe den volcomenen. In desen lichte bekinnt die mensche binnen hem ende met buten hem oec lettel.... Meinet dat een mensche in hem selven gaen ende in hem doer hem in sinen ierste licht ende inden lichte hem selven bekinne ende inden bekinne sijns selfs loechen metten hem selven."

[28] (Br 66v): „Die vierde dat overcomene liede of dode liede hebbe van dien sine Ian in Apocalipsi sprect: Salich sij die n gode sterven, die hebbe selker wijs overscreden ende gheddod dat vermengt licht ende oec die vermengde minne. Die bekinnen alremeest met enen godleker lichte ende minnen met godleker minne."

schreiten das „empfängliche Mittel“, soweit es Menschen möglich ist, weder eines Lehrers noch eines Vorbilds zu bedürfen. Deswegen hat die Seele, je mehr sie vom rechten Unterscheiden unterschiedslos wird, desto mehr Unterschiede zu empfangen. Dann kommt es zu „rechte*n* onderscede der gheeste“, was praktisch bedeutet, ohne eigenen Geist zu sein. So soll auch die Seele in einem Nichts ihrer selbst wohnen.

Jetzt stellt sich die Frage nach dem „Nichts“. Das Nichts muss vier Eigenschaften haben:

> Dass „niet iet niet begripet en heeft oec niet”. So soll auch die Seele ihr „iet vore niet beki*n*nen“. Darum begreift Gott die Seele mit seinem begreifenden Begreifen.
>
> Dass das Nichts ledig und bloß ist von allem „ond*er*we*n*dens en*de* a-neneme*ns*“. Also soll auch die Seele ledig und bloß sein.
>
> Dass „dat niet gode ghereet es sonder onderlaen“ und nie eines seiner Werke behindert. So soll die Seele bereit sein, dass Gott in ihr wirke.

Nichts hat weder Bewegung noch Empfinden. Wenn die Seele ihr „iet“ (etwas) für nichts erkennt, so gleicht sie sich dem göttlichen Nichts an.

Jede Art von Bestimmung, auch Kenntnis oder Wissen, stellt ein Hindernis dar, weil sie dem Menschen nicht erlaubt, völlig „ledech en*de* bloot h*aer*s selfs“ zu sein, wie es in diesem Zustand nötig ist. Wo die Seele vor Erkennen erkenntnislos wird, da erkennt sie die Finsternis. Das heißt, dass sie Gott in der Einung „sond*er* middel“ wird. Sie erkennt ohne Form und Minne, ohne Gleichnis und ohne Eigenschaft.[29] Das ist rechte Armut des Geistes, und da wirkt Gott mit der Seele und durch die Seele wunderliche Werke. Er wirkt den Menschen aus tierischem Leben in menschliches Leben, indem der Mensch nicht mehr seinen körperlichen Bedürfnissen gehorcht, sondern lernt, auch seinen Mitchristen zu achten. Gott wirkt menschliches Leben in heiliges Leben, indem der Mensch eine wahre Minne in all seinem Handeln hat. Ohne Minne sind nämlich alle guten Werke, die in einem Kloster üblich sind, wie Beten, Fasten, Almosen geben, Singen, Lesen, Studieren, nicht heilig. Gott wirkt auch heiliges Leben in geistliches Leben, indem der Geist in seinem Empfangen und Begreifen „gheestet“.[30]

---

[29] (B 71r): „Daer bekennt hi in deesternheit ende van minne minloes, dat es inder godwerdegher eninghen sonder middel, want hi wort, daer begrepen ende onbevanghen met enen godleken lichte, also dat hi sonder werc sonder ghenoecht wert een bekennen sonder forme ende minne sonder ghelikenesse.“

[30] (Br 72v): „God we*r*ct heilech leven in gheestelijc leue*n*, die geest gheestet in sij*n* ontfaen en*de* begripe*n*.“

Dieser Gedanke gibt dem Autor Anlass zu dem Wort ‚geisten' noch mehr zu sagen und über die Funktion des Geistes nachzudenken. In wenigen Zeilen fasst der Autor den gesamten kognitiven Prozess des Menschen zusammen, gemäß dem bekannten Schema der Abstraktion der Bilder von der Materie. Der Geist gleicht geistlichen und göttlichen Dingen, die er in leibhaftiger Weise in sich zieht. Die leibhaftigen Kreaturen hingegen zieht er durch die fünf Sinne in die „beelderi*n*ne" (Einbildungskraft, *phantasia*) und durch die „beelderi*n*ne" in die anderen Seelenkräfte und macht sie ihm gleich. So hat der Geist die Möglicheit, die Bilder aller Dinge zu empfangen, nicht aber ihre Substanz. Die Bilder werden im Menschen ein wesentlicher Teil seiner intellektuellen Tugend.[31]

Man kann daher sagen, dass das, was der Mensch versteht, etwas ist, was in ihm ist, weil der Geist die Bilder aller Dinge in seiner „eygenwerdecheit"[32] (tegenwerdecheit) erhält. Der Geist gibt also allen Dingen Leben über das Mittel der Einung, und das ist auf dreierlei Weise zu verstehen. Die erste ist, dass der Mensch Bilder aller Dinge in sich hat. Die zweite, dass die Kreaturen in dem Menschem lebendig werden und der Mensch in der Vereinigung lebendig in Gott wird. Also bringt der Mensch in der Vereinigung mit Gott alle Dinge wieder in ihren ersten Ursprung, aus dem sie hervorgeflossen sind. Die dritte ist, dass der Mensch alle Dinge Gott überlässt und in Worten und Gedanken verstummt. Alle seine Werke legt er also in Christus.[33]

Gott wirkt auch die Geistlichkeit („Gerechtigkeit" in den niederländischen Handschriften). Da verliert der Geist seine freie Willensentscheidung und das „Entgeisten" ist sein höchstes (?) „Eingeisten" („[Br 74r] Dat o*n*gheeste*n* es sijn hogeste in ghegheest").[34] Hier vollzieht sich die

---

[31] (Br 73v): „Hi ghelijct oec lijfachteghen creaturen, die treijt hi in gheesteleken dore die v sinne in die beelderinne ende dore die beelderinne in die ander cracht der zielen ende maeckse hem ghelijc. Alsoe heeft die gheest moghelijcheit ontfaen die beelde alre dinc."

[32] (Br 73v): „eyge*n*werdecheit".

[33] (Br 73v): „Dat een dats die me*n*sche alre dinghe beelde in he*m* heeft alse he*m* dat beelde v*er*eent met gode. Dat ander es soe wat die me*n*sche der creatuere*n* ghebruuct, [Br 74r] dat wert iet leue*n*de in he*m* en*de* in die*n* me*n*sche wert inder ordeni*n*ghe*n* leue*n*de in gode. Alsoe Bringt die me*n*sche weder alle dinc in sine*n* ierste*n* orspro*n*c, daer si wt ghevloge*n* sijn. Dat derde es dat hi alle dinc gode op draghet en*de* dat op draghe*n* dracht hi vore gode op en*de* we*r*t vele lichte va*n* opdraghene opdragheloes."

[34] Vgl. *DW* 3, 440.1-10 (Pr. 83): „Wie sol ich denne got minnen? - Dû solt minnen nihtgeistlîche, daz ist: Daz dîn sêle sol nihtgeistic sîn und entblœzet aller geistekeit; wan die wîle dîn sêle geistformic ist, sô hât si bilde; die wîle si bilde hât, sô (sô) hât si mittel; die wîle si mittel hât, sô enhât si niht einicheit noch einbærkeit; die wîle si einbærkeit niht enhât, sô engeminnete si got nie rehte; wan rehte minnen lît an einbærkeit. Her umbe sol

Vereinigung „sonder mitddel“, in der kein Anderssein mehr, sondern nur Identität besteht.

Dank dieser Identität mit Gott bewirken die Menschen die Tugend ohne Arbeit oder Streben, und alles Gute, das sie in sich haben, kommt nicht von außen, sondern sie bewirken alles in der Liebe, wenn auch mit einem Unterschied: Die „Entgeisteten“, d.h. diejenigen, die keinen eigenen Geist mehr besitzen, haben mehr Minne; die „Gegeisteten“ hingegen mehr Liebe („[Br 74r] die o*n*tgheest hebbe*n* toter mi*nn*e*n* en*de* die ghegheeste hebbe*n* meer lieue*n*“). Nun stellt sich die Frage: Welcher Unterschied besteht zwischen Minne und Liebe? Der Autor antwortet: „Wenn die Seele mit Gott einig ist, ist es Minne. Nach der Vereinigung ist es Liebe.“[35]

Nur in der Einigkeit hat der Geist ganz und gar auf seine eigene Individualität verzichtet und lebt und wirkt mit Gott und in Gott. Aber nach der Liebe lebt die Seele in der Zeit, weil Liebe eine kreatürliche Tugend ist.[36]

Aus diesem Grund hatte der heilige Petrus mehr Liebe, weil er mehr nach außen wirkte. Der heilige Johannes hatte dagegen mehr Minne, weil er in einer stillen Minne war, die ohne Werke ist. Der heilige Paulus hatte beides vollkommen, Liebe und Minne. Sobald er sich vor Gott fand, war er in der Minne. Wenn er große Werke tat, war er in der Liebe. Von dem Werk der Einigung (wenn der Mensch mehr Liebe als Minne hat, und nicht ganz entgeistet ist und in sich selbst lebt und nicht in Gott) fallen die göttlichen Menschen in dreierlei Gebrechen. Zuerst kann niemand in der Zeit „weseleke“ alle göttlichen Gaben haben, die der Mensch mit sich selbst und nach seiner Weise empfängt. Dieses Gebrechen haben die Menschen, die in der Liebe und den Werken und in der Vereinigung sind, weil sie dann mit sich vereinigt sind. In der Minne hingegen sind die Menschen ohne sich selbst vereinigt, weil sie dort in Gott sind und Gott in

dîn sêle niht ge<i>stic sîn von allen geisten und sol stân geistelôz; wan minnest dû got, als er got ist, als er geist ist, als er persône ist und als er bilde ist, - ez muoz allez abe! Wie sol ich in denne minnen? Dû solt in minnen, als er ist ein niht-got, ein niht-geist, ein niht-persône, ein niht-bilde, mêr: als er ein lûter pûr klâr ein is.“

[35] (Br 76): „na die*n* dat die ziele gehenecht es met gode soe eest mi*nn*e, m*aer* na der ve*r*eni*n*ghe soe eest lieue. Inder enecheit es die ziele boue*n* hare gheneicht met ewegh[*en*] (Br 76v) dinghe*n*.“ In diesem Fall ist die niederländische Fassung präziser als die deutsche.

[36] (Br 76v): „na der lieue es die ziele meer inder tijt, wa*n*t het es ene creaturlike doghet, daer die ziele in h*aer* selue*n* in gode werket mi*nn*e*n* werc.“

ihnen ist.[37] Da darf kein Gebrechen in die Seele fallen. Doch ist die Liebe ein „ondersceet“ („unterstoß“ in der deutschen Fassung) der Minne, und die wirkende Einigung ein „ondersceet“ der Einigung.

Das zweite Gebrechen besteht darin, dass diese Menschen nicht völlig „ledic“ sein können, wenn sie sich von Gebrechen und Schuld nicht frei machen. Ihr Fall liegt in der Maßlosigkeit und deshalb muss man das rechte Maß zwischen inneren und äußeren Werken erreichen.

Das dritte Gebrechen ist ein Entweichen der Ordnung. Sünde ist also außerhalb der Ordnung. Nun ist niemand so vollkommen, dass er sicher vor täglicher Sünde ist. Doch die Hitze der Minne tilgt die Sünde. Aus der Sündhaftigkeit folgt, dass niemand die Tugend ohne Kampf besitzen kann. Daraus ergibt sich, dass niemand volle Freude haben kann. Die „Überkommenen“ brauchen Gott, um zu minnen. Viele minnen Gott durch Gott, aber nur wenige minnen sich durch Gott.

Nur in der wahren Minne wird der Geist eins mit Gott, aber das geschieht, wie Dionysius bewies, nur mit der Gnade.[38]

Endlich fasst der Autor den Sinn seines Traktats zusammen: Hier endet das *Buch des Geistes*, das viele Unterweisungen gibt, wie man in dem Geist vernünftig wandeln und leben soll.

IV. Die Quelle von *Des gheest boeck*

Fragt man nun nach dem besonderen Charakter des Textes, so sind zwei Aspekte von besonderem Interesse: Zum einen die Quellen oder besser die Autoritäten, die oft vom Autor genannt werden, zum anderen die Gebrauchsfunktion oder das Publikum, dem *Des gheest boeck* gewidmet ist. Bislang sind beide Fragen noch offen, doch ist die zweite leichter zu beantworten. Wahrscheinlich wurde der Traktat zunächst für Mönche geschrieben. Denn wo der Autor die Beginnenden beschreibt, d.h. diejenigen, die von der Gewohnheit und den guten Sitten ausgehen, heißt es: „(Br 49r) Dat ghesciet vele ane io*n*ghe kindere*n* wa*n*neer si te hare*n* jare*n* come*n* en*de* he*m* hare nature begint ane te vechtene, sone hebbe*n* si niet gratien daer mede sie weder staen moghe*n*.“

---

[37] (Br 77v): „Dese ghebreken van wandelinghen hebben si inder liefden ende inden wercken ende inder eeninghen want daer sijn si in hem selven gheenicht. Maer inder minnen sijn si sonder hen selven gheenicht Want daer sijn si in gode ende god in hen.“

[38] (Br 82v): „*Sinte* Dionysi*us* spr*e*ct: Die mi*n*ne en ghestaet des niet dat gods iet o*n*tbliue der ziele*n* en*de* wer*c*t altemale, m*aer* dat ghesciet van gratien.“

Die Angabe ‚ionghe kinderen' zeigt, dass es sich hier um Novizen handelt, die ein Beispiel von „Beginnenden" für alle Mitbrüder („kinder")[39] des Konvents sind. Zwei Erwähnungen von monastischen Tätigkeiten bestätigen diese Vermutung. Die erste liest man unter dem sechsten Punkt, den ein Mensch erreichen muss, wenn er zunehmen will: „Dat VI es dat die me*n*sche he*m* vlietelike oeffene*n* sal ane [mart]en leuene, dat es ane grote*n* en*de* ane velen[40] vterlike*n* werke*n*, alse ghebed, wake*n*, vaste*n* *et cetera.*" „Ghebed", „waken", „vasten" sind die äußerlichen Werke, in denen sich ein Mensch üben muss, um ein Maß, eine „bescede*n*heit" schreibt der Autor, in seinem Tun zu finden.

Die zweite Erwähnung („Wa*n*t alle goede werke hebbe*n* den name*n* heilech, alse vaste*n*, beden, aelmoesene gheue*n*, messe hore*n*, singhe*n*, lesen, trachten, studere*n*") ist eine Liste von typischen Beschäftigungen oder guten Werken, von denen „lesen" (*lectio*), „trachten" (*meditare*), „studeren" (das *studium* ist charakteristisch für die Orden z.B. der Dominikaner oder Augustiner) typische Klostertätigkeiten sind.

Ein schönes Bild verweist auf die Neigung unseres Autors, seine Argumentation mit Beispielen zu belegen, die er aus dem Alltagsleben seiner Mitbrüder herangezogenen hat. Um ihnen zu erklären, dass das, was sie von Gott wissen und sagen können, zwar etwas, aber nicht Gott selbst ist, weil die Seele „bewonden" („circumvelata") ist, benutzt er das folgende Gleichnis: Br 62v: „Nemt ene ghelikenesse ane der sonne*n* die daer scijnt dore glasen veinstre*n*, die daer es va*n* menegh*er*ande varwe*n*. In yegelike varwe hout hare die so*n*ne na de wise der varwe*n* en*de* blijft doch ane h*aer* seluе*n* onver*m*i*n*gt. En*de* alsoe hout he*m* god na der wise alse he*m* die me*n*sche begripen mach na den vterste*n* leuene."

Wenn die Sonne durch das farbige Fenster scheint, offenbart sie sich nach den mannigfaltigen Farben des Fensters, obwohl sie in sich farblos ist. Genauso offenbart sich Gott dem Mensch nach der Weise des menschlichen Begriffs, obwohl Gott in sich selbst „sond*er* wise" ist. Ein solches Phänomen (der Schein der Sonne durch ein getöntes Glas) konnte damals nur in einer Kirche beobachtet werden und der Autor von *Des gheest boeck* bezieht sich darauf, um zu veranschaulichen, wie der Mensch Gott erkennt.

---

[39] Vgl. W. SENNER, „Meister Eckharts ‚Rede der unterscheidunge' als Dokument dominikanischer Spiritualität", in *Meister Eckhart in Erfurt*, hrsg. v. A. SPEER und L. WEGENER (Miscellanea Mediaevalia 32), Berlin-New York 2005, 109-21, bes. 113.

[40] ve(Br 54v)len

Während also die Zugehörigkeit unseres Autors zu einem monastischen Orden relativ sicher ist, so ist die Natur dieses Ordens und damit eine Frage, die eng mit dem Problem der Quelle verknüpft ist, schwieriger zu erschließen.

Die biblischen Zitate bereiten dem Forscher vergleichsweise geringe Schwierigkeiten. Ich zähle fast 40 Bibelzitate in *Des gheest boeck*. 30 wurden identifiziert. Außer der Paulusstelle sind es genaue Zitate.

Was die anderen Quellen betrifft, ist die Lage schwieriger auch wegen des Textes, der noch zu edieren ist. In *Des gheest boeck* taucht Augustinus mit 19 Zitaten auf, unter denen nur eines identifiziert wurde, nämlich: Br 76v: „Die siele es meer daer si mint en*de* daer si leuen geeft." Autor dieses Satzes ist aber nicht Augustinus, sondern Bernhard von Clairvaux, *De praecepto et dispensatione* c.20 n. 60, 292.24: „Neque enim presentior spiritus noster est ubi animat, quam ubi amat." Diese Stelle wird allerdings sowohl in lateinischen als auch in volkssprachlichen Werken oft als ein Wort des Augustinus zitiert.[41]

Von den 8 Dionysius-Zitaten ließen sich nur drei auf entsprechende lateinische Texte zurückführen, und in allen drei Fällen handelt es sich um von der lateinischen Vorlage abweichende Übersetzungen, die aber eine gemeinsame Tradition in den volkssprachlichen Werken haben. Das wichtigste Dionysius-Zitat ist das folgende:

> Br 56v: „S*inte* Dionysius sprect: Die in weseleke*n* dinghe*n* ghevormt en*de* ghewassen sijn, die wane*n* dat niet ou*er*weselike dinghe en siin en*de* wanen he*m* daer mede bekinne*n* die de dee*m*st*er*nesse heeft gheset in siere winkelhoede. Die dee*m*sternesse es die settinghe tote*n* leste*n* in weseleke*n* dinghe."

Die Stelle stammt aus *De mystica theologia*: „Istos autem dico qui in existentibus sunt formati, nihil super existentia supersubstantialiter esse opinantes, sed putantes scire ea quae secundum seipsos est, cognitione

---

[41] Vgl. *DW* 4, 130.50-51 (cum nota) [Pr. 93]: „Sant Augustinus sprichet: ‚die sêle ist eigenlîcher dâ si minnet, dan dâ si daz lebet gibet.'" *Deutsche Mystiker des vierzehnten Jahrhunderts* 2, hrsg. v. F. PFEIFFER, Leipzig 1858, 409.23-30 (Tr.3): „Ouch sprichet sant Augustînus: mîn sêle ist dâ mêr, dâ si minnet, denne dâ si dem lîbe daz leben gît, und in der mâze ist mir got nêher, denne ich mir selber bîn." *Deutsche Mystiker* 2 (s. diese Anm.), 494.24-26 (Tr.10): „Sô süezer smac der tuot si ir selbes verliesen, daz si alle ir pîne von ûzen vergizzet. Dar umbe sprichet sant Augustînus, daz diu sêle mêr dâ sî, dâ si minnet, wan dâ si leben gît." *Deutsche Mystiker* 2, 496.24-29 (Tr.11): „Si ist wêrlîcher in gote danne si in ir selbes persône sî. Her ûf sprichet sant Augustinus, daz diu sêle mê sî, dâ si minnet, dan si dâ sî, dâ si leben gît."

eum qui ponit tenebras latibulum suum."[42]

Wie Wybram Scheepsma festgestellt hat, taucht die erste belegte Erwähnung dieser Stelle im ersten Viertel des 14. Jahrhunderts in der Handschrift der Rothschild Canticles auf.[43] Die Bedeutung dieser Stelle liegt in der Übertragung von „latibulum", das sowohl ins Deutsche als auch ins Niederländische mit ‚winkelhoed' oder ‚winkelhut' übersetzt ist. Dieses Lexem findet man auch in *Die Blume der Schauung.*[44]

Eine weitere interessante Dionysius-Stelle, deren Herkunft identifiziert wurde, lautet:

> Br 73r: „D*aer* of sprect s*inte* Dionysius: God es wesen der wesene ende leue*n* der leue*n*de en*de* licht der lichter."

Sie stammt offensichtlich aus *De divinis nominibus*: „Deus est vita viventium et entium substantia."[45] Der Ausdruck „licht der lichter" hat aber keine Entsprechung in der ursprünglichen lateinischen Stelle. Er bezieht sich jedoch auf die *prima causa* des *Liber de causis*, der auch *lumen luminum* genannt wurde, wie Bardenhewer[46] festgestellt hat. Da das Dionysius-Zitat nach dieser Form auch in dem von Pfeiffer edierten Traktat 11 *Von der Übervart der Gotheit* und in Traktat 15[47] auftaucht, kann man daraus schließen, dass dieses Zitat in der Volkssprache eine von den lateinischen Vorlagen unabhängige Überlieferung hatte, die Dionysius und den *Liber de causis* zusammenbrachte.

---

[42] PSEUDO-DIONYSIUS AREOPAGITA, *De mystica theologia* c.1, interprete IOANNE SARRACENO, in *Dionysiaca* 1, éd. P. CHEVALLIER, Bruges 1937, 569-70.

[43] SCHEEPSMA, „Filling the Blanks" (s. Anm. 4), 284, und *Limburgse sermoenen* (s. Anm. 4), 107.

[44] W. PREGER, *Geschichte der deutschen Mystik im Mittelalter* 2, Leipzig 1881, 426-34, hier 433; *‚Die Blume der Schauung'*, hrsg. v. K. RUH (Kleine deutsche Prosadenkmäler des Mittelalters 16), München 1991.

[45] PSEUDO-DIONYSIUS AREOPAGITA, *De divinis nominibus* c.1 (s. Anm. 42), 20

[46] PSEUDO-ARISTOTELES, *Die pseudo-aristotelische Schrift Ueber das reine Gute, bekannt unter dem Namen* Liber de causis, bearb. v. O. BARDENHEWER, Freiburg i.Br. 1882, 58-118.

[47] *Deutsche Mystiker* 2 (s. Anm. 41), 508.3-4: „Diss istes wesen ist diu einekeit, die irss selbes wesen ist und aller dinge. Hie von sprichet sant Dionysius: daz einic ein ist leben der lebenden, wesen der wesenden, rede der redenden, nâtûre der nâtûre und ist lieht der liehte." *Ibid.*, 540.5-12 (Tr. 5): „Alsô ist got aller nâtûre, wan er aller nâtûren nâtûre an im hât ungestücket. Er ist lieht der lieht, er ist leben der lebenden, er ist wesen der wesenden, er ist reden der redenden. Dar umbe ist er aller nâtûren nâtûre. Her ûf spreichet sant Dionysius: dar umbe mag er niht heizen ein nâtûre, wan er einvaltic ist und ime kein gelîcheit niht enist."

Ein ähnliches literarisches Phänomen ist bei anderen Zitaten zu beobachten, wie etwa bei dem „heidnischen Meister", der in *Des gheest boeck* aufgenommen wird, um die Unerkennbarkeit Gottes zu beweisen:

> Br 76v: „Dat sprect een heiden meester, wat wi der ierster sake bekinnen, dat sijn wi meer selve, dan die ierste sake si."

Das Zitat taucht ziemlich oft auf. Man liest es nicht nur in *Des gheest boeck*, sondern auch wortwörtlich in Meister Eckharts Predigt 83: „Nû merkent! Got ist namloz, wan von ime kan niemant nit gesprechen noch verstan. Harumb spricht ein heidens meister: Swas wir verstant oder sprechent von der ersten sachen, das sin wir me selber, dan es die erste sache si, wan si ist vber allis sprechen und verstan",[48] aber auch in dem Werk *Von wesen gottes*, einem von Adolf Spamer edierten Mosaik-Traktat: „Nu sprichet ein heidenischer meister: waz wir versten von der ersten sachen, daz sin wir me selber, dan ez die erste sache ist. Wan sv ist uber allez verstan",[49] und letztlich in einer von Jundt veröffentlichten Predigt: „Ain subtiler haiden sprichet: Was wir verstan von der ersten sach, das sint wir me selber denne es die erste sache si."[50]

Nach einer von Josef Quint[51] vorgebrachten Hypothese handelt es sich hier um ein Zitat aus dem *Liber de causis*; allerdings ist dieser Vorschlag noch zu verifizieren. Wie beim Fall der beiden Dionysius-Zitate haben wir es mit einer Spaltung der literarischen Tradition zu tun: Auf der einen Seite steht der lateinische Text, auf der anderen Seite eine volkssprachliche Überlieferung, die eine von der lateinischen Vorlage unabhängige Verbreitung erfahren hat.

Es wurde noch ein Hugo von Sankt Viktor-Zitat gefunden: „Dat sprect Hugo va*n* Sinte Victor[es]: Daer die co*n*st wt gaet, daer gaet die ghenaden", welches fast wortwörtlich die entsprechende lateinische Stelle wiedergibt: „intrat dilectio, ubi scientia foris stat."[52]

Was die übrigen Quellen betrifft, tappt die Forschung noch im Dunkeln. Die fünf Bernhard-Zitate harren noch einer Zuordnung, ebenso Gregorius (drei Belege), Maximus, Seneca und Albert der Große (eine Stelle).

---

[48] *DW* 3, 441.2-4.

[49] A. Spamer, *Texte aus der deutschen Mystik des 14. und 15. Jahrhunderts*, Jena 1912, 96.1-10.

[50] A. Jundt, *Histoire du panthéisme populaire*, Paris 1875, 278.10-12.

[51] Vgl. *DW* 3, 441, Anm. 1 (zu Pr. 83).

[52] Hugo de S. Victore, *Expositio in Hierarchiam caelestem Sancti Dionysii* VI c.7, in PL 175, Paris 1854, 1038D.

Die bisher gefundenen Quellen stellen aber ein Problem für die Forschung dar: Entweder haben diese Autoren (Meister Eckhart eingeschlossen) einander kopiert, oder sie hatten eine gemeinsame Quelle (Florilegien?) zur Verfügung. Wie zuletzt bewiesen, sind nicht alle Zitate in *Des gheest boeck* eine freie Übersetzung des Autors. Dieses Werk erweist sich jedenfalls als ein wichtiges Dokument für die Verbreitung und Überlieferung literarischer und philosophischer Formen im volkssprachlichen Kulturraum, wie Geert Warnar in seinem in diesem Band veröffentlichten Beitrag schon vermutet hat. Noch ein Beispiel dieser Intertextualität bietet die folgende Stelle: „(Br 63v) Een meest*er:* met gode een gheest, m*et Christus* een lief, dats ghewareghe eni*n*ghe. Tote die*n* die vader wel spreke*n* mach: Dit es mij*n* lieue sone, in dien ic mi wel behage (Matth. 17,5). Das Zitat des unbekannten Meisters liest sich in dieser Form auch in Adolf Spamers Traktat *Von der Wurkunge der sele*: „Die nidersten und die obersten kreften die warent alle in ganzer geordentheit mit der hochsten kraft, du da begriffen waz mit dem begriffe der gotheit, mit der si vereinet waz in einer persone. Secht, also wirt man ein mit gotte. Ein meister sprichet: mit gote ein geist und mit xpo ein lip, daz ist waru einunge.“[53]

Das Interessanteste an dieser Stelle ist aber der Zusammenhang von „Meister“-Zitat und Bibelzitat, der auch in zwei anderen volksprachlichen Werken überliefert ist. Das erste ist der Gaesdonckscke Traktat n. 3,[54] eine Predigt, die von der wahren Heiligkeit handelt und die in der Handschrift Gaesdoncks (54r-60r) überliefert ist, welche auch *Des gheest boeck* enthält: „(56v) /Salich sijn se / die dese heymelicke wege weten / Want si sijn myt god en geest / ende myt cristo een licham / Tot desen mach di vader wael sprecken / Dit sijn mijn lieve kynderen / in dien ic my wael behage.“

Das andere ist der Pfeiffer-Traktat 18 *Diu glôse über daz êvangelium S. Iohannis*: „Und alsô wirde ich mit Kristô ein lîp und mit got ein geist und bin erhaben mit allen mînen kreften in daz ungeschaffen guot und ziuhe alliu dinc nâch mir in einer blôzen luterkeit. Dar umbe sprichet daz ëvangelium ‚daz ist mîn liebster sun, in deme ich mir wol gevalle.‘ Alsò verstân ich mich niht anders denne al einen sun gotes.“ In diesem Fall ha-

[53] SPAMER, *Texte aus der deutschen Mystik* (s. Anm. 49), 101.3-8.

[54] P.T. TAX, „Gaesdonckesche Traktate“, in *VL*[2] 2 (1980), 1099-1101: „Die Gaesdonckesche Traktate umfassen kleinere predigtartige Abhandlungen, die sprachlich und thematisch durch die Logosmystik Meister Eckharts geprägt sind. Sie sind daher besonders als Dokument der Eckhart-Rezeption in den Niederlanden, daneben aber als kühnes Zeugnis mndl. mystischen Sprachdenkens bedeutsam.“

ben wir es nicht mit einer einzigen Autorität zu tun, sondern mit einem thematischen Komplex, der auf einen gemeinsamen Kulturraum in der Volkssprache zurückzuführen ist, aus dem diese Werke stammten. Die Erwähnung von unbekannten Meistern führt uns zu einer neuen Frage, nämlich danach, welche Autoren oder Werke *Des gheest boeck* inspirierten. Karin Schneider und ich selbst haben zunächst einen starken Einfluss von Meister Eckharts Denken auf *Des geeste boeck* vermutet. Diese Idee muss nun allerdings relativiert, wenn auch nicht gänzlich ausgeschlossen werden.

Sehen wir im Einzelnen die Argumente *pro* und *contra*. In *Des gheest boeck* werden drei anonyme Meister zitiert. Der erste kommt vor, wo der Autor eines der sechs Elemente schildert, die ein Zunehmender haben soll, und zwar die Dankbarkeit. Ein solcher Mensch muss bedenken, dass Gott ihm nicht nur viele Gaben geschenkt hat, sondern sich selbst in den Gaben, wie die Meister sagen: „(Br 51v) Dat soude I me*n*sche bedincke*n* dat die h*er*e sijn gaue gheeft (Br 52r) ene*n* arme*n* wormkine en*de* niet allene die gaue, maer he*m* selue*n* inder gaue*n*, alse die meesters spreke*n*."

Meines Erachtens hat Meister Eckhart so deutlich den Begriff formuliert, nach dem Gottes Gaben keine zusätzlichen (akzidentiellen) Offenbarungen der Gottheit vor dem Menschen, sondern Gott selbst sind. In Predigt 9 formuliert er diesen Gedanken mit Ausdrücken, die fast wortwörtlich der Stelle in *Des gheest boeck* entsprechen: „Aber got gemeinet das sîne, wan er von im selber ist, daz er ist, und in allen den gâben, die er gibet, sô gibet er sich selber ie zem ersten."[55] In den *Reden* (ein Werk, dessen Gebrauchsfunktion und Publikum unserem Traktat sehr nahe stehen) wiederholt er: „Sunder alle die gâbe, die er ie gegap in himel und ûf erden, die gap er alle dar umbe, daz er éine gabe geben möhte: da waz er selber."[56]

Quint[57] hatte weder bei den *Reden* noch bei der Predigt 9 auf weitere Quelle hingewiesen. Es besteht also die Möglichkeit, dass sich Eckhart hinter den genannten Meistern verbirgt.

Eine weiteres Eckhart-Zitat ist: „(Br 67r) Daer af sprect die meest*er* datme*n* va*n* beki*n*nesse*n* der wijsheit sterue*n* soude en*de* va*n* alder onledecheit."

Die Seele, die stirbt, hat das wahre Leben, und deswegen soll der

---

[55] *DW* 1, 149.9-10.

[56] *DW* 5, 278.16-279.1.

[57] Vgl. *DW* 5, 361, Anm. 368 (zu Tr. 2) und 149, Anm. 1 (Pr. 9).

Mensch „sterben". Es handelt sich um die metaphysische Übung des seit Ambrosius sogenannten mystischen Todes, durch die die Seele sich und der ganzen Welt abstirbt. Der Autor von *Des gheest boeck* sieht in dem Sterben der Seele die letzte Stufe der „überkommenen" Menschen oder toten Menschen, die diese komplette Selbstvernichtung erreicht haben. Wer nämlich nicht ledig und bloß von sich selbst ist, kann Gott nicht erkennen. Darauf bezieht sich der oben zitierte Meister. Wer ist hier gemeint? Eine erste Vermutung ist, dass unser Autor hier wieder Eckhart zitiert. Nicht nur weil der Tod der Seele in Gott eine Grundidee Eckharts ist, sondern auch weil es einen textuellen Beweis gäbe. In der Predigt 95 *Os suum aperiat Sapientiae* behauptet Eckhart: „Daz sterben der sêle daz sol sîn an dem bekanntnisse gotes, daz si von ir selber vliehen sol und daz ir alliu dinc âsmec und stinkende suln werden, daz got niht enist."[58] Der Mensch soll so tot sein, dass er gar nicht mehr auf sich selbst achtet. Das ist nach Eckhart die wahre Selbstachtung, die auf sich als einzelnes Individuum nicht mehr Acht gibt.

Auch für den Autor von *Des gheest boeck* liebt und erkennt der tote Mensch nicht mehr dank einer eigenen Eigenschaft, sondern er liebt und erkennt mit göttlichem Licht und göttlicher Minne. Deswegen bedarf er keines Lehrers oder Vorbilds mehr, was hingegen für die Beginnenden notwendig ist. Was er so durch die geistigen Übungen der Selbstvernichtung und Selbstnegation zuletzt entdeckt, ist nichts anderes als der wahre Ursprung seines Willens. Er lernt die wahre Christus-Nachfolge, die, wie der Autor am Anfang des Traktats festgelegt hat, in einem totalen Ausgehen von sich selbst besteht: „(Br 70v) Inde*n* o*n*ghe(Br 71r)me*n*gde*n* lichte w*er*t die geest va*n* ke*nn*e ke*n*neloes. Daer beke*n*t hi in dee*m*sterheit en*de* va*n* mi*nn*e*n* mi*n*loes. Dat es inder godw*er*degher eni*n*ghe*n* sond*er* middel, want hi w*er*t daer begrepe*n* en*de* onbeua*n*ghe*n* met enen godleke*n* lichte, alsoe dat hi sond*er* werc, sond*er* ghenoecht w*er*c een beke*nn*e*n* sonder vorme en*de* mi*nn*e*n*, sonder ghelikenesse en*de* ghebruke*n* sonder eyge*n*scap, dat es sonder aneneme*n*. Dat es oec rechte ermoede inde*n* geest."

Eckhart hatte mit fast denselben Worten diese Idee der Armut des Geistes[59] ausgedrückt, insbesondere im *Traktat von Abegescheidenheit*, dessen Echtheit aber noch umstritten ist: „Und sô diu abegescheidenheit kumet ûf daz hoeste, sô wirt si von bekenne kennenlôs und von minne minnelôs und von liehte vinster. Davôn mügen wir ouch nemen, daz ein

[58] *DW* 5, 195.15-18.

[59] Es ist aber bedenklich, dass der Autor von *Des gheest boeck* von Armut **in den** Geistern spricht. Das könnte womöglich keine unwichtige Präzisierung sein.

meister sprichet: die armen des geisten sint die, die gote alle dinc gelâzen hânt als er sie hâte, dô wir niht enwâren."[60]

Josef Quint hatte auf die Möglichkeit hingewiesen, dass Eckhart sich auf einen bisher noch unbekannten Meister und nicht auf die berühmte Predigt 52 *Beati pauperi in spiritu* bezog, wie dagegen Kurt Ruh meinte. Eine ähnliche Stelle liest man z.B. in Pfeiffers Traktat *Von der Übervart der Gotheit*: „Dô wart si von kennende kennelôs, von minnende minnelôs, von willen willelôs unde von liehte vinster",[61] aber nur in Eckharts Traktat wird die Stelle wie in *Des gheest boeck* auf die Armut des Geistes bezogen. Nur dank der Armut des Geistes oder im Geist wirkt Gott wunderliche Werke in der Seele, unter denen das für uns Interessanteste das Werk des „heilech leven in gheestelijc leue*n*" ist.

Wie schon gesagt, gibt es unserem Autor Anlass, vom „geisten" zu handeln. Die Seele hat tatsächlich die Möglichkeit, alle Dinge in sich durch die fünf Sinne zu ziehen und darüberhinaus in der „intelligentia" ihr gleich zu machen. Das kann, behauptet der Autor, auf dreierlei Weise interpretiert werden. Zuerst, dass der Mensch: „(Br 73v) alre dinghe beelde in he*m* heeft alse he*m* dat beelde *ver*eent met gode. Dat ander es soe wat die me*n*sche der creatuere*n* ghebruuct, (Br 74r) dat wert iet leue*n*de in he*m* en*de* in die*n* me*n*sche wert inder ordeni*n*ghe*n* leue*n*de in gode. Alsoe bringt die me*n*sche weder alle dinc in sine*n* iersten orspro*n*c, daer si wt ghevlote*n* sijn."

Wie auch Alain de Libera bemerkt,[62] hat nur Eckhart die Rückkehr der Welt in ihren Ursprung durch die Seele so deutlich ausgedrückt, und das mehrmals. Einmal in der Predigt 90, in der Eckhart schreibt: „Diu êrste kunst, diu got ist, ûz der gevlozzen sint alliu dinc, mit der lêrte er uns, wie wir widerkêren suln und ordenen alliu dinc in irn êrsten ursprunc: Daz geschihet in dem menschen, in dem gesament werdent alliu manicvelticheit und alliu lîplîchiu dinc ûfgetragen werdent in got in irn êrsten ursprunc, daz got ist."[63] In dieser Stelle wird eine Dynamik beschrieben, welche auch in *Des gheest boeck* zu bemerken ist. Indem der Mensch sich mit Gott einigt, bringt die Seele alle Kreaturen in die Einheit der Gottheit als in ihren Ursprung zurück, indem sie das Edelste, Reinste und Höchste der Kreaturen in ihrer Vernunft erfaßt. „Iersten orspronc" bezieht sich

[60] *DW* 5, 377-468, hier 428.8-11.

[61] *Deutsche Mystiker* 2 (s. Anm. 41), 504.

[62] A. DE LIBERA, *Metaphysique et noétique. Albert le Grand*, Paris 2005, 263.

[63] *DW* 4, 66.13-24.

sowohl in Eckhart als auch in *Des gheest boeck* auf die *prima causa* des *Liber de causis*, auch *lumen luminum* genannt. Sowohl in der Eckhartschen Predigt als auch in *Des gheest boeck* wird ein kognitiver Prozess beschrieben, welchen Alain de Libera als „le premier stade d'une remontée universelle des intelligibles au Premier Principe, dans la forme de l'Un"[64] definiert hat.

Zum Schluss möchte ich auf eine letzte interessante Passage hinweisen. Wenn der Autor den Zustand der Vollkommenen analysiert,[65] wird er zu einem Erkenntnisproblem zurückgeführt, das er mit einem dionysisch ausgelegten Ausdruck beschreibt: Gott ist an sich ohne Weise, doch die Seele begreift ihn mit Weise, weil die Seele „bewonden ist", wie Gottes Gaben „bewonden" sind („[Br 62v] wa*n*t die ziele bewo*n*de*n* es wat se da*n* va*n* gheesteliker en*de* godliker gaue ontfaen sal die mede bewo*n*de*n* sijn inder wise alsi bewo*n*de*n* es.") Hier sehen wir eine klare Anspielung auf die dionysische Stelle von *De caelesti hierarchia*: „Etenim neque possibile est aliter lucere nobis divinum radium nisi varietate sacrorum velaminum anagogice circumvelatum."[66] „Bewonden" übersetzt „circumvelatum". In Dionysius ist aber kein Wort von der Seele („anima") wie es in *Des gheest boeck* zu lesen ist. Einen solchen Zusammenhang finden wir hingegen in der Predigt 57 von Meister Eckhart, der klar auf Dionysius zurückgreift, nach einer Übersetzung, die auch dem Dionysius-Zitat in *Des gheest boeck* ähnelt: „Sant Dionysius sprichet: ist, daz daz götlîche lieht in mich schînet, sô muoz ez bewunden sîn, als mîn sêle bewunden ist."[67]

Kurt Ruh kannte diese Stelle, die er in seinem Beitrag „Dionysius Aeropagita im deutschen Predigtwerk Meister Eckharts"[68] so kommentierte: „Dieses wie die meisten anderen Zitate machen deutlich, in welcher Weise Eckhart zitiert: nicht auf den Wortlaut bedacht, sondern sinngemäß, zudem interpretierend – im letzten Beispiel mit einem hinzugefügten Vergleich: Wie die Seele von Leib umhüllt ist –, außerdem setzt er die vielfach manieristische Ausdrucksweise des Areopagiten in seine eigene Diktion um." Kurt Ruh war auch davon überzeugt, dass Eckhart Dionysius

---

[64] DE LIBERA, *Metaphysique et noétique* (s. Anm. 62), 263.

[65] S. oben, S. 182-88.

[66] PSEUDO-DIONYSIUS AREOPAGITA, *De caelesti hierarchia* c.1, interprete IOANNE SARRACENO, in *Dionysiaca* 2, éd. P. CHEVALLIER, Bruges 1937, 733.

[67] *DW* 2, 603.1-2.

[68] K. RUH, „Dionysius Aeropagita im deutschen Predigtwerk Meister Eckharts", in *Perspektiven der Philosophie* 13 (1987), 207-23, hier 211.

nicht aus zweiter Hand kennen lernte.[69] Kann die deutliche Affinität zwischen den beiden Stellen allein uns erlauben, einen Einfluss der Predigt 57 auf *Des gheest boeck* zu folgern? Die bisher angeführten Beispiele lassen mehr das Zurückgreifen auf eine gemeinsame Kultur in der Volkssprache vermuten, die, wie schon gesagt, von der lateinischen Vorlage ganz unabhängig ist. Eckhart nicht ausgenommen!

Was aber noch zu bemerken ist, ist der Kontext, in dem das Dionysius-Zitat verwurzelt ist. Sowohl in *Des gheest boeck* als auch in der Predigt 57 kommt die Unaussprechlichkeit Gottes zur Sprache, die beide Autoren mit der Autorität eines heidnischen Meisters belegen (Pr. 57: „Plâto sprichet: waz got ist, des enweiz ich nicht", *Des gheest boeck*: „(Br 62v) Dat sp*re*ct een heide*n* meester: Wat wi der ierster sake beki*nn*e*n*, dat sijn wi meer selue dan die ierste sake si dat wi van gode beki*nn*e*n* dat een es god") und mit dem Gleichnis der „bewondenen" Sonne erklären, die der Autor von *Des gheest boeck* mit dem Beispiel der durch die getönten Kirchenfenster scheinenden Sonne veranschaulicht.

Auch wenn der Autor von *Des gheest boeck* Eckhartsche Lexeme, Ausdrücke oder Gedanken verwendet hat, muss der Einfluss des Dominikaners auf unseren Autor aber relativiert werden. Die Interpretation, die dieser Autor vom Eckhartschen Denken liefert, ist ganz offensichtlich begrenzt, denn zum einen fehlt das Thema der Identität und zum anderen eine klare Analyse der intellektuellen Vereinigung zwischen Gott und den Kreaturen, die Eckhart vor allem in anthropologischem Sinne ausgeführt hat. Auch wenn es sich in *Des gheest boeck* um eine Vereinigung „sonder middel" zwischen Gott und dem Menschen handelt, hat diese Vereinigung keine intellektuelle Natur, die alle Menschen erreichen kann.

Der Autor von *Des gheest boeck* übernimmt diese Grundidee, verbindet sie aber mit der Dialektik von „geisten-entgeisten-îngeisten", die die „überkommenen" Menschen zu der Selbstvernichtung führt[70] und der wahren Christus-Nachfolge entspricht, weil nur wer sich entgeistet und wieder eingegeistet hat, die Christus-Nachfolge vervollkommnet, die jedoch die „Überkommenen" nur aufgrund der Gnade erreichen können.

---

[69] IDEM, *Ibid.*, 213.

[70] Das Lexem ‚îngeisten' habe ich bis jetzt nur in zwei von Pfeiffer edierten Traktaten, und zwar dem Traktat *Diz ist diu glôse über den überschal* (*Deutsche Mystiker* 2 [s. Anm. 41], 520.30-31: „Aber ir entgeistikeit lît an dem înslage, dâ si mê ûf daz sîne gêt dan ûf daz ire, unde daz ist diu hôcheit irs volmahten wesens. Aber diu îngegeistikeit gotes daz ist diu verborgenheit") und in dem sogenannten *Liber positionum* (*Ibid.*, 684.5-7: „Dû îngeister geist in die einunge gotes, sant ûf unde würke dîn êrstez werc") gefunden.

Was oben analysiert wurde, entspricht der Erläuterung des ersten Themas („[Br 39r] Sequere me et cet*er*a. Onse here *Ihesus Christus* sprect: Volghe mi. Wat es volghen? Volghen es volcomenheit“): Die Christus-Nachfolge muss sich in Minne, Erkenntnis und Einigung durch Tun, Lassen und Leiden vervollkommnen. Der erste Schritt ist, wie wir schon gesehen haben, eine Selbstentäußerung („[Br 46r] Hier o*m*me sou(Br 47v)de die me*n*sche sijns willen vte gaen“), die zum zweiten Thema, nämlich zur „discretio spirituum“ führt („[Br 40v] S*inte* Ian sprect in der ewa*n*gelien: Men sal ondersceet hebben der gheeste“).

Es handelt sich um ein Thema, dem laut *Dictionnaire de spiritualité*[71] nur zwei Werke gewidmet wurden: die *Unterscheidung der Geister* von Heinrich von Langestein[72] und die *Unterscheidung der Geister* von Heinrich von Friemar[73]. Beide Werke wurden aus einem deutschen Original ins Lateinische übersetzt und entstanden Ende des 14. Jahrhunderts. Dagmar Gottschall, die zurzeit an der Edition der deutschen Version des *Geistbuch* arbeitet, hat auf die Melker Handschrift hingewiesen, die Exzerpte aus *Des gheest boeck* überliefert. Sie werden vom Redaktor Lienhart Peuger in den Kontext der *Unterscheidung der Geister* von Heinrich von Friemar gestellt.[74]

Es besteht also die Möglichkeit, Heinrich von Friemar als eine weitere Quelle von *Des gheest boeck* zu identifizieren. Beim derzeitigen Forschungsstand kommen wir natürlich über Hypothesen kaum hinaus. Trotzdem hat mir Nadia Bray im Rahmen ihrer Forschung über die Augustiner[75] folgende Synopse vorgeschlagen:

---

[71] F. VANDENBROUCKE, „Discernement des esprits“, in *DS* 3 (1967), 1254-66.

[72] T. HOHMANN, *Heinrichs von Langestein ‘Unterscheidung der Geister’*. Lateinisch und Deutsch, München 1977.

[73] *Der Traktat Heinrichs von Friemar über die Unterscheidung der Geister*. Lateinisch-mittelhochdeutsche Textausgabe mit Untersuchungen, hrsg. v. R.G. WARNOCK und A. ZUMKELLER, Würzburg 1977; vgl. A. ZUMKELLER, „Ein Zeitgenosse Eckharts zu Fehlentwicklungen in der damaligen mystischen Bewegung. Kritische Bemerkungen in neuentdeckten mystischen Traktaten Heinrichs von Friemar des Älteren O.S.A.“, in *Kirche und Theologie in Franken: Festschrift für Theodor Kramer*, Würzburg 1975, 229-38; J. HACKETT, „The Reception of Meister Eckhart: Mysticism, Philosophy and Theology in Henry of Friemar (the Elder) and Jordanus of Quedlinburg“, in *Meister Eckhart in Erfurt* (s. Anm. 39), 554–86, hier 560-72. Dort ist Literatur zum Thema zu finden.

[74] F. Löser bemerkt dazu: „Der Text, der zu Anfang ‚vierlay menschen‘ charakterisiert, ‚dy got nachfolgen‘, geht erst gegen Ende in den Prolog Heinrichs von Friemar über.“ Vgl. LÖSER, *Meister Eckhart in Melk* (s. Anm. 3), 221.

[75] N. BRAY, „Eckhart e Teodorico di Freiberg nell’*Opus Ior* di Giordano di Quedlin-

Henricus de Vrimaria, *De quattuor instinctibus* I, ed. A. Zumkeller, 162.94-105	*Des gheest boeck*
Nam certum est, quod, sicut Deus est in se ipso summum bonum, ita semper movet hominem per suum instinctum ad illud, quod est optimum. Propter quod, quicumque pure et sinceriter pareret divinis instinctibus, ille iugiter in suis actibus attingeret illud, quod est sibi optimum et Deo magis gratum. Sed prohdolor quidam sunt adeo infirmi cordis et cum tanta diffidentia Deo serviunt, quod parum de divinis instinctibus percipiunt... sicut et isti tam extranee et dubie divinos instinctus recipiunt.	(Br 40v) Si werden oec alsoe vol godlikere trouwen dat se ghene onmoghelike dinc dromelachtech maken en mach, mer si bekinnen hem selven alse na haren dele met gods werdech, ende alsoe bekinnen si oec wel dat god na sinen dele al goet hebben sal ende dies werdech es hier omme onderwinden sie hem (Br 41r) oec alre goeder werke te werkene in gods werdecheit ende hopen tote alre volcomenheit die god pleecht te gheuene sinen vereenrenne.

Henricus de Vrimaria, *De quattuor instinctibus* IV, ed. A. Zumkeller, 196.13-16	*Des gheest boeck*
Propter primum est sciendum, quod illi, qui conantur ad augmentum scientiae et ut proficiant in cognitione veritatis, multotiens abducuntur a vero per instinctum naturale, quia saepe creditur esse gratiae, quod est naturae.	(Br 58r) want der liede es vele die met naturliken lichte bekint werden ende wanen dat gratie es.

Ein Einfluss der Augustiner auf *Des gheest boeck* ist aber mehr als eine Vermutung. In *Des gheest boeck* verweist das erste Thema („[Br 39v] Wi selen he*m* na gaen ane beki*nn*esse en*de* ane mi*n*ne en*de* ane eni*n*ghe“) auf den Zustand der „Überkommenen“, die mit göttlichem Licht erkennen und mit göttlicher Minne lieben („[Br 66v] Die bekinne*n* alre meest met ene*n* godleke*n* lichte en*de* mi*n*ne*n* met godleker mi*nn*e*n*“). Wie schon gesagt, besteht darin die Vereinung „sonder middel“, die die „Uberkommenen“ in Erkennen und Liebe erreichen.

Im *Traktat von der Minne*, den Karl Witte[76] dem Augustiner Johann

burg“, in *Giornale critico della filosofia italiana* 82 (2003); EADEM, „Giordano di Quedlinburg come documento delle discussioni posteckhartiane“, in *Intellect et imagination dans la philosophie médiévale.* Actes du XI Congrès International de Philosophie Médiévale, 26-31 août 2002, 3 vols., Porto, éd. J.F. MEIRINHOS et M.C. PACHECO (Rencontres de philosophie médiévale 11), Turnhout 2006; *Opus Ior: Registrum sermonum, Tabula contentorum secundum ordinem alphabeti*, ed. N. BRAY, Pisa 2004; vgl. auch HACKETT, „The Reception of Meister Eckhart“ (s. Anm. 73), 572-86.

[76] K.H. WITTE, „Der ‚Traktat von der Minne‘, der Meister des Lehrgesprächs und Johannes Hiltalingen von Basel. Ein Beitrag zur Geschichte der Meister-Eckhart-Rezeption

von Hiltalingen zugeschrieben hat, will der Autor beweisen, dass sich Gott als Liebe mit dem Menschen vereint und nicht als Wesen. In seiner Beweisführung brachte er als erstes „mynne" mit „bekanntnisse" zusammen: Die Minne und die Erkenntnis, mit der sich Gott selbst erkennt und liebt, sind dieselben, mit denen er die Geschöpfe erkennt und liebt, denn „was in got ist, das ist got"[77]. Die menschliche Erkenntnis ist nämlich unfähig, Gott zu begreifen. Darum schreibt der Augustiner im *Traktat von der Minne*: „Der mensch enmag got nicht bechennen, er bechen in den mitt der (217r) bechentnuß, da mit sich gott selber bechennet."[78] Daraus ergibt sich, dass auch die Minne, mit der der Mensch Gott liebt, eine ungeschaffene Minne ist, d.h. Gott selbst.[79] Die Affinitäten mit *Des gheest boeck* sind nicht zu übersehen.

Wenn sich diese Vermutung bestätigen ließe, wäre *Des gheest boeck* ein weiteres Beispiel für die Rezeption von Meister Eckhart im Kulturraum der Augustiner neben Jordan von Quedlinburg und Johann von Hiltalingen. Eine ähnliche Methode ist in *Des gheest boeck* zu sehen, in dem der Autor sich offensichtlich auf die Autorität eines unbenannten Meisters beruft, ohne aber in seiner Argumentation die letzten Konsequenzen zu ziehen.

V. Schlussfolgerung

Aus dieser kursorischen Vorstellung von *Des gheest boeck* geht hervor, dass wir es nicht mit einem schlichten Kompilator zu tun haben, der ohne eigene Kriterien nur Autoritäten sammelt. Er erweist sich hingegen als ein selbständiger Denker, der sich bemüht, seine Mitbrüder zu einer Vervollkommnung des christlichen Tugendlebens anzuleiten. Der Traktat erörtert die Frage der Lebensführung: den rechten Willen, Sünde, Reue, Christus-Nachfolge, indem vielfach typische Klostertugenden wie der Verzicht auf den eigenen Willen, Fasten, Wachen, Studieren und Meditieren in *Des*

---

in der Augustinerschule des 14. Jahrhunderts", in *Zeitschrift für deutsches Altertum und deutsche Literatur* 131 (2002), 454-87, hier 480.

[77] K. RUH, „‚Traktat von der Minne': eine Schrift zum Verständnis und zur Verteidigung von Meister Eckharts Metaphysik", in *Philologie als Kulturwissenschaft: Studien zur Literatur und Geschichte des Mittelalters. Festschrift für K. Stackmann*, Göttingen 1987, 208-29, hier 212.37.

[78] IDEM, *Ibid.*, 215.86-88.

[79] IDEM, *Ibid.*, 216.129-131: „Darum ist die mynne, do der mensch got mit minnet, ein vngeschaffen mynne vnd chein dingk ist vngeschaffen den got allein. Darum ist got die mynne."

gheest boeck zur Sprache kommen. Es handelt sich um eine Abhandlung, die das theologisch-scholastische Lehrgut nicht einfach in katechetische Formeln bringt, auch nicht die abstrakte Begriffssprache des Schulbetriebs beibehält. Die Eigenart von *Des gheest boeck* besteht darin, dass es in spontaner Gedankenarbeit theologisches Wissen und Erfahrung heranzieht, um schwierigste Inhalte des Glaubens und Denkens der persönlichen Einsicht zugänglich zu machen. In diesem Sinn kann *Des gheest boeck* einen Platz neben *Der Traktat von der Minne*, *Die Blume der Schauung* und anderen, ähnlichen volkssprachlichen Traktaten beanspruchen.

Das Geheimnis seiner Herkunft, seiner doppelten Überlieferung und die Identität seines Autors zu enthüllen, ist die Aufgabe unseres Forschungsprojekts.

Università degli Studi di Lecce

DER TRAKTAT *VON DEM EWIGEN WORT* UND DER AUGUSTINISTISCHE KONTEXT DER REZEPTION DER LEHRE VON DER GOTTESGEBURT AM OBERRHEIN IM 15. JAHRHUNDERT

MIKHAIL KHORKOV

Es besteht kein Zweifel darüber, dass die große Verbreitung von Eckharts Werken und seine Popularität am Oberrhein im 15. Jahrhundert nicht zuletzt der spätmittelalterlichen Frömmigkeit und Spiritualität zu verdanken ist. Die Texte von Eckhart wurden im Spätmittelalter von einem weitaus größeren Publikum gelesen und studiert als nur von den Kreisen der Theologen und Mönche. Menschen unterschiedlichster Bildung und Position und verschiedenster Interessen fanden in Meister Eckhart einen Lehrer, der ihren religiösen Neigungen entsprechen und gleichzeitig als Stimulator fungieren konnte.

Eines der wichtigsten Zeugnisse der Eckhartrezeption sind die Sammelhandschriften der mystischen Texte. Textsammlungen dieser Gattung finden sich in den Bibliotheken in unüberschaubarer Menge. Zu ihnen gehört die umfangreiche Sammlung deutscher mystischer Texte sowohl anonymer als auch so bedeutenden Vertretern der deutschen Mystik wie Meister Eckhart, Heinrich Seuse oder Johannes Tauler zugeschriebener, welche sich als Manuskript M.I.476 in der Universitätsbibliothek Salzburg befindet.[1] Diese Handschrift wurde in der Mitte des 15. Jahrhunderts am Oberrhein verfasst. Ursprünglich oder einige Zeit nach ihrer Abfassung war die Handschrift in der Bibliothek des Franziskanerklosters in Basel vorhanden. Dies teilt der Vermerk des Besitzers des Buches auf dem Blatt 37r mit: „ad minores basilee 16“. Diese Tatsache an sich verdient bereits Aufmerksamkeit, weil die Werke der rheinischen Mystiker aus dem Predigerorden in den Bibliotheken der Franziskanerklöster nicht oft vorhanden waren. Nach der Reformation waren die Besitzer des Manuskriptes M.I.476 auch Privatpersonen, die im Elsass, in Baden und in der Schweiz lebten.

Den selbständigen und anscheinend frühesten Teil der Sammlung bil-

---

[1] *Die deutschen Handschriften des Mittelalters der Universitätsbibliothek Salzburg*, bearb. v. A. JUNGREITHMAYR (Veröffentlichungen der Kommission für Schrift- und Buchwesen des Mittelalters 3.2), Wien 1988, 69-135.

det die vollständige Version des *Büchlein der Ewigen Weisheit* von Heinrich Seuse. Sie wurde im Jahr 1441 im elsässischen Dialekt geschrieben und nimmt die Blätter 1r-28v ein. Nach einer Aufzeichnung auf dem Blatt 28v war der Verfasser dieser Version ein Schreiber namens Joerg Gartner aus Lahr: „1441 in dem hömanet wart dis geschrieben von Joerg Gartner von Lor in Strossburger bistům." Über diesen Joerg Gartner aus Lahr ist leider wenig bekannt. Es scheint, dass außer im Manuskript M.I.476 sein Name nirgends auftaucht. Da er sich in der von ihm gemachten Aufzeichnung als dem Straßburger Bistum zugehörig kennzeichnet, kann man vermuten, dass Gartner zu den Klerikern oder den Bürgern der Stadt Lahr gehörte. Es ist unwahrscheinlich, dass er in jener Periode, in der er Seuses Buch abschrieb, ein Mönch war. Dann hätte er nämlich nicht das Bistum, sondern sein Kloster, seinen Orden bzw. seine Ordensprovinz genannt. Es ist nicht ausgeschlossen, dass er als ein professioneller Schreiber im Dienst einer geistlichen Person stand. Es ist auch möglich, dass er ein gottsuchender und von der Mystik begeisterter Bürger war. Dann ist es nicht ausgeschlossen, dass er Seuses Buch für sich selbst abgeschrieben hat. Möglicherweise wurde er später Mönch, z.B. im Franziskanerkloster in Basel, oder, was wahrscheinlicher ist, vermachte dem Kloster seine Bücher. So könnte seine Version des *Büchlein der Ewigen Weisheit* in die Klosterbibliothek der Basler Franziskaner gekommen sein. Später wurde diese Version der mystischen Sammlung der Handschrift M.I.476 zugrunde gelegt, die andere Schreiber mit anderen Texten ergänzt haben.

Es ist kein Wunder, dass im Rahmen dieser sich an Seuse orientierenden Sammlung mystischer Texte auch Seuses Umdeutung der Konzeption Eckharts von der Geburt des ewigen Wortes rezipiert wurde. In seinem von den trinitarischen Gedanken Augustins und Bonaventuras beeinflussten Spätwerk betont Seuse nicht nur die transzendentale Einheit Gottes in der Gottheit, sondern auch die notwendige Differenz der drei göttlichen Personen in ihrer Wirkung auf die menschliche Seele.[2]

In diesem Sinne bemerkenswert für Inhalt und Komposition der Handschrift M.I.476 ist eine in Form eines Traktats mit dem Titel *Von dem ewigen wort* überlieferte systematische Ausarbeitung der Lehre Eckharts von der Geburt des ewigen Wortes in der Seele (ff. 143v-147v).[3]

---

[2] HENRICUS SUSO, *Büchlein der Ewigen Weisheit*, in HEINRICH SEUSE, *Deutsche Schriften*, hrsg. v. K. BIHLMEYER, Stuttgart 1907, ND Frankfurt a.M. 1961, 176.5-191.29.

[3] *Die deutschen Handschriften* (s. Anm. 1), 90; J. QUINT, *Neue Handschriftenfunde zur Überlieferung Meister Eckharts und seiner Schule. Ein Reisebericht* (MEISTER ECKHART, *Die deutschen und lateinischen Werke. Untersuchungen* 1), Stuttgart-Berlin 1940, 146-48.

Dieser Traktat zeigt eine Sonderform der Mystikrezeption, die aus sachlichen Gründen zu einer strukturierten Systematik gelangte und die dogmatisch korrekten Konfigurationen der Lehre Eckharts von der Gottesgeburt beleuchtete.

In einer nach Quellen und Fragestellungen variierenden, katechismusartigen Zusammenstellung werden in diesem Traktat weitere Themen systematisch behandelt: das ewige Wort als Prinzip des Seins und als Prinzip der Selbstmitteilung Gottes, das ewige Wort und die drei göttlichen Personen, die Wahrnehmung des ewigen Wortes in der Seele, der „äußere", „innere" und „innerste" Mensch, Typologien der Geburt des ewigen Wortes, Gottesgeburt, Seligkeit und Gnade. Wie der unbekannte Verfasser seine Systematisierung der Gottesgeburt-Mystik im Einzelnen darstellt, soll in diesem Beitrag nicht ausführlich behandelt werden, sondern nur skizzenhaft im Hinblick auf die wichtigsten Gesichtspunkte.

Der Traktat beginnt mit einer Art Theorie des ewigen Wortes, die das Wort Gottes mit dem Sohn Gottes in traditioneller Weise identifiziert und durch die Geburt des ewigen Wortes alles Seiende mit dem Inneren des Menschen und gleichzeitig mit der Gottheit verbindet.[4] Hier benutzt der Autor des Traktats die Gelegenheit, den augustinischen Begriff des Bildes anzuführen, der für seine Erklärung der Beziehungen zwischen Gott und Welt, dem Ungeschaffenen und dem Geschaffenen, dem Inneren und dem Äußeren wichtig ist: Der Mensch ist insofern ein Bild Gottes, als er das ewige Wort innerlich wahrnimmt.[5] Dies vermag er, indem er die Unterscheidung der Bilder im Anschluss an Augustin und Bonaventura als Begegnungsmodi von Wesenheiten begreift. Nach Maßgabe der Aktivität eines Wesens ist das Bild einfach und einheitlich, nach dem Unterschied der Personen haben die Bilder „zweÿ antlit, dz ein worcht nider wert, dz ander uff wert".[6] Mit dem niedrigeren „Antlitz" versteht die Seele sich selbst und die äußerlichen Dinge. Das oberste „Antlitz" wirkt auf zweierlei Weise: „Mit dem einen verstot sú got und sine güte und sinen uss fluss.... Ein ander werk ist verborgen in dem obersten antlit, dz ist verbor-

---

[4] Salzburg, Universitätsbibliothek, Hs. M.I.476, f. 143v: „Dz wort ist ein klare bekantniss und dz ist der sun... da got machet den menschen, da was dz aller inrest in der gotheit vereinet mit dem menschen."

[5] Salzburg, UB, Hs. M.I.476, f. 143v: „Sant Augustinus sprach, dz er dz bilde sůchen wolte in der sele. Da sůcht er es in dem ussern menschen, da vand er vier glichniss und dru küppel und zweÿ gelicht. Da vand er des bildes nit und da sůcht er es in dem inren menschen, da vand er ein."

[6] Salzburg, UB, Hs. M.I.476, f. 143v.

gen in der verborgenheit, und da lit das bilde."[7]

Das Seiende ist überall und immer gestalthaft geordnet, sodass das Ganze nicht auf die Teile reduziert werden kann. Innerhalb der Grenzen des Seienden zeigt sich eine tiefe, innere Einheit, ungeachtet der verschiedenen Stufen der substanziellen Differenzierung und Verinnerlichung, die allerdings nicht zu übersehen sind. Genau dieser Einheit in der Gottheit gehört jener Zug an, der für den Autor des Traktats *Von dem ewigen wort* den Grundzug des Seins der göttlichen Personen überhaupt ausmacht. Er erläutert diese Einheit der Wirkung der drei Personen mit dem Verweis auf die berühmte analogisch-anthropologische Formel Augustins aus dem Buch *De Trinitate*: Ebenso wie die drei geistigen Kräfte in der menschlichen Seele (Erinnerung, Vernunft, Wille) wesentlich ein und derselbe Geist sind, sind die drei göttlichen Personen ein und dasselbe Wesen in der Gottheit.[8] Die Lehre von der Geburt des ewigen Wortes ist damit der Lehre von der Trinität unterzuordnen.

Das ewige Wort, das die Weisheit des Vaters ist („ein liste des vatters, mit dem er alle creaturen hat gemachet..., es ist ein list des vatters, da mit er alle ding uff treit in ir eigen wesen", f. 143v), bringt sich entweder rein innerlich oder vermittels eines verlauteten Wortes zum Ausdruck. Seiner Natur nach wird ein von einem Wesen geborenes Wort – insofern es ein Wort ist – in einem anderen Wesen empfangen. Der Begriff des Wortes bedeutet daher immer auch Selbstmitteilung nach außen. Diese Eigenschaft des Wortes, die bei jedem Reden, Hören und Lesen zu erfahren ist, überträgt der Autor des Traktats *Von dem ewigen wort* auf die Natur des ewigen Wortes, das der Mensch in seinem Herzen empfängt.[9] Im sprachli-

---

[7] Salzburg, UB, Hs. M.I.476, f. 143v.

[8] Salzburg, UB, Hs. M.I.476, f. 143v: „Und also drÿ personen sint in der gotheit an eÿme wesen, also sint die drÿ krefft der sele in eÿme wesen ein geist, und dar inn lit dz bilde aller eigenlichest." AUGUSTINUS HIPPONENSIS, *De Trinitate* X.11.18, ed. W.J. MOUNTAIN auxiliante Fr. GLORIE, in CCSL 50, Turnhout 1968, 330.29-32: „Haec igitur tria, memoria, intelligentia, voluntas, quoniam non sunt tres vitae sed una vita, nec tres mentes sed una mens, consequenter utique nec tres substantiae sunt sed una substantia." THEODORICUS TEUTONICUS DE VRIBERG, *De intellectu et intelligibili* I.8.2, ed. B. MOJSISCH, in *Theodorici Teutonici de Vriberg Opera omnia* 1, Hamburg 1977, 141.57-62: „Quos respectus Augustinus quoad nostrum intellectum agentem vocat memoriam, intelligentiam, voluntatem et dicit ibi, quod ista tria non sunt tres vitae, sed una vita, nec tres mentes, sed una mens, et consequenter nec tres substantiae, sed una substantia, solum in hoc differentia, quod ad invicem referuntur, in X 1. *De Trinitate* c. 27."

[9] Salzburg, UB, Hs. M.I.476, f. 143v: „Ein wort heisset, dz da durch brichet die lúffte und wúrt enpfanden in einer andern natur und gibt ze vernemen dz, dz in dem herzen ist, dem der es spricht. Also ist dz ewig wort enpfangen in einer frömden natur, dz ist mensch-

chen Wort erscheint die Natur des Wortes am deutlichsten. Da aber der Begriff ‚Natur' seiner Definition nach ein Ding bezeichnet, das sein eigenes Wesen hat,[10] ist „dz ewig wort ettwas glich disem wort" (f. 143v). „Unser" sprachliches Wort ist aber dem ewigen Wort gleich, insofern beinhalten beide Typen des Wortes die Wahrheit.[11] Von seiner Natur aus hat das menschliche Wort die Intention, die Wahrheit zur Sprache zu bringen. Das sprachliche Wort ist am meisten dem ewigen Wort gleich, wenn es in seinem Ausdruck nicht mehr einen Sprachmodus bezeichnet, der ganz zum verlauteten und äußeren Wort gehört, sondern allein als Wahrheit erscheint. Das menschliche Wort ist eine Repräsentanz des ewigen Wortes als seines Exemplars und ist als solches selbst ausdrucksfähig.

Darauf folgt die ausführliche Passage über die Geburt des ewigen Wortes in der Seele. Dieses Thema wird im Traktat umfassend behandelt. Obwohl bei der Darstellung der Lehre von der Gottesgeburt der anonyme Verfasser die spekulativ orientierte Terminologie Eckharts übernimmt, wird sie in seinem Traktat weiterentwickelt und zum Teil mit neuen Bedeutungsnuancen versehen. Damit werden die begrifflichen Übereinstimmungen zwischen Meister Eckhart und dem unbekannten Autor des Traktats *Von dem ewigen wort* von wichtigen Unterschieden überlagert.

Die Darstellung der originalen Lehre Eckharts von der Gottesgeburt in der Seele bleibt für die Forschung der deutschen Mystik ein offenes und schwieriges Problem[12] – nicht nur, weil Eckhart sie im Predigtzyklus *Von der êwigen geburt*[13] und in anderen Texten[14] weder systematisch noch detailliert ausgeführt hat, sondern auch wegen ihrer vielfältigen inneren Schwierigkeiten, von denen drei hervorgehoben seien: (1) Eine grundlegende, wesentliche Beziehung, die der Mensch zur Gottheit hat und die sich in der Gottesgeburt manifestiert, macht die Wirkung, die die göttlichen Personen im Einzelnen auf die menschliche Seele ausüben, unklar

---

lich natur, und hat uns geoffenbart dz uns dz wort in dem herzen des vatters verborgen was."

[10] Salzburg, UB, Hs. M.I.476, f. 143v: „Die meister sprechent. was natur sÿ? Natur ist ein ding, dz wesen gehaben mag."

[11] Salzburg, UB, Hs. M.I.476, f. 143v.

[12] MEISTER ECKHART, *Werke. Texte und Übersetzungen* 1, hrsg. v. N. LARGIER, Frankfurt a.M. 1993, 814-19; U. KERN, *‚Gottes Sein ist mein Leben'. Philosophische Brocken bei Meister Eckhart*, Berlin-New York 2003, 25-28.

[13] *DW* 4, 279-610 (Pr. 101-104).

[14] *DW* 1, 109.2-113.7 (Pr. 6); MEISTER ECKHART, *Werke* 1 (s. Anm. 12), 82.21-86.7; *DW* 1, 308-; deutsche Übersetzung in IDEM, *Deutsche Predigten und Traktate*, hrsg. und übers. v. J. QUINT, Zürich 1979, 237-40, 486-87.

und problematisch; (2) Die metaphysische Begründungslinie vom Primat der Wesenseinheit des Seienden in der Gottheit als der alles andere bedingenden Beziehung des Menschen zu Gott führt zu einer Hemmung der entscheidenden Wirkung der menschlichen Sünde und der Gnade Gottes im Erlösungsprozess; (3) Die ontologisierende theoretische Bestimmung der Geburt Gottes im Menschen stimmte wenig mit der kirchlichen Praxis des mittelalterlichen pastoralen Lebens überein. Hier liegt ein besonders schwacher Punkt der Lehre Eckharts von der Gottesgeburt. Damit war der Konflikt zwischen Intensivierung und Verinnerlichung des religiösen Lebens und der allgemeinen Ordnung der kirchlichen Frömmigkeit, zwischen Selbstverwaltung der mystischen Gruppen und Zentralismus der Kirche geradezu vorprogrammiert. Die in der Lehre von der Gottesgeburt enthaltene „Perspektive radikaler Innerlichkeit“[15] des religiösen Lebens bedurfte noch einer dogmatischen Begründung und praxisbezogenen kirchlichen Legitimation.

Eckhart begründet seine Auffassung von der Gottesgeburt nicht einfach soteriologisch, sondern auf der Ebene der Einheitsmetaphysik. In dieser Perspektive wendet er sich allen Themen und Wissensbereichen zu, um sie dann für die große Architektur seiner Lehre von der Gottesgeburt nutzen zu können. Mitten in der deutschen Predigt 6 *Iusti vivent in aeternum* zitiert Meister Eckhart an entscheidender Stelle das Johannes-Evangelium (1.1): „Daz wort was bî gote, und got was daz wort.“ („Das Wort war bei Gott, und Gott war das Wort.“) Mit diesem Zitat tritt in dieser Predigt die Lehre von der Gottesgeburt auf.[16] Bevor aber Eckhart auf die Geburt Gottes in der Seele zu sprechen kommt, behandelt er dort ausführlich die Gerechtigkeit und den Gerechten und enthüllt deren Wesensbeziehungen.[17] Es sieht deshalb so aus, als ob die für die Deutung der Gerechtigkeit entwickelten Begriffe zur Lehre von der Gottesgeburt führten. In diesem Fall wäre die Gottesgeburt ein sekundäres Phänomen. Tatsächlich ist es aber gerade umgekehrt. Die Bestimmungen des Gerechten und der Gerechtigkeit erschließen sich in ihrer Bedeutung erst aus dem Urphänomen der Gottesgeburt.

Beim ersten Durchdenken des Gedankens Eckharts erscheint die Konzentration auf die in der Gottesgeburt sich manifestierende und konstituierende Einheit des Menschen mit Gott im Grund der Seele lediglich als methodischer Kunstgriff einer univoken Wesensbestimmung des Men-

---

[15] MEISTER ECKHART, *Werke* 1 (s. Anm. 12), 815.

[16] *DW* 1, 109.3-4; IDEM, *Werke* 1 (s. Anm. 12), 82.22.

[17] *DW* 1, 102.1-105.4.

schen. Beim genaueren Nachdenken zeigt sich aber, dass der Lehre von der Gottesgeburt nicht nur die methodische Bedeutung einer besonders prägnanten und einleuchtenden Theorie zukommt, sondern dass sich in ihr das Sein des Menschen selbst ursprünglich als von Gott herkommende Realität zeigt und sich als das ewige Wort ausspricht.

Trotz gelegentlicher Angriffe auf die christlichen Dogmen und besonders auf die vorgegebenen kirchlichen Religionsformen, die freigeistig gefärbte oder daran anklingende Frömmigkeitsformen erwarten ließen, bleibt Eckharts Konzeption der Gottesgeburt kein neben dem christlichen Glauben möglicher Weg. Kurt Flasch hat ganz recht, wenn er in seinem Kommentar zur Predigt 6 bemerkt: „Wenn Eckhart sagt, Gott und der Mensch seien eins, sagt er damit nicht, der Mensch, wie er geht und steht, sei Gott.“[18] Was Eckhart in seiner Lehre von der Gottesgeburt positiv betont, ist die Idee der Eigenständigkeit eines Heilswegs, den ein rechtgläubiger Mensch in seinem Inneren entdeckt. Deshalb ist die vornehmste Aufgabe des Menschen, sich von einzelnen Dingen abzukehren, um den Grund seiner Seele als Ort der Verwirklichung der Einheit mit Gott und der Anteilnahme des Menschen an dem Absoluten zu erreichen.

Für Meister Eckhart ist der einzelne Mensch in seinem Innern ein Wesen, das auf Grund seiner Wesenseinheit mit der Gottheit Gott in seiner Seele zu gebären vermag. Das Einheitsproblem liegt für Eckhart tiefer als die für eine Grundlegung der Erlösungslehre erforderliche Dimension der göttlichen Personen. Das ewige Wort repräsentiert zunächst die ewige, göttliche Ursubstanz, die Gottheit, die in ihrer Substanz nicht nur als zweite Person der Heiligen Dreifaltigkeit, als Logos, vorzustellen ist, denn das persönliche Sein ist lediglich eine Episode innerhalb des Weltprozesses. Die Gottheit selbst ist kein persönliches, sondern ein überpersönliches Prinzip. Es handelt sich daher um ein ewiges Werden im göttlichen Sein, das nur unter einem einheitlichen Gesichtspunkt denkbar ist. Diese Einheit entsteht in einer substanziellen Selbstmitteilung Gottes durch das ewige Wort. Der Mensch als Sünder ist für Eckhart perspektivisch nicht besonders interessant,[19] und der eigentliche Grund dafür ist seine Konzeption der Geburt des ewigen Wortes in der menschlichen Seele, welche die Wesenseinheit der Gottheit und der menschlichen Seele im Seelengrund ohne Akzentuierung der innertrinitarischen Differenz der drei göttlichen Personen in ihrer spezifischen Einwirkung auf die Personalität eines Men-

[18] K. FLASCH, „Predigt 6: *Iusti vivent in aeternum*“, in *Lectura Eckhardi II*, hrsg. v. G. STEER und L. STURLESE, Stuttgart 2003, 47.

[19] B. WEISS, *Die Heilsgeschichte bei Meister Eckhart*, Mainz 1965, 31-43.

schen hervorhebt.

Schon Jan van Ruusbroec kritisierte in seinem Spätwerk die vermutlich freigeistig vermittelnde Lehre Eckharts von der Gottesgeburt, weil sie das Spezifikum der Wirkung der göttlichen Personen nicht berücksichtige. Die mit der Geburt des ewigen Wortes im Innersten der menschlichen Seele erreichte Einheit mit Gott ist nur als Wirkung der Person des Sohnes Gottes, Jesus Christus, möglich. Im Traktat *Vanden XII beghinen* schreibt er: „Nu merct dese valsche propheten, opdat ghi niet bedroghen en wert. Si segghen dat sie zijn gods wesen boven die godlijke persone ende dat si zyn alsoe ledich als ochte si niet en waren."[20] („Nun achtet auf die falschen Propheten, damit ihr nicht fehlgeleitet werdet. Sie behaupten, mit Gott eins zu sein oberhalb der göttlichen Personen, und dass sie frei seien, als ob sie nicht wären.") Ruusbroec stellt fest, dass nicht einfach und unmittelbar Gott in seiner Gottheit, sondern der Sohn Gottes, das ewige Wort, das seinem Wesen nach mit dem Vater und dem Heiligen Geist eins ist, in der Seele geboren wird. Die Gottheit wirkt auf die Seele nur als drei göttliche Personen ein.[21] In dieser Hinsicht sind die Positionen von Eckhart und Ruusbroec offensichtlich konträr.

Für Ruusbroecs Verständnis der Gottesgeburt ist zunächst die folgende Passage besonders charakteristisch: „Dese hoge eenicheit godlijcker natueren es levendich ende vruchtbaer. Want ute deser selver eenicheit wert dat eewighe woort gheboren vanden vader sonder onderlaet, ende overmids dese gheborte bekint die vader den sone ende alle dinc inden sone. Ende die sone bekint den vadere ende alle dinc inden vader, want si sijn eene eenvuldighe natuere."[22] Die in den Kreisen der Gottesfreunde am Oberrhein weit verbreitete deutsche Übertragung dieses Textes gibt diese Passage auf folgende Weise wieder: „Dise hohe einikeit goettelicher naturen ist lebendig und fruhtber. Wan us diser einikeit wurt daz ewige wort geborn von dem vattere sunder underlaz, und mit dirre geburt beken-

---

[20] JAN VAN RUUSBROEC, *Vanden XII beghinen* 2 a 45-47, ed. M.M. KORS, in CCCM 107A, Turnhout 2000, 91; MEISTER ECKHART, *Werke* 1 (s. Anm. 12), 762.

[21] JAN VAN RUUSBROEC, *Vanden XII beghinen* 2 a 557-59, ed. M.M. KORS (s. Anm. 20), 139: „Nu merct dan die hoghe natuere gods in drien personen. Die es eewich uutwerkende alle goet ende alle doechde in yeghewelcken mensche dies behoevet ende begheert." IDEM, *Ibid.* 2 a 632-633, 145: „Die blote overweselijcke salicheit hevet in hare bevaen die godlijcke persone...." IDEM, *Ibid.* 2 b 39-41, 155: „ ....hoghe wesen der drieheit gods es eewich ledich sonder werc ende onberuerlijc na weselijcken sine. Maer die natuere der persone es vruchtbaer, eewich werkende na wise der persone."

[22] IDEM, *Die geestelike brulocht* b 1409-1413, ed. J. ALAERTS, intr. by P. MOMMAERS, English transl. by H. ROLFSON, in CCCM 103, Turnhout 1988, 447, 449.

net der vatter den sún und alle ding in dem súne. Und der sún bekennet den vatter und alle ding in dem vattere, wan sú sint eine einvaltige nature.“[23]

Dieser Interpretation mit einem autoritativen Hinweis auf Boethius’ *De Trinitate* (c.5)[24] folgt der unbekannte Autor des Traktats *Von dem ewigen wort*. Die Konzeption der Gottesgeburt kommentiert er folgendermaßen: „Dis wort ist gottes sun glich sÿme vatter, geborn unbärlichen, und wúrde er nit geborn on underlos, so wúrden alle creaturen ze nihte... der vatter wone in dem sun und der sun in dem vatter und der vatter und der sun wonend in dem heiligen geist und der heilig geist wonet in in beiden.“[25] Diese Passage zeigt, dass nicht nur Eckharts und Seuses, sondern auch Ruusbroecs Konzeption der Gottesgeburt dem unbekannten Autor des Traktats *Von dem ewigen wort* gut bekannt war. Von einer Nichtbeachtung der Werke des flämischen Mystikers kann in dieser Sammlung mystischer Texte auf keinen Fall gesprochen werden; besonders an anderen Stellen zitiert man Jan van Ruusbroec fast wörtlich. So liest man z.B. auf Blatt 223v: „Nun merkent dru stuk, wie der mensch hin sol tůn den grunt mit der wurczeln der solichen schaden in dem menschen tůt, dz sich got in in nit geberen mag. Dz erst ist ein sichere frye conscíencz.“ Dieses Textstück mag wie eine Eckhart-Paraphrase[26] oder gar nach einem Zitat aus einem unbekannten Text Eckharts klingen. Es hat aber v.a. eine gewisse Parallelität mit einem Text Jan van Ruusbroecs. Am Anfang seines Traktats *Vanden blinkenden steen* schreibt Ruusbroec: „Nu suldi merken drie poente die eenen goeden mensce maken. Dat eerste poent dat een goet mensche hebben moet, dat es eene suvere conziencie sonder wroeghinghe van dootsonden.“[27]

Verschiedenen Einflüssen verdankt sich die Tatsache, dass der Autor

---

[23] W. EICHLER, *Jan van Ruusbroecs ‚Brulocht‘ in oberdeutscher Überlieferung*. Untersuchungen und kritische Ausgabe (Münchener Texte und Untersuchungen zur deutschen Literatur des Mittelalters 22), München 1969, 174.

[24] A.M.T. SEVERINUS BOETHIUS, *De Trinitate* c.5, ed. H.F. STEWART et al., in BOETHIUS, *The Theological Tractates*, trans. H.F. STEWART, Cambridge-London ²1973, repr. Cambridge-London 1997, 28.46-57: „ ....cogitemus processisse quidem ex deo patre filium deum et ex utrisque spiritum sanctum.... Trium igitur idonee constituta est unitas.“

[25] Salzburg, UB, Hs. M.I.476, f. 146r.

[26] *DW* 5, 263.4-6: „Der mensche, der vrîlîche wil und mac ze unserm herren gân, der sol ze dem êrsten an im haben, daz er sîn gewizzen vinde âne allez strâfen der sünden.“

[27] JAN VAN RUUSBROEC, *Vanden blinkenden steen*, ed. G. DE BAERE, intr. by P. MOMMAERS, English transl. by A. LEFEVERE, in CCCM 110, Turnhout 1991, 103; vgl. JAN VAN RUUSBROEC, *Brulocht* a 103, 105 (s. Anm. 22), 161.

des Traktats *Von dem ewigen wort* der Geburt des ewigen Wortes zunächst eine quasi-kosmologische Bedeutung gibt: Er deutet sie als Prinzip der dynamischen Vorgänge der ewigen Geburt und der Weltschöpfung. Im Vergleich zu Eckhart zitiert und kommentiert er nicht das Johannes-Evangelium als Quelle für die zentrale Fragestellung, sondern orientiert sich von Beginn an am Buch Genesis. Bereits die ersten Worte des Traktats machen deutlich, dass der unbekannte Autor des Textes die Lehre von der Geburt des ewigen Wortes exemplaristisch erklärt: „Nun nÿmm ich ein wort uss dem ersten bůch Moÿsi, da got also sprach: wir machen den menschen nach unserm bilde. Was ist gottes sprechen? Der vatter siht uff sich selber mit eÿme einfaltigen bekantniss, und siht in die einfaltigen luterkeit sines wesens. Da siht er gebilder alle creaturen, da sprach der vatter uss sich selber; dz wort ist ein klare bekantniss und dz ist der sun. Gottes sprechen – dz ist ein geberen, und sin geberen ist sin sprechen.“[28]

In seinem das Problem des „Ortes“ der Gottesgeburt behandelnden Abschnitt fokussiert der Traktat *Von dem ewigen wort* in großer Konsequenz und Detailliertheit eine ausgefeilte Theorie, die freilich nicht als innovativ, sondern als vertiefend und systematisierend anzusehen ist. „In welher stat der sele wúrt dz ewig wort geborn?“, fragt der unbekannte Autor und gibt eine scholastisch ausgearbeitete und strukturierte Zwischenantwort: „Die ersten sprechen in der vernunfft, wenn sú got aller glicheit ist. Die andern sprechen in dem willen, wenn er ein frÿe krafft ist der sele. Die dritten sprechen in dem teil, das da heisset rein funke der sele, wenn er got aller nehst ist. Die vierden sprechen in der verborgenheit des gemütes, wann als dik der mensch enpfahet einen gůten gedank von der menschheit unsers herren oder von dem ewigen wort oder enpfindet eins nuwen lustes von got oder verstot einer nuwen warheit, also dicke wúrt dz ewig wort in der sele geborn. Die funfften sprechen den aller meist ze volgen ist es werd geborn in dem aller innersten des wesens und des werden gewar alle krefft der sele.“[29]

Außer der zweiten sind mindestens vier von diesen fünf Konzeptionen stark von den Formulierungen Eckharts, wahrscheinlich in Form von in den mystischen Sammelhandschriften verbreiteten Topoi, beeinflusst. Um es genauer zu sagen: Nach Eckharts Auffassung liegt keine Seligkeit im Willen.[30] In deskriptiver Hinsicht ist es unwahrscheinlich, dass der unbekannte Autor hier zusammenfassend die Positionen verschiedener Strö-

---

[28] Salzburg, UB, Hs. M.I.476, f. 143v.

[29] Salzburg, UB, Hs. M.I.476, f. 144r.

[30] WEISS, *Die Heilsgeschichte* (s. Anm. 19), 166.

mungen beschreibt, die sich im Rahmen der oberrheinischen Mystik des 15. Jahrhunderts konstituieren konnten. Wichtiger ist, dass man die aufgelisteten Konzeptionen auch als Elemente einer Theorie verstehen kann, die zwar thematisch verknüpft sind, aber noch kein gemeinsames Zentrum aufweisen. Für die Bestimmung der Geburt des ewigen Wortes in der Seele und für die Systematisierung der mystischen Lehre von der Gottesgeburt benützt der unbekannte Autor des Traktats *Von dem ewigen wort* das systemtheoretische Konzept der Differenzierung der Geburt Gottes in der Seele, dass sich nämlich die Strukturen der trinitarischen Existenz Gottes notwendigerweise über alle Bereiche des Seienden ausdehnen und dass das Schicksal der Individuen wesentlich von diesem System abhängt. Dabei spielt die Gottesgeburt-Hermeneutik auch eine wichtige Rolle.

Es sind generell vier verschiedene Deutungen der Geburt des ewigen Wortes zu unterscheiden: als (1.) natürliche Geburt, (2.) persönliche Geburt, (3.) wesentliche Geburt und (4.) göttliche Geburt, „das ist die geburt des ewigen wortes von dem vatter".[31] Hier zeigt sich ganz besonders ein starker Hang zur Systematik. Gleich anschließend an diese Klassifizierung folgt der Kommentar: „Dar umb natúrlich wenn sú weder zů noch ab nÿmmet und weder vor noch nach hat, mÿnder noch me. Dar umb persönlich wenn der vatter gebirt ein ander person, aber nit ein ander wesen noch ein ander natur. Dar umb wesenlich wenn der vatter gibt im wesen und natur glich im selber, aber weder er sú im geborn geb oder ungeborn.... Dar umb ist sú öch götlich, wann der sun ist glich als wol got als der vatter, wann alles dz der vatter wúrket dz wúrket öch der sun und der heilig geist an den creaturen, wann es sint drÿerleÿ werk in der gotheit: ein innblibend werk, ein widertragend werk und ein usskerend werke, und dise alle sint gemeÿn den personen allen drÿn."[32]

Die Geburt des ewigen Wortes kann man aber nicht nur als eine umfassende Hierarchie der hermeneutisch beleuchteten Wesenheiten, sondern wesensnotwendig auch als einen dynamischen Vorgang beschreiben. Im Traktat *Von dem ewigen wort* zeichnen mindestens fünf Momente diesen Vorgang aus: „Die erst als dz ewig wort geborn wúrt von dem vatter. Die ander als es geborn ist in dem licham unser fröwen. Die dritt als es unser frow gebar in der zit. Die vierd ist als ewig wort geborn wúrt in eÿme ÿeglichen herzen und heiligen sele. Die fúnffte ist wie ein iegliche heilige sele wider in got geborn wúrt."[33] Diese fünf Typen der Geburt des

[31] Salzburg, UB, Hs. M.I.476, f. 146r.

[32] Salzburg, UB, Hs. M.I.476, ff. 146r-146v.

[33] Salzburg, UB, Hs. M.I.476, f. 145v.

ewigen Wortes, die gleichzeitig auch fünf Stadien der Gottesgeburt sind, stehen nicht zusammenhangslos in der Sphäre des Seienden, sondern beruhen aufgrund ihrer exemplarischen Verwirklichung durch das ewige Wort auf einem gemeinsamen Seinszusammenhang und sind als solche gefordert, zum göttlichen Urquell zurückzuströmen. Insgesamt nimmt in diesem Traktat die Geburt des ewigen Wortes die Funktion einer Rückbindung der korrupten menschlichen Natur ein: „Also treit der vatter sin wort in der sele, so treit die sele dz wort wider in dem vatter."[34]

Niklaus Largier behauptet, dass diese Tendenz auch für Eckhart charakteristisch ist: „In der Gottesgeburt im Menschen empfängt der Mensch den Sohn Gottes in sich und gebiert ihn gleichzeitig zurück in Gott."[35] Aber wenn man diesen Traktat neben die Predigten Eckharts stellt, denen man in gewisser Weise ähnliche Ansichten zusprechen kann, wird die Originalität dieses Textes noch schärfer konturiert.

Im Mittelpunkt der Frage nach dem Wesen der Geburt des ewigen Wortes in der Seele steht für den Autor des Traktats *Von dem ewigen wort* die Deutung des Verhältnisses der Begriffe ‚Person' und ‚Wesen'. Das ewige Wort „blibet alle zit wesenlich in dem vatter und gat persönlich von dem vatter"; die menschliche Seele gebiert das ewige Wort „in die wesenlichen einikeit gottes und in dz persönlich underscheid des ewigen wortes".[36] Der dreifaltige Gott wird für den Menschen als Einheit der drei göttlichen Personen heilsgeschichtlich wirksam. Das ewige Wort ist daher unmittelbarer Verweis auf die Dreipersönlichkeit Gottes, die als solche das göttliche Wesen ausdrückt.

Die Ursache der Seligkeit ist daher das dreifaltige Wesen Gottes als solches: „Wann alles gůt ist nach einikeit in ein beslossen, dúrffen wir denn der personen nit? Neÿn. Also můss es nit sin, unser ewige selikeit lit also warlich an den personen als an dem wesen. Dz merk an zweÿn din gen. Das erst ist, dz die personen der selben art sint. Dz ander, dz wesen mag nit on personen gesin. Alles dz zů götlicher volkomenheit gehört, da lit unser selikeit inn."[37] Da aber nach dem Sündenfall die natürlichen Kräfte des Menschen geschwächt sind, gäbe es ohne göttliche Gnade keine Geburt des ewigen Wortes in der menschlichen Seele. In dieser Hinsicht schließt sich der Autor des Traktats *Von dem ewigen wort* ganz den

[34] Salzburg, UB, Hs. M.I.476, f. 143v.

[35] MEISTER ECKHART, *Werke* 1 (s. Anm. 12), 762.

[36] Salzburg, UB, Hs. M.I.476, f. 145v.

[37] Salzburg, UB, Hs. M.I.476, f. 147r.

antipelagianischen Gedanken an, wie sie von Jan van Ruusbroec übernommen und ausgearbeiten wurden. Die Gnade Gottes ist nötig, damit das ewige Wort seinem göttlichen Wesen nach in der menschlichen Seele überhaupt wirken kann: „Was die sel enpfahen mag, dz můss sú enpfahen úber mittels dz lieht der gnade. Dar umb ist die gnade selb dz mittel, wann sú ist ein creatur. Dis mittel mag die sel nit wol úber gan in disem leben. Aber nach disem leben so enhat sú des mittels nit me ze tůn."[38] Der zitierte Text macht deutlich, dass der Autor des Traktats *Von dem ewigen wort* bei der Geburt des ewigen Wortes der göttlichen Gnade eine entscheidende Funktion zukommen lässt.

Was sich in den oben erwähnten Klassifizierungen darüber hinaus sicher feststellen lässt, ist ein Fortschreiten der inneren Zersplitterung. Diese Tendenz geht auf Augustin zurück und prägt von Anfang an die augustinistische Denkweise. Bereits Augustin befürchtet, dass seine Seele zersplittere: „Meine Gedanken, also die innersten Eingeweide meiner Seele, werden zerfetzt vom Aufruhr der Mannigfaltigkeiten."[39] Die Lösung, die Augustin anbietet, besteht darin, dass sich Ruhe und Einheit der Seele nur durch die Ausrichtung auf Gott und die Gnade Gottes erreichen lassen.[40] Die innere Zersplitterung darf freilich nicht so weit gehen, dass sich die einzelnen Aspekte der menschlichen Existenz nicht mehr definitiv als sich in der Geburt des ewigen Wortes manifestierende menschliche Natur zusammenfügen lassen. Allein über die ontologisierende These der Wesenseinheit kann die Geburt Gottes in der Seele ohnehin nicht bestimmt werden. Entscheidend ist, dass das erweiterte Verständnis der Gottesgeburt durch eine feste, innere und äußere Hierarchie und eine immer neu zu erbringende Integration unterschiedlicher Eigenschaften, Zustände und Wesensbezüge erreicht wird, dass die widerstrebenden Momente und dogmatischen Schwächen im Rahmen einer systematischen Lehre von der Geburt des ewigen Wortes integriert und mit den pastoralen Aufgaben der Kirche versöhnt werden. Das hat die Überwindung der unerträglichen Zersplitterung der Innerlichkeit des Menschen zur Folge. Es muss betont werden, dass die These von der Wesenseinheit aller Dinge in Gott von grundlegender Bedeutung auch für diese Konzeption der Geburt des ewigen Wortes sein kann, eben für eine Einordnung der menschlichen Inner-

---

[38] Salzburg, UB, Hs. M.I.476, f. 145r.

[39] AUGUSTINUS HIPPONENSIS, *Confessiones* XI.29.39, ed. L. VERHEIJEN, in CCSL 27, Turnhout 1981, 215.12-14: „ ....tumultuosis varietatibus dilaniantur cogitationes meae, intima viscera animae meae...."

[40] IDEM, *Ibid.*, 215.14: „ ....donec in te confluam purgatus et liquidus igne amoris tui."

lichkeit in die Struktur der Gottesgeburt im Menschen, nicht nur für eine kosmologische Auslegung der Schöpfung. Für die Perspektive des Eckhartverständnisses und der Eckhart-Rezeption ist es wichtig, dass diese erweiterte Interpretation des Logos die gefährliche, d.h. freigeistige oder amalrikanisch-pantheistische Tendenz der radikalen Beschreibung einer von der menschlichen Natur unabhängigen Innerlichkeit verhindert.[41]

Das hat auch enorme metaphysische Konsequenzen: Die Geburt des ewigen Wortes ist selbst im werdenden Wesen vom sündhaften und innerlich zersplitterten Menschen begriffen. Dies bedeutet in Bezug auf das Sein des ewigen Wortes, dass es nicht nur unter dem Begriff bloßer Kooperation der göttlichen Personen, nicht als bloße Wirkung des Göttlichen im Menschen gedacht werden muss, sondern vielmehr in einem radikaleren Sinn als Umkehrung des wesentlichen Gott-Mensch-Verhältnisses, als Umbildung des Menschen durch die Gnade Gottes.

Die Geburt des ewigen Wortes bekommt in dieser Deutung einen anderen Sinn: Sie erweist sich als selbsttranszendierendes Verhalten. Was die postulierte ontologische Einheit angeht, so wird sie in ihrer personalisierten Existenz als eine dynamische erfahren. In jeder konkreten Manifestation des ewigen Wortes steckt die ganze Heilige Trinität und variiert in und durch jedes Empfangen auch die ganze menschliche Person – ohne dass die menschliche Innerlichkeit in irgendeinem menschlichen Akt im göttlichen Sein aufginge, oder sich wie ein Ding in der Zeit veränderte. In der Empfängnis des ewigen Wortes verändert der Mensch seine natürliche Konstitution nicht. Aber die Gefahr des Rückschrittes auf dem Weg zu Gott spielt in dieser Konzeption deshalb keine entscheidende Rolle, weil das ewige Wort immer dem Sein aller Dinge vorausgesetzt bleibt. Durch seine Wurzel in der Gottheit liegt das ewige Wort noch viel tiefer den Prozessen des inneren Lebens des Menschen zugrunde. Diese Dynamik macht es, dass das ewige Wort das Verborgenste und Wesenhafte in der menschlichen Existenz ankündigt. Die den Ausgangspunkt bildende These, dass das ewige Wort das Wesen des Menschen bestimmt, heißt schließlich, dass das ewige Wort den Gehalt allen menschlichen Seins in Gott allein bestimmt. Es handelt sich um den eigentlichen Sinn des menschlichen Lebens, der sich in der Konkretion als ewiges Wort in der menschlichen Seele zeigt. Das ewige Wort ist also ein Prinzip des geistigen Werdens des Menschen in und mit Gott.

---

[41] V. LEPPIN, „Mystische Frömmigkeit und sakramentale Heilsvermittlung im späten Mittelalter“, in *Zeitschrift für Kirchengeschichte* 112 (2001), 191-94.

Dieser Konzeption entsprechend ist es ganz klar, dass das, was von Gott kommt und am Grund der menschlichen Seele ergriffen und realisiert wird, von den jeweiligen wesentlichen Verhältnissen abhängt. Von hier aus ist es völlig evident, dass das ewige Wort nur in der personalen Gestalt des göttlichen Wesens existiert und sich manifestiert. Allem personalen Sein des ewigen Wortes zuvor ist aber das Sein der drei Personen in ihrer überpersonalen Einheit in der Gottheit. Die These von der Priorität der Einheit des Seins in der Gottheit vor dem spezifisch Seienden, die der Konzeption der Geburt des ewigen Wortes zugrunde liegt, wird im Traktat *Von dem ewigen wort* nicht bloß behauptet, sondern auch auf die praktische Spiritualität hin reflektiert, für welche die behauptete hierarchische Ordnung der Welt und die Notwendigkeit der Buße und der Gnade Gottes als Voraussetzung dafür gelten, dass die sündigen Menschen durch das göttliche Wort erlöst werden und die *imitatio Christi* ergreifen können.

Die Äußerungen Eckharts sind also im neuen Kontext umgestaltet, manchmal auch radikal geändert worden. Wie kann man diese uminterpretierende Eckhart-Rezeption erklären? Wahrscheinlich ist sie als eine Nachwirkung der Verurteilung von Eckharts Lehre zu betrachten, nach welcher der Thomismus der Dominikanerschule im 14. und 15. Jahrhundert seinen Einfluss auf mystische Gruppen einbüßte. Stattdessen wurde der Augustinismus immer mehr bevorzugt. Obschon von der authentischen Lehre Eckharts in den erwähnten Umschreibungen und Interpretationen nur wenig erhalten geblieben ist, blieb für die Verfasser der Salzburger mystischen Sammlung Meister Eckhart im eigentlichen Sinne des Wortes ein Lehrer ihres Glaubens und ihres Lebens.

Diese verändernde Rezeption von Eckharts Schriften entspricht der spirituell-asketischen Struktur der Salzburger Sammelhandschrift im Ganzen. Die Autoren folgen nicht der transzendentalen Metaphysik Eckharts, sondern der Struktur der musterhaften Aussprüche und Vorschriften der geistlichen Lehrer, die im Großen und Ganzen im Rahmen der augustinistischen Theologie und der Phänomenologie der Innerlichkeit Seuses liegen. Im Sinne von Seuses Mystik der Betrachtung der *passiones Christi* im *Büchlein der Ewigen Weisheit* (ff. 1r-28v) ist die ganze Salzburger Handschrift organisiert. Die Ideen Eckharts lösen sich darin gewissermaßen auf, und die Verfasser ändern entsprechend den Text und formen ihn nach der allgemeinen Ausrichtung der theologischen und mystischen Lehre augustinistischer Prägung um.

Es legt sich nahe anzunehmen, dass der anonyme Verfasser des Traktats *Von dem ewigen Wort* in seinem mystischen Denken und in seiner

Theologie stark von den Topoi der Mystik der Gottesgeburt beeinflusst war, die allgemein sowohl für Ruusbroec als auch für Eckhart typisch waren. Er bezieht sich oft auf diese beiden Autoren. Wie aus der Analyse seines Textes hervorgeht, hat der Autor die besagten Topoi in modifizierter Form auf die Tendenzen der augustinistischen Bußtheologie seiner Zeit anzuwenden versucht. So stellt er fest, dass sich Reue und Buße aus der wahren Liebe zu Gott in der gnadenhaften Einigung mit dem ewigen Wort vollenden. Aus den Texten Eckharts und Ruusbroecs hat er entnommen, was er für seine Zwecke verwerten konnte. Wenn die von Eckhart ausgedrückten Meinungen irgendwie mit Ruusbroecschen Ideen zusammenfielen, dann wurden sie in den Text eingeschoben, teils wörtlich, teils zusammengefasst oder um andere Sätze erweitert. Für seine Ziele hat er wohl die in den mystischen Kreisen am Oberrhein am meisten verbreiteten und populärsten Texte gewählt und sich die Aufgabe gestellt, mittels Zitaten daraus eine augustinistische Spiritualität mit den Ideen Eckharts zu verbinden. Es handelt sich hier in keiner Weise um eine passive Wiedergabe des Originals, sondern um eine kritische und bewusste Überarbeitung, wobei der anonyme Autor ausgewählte Fragmente mit seinen eigenen Vorstellungen über das geistliche Leben in einem neuen Kontext verbunden und verflochten hat.

Die vorhergehenden Beobachtungen erlauben folgende Schlussfolgerung zu ziehen: Der Traktat *Von dem ewigen wort* zeigt, in welchem Maße die Aufnahmen der Texte und Konzeptionen von Meister Eckhart in Sammlungen mystischer Texte thematisch vom praktisch-theologischen und pastoralen Kontext abhängen. Sie enthüllen kein vollendetes und einheitliches Bild, sondern eine Tendenz in der Rezeption der deutschen Mystik am Oberrhein im 15. Jahrhundert, die es mittels einer Interferenz der dominikanischen Mystik (Eckhart, Seuse u.a.) und der augustinistischen Lehre von Sünde und Gnade erlaubte, Eckharts Erbe im Rahmen eines neuen theologischen Diskurses von freigeistigen oder pantheistischen Fehlinterpretationen zu befreien (ohne dadurch eine Dimension der Verinnerlichung zu verlieren) und für das geistliche Leben am spätmittelalterlichen Oberrhein unersetzbar zu machen.

Rossijskij universitet družby narodov, Moskva

III. Exchanges and Networks

Men of Letters: Medieval Dutch Literature and Learning

Geert Warnar

The fourteenth-century poem *Den lof van Maria* introduces the Dutch author Jacob van Maerlant in the company of two famous philosophers, Henry of Ghent and Albertus Magnus:

> Hier te voren waren gheseten
> In clergien hoghe vermeten
> Drie meesters in wijsheiden vercoren.
> Haer namen willic u laten horen.
> Dierste was een clerc sere gherecht
> Van Colne meester Aelbrecht.
> Hi was der clergien bloeme.
> Den anderen die ic hier na noeme,
> Was meester Heynric Fromator,
> Die van wijsheiden niet en was dor
> Ende was van Dorneke der stat.
> Den derden noemic u na dat.
> Dat was Jacob van Merlant
> Een edel clerc ende wide becant.[1]

[Once there were three masters, proficient in learning and chosen in wisdom. I will let you know their names. The first was a very just cleric, master Albertus of Cologne. He was the flower of the learned. The second one was master Henry Formator, very wise (literally: in knowledge not stupid), who was from the city of Tournai. The third was Jacob van Maerlant, a noble cleric and widely known.]

The three meet to discuss how to give praise to the Virgin Mary appropriately. Albertus claims that if all flowers, plants and animals or even the stars of the heavens could speak as wisely as all of the masters from Paris

---

[1] The most recent edition of the poem is in *Het handschrift-Van Hulthem: hs. Brussel, Koninklijke Bibliotheek van België, 15.589-623* 1, uitg. door H. Brinkman en J. Schenkel, Hilversum 1999, 264-71. For a more detailed discussion of the poem see G. Warnar, "Lodewijk van Velthem, de Spiegel historiael en Den lof van Maria. Van handschrift Wroclaw, Universiteitsbibliotheek IV F88e-II naar het bewustzijn van een Nederlandse literatuur in de veertiende eeuw", in *Thesaurus polyglottus et flores quadrilingues. Festschrift für Stanislaw Predota*, hrsg. v. S. Kiedrón und A. Kowalska-Szubert, Wrocław 2004, 709-22. The poem is related to Peter Comestor's *Versus in laudem beatae virginis*; see P. Luscombe, "Peter Comestor", in *The Bible in the Medieval World. Essays in Memory of Beryl Smalley*, ed. K. Walsh and D. Wood, Oxford 1985, 126.

up to the Danube, they could not thank and praise Mary completely for her virtues and nobility. Henry follows Albertus' line of thought. If all grains of sand and all drops of water in the seas and the rivers and all rain and hail and snow could speak as wisely and full of discernment as all of the masters in Montpellier and Paris, they could not thank and praise Mary completely for her chaste youth and virtue. Maerlant proceeds in the same fashion as Albertus and Henry, although without any explicit reference to the masters or centres of academic learning. If all of the animals in the skies, the seas, on the land and in the forests, and all crops could speak —and even if all saints, angels, apostles and confessors would join—they could not speak in praise of the Virgin completely. Apparently Maerlant has convinced the others, for as soon as he has finished both Henry and Albertus acknowledge his mastery:

> ....meester Jacob
> Die meestrie gheven wi u op
> Want ghi hebt den lof van Marien
> Boven ons ghesproken dies wi lyen.

> [Master Jacob, we offer you the mastery, because you have spoken the praise of Mary better than we did. This we admit.]

The poem is interesting for its setting and protagonists, more than for its rather limited literary quality. There are very few, if any, vernacular texts that mention both Henry and Albertus, let alone present them as competitors in a poetic contest, but perhaps even more unexpected is the outcome of their fictitious meeting with Maerlant. To any medieval (or modern) audience it must have come as a total surprise that a vernacular author was superior to two philosophers of international fame. It has been argued that the lyrical genre was close to Maerlant's spheres of interest while it did not exactly belong to Albert's and Henry's intellectual expertise. The main point, however, is that by presenting Maerlant as equal to two great thinkers the author suggests that vernacular poets were not by definition inferior to the intellectual elites of academic professionals. This can be taken as a deliberate statement, challenging received opinions (then and now) about the differences between the world of Latin and the vernacular in terms of high and low culture. In one of his *Quaestiones* Henry spoke with some disdain of *doctores rurales* who simply preached and taught what they believed was true because the (university) masters said so. There is no evidence to think of *Den lof van Maria* as a response to Henry's comments but the poem does demonstrate how Dutch authors wished to think about their own vernacular literary tradition in relation to the Latin world of learning.[2]

In this respect *Den lof van Maria* is characteristic of a new trend in Dutch literature, from the late thirteenth century onwards. Previously the world of learning had been the domain of the literate (i.e., Latin-speaking) elite, but from around 1300 individual authors in the Low Countries as in other parts of Western Europe created an atmosphere in which the cultural hegemony of the *latinitas* no longer was indisputable. Without meaning to displace Latin as the language of school, science and Church, and without denying their own allegiances to the traditions of monastic and academic learning, Dutch authors began to explore the realms of ethical, religious and philosophical thought in the vernacular.

This emergence of an intellectual tradition in Dutch literature of the fourteenth and early fifteenth century took its momentum from the transmission of learning from the professional spheres of the ecclesiastical and academic elite to the wider audiences that could be reached through vernacular texts.[3] Some of the causes and effects of these new forces in Dutch literature are closely related to the central themes of this conference: the late medieval intellectual culture in the cities along the Rhine and the Low Countries. The notion of "Wissensvermittlung" has become a familiar topic in medieval studies, as it is a crucial component of larger cultural processes in the history of thought, such as the deprofessionalization of philosophy, the rise of new classes of lay intellectuals, the success of new religious movements and the construction of new forms of theology and pedagogy.[4] In all cases the use of the vernacular has been identified as being of crucial importance for bringing about the cultural changes

---

[2] For Henry's statements, see J. VERGER, *Les gens de savoir dans l'Europe de la fin du Moyen Âge*, Paris 1997, 165-66, and G. WARNAR, "Dubbelster of tegenpolen? Boendale en Ruusbroec in de Middelnederlandse letterkunde van de veertiende eeuw", in W. VAN ANROOIJ et al., *Al t'Antwerpen in die stad. Jan van Boendale (1280/90-1351) en de literaire cultuur van zijn tijd*, Amsterdam 2002, 39. On Maerlant, see F.P. VAN OOSTROM, *Maerlants wereld*, Amsterdam 1996; see 419-20 on *Den lof van Maria*.

[3] The tradition of learning in medieval Dutch literature is the subject of a five-year research project at Leiden University; for a more detailed description, consult: http://www.pallas.leidenuniv.nl/index.php3?m=5&c=55#men%20of%20letters.

[4] See (among a large number of recent publications) A. DE LIBERA, *Penser au Moyen Âge*, Paris [2]1996; R. IMBACH, *Dante, la philosophie et les laïcs*, Paris 1996; J. VERGER, *Les gens de savoir* (see n. 2); R. LUFF, *Wissensvermittlung im europäischen Mittelalter. Imago mundi-Werke und ihre Prologe*, Tübingen 1999; R. COPELAND, *Pedagogy, Intellectuals, and Dissent in the Later Middle Ages. Lollardy and Ideas of Learning*, Cambridge 2001, 1-50, and the contributions to *Filosofia in volgare nel medioeveo*, a cura di N. BRAY e L. STURLESE, Louvain-la-Neuve 2003.

that led to the rise of an intellectual lay culture. *Den lof van Maria* is an extraordinary, albeit not very realistic, example of a growing awareness that a Dutch literary culture could be self-sufficient in an ideological, religious and intellectual sense.

If one would want to put a date to the rise of an intellectual culture in Dutch literature, it must be 25 March in 1271 when Maerlant completed his adaptation in verses of Peter Comestor's *Historia scolastica.* This rhymed Bible (*Rijmbijbel*) was a milestone in Dutch literature. The author of *Den lof van Maria* refers to Maerlant as a distinguished cleric, who translated scripture in Dutch for us ("Een hoech clerc sonder lac / Die in dietsche bracht die scrifuere"). Although simplifying considerably Peter Comestor's textbook theology, Maerlant did introduce the literature of the schools to a vernacular audience.[5] The glossed Dutch Gospel harmony, known as the *Liege Diatessaron,* which shows traces of the *Glosa ordinaria,* might even be older than the *Rijmbijbel,* but Maerlant's work reached a wider audience.[6]

Maerlant contributed more to the *Wissensvermittlung* in Dutch. Before the *Rijmbijbel* he had written *Der naturen bloeme* ("Nature's Finest"), based on *De natura rerum* by Thomas Cantimpratensis. This encyclopaedia of natural science was followed by other *Imago mundi* texts like *De natuurkunde van het geheelal* ("The Natural Science of the Cosmos") and a translation in verse of the *Elucidarium.*[7] In his efforts to create an ency-

---

[5] On the *Rijmbijbel* (including a survey of research and a list of editions), see K. VAN DALEN-OSKAM, *Studies over Jacob van Maerlants Rijmbijbel,* Hilversum 1997, and G. WARNAR, "*Studeren in duytschen boeken van geestelicheden.* Het Middelnederlands als literatuurtaal in de veertiende eeuw", in *Queeste* 11 (2004), 110-26.

[6] On this text, its relation to the *Rijmbijbel,* and the possible origins in the cathedral or chapter schools, see G. WARNAR, "*Die donkerheit vercleren.* Over de literairhistorische achtergronden van de Middelnederlandse evangeliënharmonie", in *Queeste* 6 (1999), 112-26. On the *Glosa ordinaria* and the *Liege Diatessaron,* see A.A. DEN HOLLANDER en U.B. SCHMID, "Middeleeuwse bronnen van het Luikse *Leven van Jezus*", in *Queeste* 6 (1999), 126-46. For a survey of thirteenth-century religious prose in the Low Countries, see W.F. SCHEEPSMA, *De Limburgse sermoenen. De oudste preken in het Middelnederlands,* Amsterdam 2005, and for an introduction in English, see W.F. SCHEEPSMA, "Filling the Blanks. A Middle Dutch Dionysius Quotation and the Origins of the *Rothschild Canticles*", in *Medium Aevum* 70 (2001), 278-303.

[7] On Dutch encyclopaedic texts, see P. WACKERS, "Die mittelniederländische enzyklopädische Tradition", in *Jacob van Maerlants* Der naturen bloeme *und das Umfeld. Vorläufer - Redaktionen - Rezeption,* hrsg. v. A. BERTELOOT und D. HELLFAIER, Münster 2001, 11-27, and J. REYNAERT, "Wereldbeeld en astrologie in Middelnederlandse didactische literatuur (tot ca. 1400)", in *Nederlandse letterkunde* 9 (2004), 210-36.

clopaedic tradition in Dutch Maerlant was followed by the town-clerk of Antwerp, Jan van Boendale. His fourteenth-century *Der leken spieghel* ("The Lay Man's Mirror") was a vernacular compendium in the tradition of the Latin *Speculum*-texts, extending Maerlant's scope by incorporating basic knowledge on religious practice, ethics and morals.[8] Contemporary to *Der leken spiegel*, comparable in nature, and also written in Antwerp, is the *Dietsche doctrinale* ("Dutch *Doctrinale*"), an adaptation of *De amore et dilectione Dei* by the Italian *causidicus* ("city councillor") Albertanus of Brescia. The *Dietsche doctrinale* contains the first discussion in Dutch of the nature of philosophy: a short analysis of the *philosophia moralis, rationalis* and *naturalis* as specified by Albertanus, but focused on juridical practice.[9]

This interest in Albertanus and his applied learning seems to be typical for the authors that shaped Dutch literature in the fourteenth century. These middle class intellectuals were familiar with the Latin tradition of monastic and academic learning, not participating in scholarly debates but aiming to create a new type of literature in the language of the Low Countries. This use of the Dutch vernacular was by no means self-evident. Latin and French were languages of intellectual and social prestige in the Low Countries, and would remain so for centuries. But related to the increasing use of the vernacular for administrative purposes, Dutch authors began to explore the realms of ethical, religious and philosophical thought in the language of the laity.[10]

---

[8] JAN VAN BOENDALE, *Der leken spieghel, leerdicht van den jare 1330, door Jan Boendale, gezegd Jan de Clerc, schepenklerk te Antwerpen*, uitg. door M. DE VRIES, Leiden 1844, 48. On Boendale and the interaction of Dutch literature and learning, see G. WARNAR, "Ruusbroec op bed. Over leefregels en leermeesters in Middelnederlandse teksten", in *Tijdschrift voor Nederlandse Taal- en Letterkunde* 121 (2005), 117-30. Probably contemporary to Maerlant was the Dutch adaptation of the *Moralium dogma philosophorum*. See W.P. GERRITSEN, "Das *Bestiaire d'amour* des Richard de Fournival und das sogenannte *Niederrheinische Moralbuch* (Hannover, Niedersächsische Landesbibliothek, IV 369)", in *Schnittpunkte. Deutsch-Niederländische Literaturbeziehungen im späten Mittelalter*, hrsg. v. A. LEHMANN-BENZ, U. ZELLMANN und U. KÜSTERS, Münster 2003, 215-22.

[9] An edition of the text is in *Die dietsche doctrinale: Leerdicht van den jare 1345; toegekend aan Jan Deckers*, uitg. door W.J.A. JONCKBLOET, 's-Gravenhage 1842; on philosophy in the *Dietsche doctrinale*, see J. REYNAERT, "Ene suptile clergie, daer groet soetheit in leit. Filosofie en Middelnederlandse literatuur omstreeks het begin van de veertiende eeuw", in Queeste 10 (2003), esp. 3-4. On Albertanus in relation to the Low Countries, see S. CORBELLINI, "Albertanus in de Nederlanden", in VAN ANROOIJ, *Al t'Antwerpen in die stad* (see n. 2), 95-108.

[10] See (partly as preliminary studies for the *Men of letters*-project) WARNAR, "Dubbel-

Den lof van Maria is interesting because the poem introduces Albertus Magnus and Henry of Ghent to a vernacular audience, although only to play with the reputations of two philosophers. However, the reception of their works and thought was of greater significance. Albertus Magnus entered Dutch literature through an adaptation of his *De eucharistia*, first in the early fourteenth-century continuation (by the Brabantine poet Lodewijk van Velthem) of Maerlant's unfinished Dutch version of the *Speculum historiale*. The mystical prose writer Jan van Ruusbroec used Albertus' text in his *Spiegel der eeuwigher salicheit* ("Mirror of Eternal Beatitude"), dated 1359.[11] Henry of Ghent was also present in Jan van Ruusbroec's works: in his masterpiece *Die geestelike brulocht* ("The Spiritual Espousals"), written in Dutch before 1350.[12] As Kent Emery observed in his study of Henry's ideas on "The Image of God Deep in the Mind", Ruusbroec presented a doctrine concerning the soul's union with God, that is based on ideas of a relation between the soul's eternal essence (*eewigh wesen*) and its temporal created essence (*gescapen wesen*) that bear a striking resemblance to Henry's teaching on the human creature's *esse essentiae* and its *esse existentiae*.[13]

ster of tegenpolen" (see n. 2), and IDEM, "*Studeren in duytschen boeken van geesteliche-den.* Compare the "Introduction to the Vernacular Traditions in English Literature", in *The Idea of the Vernacular. An Anthology of Middle English Literary Theory, 1280-1520*, ed. J. WOGAN-BROWNE et al., Pennsylvania 1999. For French literature, see S. LUSIGNAN, *Parler vulgairement. Les intellectuels et la langue française aux XIIIe et XIVe siècles*, Montreal 1986. The classic study on the use of the vernacular for administrative purposes is M.T. CLANCHY, *From Memory to Written Record. England 1066-1307*, Oxford ²1993; for the Low Countries, see G. CROENEN, "Latin and the Vernaculars in the Charters of the Low Countries: the Case of Brabant", in *The Dawn of the Written Vernacular in Western Europe*, ed. M. GOYENS and W. VERBEKE, Leuven 2003, 107-26.

[11] For Velthem's adaptation of *De eucharistia*, see LODEWIJK VAN VELTHEM, *Lodewijk van Velthem's voortzetting van den Spiegel Historiael* 1, uitg. door H. VANDER LINDEN et al., Bruxelles 1906-1938, 108-14. For Ruusbroec's use, see G. WARNAR, *Ruusbroec. Literatuur en mystiek in de veertiende eeuw*, Amsterdam 2003, 245. On Albertus/Albertismus and Ruusbroec, see also M.J.F.M. HOENEN, "*Een godlijc ghevoelen dat boven redene es.* Jan van Ruusbroec en Albertus Magnus: Mystiek en Filosofie", in *Een claer verlicht man. Over het leven en werk van Jan van Ruusbroec (1293-1381)*, uitg. door E.P. BOS en G. WARNAR, Hilversum 1993, 47-57.

[12] The critical edition of the *Brulocht* is JAN VAN RUUSBROEC, *Die geestelike brulocht*, ed. J. ALAERTS, intr. by P. MOMMAERS, English transl. by H. ROLFSON, in CCCM 103, Turnhout 1988.

[13] K. EMERY, Jr., "The Image of God Deep in the Mind: The Continuity of Cognition According to Henry of Ghent", in *Nach der Verurteilung von 1277. Philosophie und Theologie an der Universität von Paris im letzten Viertel des 13. Jahrhunderts*, hrsg. v. J.A.

Henry's afterlife in Dutch writings—limited as it may have been—shows that the real turn towards a tradition of thinking in the vernacular occurred in religious literature and especially in attempts to apply philosophical ideas to the theology of mystical devotion. That is, of course, no spectacular new observation. In the first half of the fourteenth century new standards of vernacular literature were set in the sermons and writings of the German Dominicans and their intellectual culture that flourished in the cities along the Rhine.[14] The initiator seems to have been the formidable Meister Eckhart, but impressive also is the number of Dominican preachers and *lesemeister* who followed him in a fluent use of the vernacular for the treatment of Scholastic matter.[15] The Dutch treatises of Ruusbroec and his disciples were part of this intellectual culture in the vernacular. Considering the early and continuing exchange of texts between Germany and the Low Countries, there is no reason to think of the Dutch mystical theology as being separate from the writings of the Rhineland Dominicans.

The German and Dutch tongues seemingly became an independent medium in late medieval religious discourse. A telling example is an introduction to the works of Jan van Ruusbroec that was written by his friend, the Carthusian Gerard of Saintes (ca. 1360). Originally serving as a prologue in Gerard's personal copy of treatises by Ruusbroec, the text can be easily identified as the first Dutch *accessus ad auctorum*. In his prologue Gerard explicitly addresses Ruusbroec's use of the vernacular and criticizes those people who are prejudiced against studying books of divinity written in Dutch:

AERTSEN, K. EMERY, Jr. und A. SPEER (Miscellanea Mediaevalia 28), Berlin-New York 2001, 91-92.

[14] For a discussion on the vernacular intellectual culture of the fourteenth-century Dominicans, see N. LARGIER, "*intellectus in deum ascensus*. Intellekttheoretische Auseinandersetzungen in Texten der deutschen Mystik", in *Deutsche Vierteljahrsschrift* 69 (1995), 423-71; G. WARNAR, "Tauler in Groenendaal. Mystik und Gelehrtheit in der mittelniederländische Literatur", in *Schnittpunkte* (see n. 8), 55-66, esp. 63, suggests including writings from the Low Countries.

[15] On the German Dominicans, see K. RUH, *Geschichte der abendländischen Mystik* 3, München 1996, 214-526, esp. 355; on the use of the vernacular: "Erstaunlich ist in diesen Texten die Gewandtheit im Umgang mit der deutschen Sprache. Diese hat sich, auch dort wo lateinische Texte zugrundeliegen mit wenigen Ausnahmen vom Latein völlig frei gemacht.... Es muss der Umgang mit Eckharts Predigten und Traktaten sein, der diese Sprachkompetenz bewirkt hat. Dies scheint mir nicht weniger erstaunlich zu sein als die Wirkung seiner Spekulation und Spiritualität als solcher."

Men vint enige menschen die niet alsoe wel en lusten te studeren in duytschen boeken van geestelicheden als in latijnschen, nochtan dat si bet dietsch dan latijn verstaen. Dese menschen en soeken niet die vrucht hare studien, dat is gheleert te worden; want van dier scrifturen daer ic die tale zwaerlic ofte qualic ofte niet en verstaen, daer af en mach ic niet volle leringhe vaten. Mer in die scrifture daer ic niet in dolen en mach in die significacie der woerden noch in die constructie der spraken, daer mach ic den verstande naken; ende come ic toten verstaen, soe maghic werden gheleert, ende sonder wel verstaen en leer ic nemmermeer.[16]

[Some people do not take as much pleasure in studying Dutch books of divinity as in (studying) Latin (books). These people do not seek the fruit of their study—that is, being taught (although the Dutch 'gheleert' has the spiritual connotation of 'being edified', and could also be translated as 'learned'), because I will not grasp the full meaning of those writings of which I have difficulties in understanding the language. But I will come to a better understanding in those writings where I will not get lost in the meaning of the words or in the grammar (literally: the construction of the language). And if I come to understand, I will be taught; and without understanding I will never be learned.]

Gerard's defence of studying Dutch books of divinity ("studeren in duytschen boeken van geestelicheden") might be read as a general comment on religious learning in the vernacular, but he is especially concerned with Ruusbroec's texts. The mystic had been criticized for his treatment of the controversial theological issue of a union beyond the distinction between creature and Creator. Gerard tried to argue that Ruusbroec's teachings did not cross the boundaries of orthodoxy. The problem, in Gerard's view, was that the mystic's Dutch vocabulary could not be as technically exact as the Latin used by the theologians. This did not imply, according to Gerard, that reading vernacular texts would be less profitable.

Ruusbroec's mystical theology was probably the most ambitious attempt to extend the intellectual tradition to Dutch literature. Paradoxically, the most convincing evidence for Ruusbroec's writing being equivalent to the tradition of learning are the Latin translations of his texts. *Die geestelike brulocht* was translated twice in Latin before Ruusbroec's death in

---

[16] W. de Vreese, "Bijdragen tot de kennis van het leven en de werken van Jan van Ruusbroec", in *Het Belfort* 102 (1895), 18-19. On this part of Gerard's prologue, see Warnar, "*Studeren in duytschen boeken*" (see n. 10), and Idem, *Ruusbroec* (see n. 11), 122-26, 255-59. An edition of the Prologue is in W. de Vreese, "Bijdragen tot de kennis", 5-20.

1381. Also dating from the fourteenth century were Latin versions of *Die spieghel der eeuwigher salicheit*, *Van seven trappen* (also translated twice), and *Vanden blinkenden steen*, which was particularly well received. The 29 surviving manuscripts of the Latin *Steen* even outnumber those of the original vernacular text, including the German version (altogether 24 manuscripts).[17]

This circulation of vernacular writing in Latin translation—rare as it may have been—is highly important for any assumptions about the interaction of academic learning and the Dutch literary tradition. Recent studies have introduced the idea of a "vernacular theology" to describe the new approaches to the world of religious learning in the mother tongue: less technical than in the Scholastic theology of the universities and more directed towards the practices of religious life. This concept of "vernacular theology" could also be adduced more provocatively to challenge the traditional view of religious literature in the mother tongue as the "product of medieval ecclesiastical condescension towards the laity and the vernacular." By claiming (some) intellectual independence for writing in the mother tongue one can claim that "not only do vernacular texts derive material from an array of Latin systems of thought, they generate their own systems."[18]

---

[17] Both Latin translations of the *Brulocht* have been edited; see IOANNES RUSBROCHIUS, *De ornatu spiritualium nuptiarum,* WILHELMO IORDANI *interprete*, ed. K. SCHEPERS, in CCCM 207, Turnhout 2004, and IOANNES RUSBROCHIUS, *Ornatus spiritualis desponsationis,* GERARDO MAGNO *interprete*, ed. R. HOFMAN, in CCCM 172, Turnhout 2000. *Van seven trappen* was edited in JAN VAN RUUSBROEC, *Van den VII trappen, met* GEERT GROOTE's *Latijnsche vertaling*, uitg. door Ph. MÜLLER, Bruxelles 1911. *Vanden blinkenden steen* was edited in JAN VAN RUUSBROEC, *Van den blinckenden Steen, met* W. JORDAENS' *Latijnsche vertaling*, uitg. door Ph. MÜLLER, Louvain 1921. A survey of the Latin translations in G. DE BAERE, "Ruusbroecs *Spieghel* in de Latijnse vertaling van Geert Grote", in T. MERTENS et al., *Boeken voor de eeuwigheid. Middelnederlands geestelijk proza*, Amsterdam 1993, 156-59. On the number of manuscripts of the *Steen*, see JAN VAN RUUSBROEC, *Vanden blinkenden steen* [etc.], ed. G. DE BAERE et al., intr. by P. MOMMAERS et al., English transl. by A. LEFEVERE, in CCCM 110, Turnhout 1991, 75-79: 17 manuscripts with the complete or partial Dutch text, 7 manuscripts with complete or partial German versions versus 25 manuscripts with the complete or partial Latin text, to which can be added four previously unknown manuscripts: Praha, Národní Knihovna České Republiky (*olim* Universitní Knihovna), Cod. X.B.24 (cat. 1853), and Wrocław, Biblioteka Uniwersytecka, IV.F.101 (ff. 146-154v), IV.Q.138 (f. 25 excerpt), and IV.F.81 (ff. 133-142).

[18] On the introduction of vernacular theology, see N. WATSON, "Censorship and Cultural Change in Late-Medieval England: Vernacular Theology, the Oxford Translation Debate, and Arundel's Constitutions of 1409", in *Speculum* 70 (1995), 822-64, and IDEM, "Visions

The concept of vernacular theology seems to be useful in particular to capture tendencies in the writings of the women mystics, who sometimes deliberately moved away from clerical discourse and theory.[19] Acknowledging a branch of self-conscious devotional writing in the vernacular could prove to be even more important for understanding the attempts to create alternative forms of authority opposed to the intellectual superiority of the ecclesiastical and academic elite, not only forms of informal (female) teaching *ex beneficio* as contrary to theological teaching *ex officio*, as defined by Henry of Ghent, but also Johannes Tauler's distinction between the intellectual *lesemeister* and charismatic *lebemeister*.[20] It appears, however, that the use of the vernacular is not the most or single decisive element in these dichotomies. The concept of "vernacular theology" is somewhat problematic, if applied to the writings of the fourteenth-century Dutch and German mystics. It would suggest too much the formation of a particular set of ideas for vernacular audiences—distinct from professional philosophy or monastic thought—, and also would ignore the fact that authors like Ruusbroec in his use of Henry's ideas aimed at expanding the realms of religious thought into the mother tongue. The tendency in German and Dutch religious writing seems to be more towards a theology in the vernacular than towards a vernacular theology. This is es-

---

of Inclusion: Universal Salvation and Vernacular Theology in Pre-Reformation England", in *The Journal of Medieval and Early Modern Studies* 27 (1997), 145-88, citations on 146.

[19] B. McGinn, *The Presence of God. A History of Western Christian Mysticism* 3, New York 1998, 20-22. There is more emphasis on the gender element of vernacular theology (and therefore less nuanced than McGinn's assumption) in the introduction of the editors in *The Vernacular Spirit. Essays on Medieval Religious Literature*, ed. R. Blumenfeld-Kosinski, D. Robertson and N. Bradley Warren, New York 2002, 1-11.

[20] For the English tradition, see N. Watson, *Richard Rolle and the Invention of Authority*, Cambridge 1991. Most of the work on vernacular theology starts from the English mystical tradition; see the survey by N. Watson, "The Middle English Mystics", in *The Cambridge History of Medieval English Literature*, ed. D. Wallace, Cambridge 1999, 539-65. It appears that the Dutch and German tradition differs substantially from Middle English literature. For instance, some of the anti-intellectual tendencies in the writings of the Modern Devotion but also in Tauler's sermons and the writings of the *Gottesfreunde* could be read as a response to more intellectual other vernacular literature, especially Eckhart; see below and compare Warnar, "Tauler in Groenendaal" (see n. 14) and G. Steer, "Eckhart der *meister*", in *Literarische Leben. Rollenentwürfe in der Literatur des Hoch- und Spätmittelalters. Festschrift für Volker Mertens zum 65. Geburtstag*, hrsg. v. M. Meyer und H.-J. Schiewer, Tübingen 2002, 720-23. This does not mean the concept of vernacular theology would be irrelevant for the Dutch and German texts, but having been defined to describe the English literature, it cannot be applied to other literatures without reassessment.

pecially apparent from the German "intellekttheoretischen Auseinandersetzungen" of which the early fourteenth-century *Ler von der selikeit* ("Doctrine of Beatitude") is an excellent example.[21] Moreover, the text is interesting for our purpose because the Dutch or Low Rhinish dialect of the most reliable copy (in a fifteenth-century manuscript from Geldern, near Cleves) might be an indication for the origins of the *Ler von der selikeit*.[22] This short treatise on the agent and possible intellect confronts Thomas Aquinas' theories with the opinions of other Dominican masters, especially Dietrich von Freiberg, whose position is identified as being different from Meister Eckhart's (and in one later manuscript also from Henry of Ghent's). From the opening lines the *Ler von der selikeit* shows the influence of academic discourse:

> Beati oc[u]li qui vident que vos videtis. Onder den mesteren is een vrage hoe die mensche selich sal syn. Somighe antworden daer toe ende spreken dat selicheit soe groeten goet si dat et got niet en vermoege dat hi enighen creatuer soe edel mochte ghescapen der hi salicheit geven moege van natueren, et en si dat et werde gegeven in enre overnatuerliker cracht. Dat seggen si dat dat si dat licht der glorien. Nu proeven si voert ende nemen dat wort dat onse here sprack: 'Vader, dat is ewich leven, dat men di bekenne.'[23]

> [Blessed are the eyes that see what you see. Among the masters there is a question how man will be blessed. Some answer this by saying that beatitude is such a great thing that God cannot create so noble a creature that he could give him beatitude by way of nature unless this is given in a supernatural power. This, they say, is the light of glory. Now they go on to consider (but also: 'prove' or 'investigate') and

---

[21] See L. STURLESE, "Traktat von der Seligkeit", in *VL*^{2} 9 (1995), 998-1002, LARGIER, "*intellectus in deum ascensus*" (see n. 14), 432-35 and RUH, *Geschichte* 3 (see n. 15), 199-204. The title *Ler von der Selikeit* is suggested by Ruh, who also ascribes the text to Eckhart von Gründig, which is questioned by Sturlese. An edition of the text is found in W. PREGER, "Der altdeutsche Tractat von der wirkenden und möglichen Vernunft", in *Sitzungsberichte der philosophisch-philologischen und historischen Classe der königlich-bayerischen Akademie der Wissenschaften zu München 1871*, München 1871, 176-89.

[22] On the origins of the manuscript, see M. COSTARD, "Predigthandschriften der Schwestern vom gemeinsamen Leben. Spätmittelalterliche Predigtüberlieferung in der Bibliothek des Klosters Nazareth in Geldern", in *Die deutsche Predigt im Mittelalter.* Internationales Symposium am Fachbereich Germanistik der Freien Universität Berlin vom 3.-6. Oktober 1989, hrsg. v. V. MERTENS und H.-J. SCHIEWER, Tübingen 1992, 194-222; STURLESE, "Traktat von der Seligkeit" (see n. 21), 998 on the reliability of the Geldern-copy (Berlin, Staatsbibliothek – Preußischer Kulturbesitz, Ms. germ. quart. 1084).

[23] Cited after the Dutch manuscript Berlin, Staatsbibl. – PKB, Ms. germ. quart. 1084, f. 1r; compare PREGER, "Der altdeutsche Tractat" (see n. 21), 176; for the reference to Henry 180 n. 39.

take the word that our Lord spoke: "Father, this is eternal life, that one knows Thee."]

The systematic arrangement of thought in the *Ler von der selikeit* reflects the standard procedure for fourteenth-century *quaestiones*, but this technical approach was still quite rare in vernacular texts. An even greater novelty than the scholarly treatment is the philosophical issue. The *Ler von der selikeit* was one of the first texts to introduce the discussions of the schools in the language of the laity.[24] Again, it seems that Eckhart had set the example in his German sermons and his vernacular writing.[25] The number and intensity of his allusions to the masters and philosophers were without precedent in vernacular texts. One single sermon (on Eccli. 50:6-7, *Quasi stella matutina*) contains no less than thirteen references to the opinions and positions of the *meister*, including references to Eckhart's own teaching and disputes on the priority of the intellect or the will in final beatitude.[26]

---

[24] Concerning the debates on the subject of beatitude, see C. TROTTMANN, *La vision béatifique. Des disputes scolastiques à sa définition par Benoît XII*, Roma 1995, who with the exception of Eckhart's sermons, discusses only Latin texts (see esp. 325-36).

[25] A famous statement about Eckhart's theological teaching in the vernacular for the "ungelêrten" is to be found in his *Liber benedictus*: "Ensol man niht lêren ungelêrte liute, sô enwirt niemer nieman gelêret, sô enmac nieman leren noch schriben. Wan dar umbe lêret man die ungelêrten, daz sie werden von ungelêret gelêret." [If we are not to teach people who have not been taught, no one will ever be taught, and no one will ever be able to teach and write. For that is why we teach the untaught, so that they may be changed from uninstructed into instructed.] For a discussion of this passage including citation and English translation, see B. MCGINN, *The Mystical Thought of Meister Eckhart. The Man From Whom God Hid Nothing*, New York, NY 2001, 13; McGinn's idea that Eckhart's statement "encapsulates his claim for the importance of a new vernacular theology" seems to be less convincing than Steer's interpretation of the same passage as evidence for Eckhart's efforts to make no difference in his Latin and German teaching (G. STEER, "Die Schriften Meister Eckharts in den Handschriften des Mittelalters", in *Die Präsenz des Mittelalters in seinen Handschriften.* Ergebnisse der Berliner Tagung in der Staatsbibliothek zu Berlin - Preußischer Kulturbesitz, 6.-8. April 2000, hrsg. v. H.-J. SCHIEWER und K. STACKMANN, Tübingen 2002, 232). See also RUH, *Geschichte* 3 (see n. 15), 244, in relation to Eckhart's trial. On Eckhart's preaching in relation to his audience, theology and use of the vernacular, see H.-J. SCHIEWER, "German Sermons in the Middle Ages", in *The Sermon*, ed. B.M. KIENZLE (Typologie des sources du Moyen Âge occidental 81-83), Turnhout 2000, 876-77, 905-8 (with summary of the varying opinions), MCGINN, *The Mystical Thought*, 13, 33-34, and W. HAUG, "Eckharts deutsches Predigtwerk: Mystische Erfahrung und philosophische Auseinandersetzung", in W. HAUG, *Die Wahrheit der Fiktion. Studien zur weltlichen und geistlichen Literatur des Mittelalters und der frühen Neuzeit*, Tübingen 2003, 521-37.

[26] *DW* 1, nr. 9, citation 152: "Ich sprach in der schuole, daz vernüfticheit edeler waere

This was the matter of a well-known debate, but it was brought into the vernacular by men like Eckhart and other learned mendicants, like the anonymous compiler of the *Paradisus anime intelligentis*. This was a series of sermons in German, apparently collected to record the grandeur of Dominican preaching, but first and foremost to prove the Dominican doctrine of the intellect. Eckhart is the key witness with thirty-two of the sixty-four sermons ascribed to him. His sermon on *Quasi stella matutina* is considered to be the "Schlüsselpredigt" for the collection as a whole.[27]

The *Paradisus*-collection originated in the highly latinate milieu of learned Dominicans and perhaps was only meant to serve purposes within the Order. Individual transcriptions, however, reached wider audiences of vernacular readers, introducing non-professionals to theological and philosophical notions.[28] The earliest Dutch copies of excerpts from Eckhart-sermons (second quarter of the fourteenth century) were made by a professional scribe who also produced manuscripts containing Maerlant's *Scolastica* and the Arthurian romance *Ferguut*. Important fourteenth-century collections of Eckhart's sermons are found in two manuscripts that are related to the *Gottesfreunde* ("Friends of God") in Basel: loosely organised groups of mendicants, nuns, beguines, secular clerics and religiously motivated patricians who shared an interest in mystical literature in the vernacular. These *Gottesfreunde* in the cities on the Upper Rhine had close connections with similar groups in the Low Countries, especially in Brabant, who read the same corpus of mystical literature in the vernacular: ranging from Hadewijch and Eckhart to Ruusbroec, Tauler and Heinrich Seuse.[29]

---

dan wille, und gehoerent doch beidiu in diz licht. Dô sprach ein meister in einer andern schuole wille waere edeler dan vernüftichcit...."

[27] An edition is Paradisus anime intelligentis*: aus der Oxforder Handschrift Cod. Laud. Misc. 479 nach E. Sievers' Handschrift*, hrsg. v. Ph. STRAUCH, Berlin 1919, ND mit einem Nachwort v. N. LARGIER und G. FOURNIER, Hildesheim 1998; B. HASEBRINK, "Studies on Redaction and Use of the *paradisus anime intelligentis*", in *De l'homélie au sermon. Histoire de la prédication médiévale.* Actes du colloque de Louvain-la Neuve (9-11 juillet 1992), éd. J. HAMESSE et X. HERMAND, Louvain-la-Neuve 1993, 143-58; RUH, *Geschichte* 3 (see n. 15), 273-79, and STEER, "Die Schriften Meister Eckharts" (see n. 25), 259-60, with a summary of older literature.

[28] On the origins of the *Paradisus*-collection, see STEER, "Die Schriften Meister Eckharts" (see n. 25), 260.

[29] On the Eckhart-manuscripts of the *Gottesfreunde* (Einsiedeln, Stiftsbibliothek, Cods. 277 and 278), see *Meister Eckhart und seine Jünger. Ungedruckte Texte zur Geschichte der deutschen Mystik*, hrsg. v. F. JOSTES, mit einem Wörterverzeichnis v. P. SCHMITT und einem Nachwort v. K. RUH, Berlin-New York 1972, 204. On the connections of Dutch and

The dissemination of theological learning in vernacular sermons and treatises bespeaks a fundamental shift in religious instruction for the laity towards intellectual discussions. Medieval ideas on the subject of teaching theology—as expressed, among others, by Henry of Ghent—included a distinction between preaching (which is for all Christians) and lecturing in the schools (for the *auditores* of theology). For Henry, it goes without saying—literally as far as I can see—that the use of the vernacular should be limited to moral instructtion in preaching.[30] It could also be exactly for this reason that early Dutch Bible translations and adaptations of the *Historia scolastica* are surrounded by conflicts about making Scripture and theological textbooks available for the laity in the mother tongue.[31] To Ruusbroec the use of the vernacular and its implications were no matter of great concern. There is not a single word in his texts to suggest that he felt any need to explain why he wrote in the vernacular, or perhaps more to the point, why he did not write in Latin. Ruusbroec's silence does not mean that there was no problem.[32] Mystical theology in Dutch flourished in the fourteenth century, but in the last decades before 1400 the founding fathers of the Modern Devotion showed a new reluctance towards writing in the vernacular. To anticipate accusations of heretical tendencies in vernacular texts, Gerard Zerbolt van Zutphen wrote *De libris teutonicalibus*. This juridical dossier that was used for several Dutch adaptations treats the question whether the laity should be allowed to read in the mother

---

German *Gottesfreunde*, see WARNAR, "Tauler in Groenendaal" (see n. 14), and G. WARNAR, "Mystik in der Stadt. Jan van Ruusbroec (1293-1381) und die niederländische Literatur des 14. Jahrhunderts", in *Deutsche Mystik im abendländischen Zusammenhang. Neu erschlossene Texte, neue methodische Ansätze, neue theoretische Konzepte*, hrsg. v. W. HAUG und W. SCHNEIDER-LASTIN, Tübingen 2000, 683-702; see especially the contributions of D. GOTTSCHALL, W. SCHEEPSMA (also on the scribe of the early Dutch Eckhart-copies), and A. BECCARISI to this volume.

[30] A. MINNIS, "The *Accessus* Extended: Henry of Ghent on the Transmission and Reception of Theology", in *Ad litteram. Authoritative Texts and Their Medieval Readers*, ed. M.D. JORDAN and K. EMERY, Jr., Notre Dame-London 1992, 308-9, and M. SCHMAUS, "Der Lehrer und der Hörer der Theologie nach der *Summa Quaestionum* des Heinrich von Gent", in *Universitas. Dienst an Wahrheit und Leben. Festschrift für Bischof Dr. Albert Stohr* 1, hrsg. v. L. LENHART, Mainz 1960, 11-12.

[31] WARNAR, "*Studeren in duytschen boeken van geestelicheden*" (see n. 5), 113-16.

[32] Gerard of Saintes explained the success of Ruusbroec's *Brulocht* in terms of the great need for "sacred and sound doctrine in the Dutch language, because of some hypocracies and controversies that had arisen" ("Want doen ter tijt was heyligher ganser leringhe in dietscher tonghen groet noot, om enighe ypocrisien ende contrarien die doe op gheresen waren."), quoted in DE VREESE, "Bijdragen tot de kennis" (see n. 16), 11; see WARNAR, *Ruusbroec* (see n. 11), 146-51, for a discussion of Gerard's observations.

tongue, and which texts could be translated. One of Zerbolt's claims is that vernacular books should treat only clear plain and simple matter (according to the earliest Dutch text: "eest dat si van pleindre of slechtere materien opelec tracteren"). The works of Eckhart are mentioned as examples of the opposite, but not as a direct attack on the German Dominican. Zerbolt singled out Eckhart's books because the controversial nature of his teaching in the vernacular was well known after his trial for heresy:

> Ende dat was daer omme geseit, omme eenrande dietsche boeke, die enen nuwen, ongewoenen, onbehorleken, ydelen, besmetten of verkeerden maniere van sprekene hebben die in de godleke scrifturen ende in den boeken der heiligen al te male ongewoene es. Ende selke van dien boeken sijn Eggarde toe geintytuleert, als Eggardus sermone etc.[33]
>
> [And this was said because of certain books in Dutch that have a new, unusual, indecent, vain, tainted or wrong manner of speech (in the Latin version: "habentes prophanum et abusivum modum loquendi") that is completely unusual in divine Scripture and the books of the sacred. And a number of these books are ascribed to Eckhart, as Eckhart's sermons etc.]

De libris teutonicalibus and other documents show that the interaction of Dutch literature and academic learning was most intense in the religious domain. Still, it appears to be appropriate to try and capture the rise of an intellectual culture in Dutch texts not in terms of a vernacular theology, but as part of the larger processes in late medieval history of thought that have been described by Alain de Libera as the "déprofessionalisation de la philosophie."[34] New forms of applied or organic philosophy (as opposed to the professional philosophy of the universities) emerged in urban centres of learning, especially in the mendicant convents and among such learned clerics and men of letters as Jacob van Maerlant. These new classes of intellectuals outside the universities were more open to using the vernacular for teaching, preaching, and writing than were professional academics like Henry of Ghent. This is the urban setting for a new *Wis-*

---

[33] Citation in C.G.N. DE VOOYS, "De dietse tekst van het traktaat: *De libris teutonicalibus*", in *Nederlands archief voor kerkgeschiedenis* 4 (1907), 113-34. A detailed discussion of Zerbolt's text in N. STAUBACH, "Gerhard von Zutphen und die Apologie der Laienlektüre in der *Devotio Moderna*", in *Laienlektüre und Buchmarkt im späten Mittelalter*, hrsg. v. T. KOCK und R. SCHLUSEMANN, Frankfurt a.M. 1997, 221-89.

[34] DE LIBERA, *Penser au Moyen Âge* (see n. 4), esp. 299-347. See WARNAR, "Mystik in der Stadt" (see n. 29), 695-701, for a first attempt to apply the "déprofessionalisation" to Ruusbroec and Dutch literature; compare WARNAR, "Dubbelster of tegenpolen?" (see n. 2).

sensvermittlung in the Dutch vernacular that is of interest both to historians of literature and historians of philosophy, although they have different perceptions of the same phenomenon. The application of philosophical ideas to life outside the professional academic environment of the universities and *studia* is a *déprofessionalisation de la philosophie* in the history of medieval thought and learning. Looked upon from the late medieval idea of the vernacular, however, the same process appears as a *professionalisation de la literature*, in which case 'literature' in the medieval sense should be understood as the written word.[35] The idea of a professionalization of vernacular literature emphasizes the role of authors who shaped their writings according to the Latin tradition in an attempt to create a vernacular world of learning.[36] Jan van Boendale, whose observations on *Hoe de dichters dichten sullen* ("How Authors Should Write") count as the first vernacular poetics in Western Europe, defined the true nature of literature as an alliance of *letteren ende clergie* ("the written word and learning"). This attitude explains the shifts in attention in fourteenth-century Dutch literature: from entertainment to education, from narrative to discourse, from verse to prose.

New approaches to learning in the Dutch vernacular were felt most strongly in religious texts, but seem to have been present in all genres in the fourteenth century, from the ethics in *Die dietsche doctrinale* (the adaptation of Albertanus of Brescia's *De amore et dilectione Dei*) to medical science in a surprisingly large number of textbooks for surgeons.[37] There-

---

[35] In general on the "erweiterten Literaturbegriff" for medieval texts, see K. RUH, "Überlieferungsgeschichte mittelalterlicher Texte als methodischer Ansatz zu einer erweiterten Konzeption von Literaturgeschichte", in *Überlieferungsgeschichtliche Prosaforschung. Beiträge der Würzburger Forschergruppe zur Methode und Auswertung*, hrsg. v. K. RUH, Tübingen 1985, 262-72.

[36] This differs from more traditional views of a literature for the laity that was simply "derived" from the Latin tradition in order to educate an illiterate (meaning non-latinate) readership, as stated, for example, by B. WACHINGER, "Wissen und Wissenschaft als Faszinosum für Laien im Mittelalter", in *Ars und Scientia im Mittelalter und in der frühen Neuzeit. Ergebnisse interdisziplinärer Forschung. Georg Wieland zum 65. Geburtstag*, hrsg. v. C. DIETL und D. HELSCHINGER, Tübingen 2002, 13-29. Compare WATSON, "Censorship and Cultural Change" (see n. 18), 823 n. 4, but see in particular A. GALLOWAY, "*Piers Plowman* and the Schools", in *The Yearbok of Langland Studies* 6 (1992), 89-107, and F. SOMERSET, *Clerical Discourse and Lay Audience in Late Medieval England*, Cambridge 1998. Again, scholarship on Middle-English texts seems to have led to a more articulate concept of these currents, although against the background of the Wyclif-movement, which suggests that here also Dutch and German literature will show different characteristics. For a first impression, see WARNAR, "Dubbelster of tegenpolen" (see n. 2).

[37] On the *Dietsche doctrinale* see J. REYNAERT, "Ethiek en 'filosofie' voor leken: de

fore, one of the basic assumptions in the *Men of letters*-project is that for explaining the intellectual atmosphere in Dutch literature we must look at what the authors were: urban clerics with varying professions and spheres of interest, but sharing a social and cultural position. They had received sufficient education to explore the Latin world of learning, but were working outside the spheres of professional science in an environment that favoured the use of the vernacular.[38]

One of the principal aims of the project will be to describe the intellectual networks and urban culture through which the exchange of ideas from the Latin to the vernacular tradition gained momentum. For a first impression, and also to catch a glimpse of the intellectual culture in the Rhineland and the Low Countries, we return to Ruusbroec's use of Henry's ideas. This was according to Kent Emery "perhaps the most intriguing case of Henry of Ghent's influence among mystical theologians," but at the same time it was "hard to imagine how Ruusbroec could have known Henry's teachings."[39] The interaction of highly specialized philosophical thinking and vernacular prose would indeed be difficult to understand from the long standing assumptions about the cultural barrier between Latin and the vernacular, or in this case in particular the traditional—but deliberately created—image of Ruusbroec as an enlightened mystic, who would have written his texts *sine labore studii*, under guidance of the Holy Spirit.[40] The contexts of Ruusbroec's authorship supply us with better answers to questions on the way how he had access to academic theology and present us with a new perspective on the nature of his writings.

There is no indication that Ruusbroec received much formal education beyond his years at the collegiate school in Brussels, where he was trained

Dietsche doctrinale", in J. REYNAERT et al., *Wat is wijsheid? Lekenethiek in de Middelnederlandse letterkunde*, Amsterdam 1994, 199-214. On the Dutch tradition of medical texts, see E. HUIZENGA, *Tussen autoriteit en empirie. De Middelnederlandse chirurgieën in de veertiende en vijftiende eeuw en hun maatschappelijke context*, Hilversum 2003.

[38] W.P. GERRITSEN et al., "A Fourteenth-Century Vernacular Poetics: Jan van Boendale's *How Writers Should Write*", in *Medieval Dutch Literature in its European Context*, ed. E. KOOPER, Cambridge 1994, 245-60; cf. WARNAR, "Dubbelster of tegenpolen" (see n. 2), 35-39.

[39] Citations in EMERY, "The Image of God Deep in the Mind" (see n. 13), 92.

[40] Ruusbroec's reputation from the Middle Ages to the twentieth century has been discussed extensively in A. AMPE, *Ruusbroec. Traditie en werkelijkheid*, Antwerpen 1975. See also K. RUH, *Geschichte der abendländischen Mystik* 4, München 1999, 29-30, and WARNAR, *Ruusbroec* (see n. 11), 120-29.

to be a priest. Earlier assumptions about academic training in Paris or in Cologne lack historical evidence, but the same holds for the idea that the mystic chose to live in intellectual isolation. There is no doubt that Ruusbroec spent most of his life surrounded by learned clerics and books, both during his years as a chaplain in the collegiate church of St. Gudula in Brussels and as the first prior of the monastery of Groenendaal, where he had retreated at the age of fifty as one of the founders of a new religious community.[41] One of Ruusbroec's lifelong companions, both in Brussels and in Groenendaal, was Vranke vanden Coudenberg, a Master of Arts. Another academically trained companion was Willem Jordaens, who translated a number of Ruusbroec's works in Latin and composed at least one highly intellectual mystical treatise in Dutch.[42] According to Ruusbroec's oldest *vita*, there were "magistri and doctores ac clerici non mediocres" who came to visit him in his monastery Groenendaal, among them Johannes Tauler.[43] The oldest surviving manuscripts from Groenendaal (old enough to have been consulted by Ruusbroec himself) leave the same impression of intellectual activities: most interesting is a densely annotated copy of Peter Lombard's *Sententiae*.[44]

As a member of the Brussels secular clergy, Ruusbroec belonged to a class of urban intellectuals who were actively engaged in religious, literary and intellectual life: clerics, schoolmasters, mendicant friars, preachers and priests, medical doctors, town notaries, lawyers and secretaries. They were the men of letters—authors as well as scribes and readers—who shaped late-medieval Dutch literature. For at least some of Ruusbroec's fellow clerics in Brussels Henry of Ghent must have been a familiar name: the poem about Maerlant, Henry and Albertus Magnus was copied in a manuscript from Ruusbroec's hometown, Brussels. There were

---

[41] For his intellectual training and his position among academically trained clerics, see WARNAR, *Ruusbroec* (see n. 11), 28-53, 81-93, 215-27; there I have attempted to portray the author as an historical figure.

[42] IDEM, *Ibid.*, 167-69 (Ruusbroec and Coudenberg); 124-25, 223-27 (Ruusbroec and Jordaens).

[43] IDEM, "Tauler in Groenendaal" (see n. 14), esp. 55-56. Citations in J. DE LEU, "De origine monasterii Viridisvallis, una cum vitis B. Joannis Rusbrochii, primi prioris hujus monasterii, et aliquot coaetaneorum ejus, opusculum Henrici Pomerii", in *Analecta Bollandiana* 4 (1885), 296.

[44] The manuscript is Bruxelles, Bibliothèque Royale de Belgique, Ms. 1636-37 (*Sententiae*, mentioned in WARNAR, *Ruusbroec* [see n. 11], 219). Another manuscript is discussed in G. WARNAR, "Ruusbroec in het middelpunt, maar waarvan? De mysticus en de Middelnederlandse letterkunde", in *Queeste* 10 (2003), 22.

also close connections with Parisian university culture, apparent from the local confraternity of *clerici parisienses*, the Dutch translation of the *Roman de la rose* by a certain Henry of Brussels, and the special fee that the Carmelite Johannes Guldenaere was paid to have his books transported from Paris to Brussels when he was appointed there as *lector* of the Carmelites.[45]

This last example is the most significant for our views of the urban intellectual life that a secular cleric like Ruusbroec must have been involved in. As William Courtenay and Walter Senner demonstrate in this volume, the educational programmes of the mendicant orders guaranteed a continuous input of academic material in the late-medieval cities, apart from their "regular" preaching activities. Although much remains obscure about the situation in Brussels during the time of Ruusbroec, it appears that here also the mendicant convents with their *lectores* were the intellectual fountainheads.[46] The Carmelite Johannes Guldenaere († 1354) had been lecturing philosophy in the Carmelite *studium* in Cologne and he was Prior of the Brussels convent before obtaining his doctorate in Paris in 1346, after which he returned to Brussels. His brother Matthias of Cologne, also a Carmelite, had been the principal *lector* in Cologne before moving to the Brussels convent to become Prior and Regent Master from 1326 until 1340.[47]

Another Brussels institution for higher (theological) education was the Franciscan convent, with its custodial school of theology and philosophy.[48] It is there that we may find a *trait d'union* between Henry of Ghent and Ruusbroec. Several elements in Ruusbroec's theology point to con-

---

[45] The Brussels copy of the poem is the manuscript used for the recent edition (*Het handschrift-Van Hulthem* [see n. 1]). For the origins of this manuscript, see H. BRINKMAN, "Het wonder van Molenbeek. De herkomst van de tekstverzameling in het handschrift-Van Hulthem", in *Nederlandse letterkunde* 5 (2000), 21-46. See WARNAR, *Ruusbroec* (see n. 11), 81-93, on Ruusbroec's social and intellectual environment in Brussels (including the confraternity), and REYNAERT, "*Ene suptile clergie*" (see n. 9), 11-12, on Henry of Brussels. The payment for Guldenaere's books is mentioned in H.G.J. LANSINK, *Studie en onderwijs in de Nederduitse provincie van de Karmelieten gedurende de Middeleeuwen*, Nijmegen 1967, 298.

[46] On both mendicant convents, see Pl.F. LEFÈVRE, *L'organisation ecclésiastique de la ville de Bruxelles au Moyen Âge*, Louvain 1942, 100-4.

[47] See F.-B. LICKTEIG, *The German Carmelites at the Medieval Universities*, Roma 1981, 127, 132, 141 for Johannes Guldenaer's career, and 126-27, 170 for Matthias of Cologne.

[48] B. ROEST, *A History of Franciscan Education (ca. 1215-1517)*, Leiden 2000, 79.

nections with Franciscan learning: his appreciation of Bonaventure's mystical theology and his use of *De septem itineribus aeternitatis*, written by the Franciscan *lector* Rudolf von Biberach.[49] It was also a Franciscan *lector*, Bertram von Ahlen, teaching in Münster in the first decades of the fourteenth century, who composed an alphabetically arranged anthology of the *Quodlibeta* and *Summa theologiae* of Henry of Ghent. These *Excerpta* included a lemma on *essentia et esse*.[50] This does not mean that Ruusbroec found his way to Henry's ideas through Bertram von Ahlen's anthology, but it does show that Henry of Ghent's writings were available to a Franciscan *lector* working in an urban environment and with an interest in mystical theology like Ruusbroec.[51]

The writings of the Franciscan *lectores* are an important indication for intellectual life in and around the mendicant houses, where professional philosophy was made available in an urban milieu of secular clerics or other religiously minded people. As urban centres of learning, the mendicant convents offered an infrastructure for the transmission of religious thought through their libraries, *compendia*, commentaries and textbooks,

---

[49] On Ruusbroec and Franciscan theology, see R. VAN NIEUWENHOVE, "The Franciscan Inspiration of Ruusbroec's Mystical Theology. Ruusbroec in Dialogue with Bonaventure and Thomas Aquinas", in *Ons Geestelijk Erf* 75 (2001), 102-15 and WARNAR, *Ruusbroec* (see n. 11), 61-62, 98-101 (with identification of Rudolph of Biberach as a source for Ruusbroec; cf. WARNAR, "Mystik in der Stadt" [see n. 29], 698 for indications from the manuscripts). Similar traces of Henry's influence in vernacular mystical texts can be found in a Dutch sermon that is related to the transmission of Tauler's works in the Low Countries; see M. DUPUY, "*Illapsus*", in *DS* 7 (1971), 1328, for Henry in a passage in the *Institutiones Taulerianae*, which is taken from an older sermon, as is demonstrated by A. AMPE, "Een kritisch onderzoek van de *Institutiones Taulerianae*", in *Ons Geestelijk Erf* 40 (1966), 193-94, with a list of editions. For Henry of Ghent and Dutch literature, see also J. REYNAERT, "Het mystieke 'licht' en Hadewijchs eerste brief", in *Ons Geestelijk Erf* 65 (1991), 3-12, who points to parallels in Hadewijch's *Letters*. Reynaert's reluctance to connect Hadewijch to Henry was caused by the traditional dating of Hadewijch in the thirteenth century. Recently, the older theories that place Hadewijch in the fourteenth century have been emphasized anew in W. SCHEEPSMA, "Hadewijch und die *Limburgse sermoenen*. Überlegungen zu Datierung, Identität und Authentizität", in *Deutsche Mystik im abendländischen Zusammenhang* (see n. 29), 653-82.

[50] The *Excerpta* are edited partly in BERTRAM VON AHLEN, *Opera* (Corpus Philosophorum Teutonicorum Medii Aevi 7.1), ed. A. BECCARISI, Hamburg 2004, 53-163. The lemma on *esse et essentia* is not edited, but mentioned in the list (56-57). See the introduction IX-XLII on Bertram and his works.

[51] On Bertram in relation to Ruusbroec and a possible connection to the Franciscans in Brussels, see WARNAR, "Mystik in der Stadt" (see n. 29), 685-86, 697-98 and IDEM, *Ruusbroec* (see n. 11), 43, 47-52.

thus clearing the way for the professionalization of vernacular literature. Unparalleled for its use in German and Dutch literature was the *Compendium theologicae veritatis* by the Dominican *lector* Hugo Ripelin from Strasbourg. There are five different German versions of the *Compendium*, surviving in more than fifty manuscripts. In Dutch literature the *Compendium* supplied theological knowledge for a number of texts, including some of Ruusbroec's writings, and it formed the backbone of the *Tafel vanden kersten gelove*, written for the court of Holland in 1404 by the former Dominican professor (in Erfurt and Cologne) Dirc of Delft. His *Tafel* is an excellent example of theology in the vernacular. Organized as a *summa* in Dutch, the text is a vernacular pendant to the Latin *Compendium* in its technical approach, while explicitly aiming at a lay audience in its selection of subject matter.[52]

Emphasizing the role of the *lectores* and other learned mendicants in forming a new intellectual spirit in the Dutch vernacular brings us back to the German Dominicans and their "an der theologischen Wissenschaft orientierten deutschen Predigtliteratur."[53] Manuscripts show that these German texts interacted with the Dutch mystical tradition from the outset. Some of the earliest examples of Meister Eckhart's *Weiterwirken* can be traced in the Low Countries, including old copies of his sermons in manuscripts from Ruusbroec's environment.[54] This early Eckhart-reception must have been part of the intense exchange of texts, letters and manuscripts between the *Gottesfreunde* in the Rhineland (in particular in Basel and Strasbourg) and congenial spirits in the Low Countries (especially Brabant).[55] The Dutch and German dialects were so closely related that

---

[52] On the *Compendium* and its German reception, see G. STEER, *Hugo Ripelin von Strassburg. Zur Rezeptions- und Wirkungsgeschichte des* Compendium theologicae veritatis *im deutschen Spätmittelalter*, Tübingen 1981. On the use of the *Compendium* in Dutch, see G. WARNAR, "Biecht, gebod en zonde. Middelnederlandse moraaltheologie voor de wereldlijke leek", in T. MERTENS et al., *Boeken voor de eeuwigheid. Laatmiddeleeuws geestelijk proza*, Amsterdam 1993, 41 and n. 19. K. SCHEPERS, "Het *Compendium theologicae veritatis* van Hugo Ripelin van Straatsburg als bron voor Ruusbroec", in *Ons Geestelijk Erf* 73 (1999), 131-48. On Dirc of Delft, see F.P. VAN OOSTROM, *Court and Culture. Dutch Literature 1350-1400*, Berkeley 1991, 172-218; an edition of the text is in DIRC VAN DELFT, *Tafel van den kersten gelove*, uitg. door L.M. DANIËLS, Antwerpen 1937-39.

[53] STEER, "Die Schriften Meister Eckharts" (see n. 25), 261.

[54] See in general R.A. UBBINK, *De receptie van meister Eckhart in de Nederlanden gedurende de middeleeuwen*, Amsterdam 1978, and read the essays of A. BECCARISI and W. SCHEEPSMA in this volume.

[55] On *Gottesfreunde* and connections to Ruusbroec, see WARNAR, *Ruusbroec* (see n. 11), 130-41. See also the contributions of D. GOTTSCHALL and W. SCHEEPSMA to this volume.

texts could travel easily from the Rhine region to the Low Countries and vice versa.

There is sufficient historical, textual, linguistic and codicological evidence to conclude that Dutch and German mystical texts were collected, copied and discussed among the same readers in the fourteenth century.[56] This could be taken as an indication—nothing more, but also nothing less—that Ruusbroec and the Dutch mystical tradition were part of the same intellectual culture of vernacular literature and learning as the sermons of Eckhart and his followers. What exactly binds and separates the theological approach of the Dominicans and the literary mysticism in the Low Countries, is another question. It is obvious that Ruusbroec lacked the philosophical temperament of Eckhart and the *lesemeister* of the *Paradisus*-collection. In Ruusbroec's writings there is no trace of commitment to the Dominican priority of the intellect over the will. This does not mean, however, that Ruusbroec was unaware of the philosophical and theological contexts of his mystical teaching. It is hard to find a single page in Ruusbroec's works that does not show his allegiances to the formal world of learning: varying from his extensive use of the *Historia scolastica* in his exegetical commentary *Vanden geesteliken tabernakel* to his use of scientific theories on seeing in the introduction to the *Brulocht* or his elaborate discussions of union with God beyond the distinction between Creator and creature.[57]

Ruusbroec's views on this controversial issue were the cause of a long lasting theological conflict that is best known because of the later involvement of Jean Gerson, who was asked to judge the mystic's orthodoxy.[58] The first problems had arisen when Ruusbroec was invited by the Carthusians of Herne (ca. 1360) to explain what he had meant when writ-

---

[56] See WARNAR, "Tauler in Groenendaal" (see n. 14), where the interaction of Dutch and German mystical texts is discussed in the literary terms of 'intertextuality'. Compare N. LARGIER, "Die ‚deutsche Dominikanerschule'. Zur Problematik eines historiographischen Konzepts", in *Geistesleben im 13. Jahrhundert*, hrsg. v. J. AERTSEN und A. SPEER, Berlin-New York 2000, 202-13.

[57] On Ruusbroec's use of the *Historia scolastica*, see F. VAN DEN BERGHE, "De invloed van Petrus Comestor op de schriftuurverklaring van Jan van Ruusbroec", in *Mededelingen van de Koninklijke Vlaamse Academie voor wetenschappen, letteren en schone kunsten van België*. Klasse der letteren, jaargang 11 (1949), nr.10; for Ruusbroec on seeing, see F. WILLAERT, "Is Ruusbroecs *Brulocht* literatuur?", in *Siet, de brudegom comt. Facetten van 'Die geestelike brulocht' van Jan van Ruusbroec (1293-1381)*, ed. T. MERTENS, Kampen 1995, 57-58.

[58] A. COMBES, *Essai sur la critique de Ruysbroeck par Gerson*, 4 vols., Paris 1945-1972.

ing about a unity without distinction ("eenheit sonder differencie"). This was unacceptable from a theological point of view because it ignored the absolute distinction between God and creatures. Ruusbroec wrote *Dat boecsken der verclaringe* ("The Booklet of Clarification"), in an attempt to control the damage of misinterpreting his intentions. In the *Boecsken* he argues that this unity without distinction should be considered in the light of John 17.21, one of the standard texts in the contemporary theological discussions on the subject:

> Voert so bad Cristus die hoechste bede, dat es, dat alle sine geminde volbracht worden in een, alsoe als hi een es met den vader; niet alsoe een als hi es met den vader ene enege substantie der godheit, want dat es ons onmoghelec; maer alsoe een ende in der selver enechheit daer hi sonder onderscheet een ghebruken ende ene salecheit es met den vader in weseleker minnen.

> [Then Christ prayed the highest prayer: that is that all of his beloved be brought to unity, not one in the way he is one with the Father, a single substance of divinity, because that is impossible for us, but one and in the same unity where he is one enjoyment and one beatitude with the Father in essential love.][59]

It is interesting to see that, when forced into theological debate, Ruusbroec seemed to have no difficulty basing his argument on central notions in current discussions. One of his earlier texts, *Vanden blinkenden steen* ("On the Sparkling Stone"), was written after a conversation with an anchorite. It can be deduced from the text that the anonymous anchorite had been asking fundamental questions about the nature of religious life and the forms of union, because Ruusbroec addresses some of the central issues in contemporary mystical theology. One of these questions is what knowledge will remain after one has been immersed in love and experiences a union with God. This touches upon the subject matter of the *Ler von der selikeit*. In accordance with the opening lines of this text (cited before) Ruusbroec refers to John 17:3 when arguing that one can not attain this beatitude without some sort of knowing:

> 'Dat es', spreect hy, 'eewich leven: dat sy dy alleene bekinnen eenen ghewarighen god ende dien du ghesonden hebste Jhesum Cristum.'

[59] JAN VAN RUUSBROEC, *Dat boecsken der verclaringhe*, ed. G. DE BAERE, intr. by P. MOMMAERS, English transl. by P. CROWLEY and H. ROLFSON, Tielt-Leiden 1981, citation 497-502; the English translation is a slightly adapted version of the text in the edition. On the conflict, see WARNAR, *Ruusbroec* (see n. 11), 254-63. On the use of John 17:21, see MCGINN, *The Mystical Thought* (see n. 25), 47. On the philosophical antecedents of the *Boecsken*, see HOENEN, "*Een godlijc ghevoelen*" (see n. 11).

> Aldus moechdi merken dat onse eewighen leven gheleghet in kinnissen met onderscceede.
>
> ['This', he says, 'is life eternal: that they know only thee as the true God and him whom thou hast sent, Jesus Christ.' You may understand, therefore, that our life eternal lies in knowledge with discernment.][60]

Again this citation is a key text in the *intellekttheoretischen Auseinandersetzungen* of the Dominicans and the debates on beatitude. In one of the sermons in the *Paradisus*-collection, Gisilher von Slatheim takes John 17:3 as his theme and immediately introduces the debates of the masters:

> Di meistere krigen undir ein ander wedir ewige selikeit me lige an deme werke der fornuft oder an dem werke des willin oder in beidin glich oder in einir me dan in der anderin oder in einir alleine. Ez ist wol wissintlich daz etliche sprechin daz ewige selikeit an deme werke des willin me lige dan an deme werke der fornuft. Also inist ez nicht.[61]
>
> [The masters argue among themselves whether eternal beatitude is more in the intellect or in the will, or in both or in one more than in the other, or only in one. Some say eternal beatitude is more in the will than in the intellect. This is not true.]

Ruusbroec's works reflected current theological debates in a different way than the sermons of the Dominican *lesemeister*, but the parallels indicate that German and Dutch texts were rooted in the same intellectual atmosphere. Thanks to the use of the vernacular the doctrines on the intellect and beatitude of the German Dominicans could reach a wider readership in the Low Countries as well as Dutch mystical theology circulated among the audiences of Eckhart's sermons or the *Ler von der selikeit*.

This text provides us with an example of the exchange of ideas in Dutch and German mysticism. As mentioned before, the most reliable copy of the *Ler von der selikeit* is found in a fifteenth-century manuscript

---

[60] JAN VAN RUUSBROEC, *Vanden blinkenden steen*, ed. G. DE BAERE et al., in CCCM 110, (see n. 17), 154-57.

[61] *Paradisus* (see n. 27), 90. For the use of the Bible text in the same context see an anonymous sermon edited in Ph. STRAUCH, "Zur Überlieferung Meister Eckharts I", in *Beiträge zur deutschen Sprache und Literatur* 49 (1925), 372, Eckhart-sermons 46 and 54b (*DW* 2, 378-88, 564-74), and LARGIER, "*intellectus in deum ascensus*" (see n. 14), 429. Jan van Schoonhoven, who reacted to Gerson's accusations on behalf of Ruusbroec's monastery, cites the same passage of Ruusbroec's *Steen* from the Latin translation; see COMBES, *Essai sur la critique* (see n. 58), 708. See also TROTTMANN, *La vision béatifique* (see n. 24), via the index on 'citations scriptuaires' on Jn. 17:3.

(Berlin, Staatsbibliothek – Preussischer Kulturbesitz, Ms. germ. quart. 1084) that originates from the sisterhouse and later Augustinian convent Nazareth in Geldern and shows Low German and Dutch characteristics.[62] As the first text in the manuscript the *Ler von der selikeit* serves as an introduction to a series of sermons and tracts that are typical for the *intellekttheoretischen Auseinandersetzungen* of the German Dominicans. This series include some of Eckhart's most famous and controversial sermons, but also a number of related texts on mystical theology. Parallels to other miscellanies suggest a Middle or Low German Eckhart-tradition that goes back to the fourteenth century.[63] This makes it all the more interesting that a number of sermons and texts have parallels in the Netherlandish manuscript tradition.[64]

A Dutch connection can be argued further on the grounds of a specific passage in the *Ler von der selikeit*. In the version of the Dutch/Low German manuscript there is a reference to people "who now say that what remains out of reach is more than what they comprehend. Those [people] do not comprehend what they say" ("die nu seggen dat dat meere si dat

[62] See STURLESE, "Traktat von der Seligkeit" (see n. 21), 998 on the Berlin manuscript and its "sehr zuverlässigen Text".

[63] The manuscript has siglum 'B6' in the Eckhart-philology and was mentioned among the "gewichtigen Eckharthandschriften" in STEER, "Die Schriften Meister Eckharts" (see n. 25), 254 and discussed in several publications. Most important are T. LANGENBERG, *Quellen und Forschungen zur Geschichte der deutschen Mystik*, Bonn 1902, 177-204; M. PAHNCKE, *Eckehartstudien. Texten und Untersuchungen* (Beilage zum 38. Jahresbericht des Gymnasiums zu Neuhaldensleben), Neuhaldensleben 1913, 3-10; E. LÜDERS, "Zur Überlieferung der St. Georgener Predigten. Eine Folge von Einzelbeiträgen III/1", in *Studia Neophilologica* 32 (1960), 123-87, in particular 156-83 for B6 and its parallels, with reference to STRAUCH, "Zur Überlieferung Meister Eckharts I" (see n. 61), esp. 367. For observations on a prototype for B6, see J. QUINT, *Die Überlieferung der deutschen Predigten Meister Eckeharts*, Bonn 1932, 735, and recently F. LÖSER, *Meister Eckhart in Melk. Studien zum Redaktor Lienhart Peuger*, mit einer Edition des Traktats *Von der sel wirdichait vnd aigenschafft*, Tübingen 1999, 268, suggesting that the group of Eckhart-manuscripts to which B6 belongs originates in Cologne.

[64] See for some parallels WARNAR, "Tauler in Groenendaal" (see n. 14), 64-65; to be added: B6, ff. 20v-23r (edited in LANGENBERG, *Quellen und Forschungen* [see n. 63], 196-99) and London, British Library, Ms. Egerton 2188, ff. 191v-193v (on the manuscript, see R. PRIEBSCH, *Deutsche Handschriften in England* 2, Erlangen 1901, nr. 101) and excerpts in a Flemish manuscript from ca. 1360 from an Eckhart-sermon (*DW* 4, nr. 106) that is in B6, ff. 50v-52r. For the excerpts, see R. LIEVENS, "Bespiegelend proza uit handschrift Leningrad, Akademie van Wetenschappen XX I LXVIII", in *Handelingen der Koninklijke Zuidnederlandse Maatschappij voor Taal- en Letterkunde* 14 (1960), 216-18.

ontblivet dan dat si dat si bekennen. Die bekennen niet wat si seggen").[65] The Berlin manuscript is the only witness of the text that has a reading with the verb 'ontbliven', which is important because this reference can be read as an allusion to Dutch texts, in particular a cycle of mystic poems that express this observation in the opening stanza:

> In kinnen bloet
> Al eest groet
> Dat mens vercrighet,
> Het scijnt als niet
> Alse men besiet
> Dat daer ontblivet.[66]

[In pure knowing / Although it is great / That one can grasp
It appears as nothing / If one considers / What remains out of reach.]

Similar expressions that play with the meaning of 'crighen' (to strive) or 'vercrighen' (to obtain) and 'ontbliven' (to remain out of reach) in the mystical understanding of God reappear several times in the following stanzas, but they also appear in Ruusbroec's texts and in the writings of his pupils. That might not be sufficient evidence to claim that the author of the *Ler von der selikeit* directly refers to the literary culture in the Low Countries, but his remark definitely demonstrates the close connections in the intellectual atmosphere of vernacular discourse in the Rhineland and the Low Countries.

Universiteit Leiden

---

[65] B6, f. 1r; compare the edition in PREGER, "Der altdeutsche Tractat" (see n. 21), 176: „Die nu daz sprechent daz dâ mêre sî, daz in belîbe, denne daz sie bekennent, die verstânt niht, waz sie sagent." IDEM, *ibid.*, 180 n. 39.

[66] HADEWIJCH, *Mengeldichten*, uitg. door J. VAN MIERLO, Leuven 1952, poem 17/13-18. On the connection to Ruusbroec and his circle, see WARNAR, *Ruusbroec* (see n. 11), 89-92, and WARNAR, "Mystik in der Stadt" (see n. 29), 700 n. 68. On the verb 'ontbliven' in German, see the comments to l.155 in ‚*Die Blume der Schauung*', hrsg. v. K. RUH (Kleine deutsche Prosadenkmäler des Mittelalters 16), München 1991, 49-50. Here the verb 'intblibe' appears in a context that is similar to that of the passage from the *Ler von der selikeit* cited above.

Überregionale Beziehungen zwischen dem Rheinland und Brabant in der mystischen Literatur des 14. Jahrhunderts

Wybren Scheepsma

Die Literaturen des deutschen Sprachraums und der Niederlande bilden im Mittelalter eine Einheit, weil in dieser Periode die Sprachgrenzen noch keine literarischen Grenzen sind. So lautet ein Grundsatz, den bereits in den fünfziger Jahren des vorigen Jahrhunderts Kurt Ruh formuliert hat.[1] Seitdem ist eine Vielzahl überlieferungsgeschichtlicher Studien erschienen, die für jeden Einzelfall zeigen, wie sehr die deutsch- und niederländischsprachigen geistlichen Literaturen miteinander verknüpft sind.[2] Die Verschränkung des religiösen Schrifttums beider Sprachgebiete geht z.B. aus den zahlreichen wechselseitigen Kontakten und der Vielzahl von Übersetzungen geistlicher Werke hervor.[3] Dieser Prozess setzt schon gegen Ende des 13. Jahrhunderts ein, als die *Sankt Georgener Predigten*, vermutlich im Schwarzwald entstanden, von einem anonymen südniederländischen Übersetzer ins Niederländische übertragen und in der ältesten niederländischen Predigtsammlung, den *Limburgse Sermoenen,* aufge-

---

Dieser Aufsatz ist ein erstes Ergebnis einer umfassenderen Untersuchung der deutsch-niederländischen Beziehungen innerhalb der mystischen Literatur des 14. Jh., die im Rahmen des *Men of letters*-Projekts von Geert Warnar erfolgt. Ich danke Jef Jacobs (Leiden) für seine Hilfe bei der deutschen Übersetzung dieses Aufsatzes.

[1] K. Ruh, *Bonaventura deutsch. Ein Beitrag zur deutschen Franziskanermystik und -scholastik*, Bern 1956, 91-92, und Idem, „Altniederländische Mystik in deutschsprachiger Überlieferung“, in A. Ampe, *Dr. L. Reypens-album* (Studiën en Tekstuitgaven van Ons Geestelijk Erf 16), Antwerpen 1964, 357-82, hier 357-58.

[2] Ein Überblick in D. Hogenelst en W. Scheepsma, „Kurt Ruh. Meester van de Middelnederlandse mystiek“, in *Der vaderen boek. Beoefenaren van de studie der Middelnederlandse letterkunde*, uitg. door W. van Anrooij, D. Hogenelst en G. Warnar, Amsterdam 2003, 235-52, 286-88, 320-23, hier 242.

[3] Grundlegend ist hier W. Dolch, *Die Verbreitung oberländischer Mystikerwerke im Niederländischen. Auf Grund der Handschriften dargestellt* 1, Weida i.Th. 1909. Ruh, „Altniederländische Mystik“ (s. Anm. 1) verzeichnet v.a. deutsche Übersetzungen von niederländischen Autoren. Eine teilweise Aktualisierung bei W. Scheepsma, *De Limburgse sermoenen. De oudste preken in het Nederlands (ca.1300)* (Nederlandse literatuur en cultuur in de Middeleeuwen 26), Amsterdam 2005, 290-304.

nommen wurden.[4] Das 14. Jahrhundert sieht lediglich eine Verstärkung dieser Kontakte, was sich u.a. im Besuch von Johannes Tauler bei Jan van Ruusbroec im Kloster Groenendaal bestätigt.[5] Ruusbroecs Werke breiteten sich bereits kurz nach ihrem Entstehen über den hochdeutschen Sprachraum aus.[6] Auch im 15. Jahrhundert, dem Jahrhundert der *devotio moderna,* überquert manches geistliche Werk samt seinem Autor die Sprachbarriere, die damals allerdings noch nicht als solche empfunden wurde.[7]

Auch innerhalb des relativ breiten Stroms volkssprachlicher theologischer Schriften, die mehr gleichsam auf den Spuren Meister Eckharts zustande kamen, ergab sich praktisch sofort eine Wechselwirkung mit den sogenannten Niederen Landen: ein Phänomen, das bislang von der Forschung noch zu wenig beachtet wurde. Alles deutet darauf hin, dass es im 14. Jahrhundert einen relativ intensiven Ideenaustausch im Bereich der mystischen Theologie zwischen dem deutschen und dem niederländischen Sprachraum gegeben hat. Vieles dazu liegt noch im Dunkeln: So wissen wir noch kaum, welche Texte in diesem Austausch eine Rolle spielten und haben eine erst lückenhafte Sicht auf Personen und Kreise, auf die er sich stützte. Eine eingehende Untersuchung mystischer Texte des 14. Jahrhunderts mit einer sowohl deutschen als auch niederländischen Texttradition wird ohne Zweifel ein helleres Licht auf diesen spezifischen Bereich der Ideengeschichte werfen. Hier wende ich mich zunächst einem repräsentativen Fall zu; anschließend versuche ich auf dieser Grundlage einige vorläufige Schlüsse zu ziehen.

---

[4] *De Limburgsche sermoenen*, uitg. door J.H. KERN (Bibliotheek van Middel-Nederlandsche Letterkunde), Leiden 1895. Zu den Sankt Georgener Predigten bzw. Limburgse sermoenen s. K.O. SEIDEL, ‚*Die St. Georgener Predigten*'. *Untersuchungen zur Überlieferungs- und Textgeschichte* (Münchener Texte und Untersuchungen zur deutschen Literatur des Mittelalters 121), Tübingen 2003, und SCHEEPSMA, *De Limburgse sermoenen* (s. Anm. 3).

[5] G. WARNAR, „Tauler in Groenendaal. Mystik und Gelehrtheit in der niederländischen Literatur des 14. Jahrhunderts", in *Schnittpunkte. Deutsch-Niederländische Literaturbeziehungen im späten Mittelalter*, hrsg. v. A. LEHMANN-BENZ, U. ZELLMANN und U. KÜSTERS (Studien zur Geschichte und Kultur Nordwesteuropas 5), Münster [usw.] 2003, 55-66.

[6] T. MERTENS, „Ruusbroec onder de godsvrienden", in *Die spätmittelalterliche Rezeption niederländischer Literatur im deutschen Sprachgebiet* (Amsterdamer Beiträge zur älteren Germanistik 47.1), hrsg. v. R. SCHLUSEMANN und P. WACKERS, Amsterdam 1997, 109-30.

[7] RUH, „Altniederländische Mystik" (s. Anm. 1) und W. WILLIAMS-KRAPP, „Ein puch verschriben ze deutsch in brabantzer zunge. Zur Rezeption von mystischem Schrifttum aus dem ‚niderlant' im ‚oberlant'", in *Schnittpunkte* (s. Anm.5), 41-53.

Handschrift Vv (Brussel, Koninklijke Bibliotheek, Hs. 3067-73)

Eine zurzeit in der Königlichen Bibliothek zu Brüssel aufbewahrte Handschrift dürfte als eines der bedeutendsten Exempel deutsch-niederländischer Wechselbeziehungen in der Mystik des 14. Jahrhunderts gelten. Es handelt sich um die Handschrift 3067-73, auch als *Ruusbroec-Handschrift Vv* bekannt.[8] Die Handschrift stammt aus der Bibliothek des Rooklosters (nahe Oudergem, im Zonienwald bei Brüssel), das seit dem Jahre 1412 dem Kapitel von Windesheim angehörte. Sie bildet ein zwölfteiliges Konvolut mit einer äußerst komplizierten Entstehungsgeschichte, die ich hier nicht im Einzelnen bespreche. Die kodikologische Untersuchung der Schrift und der Besitzervermerke hat gezeigt, dass die Einzelteile einst kleinere, gesonderte Einheiten darstellten, die erst Ende des 15. Jahrhunderts im Rookloster in ihre heutige Form eingebunden wurden. Da nun die Schriftform mehrerer Einzelteile älter als das 1374 gegründete Rookloster ist, müssen diese Konvolutteile andernorts in Brabant angefertigt worden sein. Die Struktur der Handschrift Vv sieht schematisch so aus (nach Kwakkel):

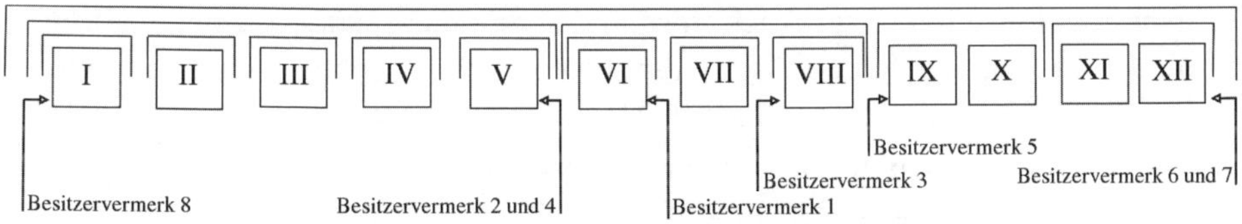

Der niederländische Paläograph und Kodikologe Erik Kwakkel hat sich vor kurzem eingehend mit dieser Handschrift beschäftigt.[9] In seiner Dissertation untersucht er eine Gruppe von 23 mittelniederländischen Handschriften geistlichen Inhalts aus dem 14. Jahrhundert, zu der auch die Handschrift Vv gehört. Die Handschriften dieser Gruppe befanden sich um 1400 in der Rookloster-Bibliothek. Manche sind aber älter als das Rookloster und stammen aus der ersten Hälfte des 14. Jahrhunderts. Kwakkel konnte u.a. nachweisen, dass ein substantieller Teil dieses Korpus in der 1314 gegründeten Kartause Herne in Brabant, etwa 30 Kilome-

[8] Vgl. W. DE VREESE, *De handschriften van Jan van Ruusbroec's werken*, 2 vols., Gent 1900-1902, 639-63 (Vv). Andere Beschreibungen dieser Hs. in A. AMPE, *Jan van Ruusbroec 1293-1381. Tentoonstellingscatalogus.* Met als bijlage een chronologische tabel en drie kaarten, Brussel 1981, nr. 46, und E. KWAKKEL, *Die Dietsche boeke die ons toebehoeren. De kartuizers van Herne en de productie van Middelnederlandse handschriften in de regio Brussel (1350-1400)* (Miscellanea Neerlandica 27), Leuven 2002, 227-33.

[9] KWAKKEL, *Dietsche boeke* (s. Anm. 8).

ter südwestlich von Brüssel entstanden ist. Wie diese Handschriften letztlich ins Rookloster geraten sind, ist bis jetzt noch nicht geklärt.

Dank der Forschungsarbeit Kwakkels ist der Kodikologie und Paläographie der aus dem 14. Jahrhundert stammenden mittelniederländischen Handschriften geistlichen Inhalts ein neues Maß gesetzt. In seiner Studie gelangt Kwakkel zu überraschenden Ergebnissen. Kern seines Werkes bildet die Datierung der vielfach undatierten Handschriften seines Korpus, auf der Basis gründlicher paläographischer und kodikologischer Analysen. Einige wenige datierte Handschriften dieses Korpus oder aus der unmittelbaren Umgebung (der Bibliothek der Kartause Herne) stellen wichtige Anhaltspunkte dar. Die Handschriften des Korpus lassen sich nun meist bis auf das Jahrhundertviertel genau datieren; eine größere Präzision ist praktisch unerreichbar. Kwakkel gesteht, dass seine Datierungen für den Laien kaum kontrollierbar sind, weil er nicht nur rein paläographische Merkmale beachtet, sondern ebenfalls die gesamte handschriftliche Erscheinungsform. Es besteht jedoch kein Grund, seine Datierungen im Voraus abzuweisen. Kwakkel arbeitet mit einem relativ kleinen, übersichtlichen und inhaltlich homogenen Textkorpus von Handschriften mystisch-theologischer Art. Auch formal zeigen diese starke Übereinstimmungen, denn es handelt sich durchweg um schlichte, kleinformatige Handschriften aus Restpergament. Dazu stammen sie aus einem geographisch engbegrenzten Raum, dem Herzogtum Brabant, mit der Kartause Herne als bedeutendem Produktionszentrum.[10]

Teil I der Handschrift Vv

Die Handschrift Vv erhielt in der zweiten Hälfte des 15. Jahrhunderts in der Bibliothek des Rooklosters ihre heutige Form. Sie setzte sich damals aus kleineren Einheiten von zwei oder mehr Teilen zusammen, die zuvor als selbständige kodikologische Einheiten existiert hatten. Hier wende ich mich nun dem ersten Konvolutteil der Handschrift Vv zu. Kwakkel datiert seine Schrift auf ca. 1350, womöglich sogar ins zweite Viertel dieses Jahrhunderts. Vermutlich hat dieser erste Teil davor ein kurzes selbständiges Leben geführt. Als er in die Rooklosterbibliothek einging, bildete er mit den Teilen II-V eine Einheit. Die Teile II-IV werden gleichfalls auf

[10] Dass Kwakkels Datierungen in Fachkreisen akzeptiert werden, zeigt die Besprechung seiner Studie von G. MICHIELS in *Scriptorium* 57 (2003), 88*-89*. Auch in den übrigen Besprechungen stehen die Datierungen als solche nicht zur Diskussion: G.H.M. CLAASSENS in *Spiegel der Letteren* 45 (2003), 97-100, und J. TIGELAAR in *Nederlandse letterkunde* 8 (2003), 270-73.

die Zeit um 1350 datiert, Teil V dürfte aber etwas jünger sein.

Der Kopist markiert in diesem ersten Teil der Handschrift Vv vier separate, inhaltlich mystisch geprägte Texte, die er jeweils mit einer zweizeiligen Lombarde beginnen lässt.[11]

ff. 2r-7r: „Sente Dyonisius sprect dat god in hem selven si alle dinc, dat es dat hi alre beelde dreegt."
ff. 7r-9v: „Uter bloter godheit scijnt een eenvoldech licht."
ff. 9v-13r: „Dat ongeborne wesen en heeft en genen vorspronc ende het es oec niet vorspronc."
ff. 13r-14r: Meister Eckhart, Predigt Quint Nr. 60, *In omnibus requiem quaesivi* (teilweise).

Die fragmentarische Eckhart-Predigt ist von Josef Quint integral in die deutsche Werkausgabe aufgenommen worden; unsere Handschrift trägt in der Eckhartforschung die Sigle ‚Brl'.[12] Sie wurde selbstverständlich auch in Rijkert Alex Ubbinks Studie zur niederländischen Eckhart-Überlieferung berücksichtigt.[13] Die übrigen drei Teile sind unediert und nahezu unerforscht geblieben; allerdings führte Robrecht Lievens eine sehr wichtige Quellenuntersuchung durch.[14]

Der erste Traktat dieses ersten Teils trägt keinen selbständigen Titel. Er fängt mit einem Zitat des Dionysius Areopagita an: „Sente Dyonisius sprect dat god in hem selven si alle dinc, dat es dat hi alre beelde dreegt." Der Traktat setzt sich vorwiegend aus kürzeren Dionysius-Zitaten mit relativ ausführlichen Erläuterungen zusammen. Der Text wäre als ein komprimierter mittelniederländischer Dionysius-*Kommentar* zu charakterisieren, wenn nicht seine unsystematische innere Struktur dies verbieten würde.[15] Er informiert seine Leser auf keinerlei Weise über seinen Inhalt. Im Gegenteil. Ohne jegliche Einführung wird ein Dionysius-Zitat ange-

[11] In den vorhandenen Beschreibungen dieser Hs. wird der Text auf ff. 2r-9v als ein Ganzes gesehen. Da *Uter bloten godheit* wie die anderen Texte in diesem Teil mit einer Lombarde über zwei Zeilen öffnet, muss dieser Text meiner Meinung nach als ein selbständiges Werk bezeichnet werden.

[12] *DW* 3, 3-4.

[13] R.A. Ubbink, *De receptie van Meister Eckhart in de Nederlanden gedurende de Middeleeuwen. Een studie op basis van middelnederlandse handschriften.* Amsterdam 1978, 113.

[14] R. Lievens, „De spekulatieve Vv-gedichten", in *Opstellen voor dr. Jan Deschamps ter gelegenheid van zijn zeventigste verjaardag* 2 (Miscellanea Neerlandica 2), Leuven 1987, 71-97, hier 71-72.

[15] Vgl. de Vreese, *De handschriften* (s. Anm. 8), 642 (wo die Texte auf den Blättern 2r-9v im Zusammenhang besprochen werden).

führt, dessen Wahl auch im Nachhinein nicht begründet wird. Es wird der Eindruck einer recht willkürlichen Anhäufung von Zitaten vermittelt, die offenbar einer ungenannten Quelle entnommen sind. Wahrscheinlich handelt es sich hier um eine sehr persönliche Sammlung einprägsamer Gedanken und Zitate.

Lievens hat gezeigt, dass dieser erste kleinere Traktat, hiernach ‚*Sente Dyonisius sprect*' zu nennen, von einem einzigen, offenbar mittelniederländischen Passus abgesehen, aus Fragmenten besteht, die bereits in zwei mittelhochdeutschen Traktaten des 14. Jahrhunderts vorliegen.[16] Franz Pfeiffer hat sie als Eckhart-Traktate 14 und 15 herausgegeben; sie werden allerdings jetzt nicht mehr dem Dominikaner-Meister zugeschrieben.[17] Diese Traktate werden heute mit den Titeln ‚*Sante Johannes sprichet: ich sach das wort in Gote*' (Pfeiffer-Traktat 14), bzw. ‚*Die drîe persône geschuofen die crêatûre von nihte*' (Pfeiffer-Traktat 15) angedeutet.[18] Allem Anschein nach haben beide Traktate denselben Autor, der freilich eher als Redaktor zu sehen ist, weil er seine Entwürfe zum größten Teil dem entnommen hat, was in der Forschung, v.a. von Kurt Ruh, als die von Eckhart gegründete „deutsche Scholastik" bezeichnet wird.[19] Eine der auffallendsten Eigenschaften der beiden Traktate dürfte die große Zahl der Dionysius-Referenzen sein, die sonst in dieser Dichte nirgends in der mittelhochdeutschen Literatur des 14. Jahrhunderts begegnen.[20]

---

[16] Schematisch: PFEIFFER 14, 531.39-533.19 + 14, 533.27-31 + 14, 531.14-39 + PFEIFFER 15, 540.40-541.3 + „Dat sprect Sente Dyonisius: Daer omme es die godheit die alre meeste volcomenheit" + 15, 541.4-8 + 14, 530.22-29 + 15, 541.9-10 + 14, 530.30-531.2.

[17] *Deutsche Mystiker des vierzehnten Jahrhunderts* 2, hrsg. v. F. PFEIFFER, Leipzig 1857, ND Göttingen [5]1924. Die Identifizierung von Parallelpassagen ist auf dieser Edition gegründet; es soll aber darauf hingewiesen werden, dass Pfeiffer seine Editionen manchmal aus unterschiedlichen Quellen rekonstruierte.

[18] K. RUH und P. SCHMITT, „Sant Johannes sprichet ‚ich sach daz wort in gote'", und „Die drie pêrsone geschuofen die crêatûre von nihte", in *VL*^{2} 8 (1992), 577-82; vgl. A. SPAMER, „Zur Überlieferung der pfeiffer'schen Eckeharttexte", in *Paul und Braunes Beiträge zur Geschichte der deutschen Sprache und Literatur* 34 (1909), 307-420, hier 393-95.

[19] K. RUH, *Vorbemerkungen zu einer neuen Geschichte der abendländischen Mystik im Mittelalter* (Sitzungsberichte der Bayerischen Akademie der Wissenschaften, Philosophisch-Historische Klasse 1982.7) München 1982, 3-32, hier 12-17 (auch erschienen in K. RUH, *Kleine Schriften* 2, hrsg. v. V. MERTENS, Berlin-New York 1984, 337-63, hier 346-49); vgl. K. RUH, *Geschichte der abendländischen Mystik* 3, München 1996, 354-88.

[20] R. RIEDLINGER und V. HONEMANN, „(Pseudo-)Dionysius Areopagita", in *VL*^{2} 2 (1980), 154-66, hier 159-60.

Die Überlieferung der Pfeiffer-Traktate 14 und 15 ist, wie der Überblick von Kurt Ruh und Peter Schmitt zeigt, besonders kompliziert. Es gibt drei Handschriften in denen *Sant Johannes sprichet* und *Die drîe persône* gemeinsam vorkommen, in mehreren Handschriften sind die beiden Traktate gesondert überliefert. Weiterhin gibt es eine Zahl von Handschriften mit Textfragmenten unterschiedlichen Umfangs, die offensichtlich als Quellen für die genannten Traktate zu betrachten sind. Soweit sich aufdecken ließ, ist die Handschrift Einsiedeln, Stiftsbibliothek, Cod. 277, der älteste Textzeuge für das Pfeiffer-Traktat 14. Der Traktat 15 fehlt in dieser Handschrift. Die aus dem 14. Jahrhundert stammende Einsiedeln-Handschrift gilt als einer der ältesten Kodices mit Eckhart-Predigten.[21]

Ruh und Schmitt sind der Meinung, dass es sich hier um ursprünglich mittelhochdeutsche Traktate handelt, wozu es aus überlieferungs- und textgeschichtlichen Gründen allen Anlass gibt. Unklar ist jedoch, weshalb sie die mittelniederländische Überlieferung der beiden Traktate außer Acht lassen. Adolf Spamer hat die mittelniederländische Handschrift Berlin, Staatsbibliothek Preußischer Kulturbesitz, Ms. germ. quart. 1084, bereits im Jahre 1909 signalisiert.[22] Er brachte diesen Kodex des 15. Jahrhunderts aus dem Kloster Nazareth zu Geldern bei jener Gruppe unter, die zugleich Teile aus den beiden Traktaten *Sant Johannes sprichet* und *Die drîe persôn* überliefert. Der Text auf den Folien 33r-36v ist größtenteils dem ersten und dem Beginn des zweiten Traktats aus Teil I der Handschrift Vv gleich.[23] Auch dieser Zeuge der mittelniederländischen Überlieferung der Traktate 14 und 15 blieb der Germanistik übrigens unbekannt. Dennoch sollte die Handschrift Vv nicht einfach unbeachtet bleiben, denn sie dürfte älter als die Einsiedeln-Handschrift sein.

Der zweite Traktat aus Teil I fängt mit dem Satz ‚Uter bloter godheit scijnt een eenvoldech licht' an. Dionysius mag in diesem Anfangssatz

---

[21] K. RUH , „Nachwort", in *Meister Eckhart und seine Jünger. Ungedruckte Texte zur Geschichte der deutschen Mystik*, hrsg. v. F. JOSTES (Deutsche Neudrucke, Reihe: Texte des Mittelalters), Berlin-New York 1972, 201-11, hier 204.

[22] SPAMER, „Überlieferung" (s. Anm. 18), 393. Eine Beschreibung der Hs. in H. DEGERING, *Kurzes Verzeichnis der germanischen Handschriften der Preussischen Staatsbibliothek* 2, Leipzig 1926, 34.

[23] Die Berliner Hs. enthält auf ff. 33r-36v einen Text mit dem Incipit ‚God is alle dinc. Hierop spriet Dyonysius dat God in hem seluen si alle dinc, dat is dat hi alre dingen belde draget.' Dieser Text bildet größtenteils eine Parallele zu *Sinte Dyonisius sprect* und dem ersten Teil von *Uter bloter godheit* (bis unten f. 8v). Letzterer Text setzt mit einem in Berlin, Ms. germ. quart. 1084 fehlenden Textabschnitt fort (zur Gliederung von Teil I der Hs. Vv s. Anm. 11).

noch fehlen, aber auch hier ist der Areopagite nicht weit entfernt. Dieser zweite Traktat folgt demselben Schema wie *Dionysius sprect*: Einige Zitate aus Dionysius' *Theologie* werden auf eine offenbar ziemlich willkürliche Art und Weise zitiert und kommentiert. Darüber hinaus benutzt er denselben Quellentyp. *Uter bloter godheit* enthält ein Zitat aus dem Pfeiffer-Traktat 15, nebst einigen Stellen aus *Von der übervart der Gotheit*, das auch als Pfeiffer-Traktat 11 bekannt ist. Zu einigen längeren Passagen des mittelniederländischen Textes sind bislang noch keine Quellen gefunden. Wahrscheinlich sind aber auch diese der „deutschen Scholastik" entnommen worden.[24]

Von der übervart gehört derselben Texttradition wie die Pfeiffer-Traktate 14 und 15 an. Dieser Traktat ist gleichermaßen reich an Dionysius-Zitaten.[25] Auch in diesem Fall handelt es sich nicht um ein authentisches Werk, sondern um einen von einem unbekannten Redaktor aus anderen Quellen zusammengesetzten Text.[26] Hermann Büttner, Herausgeber und Übersetzer des Textes, charakterisiert ihn als „ein Trümmergeschiebe", weil die drei konstituierenden Teile kaum aufeinander bezogen sind.[27] In der Überlieferungsgeschichte des *Von der übervart* ist die Handschrift Einsiedeln, 277 wiederum der älteste Textzeuge. Pfeiffer legte diese Handschrift seiner Ausgabe zugrunde. Er sah sich dennoch gezwungen, die Reihenfolge der drei Einzelteile zu ändern und eine Anzahl von Zitaten aus anderen Pfeiffer-Traktaten zu ignorieren.[28] Die Parallelstellen des *Von der übervart* im mittelniederländischen *Uter bloter godheit* entstammen übrigens dem zweiten Teil der Ausgabe.

Der dritte in Teil I der Handschrift Vv enthaltene Text setzt folgen-

---

[24] Schematisch: PFEIFFER 15, 541.10-542.2 + *Dat meende hi dattie ziele met horen bloten wesene dien crachten ontgaen es... wanneer die ziele hore dan keert van al dien dat haer geopenbaert wert tenen daer bouen es* + PFEIFFER 11, 505.28-36 + *Hier ane bekinnic oec selue mijn armoe* + 11, 505.36-39 + *Want wanneer die blote ziele met haren bloten verstannesse dat daer verlicht es... Dies helpe ons die vader, die sone, die heilege geest. Amen.*

[25] RIEDLINGER und HONEMANN, „Dionysius" (s. Anm. 20), 159-60.

[26] *Deutsche Mystiker* 2 (s. Anm. 17), 495-516; s. P. SCHMITT, „Von der übervart der gotheit", in *VL*^{2} 9 (1995), 1205-9.

[27] H. BÜTTNER, *Meister Eckeharts Schriften und Predigten. Aus dem Mittelhochdeutschen übersetzt und herausgegeben* 1, Leizpig 1903, 230. Die lose gefügte Struktur des *Von der übervart der Gotheit* verführte Büttner zu einer allerdings wenig gelungenen Rekonstruktion, in der er *Von der übervart* mit dem Traktat 16 kombiniert; SCHMITT, „Von der übervart" (s. Anm. 26), 1206.

[28] SCHMITT, „Von der übervart" (s. Anm. 26), 1205.

dermaßen ein: „Dat ongheborne wesen en heeft en gen vorspronc ende het es oec niet vorspronc. Ende die vader en heeft genen vorspronc in dien ongheborne wesene, want hi es wesenlike in die wesene." Von diesem Text gibt es gleichfalls eine deutschsprachige Parallele, und zwar in der Handschrift Basel, Universitätsbibliothek, B.XI.10 aus dem späten 14. Jahrhundert.[29] Dort findet sich auf f. 219r ein Text, der die Forschung mit ‚*Vom Ursprung*' bezeichnet. Sein Eingang lautet: „Das vngeborne wesen dz hat ein keinen vrsprung vnd der vater hat ein keinen vrsprung [wand er ist weselich in dem wesende und an der nature, und er ist ursprung des gebornen wesendes gottes an einer gotheit]."[30] Die unverkennbare Parallele zwischen beiden Eingangssätzen zeigt, dass hier zwei Versionen desselben Werkes vorliegen. Der mittelniederländische Text ist jedoch um einiges länger als der mittelhochdeutsche. Über Autor und Textgeschichte des *Vom Ursprung* gibt es einstweilen keine nähere Auskunft.[31] Inhaltlich schließt dieser sich der von Meister Eckhart initiierten mystisch-theologischen Literatur in Volkssprache an. Weil die mittelniederländische Handschrift zweifellos die ältere ist und darüber hinaus eine längere Version des *Vom Ursprung* bietet, wäre in diesem Fall mit einem mittelniederländischen Original zu rechnen. Es bedarf aber der Erklärung, wie der Kopist der Handschrift Vv sein Vorbild missverstehen konnte. Für das deutsche ‚vrsprvnc', das mit ‚oorspronc' zu übersetzen wäre, verwendet er das Wort ‚vorspronc'.[32] Offensichtlich sind die beiden vorliegenden Texte

---

[29] Identifizierung in E. KWAKKEL en H. MULDER, „*Quidam sermones*. Mystiek proza van de Ferguut-kopiist (Brussel, Koninklijke Bibliotheek, hs. 3067-73)", in *Tijdschrift voor Nederlandse Taal- en Letterkunde* 117 (2001), 151-65, hier 159.

[30] Die Hs. wird ausführlich beschrieben in G. MEYER und M. BURCKHARDT, *Die mittelalterlichen Handschriften der Universitätsbibliothek Basel. Beschreibendes Verzeichnis* B/2, 942 (nur der erste Satz wird hier zitiert). *Vom Ursprung* ist nach der Basler Hs. (teilweise?) herausgegeben von W. PREGER „Kritische Studien zu Meister Eckhart", in *Zeitschrift für die historische Theologie* 36 (1866), 453-517, hier 502-7; den Textteil in eckigen Klammern entnehme ich dieser Ausgabe.

[31] *Vom Ursprung* hat keinen eigenen Eintrag im *VL*². RUH, *Geschichte* 3 (s. Anm. 19), 42-44 verzeichnet in den von Eckhart benutzten Thesen aus dem *Liber XXIV Philosophorum* (12. Jh.) als siebten Satz: „Gott ist ein Ursprung ohne Ursprung, Ausgang ohne Veränderung, Ziel ohne Ziel." Die Anfangszeile „Das vngeboren wesen dz hat ein keinen vrsprung / Dat ongeborne wesen en heeft en genen vorspronc" dürfte auf diese siebte These anspielen.

[32] In E. VERWIJS en J. VERDAM, *Middelnederlandsch woordenboek* 9, 's-Gravenhage 1929, 1103 begegnet ‚vorsprunc' lediglich in der Bedeutung ‚derjenige der vor jd. springt', nicht jedoch in der Bedeutung ‚Vorsprung'. Die Bedeutung in diesem Kontext bleibt unklar. Merkwürdigerweise verwendet der Kopist im Weiteren ‚oorspronc' als Übersetzung des mndl. ‚Ursprung', z.B. auf f. 11r und 11v.

nicht unmittelbar voneinander abgeschrieben worden; es müssen demnach mehrere Versionen dieses Textes im Umlauf gewesen sein.

Der vierte Text bildet den Anfang der Eckhart-Predigt Quint Nr. 60, *In omnibus requiem quaesivi*. Ubbink sieht gerade diesen Text als Beweis für das mangelhafte Eckhart-Verständnis in den Niederlanden an.[33] Diese Handschrift liefert also eine verderbte Wiedergabe von Eckharts Gedankengut. Aufgrund der nicht sehr gelungenen Übersetzung von mittelhochdeutschem ‚ze reizenne und ze ihm ze ziehene' durch mittelniederländisches ‚te risene ende toene' wäre auf eine deutsche, keine niederländische Kopiervorlage zu schließen.[34] Die deutsche Herkunft des Predigtfragments ist in diesem Fall selbstverständlich unumstritten. Dennoch ist die Handschrift textgeschichtlich von großer Bedeutung, denn es gibt nur wenig deutschsprachige Handschriften mit Predigt 60 die gleich alt sind wie Vv. Die Predigt *In omnibus requiem quaesivi* gehört auf jeden Fall der *Paradisus animae intelligentis*-Sammlung an, deren beide erhaltenen Handschriften ebenfalls auf die Mitte des 14. Jahrhunderts zu datieren sind. Der Dialekt dieser Zwillingshandschrift ist Thüringisch. Unentschieden jedoch ist die Frage, ob die *Paradisus*-Sammlung um 1310 in Erfurt (Thüringen) oder um 1325 in Köln entstanden ist.[35] Eine weitere mittelhochdeutsche Handschrift dieser Predigt aus dem 14. Jahrhundert ist Einsiedeln, Stiftsbibliothek, 277; aber wie aus der von Quint erarbeiteten Filiation hervorgeht, gehört diese einem anderen Überlieferungszweig an als Vv (die eine gemeinsame Gruppe mit den *Paradisus*-Handschriften

---

[33] UBBINK, *De receptie* (s. Anm. 13), 113-14.

[34] Vgl. *DW* 3, 3 und 13.4.

[35] Die Paradisus-Handschriften sind Oxford, Bodleian Library, Ms. Laud. Misc. 479, und Hamburg, Staats- und Universitätsbibliothek, Cod. theol. 2057; s. *Paradisus anime intelligentis (Paradis der fornuftigen sele): aus der Oxforder Handschrift Cod. Laud. Misc. 479 nach E. Sievers Abschrift*, hrsg. v. P. STRAUCH (Deutsche Texte des Mittelalters 30), Berlin 1919, s. Nr. 36, 81-83, vor Predigt Quint 60. Zur Diskussion Erfurt-Köln u.a. G. STEER, „Geistliche Prosa", in *Geschichte der deutschen Literatur von den Anfängen bis zur Gegenwart* 3.2, hrsg. v. I. GLIER, München 1989, 329-32; K. RUH, „*Paradisus anime intelligentis* (‚Paradis der fornuftigen sele')", in *VL*[2] 7 (1989), 298-303; G. STEER „Meister Eckharts deutsche *reden* und *predigten* in seiner Erfurter Zeit", in *Meister Eckhart in Erfurt*, hrsg. v. A. SPEER und L. WEGENER (Miscellanea Mediaevalia 32), Berlin-New York 2005, 34-55, hier 46-55; F. LÖSER, „Meister Eckhart in Bewegung. Das mittelalterliche Erfurt als Wirkungszentrum der Dominikaner im Licht neuerer Funde", in *Meister Eckhart in Erfurt*, 56-74, hier 72-74; L. STURLESE, „Hat es ein Corpus der deutschen Predigten Meister Eckharts gegeben? Liturgische Beobachtungen zu aktuellen philosophiehistorischen Fragen", in *Meister Eckhart in Erfurt*, 393-408, hier 396-401.

und der oben genannten Hs. Berlin, 1084 bildet).[36]

* * *

Der *Ferguut*-Kopist

Gemeinsam mit dem Kodikologen Herman Mulder hat Kwakkel auch wichtige neue Erkenntnisse über den Hersteller von Teil I der Handschrift Vv gewonnen.[37] Er konnte als ein schon längst bekannter Kopist identifiziert werden, der mindestens fünf mittelniederländische Handschriften angefertigt haben soll. Nach seiner seltensten Textkopie wird er der ‚*Ferguut*-Kopist' genannt. Weitere epische Texte von seiner Hand sind der *Roman van Limborch* und der *Cassamus*.[38] Auch schrieb er mehrere Werke Jakob van Maerlants ab, u.a. die *Reimbibel* (*Rijmbijbel* oder *Scolastica*) und den *Spiegel historiael*, eine Bearbeitung des *Speculum historiale* des Vinzenz von Beauvais. Kwakkel und Mulder entdecken den *Ferguut*-Kopisten jetzt auch als Abschreiber mystischer Literatur, eben einer Predigt Meister Eckharts. Sie beschreiben ihn als einen Berufsschreiber, dessen Standort vermutlich Brüssel war. Ungelöst bleibt die Identität des Auftraggebers der vier mystischen Traktate aus Teil I der Handschrift Vv.

Dieser Teil der heutigen Handschrift ist separat hergestellt worden, wurde jedoch in der zweiten Hälfte des 14. Jahrhunderts mit vier weiteren Teilen (den jetzigen Teilen I-V) zusammengebunden. Der vierte Teil wurde ebenfalls vom *Ferguut*-Kopisten abgeschrieben. Er enthält vier relativ kurze Texte allgemein christlichen Inhalts. Der Inhalt der drei weiteren Teile ist deutlich mystisch gefärbt. Abgesehen von Eckhart-Predigten begegnet uns hier das *Boecsken der verclaringhe* von Jan van Ruusbroec. Der vorhandene Besitzervermerk zu Beginn dieser kodikologischen Einheit der fünf ersten Teile lässt vermuten, dass sie zum Besitz einer religiösen Gemeinschaft gehörte. Der Besitzervermerk (8) wurde leider später getilgt, wahrscheinlich vom Bibliothekar des Rooklosters, des späteren Besitzers dieser Handschrift. Wer der erste Besitzer der ersten fünf Teile der Handschrift Vv war, lässt sich weiterhin nur mutmaßen.

---

36 *DW* 3, 5-7.

37 KWAKKEL en MULDER, „*Quidam sermones*" (s. Anm. 29).

38 Zum *Ferguut*-Kopisten J.W. KLEIN, „'Het getal zijner jaren is onnaspeurlijk.' Een herijking van de dateringen van de handschriften met Middelnederlandse ridderepiek", in *Tijdschrift voor Nederlandse Taal- en Letterkunde* 111 (1995), 1-23. Klein datiert (S. 11-12) die Kopiertätigkeit des *Ferguut*-Kopisten im Bereich der Epik auf ca. 1325; dass er auch mystische Texte schrieb, war Klein noch nicht bekannt.

Es liegt nahe anzunehmen, dass er in guter Beziehung zum Ruusbroec-Kreis stand: Die Abschrift des *Boecsken der verclaringhe* ist etwa gleich alt wie der Text selbst (spätestens aus 1365).[39]

Deutschsprachige Glossierungen

Im Rahmen einer Untersuchung des deutsch-brabantischen literarischen Verkehrs sollten einige in der Handschrift Vv vorhandene deutschsprachige Glossen nicht unerwähnt bleiben. Im dritten Text aus Teil I, *Dat ongeborne wesen*, sind vereinzelt am Rand deutsche Umschreibungen offenbar schwer verständlicher mittelniederländischer Wörter eingetragen worden, wie mittelhochdeutsches ‚alzesammen' für mittelniederländisches ‚alte gadre' und mittelhochdeutsches ‚schult' für mittelniederländisches ‚scout'. Die Schrift dieser Hand stammt aus der zweiten Hälfte, womöglich aus dem dritten Viertel des 14. Jahrhunderts (Kwakkel). Ähnliche Worterklärungen, vermutlich derselben Hand, begegnen uns im IV. Teil von Handschrift Vv.[40] Bald nach der Mitte des 14. Jahrhunderts bildeten die Teile I-V eine selbständige kodikologische Einheit. Vermutlich wurde danach die ganze „Gebrauchseinheit" (Kwakkel) mit den Teilen I-V von einem deutschsprachigen Leser gelesen und glossiert. Dieser Leser müsste dann jedenfalls noch einen Teil der späteren Einbindung im Besitz gehabt haben, denn auch im VIII. Teil der Handschrift Vv sind derartige Worterklärungen eingetragen worden, offensichtlich von derselben Hand.[41]

Theoretisch wäre ein deutschsprachiger Besucher des brabantischen Handschriftbesitzers anzunehmen; es ist jedoch zweifelhaft, ob bei einer solchen Gelegenheit das Buch beschriftet worden wäre. Dies wäre eher als ein Prärogativ des rechtmäßigen Besitzers anzusehen. Anscheinend haben also die Teile I-V nur vorübergehend einen deutschsprachigen Besitzer gehabt. Es mag sich dabei um eine Einzelperson gehandelt haben, aber ein

---

[39] JAN VAN RUUSBROEC, *Dat boecsken der verclaringhe*, ed. G. DE BAERE, intr. by P. MOMMAERS, English transl. by P. CROWLEY and H. ROLFSON, Tielt-Leiden 1981. Zur Datierung dieses Textes G. WARNAR, „De chronologie van Jan van Ruusbroecs werken", in *Ons Geestelijk Erf* 68 (1994), 185-99, KWAKKEL, *Dietsche boeke* (s. Anm. 8), 129 und KWAKKEL en MULDER, „*Quidam sermones*" (s. Anm. 29), 161 Anm. 36. Der *terminus post quem* für das *Boecsken* ist Bruder Gerards Präsenz in der Kartause Herne, denn er beschreibt Ruusbroecs Besuch, auf den dieser Text Bezug nimmt. Bruder Gerard verließ Herne im Jahre 1365; das *Boecscen* dürfte einige Jahre früher entstanden sein.

[40] KWAKKEL, *Dietsche boeke* (s. Anm. 8), 230; z.B. *mhd.* ‚liden' für *mndl.* ‚dogen'.

[41] IDEM, *Ibid.*, 232; z.B. *mhd.* ‚anzebetten' für *mndl.* ‚tanebedene'.

Gemeinschaftsbesitztum ist nicht auszuschließen.[42] Dazu kommt noch, dass aus der gleichen Periode eine weitere mittelniederländische Handschrift mystischen Inhalts aus der von Kwakkel behandelten Rookloster-Gruppe mit deutschem Eintrag existiert: die Handschrift Paris, Bibliothèque Mazarine, Ms. 920.[43] Auf den ersten Seiten (ff. 2-7) des ersten Teils dieser Konvoluthandschrift ist eine erhebliche Anzahl deutschsprachiger Interlinear-Glossen eingetragen worden, mutmaßlich von derselben Hand wie die der Handschrift Vv. Der Großteil ist nachher getilgt worden, aber einige sind, zwar mühsam, aber doch leserlich.[44]

Im letzten, siebten Teil der Handschrift Mazarine 920 sind später noch auf den letzten, leergebliebenen Seiten der 23. Lage von acht unterschiedlichen Händen dreizehn Kleintexte eingetragen worden.[45] Laut Kwakkel sind diese höchstwahrscheinlich alle im dritten Viertel des 14. Jahrhunderts anzusetzen.[46] Sie haben eine Mischung von lateinischen und mittelhochdeutschen Texten, v.a. Gebeten, dieser strenggenommen niederländischsprachigen Handschrift hinzugefügt. Da hier mehrere deutschsprachige Hände Texte beigetragen haben, ist es durchaus wahrscheinlich, dass zumindest die Teile I und VII dieser Handschrift, etwa nach 1350, auf längere Zeit in einer deutschsprachigen Gemeinschaft zu Hause waren. Über die Sprache der mittelhochdeutschen Eintragungen in Handschrift Mazarine, 920 lässt sich diese Gemeinschaft ein wenig genauer lokalisieren. Die Mundart ist als Niederalemannisch (oder Oberrheinisch) zu kennzeichnen.[47] Global handelt es sich dann um den von den Städten

---

[42] IDEM, *Ibid.*, 184-86.

[43] Handschriftbeschreibungen in DE VREESE, *De handschriften* (s. Anm. 8), 413-29 (IIs. w); JAN VAN RUUSBROEC, *Vanden seven sloten. Overlevering, kritische uitgave, inhoud* 3, uitg. door G. DE BAERE, Leuven 1976, 104-24; KWAKKEL, *Dietsche boeke* (s. Anm. 8), 254-59.

[44] KWAKKEL, *Dietsche boeke* (s. Anm. 8), 256: z.B. *mhd.* ‚pfat' für *mndl.* ‚pat', ‚hat' für ‚heeft', ‚mit' für ‚met' und ‚wolt' für ‚wille'.

[45] Identifizierungen bei JAN VAN RUUSBROEC, *Vanden seven sloten* 3 (s. Anm. 43), 113-16.

[46] KWAKKEL, *Dietsche boeke* (s. Anm. 8), 258-59.

[47] Das ergibt sich u.a. aus folgenden Merkmalen: Beibehaltung der mhd. Langvokale sowie <ei> und <ou> für mhd. /ei/ und /ou/, <o> als Normalschreibung für mhd. /â/, Auflösung der Unterscheidung zwischen /s/ und /z/, auslautendes <ch> in ‚wirdechliche' und volle Flexionsendungen bei den Verben ‚manot' und ‚lidigost'. Bis auf die Bevorzugung von auslautendem <t> und die je einmal belegten Formen ‚giengend' und ‚vader', entsprechen die Dentalkonsonanten dem nhd. Lautstand. Die Lokalisierung des Schreibdialekts, aufgrund der ausführlichen Incipits und Explicits in JAN VAN RUUSBROEC, *Vanden seven sloten* 3 (s. Anm. 43), 113-16 verdanke ich Nigel F. Palmer (Oxford).

Straßburg, Freiburg und Basel beherrschten Raum.

Um 1400 aber befanden sich sowohl die Handschrift Vv als auch Mazarine 920 wieder in Brabant, als der damalige Bibliothekar des Rooklosters, Arnold Cortte, Besitzervermerke seines Klosters in den beiden Handschriften eintrug. Es geht um zwei Handschriften, die beide eine Zeit lang im Oberrheingebiet kursierten, um dann in ihre brabantische Heimat zurückzukehren. Sie dürften vorübergehend ein und demselben Besitzer gehört haben, vermutlich einer religiösen Gemeinschaft am Oberrhein.

Deutsche Parallelüberlieferung

Dem Kopisten des ersten Teils der Handschrift Vv standen noch vor der Mitte des 14. Jahrhunderts eine oder mehrere Quellen der deutschen Scholastik zur Verfügung. Soweit feststellbar, sind diese Quellen heute nicht mehr vorhanden. Lediglich eine Untersuchung der deutschsprachigen Überlieferung der einschlägigen Texte dürfte die Art und Herkunft dieser Quellen aufdecken können. Ich muss mich hier auf eine Sondierung beschränken, weil von meinem Standort aus die Paläographie und Kodikologie der deutschen Handschrift des 14. Jahrhunderts kaum zu überblicken ist. Eine Übersicht über das Jahrhundert der deutschen Scholastik, so wie Karin Schneider sie für die deutschen Handschriften des 13. Jahrhundert erstellt hat, fehlt leider noch.[48] Vergleichsweise werden hier zunächst zwei Handschriften aus dem 14. Jahrhundert besprochen, die ziemlich genaue Parallelen mit der Handschrift Vv aufweisen. Beide gehören einer Gruppe von relativ frühen Predigtsammlungen Meister Eckharts an; derartige Eckhart-Sammlungen dürften nicht vor 1370 entstanden sein. Handschriften dieses Typs enthalten übrigens immer auch andere Texte geistlich-mystischer Art.[49]

Inhaltlich ist die Handschrift Basel, UB, B.XI.10 (Eckhart-Hs. Ba1) vielleicht die interessanteste.[50] Sie enthält ein aus den Pfeiffer-Traktaten 14 und 15 hergestelltes Textkonglomerat (ff. 216-219), an das sich ein aus *Vom Ursprung* und Fragmenten der Pfeiffer-Traktate 11 und 15 zusam-

[48] K. SCHNEIDER, *Gotische Schriften in deutscher Sprache* 1, Wiesbaden 1987.

[49] RUH, „Nachwort“ (s. Anm. 21), 204.

[50] Beschrieben in MEYER und BURCKHARDT, *Die mittelalterlichen Handschriften* B/2 (s. Anm. 30), 934-58; vgl. SPAMER, „Zur Überlieferung“ (s. Anm. 18), 316-18 und J. QUINT, *Die Überlieferung der Deutschen Predigten Meister Eckharts*, Bonn 1932, XLII-XLIV.

mengesetzter Textblock anschließt (ff. 219r-225r).[51] Hier sind also drei jener Texte vertreten, die den vier Texten aus dem ersten Teil der Handschrift Vv zugrunde lagen. Bloß die Eckhart-Predigt Quint 60 fehlt. Diesen Basler Kodex datiert die Forschung – meist unbegründet – in die zweite Hälfte des 14. Jahrhunderts. Die Handschrift enthält einen Besitzervermerk von Georg Carpentarius, Bibliothekar der Kartause *Domus vallis beate Magarete* in Basel. Diese Kartause wurde erst 1401 gegründet.[52] Die Basler Kartäuser müssen den Kodex also von einem früheren Besitzer erworben haben. Über die Vor- und Entstehungsgeschichte dieser Handschrift ist kaum etwas Näheres bekannt, aber es ist mit guten Gründen anzunehmen, dass sie im Basler Raum ihren Ursprung hat. Eine einstweilige Analyse der Schreibsprache deutet auf das südwestliche Oberrheingebiet hin.[53]

Vor allem die Präsenz des *Vom Ursprung* in dieser Basler Handschrift – der einzigen mir bekannten mittelhochdeutschen Quelle – dürfte für das Verhältnis zur Handschrift Vv entscheidend sein. Die Kopisten der Brüsseler Handschrift Vv und der Basler Handschrift B.XI.10 haben offensichtlich über eine gemeinsame Quelle verfügen können.

Als zweite wichtige Parallele zur Handschrift Vv muss die Handschrift Einsiedeln, Stiftsbibliothek, Cod. 277 (Eckhart-Handschrift E1) in Betracht gezogen werden.[54] Einsiedeln 277 enthält eine vollständige Fassung des Traktats *Von der übervart* (Pfeiffer-Traktat 11) auf den Folien 169-174v, wenn auch mit Querschnitten aus etlichen anderen Texten. Weiterhin enthält sie einen Texabschnitt, der *Sante Johannes spricht* (Pfeiffer-Traktat 14) auf ff. 187r-189v als Quelle gedient zu haben

[51] MEYER und BURCKHARDT, *Die mittelalterlichen Handschriften* B/2 (s. Anm. 30), 942-43; vgl. SPAMER, „Zur Überlieferung“ (s. Anm. 18), 394.

[52] V. HONEMANN, *Deutsche Literatur in der Laienbibliothek der Basler Kartause 1480-1520*, Berlin 1982 [masch.], 7-9.

[53] Die Schreibsprache weist auf den Westen des alemannischen Gebiets hin, was sich aus folgenden Eigenheiten ergibt: <ei> für mhd. /ei/, <i, u, iu> für mhd. /î, û, iu/, <a> für mhd. /â/ (niemals <o> oder <au>), Beibehaltung von <sl, sm, sw>, ‚-ent‘ als Endung der 2. Pers. Pl. des Präs., häufiger Gebrauch der Endung ‚-i‘ (z.B. in ‚bekanntnissi‘, ‚guoti‘, ‚bekanti‘, ‚wolti‘, ‚soelti‘, ‚hetti‘), anlautendes <t> in ‚getultig‘ und ‚trengen‘, Fehlen von <d> für mhd. /t/, außerdem ‚dur‘ (‚durch‘) und ‚küneginne‘. Diese Angaben verdanke ich Nigel F. Palmer; sie beruhen auf den Textauszügen bei PREGER, „Kritische Studien“ (s. Anm. 30), 502-7.

[54] Beschrieben von G. MEIER, *Catalogus codicum manu scriptorum qui in Bibliotheca monasterii Einsidlensis O.S.B. servantur* 1, Einsiedeln-Leipzig 1899, 246-48; vgl. SPAMER, „Zur Überlieferung“ (s. Anm. 18), 318.

scheint.[55] Schließlich vertritt diese Handschrift die Eckhart-Predigt Quint 60 (ff. 187-189v), wenn auch in einer anderen Fassung als in der Handschrift Vv (s. oben). Die Einsiedler Handschrift weist mithin (zumindest teilweise) Parallelen zu drei der vier Texte auf, die den Inhalt von Teil I der Handschrift Vv bilden, freilich ohne auch nur einen dieser Texte in genau derselben Form zu präsentieren. Lediglich *Die drîe persône* (Pfeiffer-Traktat 15) fehlt in dieser Handschrift.

Die Einsiedler Handschrift zeichnet sich besonders dadurch aus, dass sie – in einer alemannischen Übersetzung – die einzige vollständige Wiedergabe von Mechthild von Magdeburgs *Das fließende Licht der Gottheit* enthält. Diese Übersetzung wurde in den Jahren 1341-1345 auf Anregung des Weltgeistlichen Heinrich von Nördlingen (s. unten) hergestellt. Angenommen wird, dass die hochdeutsche Umschrift des ursprünglich niederdeutschen *Das fließende Licht* in Basel abgefasst wurde. Die Handschrift Einsiedeln, 277 enthält ferner eine reiche Auswahl von Predigten und Traktaten aus deutscher Mystik und Scholastik. Sie gilt, mit ihrer Schwesterhandschrift Einsiedeln, Stiftsbibliothek, Cod. 278 als eine wichtige Sammlung von Eckhart-Predigten.[56] In diesem Kontext darf nicht unerwähnt bleiben, dass auf den letzten Folien der Handschrift 277 Auszüge aus dem Werk der brabantischen Begine Hadewijch eingetragen sind, und zwar aus den *Brieven* 5 und 6 sowie den *Mengeldichten* 5 und 6.[57]

Die Handschriften 277 und 278 gehörten einst Margaretha zum Goldenen Ring, einer Basler Begine, die zum Kreis um den Weltpriester Heinrich von Nördlingen in Beziehung stand.[58] Sie stand auch brieflich mit der mystisch veranlagten Dominikanerin Margaretha Ebner in Verbindung.[59] Ob sie die Herstellung der beiden Handschriften beauftragt hat, ist ebenso wenig bekannt wie die Identität des Produzenten.[60] Aufgrund

[55] RUH und SCHMITT, „Sant Johannes sprichet" (s. Anm. 18), 578; vgl. SPAMER, „Zur Überlieferung" (s. Anm. 18), 319.

[56] Die Hs. 278 wurde beschrieben von MEIER, *Catalogus* 1 (s. Anm. 54), 249-53.

[57] F. GOODAY, „Eine bisher unbekannte Hadewijch-Übersetzung", in *Zeitschrift für deutsches Altertum und deutsche Literatur* 102 (1973), 236-38.

[58] P. STRAUCH, *Margaretha Ebner und Heinrich von Nördlingen. Ein Beitrag zur Geschichte der deutschen Mystik*, Freiburg i.B.-Tübingen 1882, ND Amsterdam 1966, 239, 370-71.

[59] IDEM, *Ibid.*, 275-76 (Ausgabe der Briefe aus 1347-1349) und 399; vgl. M. WEITLAUFF, „Ebner, Margaretha", in *VL*[2] 2 (1980), 303-6, hier 304.

[60] GOODAY, „Hadewijch" (s. Anm. 57), 236 hält es zwar für wahrscheinlich, dass die Basler Dominikaner dafür verantwortlich gewesen sind, unterbaut diese Hypothese aber

der Schreibsprache steht nur fest, dass sie im alemannischen Sprachgebiet entstanden sein müssen. Nach Margarethas Tod um 1480 wurden die Handschriften 277 und 278 durch Vermittlung ihres Beichtvaters Heinrich von Rumersheim an religiöse Frauenstiftungen in der Nähe von Einsiedeln (Schwyz) vererbt.[61] Die Handschrift 277 gelangte auf diese Weise ins Einsiedlerinnenhaus „Vordere Au", unter der Bedingung, dass sie den vier sogenannten Waldhäusern im Einsiedler Tal zur Verfügung stehen würden.[62] Die verwandte Handschrift Einsiedeln, Stiftsbibliothek 278 wurde dem Schwesternhaus an der Alpegg bei Einsiedeln geschenkt,[63] wonach sie zum Dominikanerinnenkloster St. Peter auf dem Bach in Schwyz übersiedelte. Die beiden Handschriften blieben also im alemannischen Sprachraum, in der heutigen Schweiz, ihrem mutmaßlichen Entstehungsort.

Über die Datierung der Einsiedeln-Handschriften besteht gleichfalls Unklarheit. Die Zwillingshandschriften 277 und 278 werden meistens in die zweite Hälfte des 14. Jahrhunderts datiert.[64] Die alemannischen Übersetzungen von *Das fließende Licht* ergeben den *terminus post quem* für diese Handschrift: Sie muss etwa nach 1345 entstanden sein. Der *terminus ante quem* liegt erst um 1380, als Margaretha zum Goldenen Ring stirbt und über Heinrich von Rümersheim ihre Handschriften an religiöse Gemeinschaften in Einsiedeln vererbt. Neulich hat Karin Schneider aufgrund der Schrift festgestellt, dass die Handschriften 277 und 278 im dritten Viertel des 14. Jahrhunderts entstanden sein müssen.[65] Die Einsiedeln-Handschrift wäre somit etwas jünger als die Handschrift Vv und demnach unmöglich als deren direkte Quelle anzusehen. Der Brabanter *Ferguut-*

---

nicht.

[61] Heinrich von Rumersheim ist etwa in den Jahren 1377-1434 als Domkanoniker von Sankt Peter in Basel bezeugt; s. G.P. MARCHAL, *Die Statuten des weltlichen Kollegiatstifts St. Peter in Basel*, Basel 1972, v.a. 182. Zu St. Peter in Basel auch *Die weltlichen Kollegiatstifte der deutsch- und französischsprachigen Schweiz*, red. v. G.P. MARCHAL (Helvetia sacra 2.2), Bern 1977, 131-50 (von G.P. MARCHAL).

[62] Das geht aus einem Eintrag von Heinrich von Rumersheim in der Hs. hervor; s. MEIER, *Catalogus* 1 (s. Anm.54), 248.

[63] Zu den Einsiedler Beginenhäusern *Die Beginen und Begarden in der Schweiz*, hrsg. v. C. SOMMER-RAMER (Helvetia sacra 9.2), Basel 1995, 661-68 (von V. FELLER-FEST).

[64] Z.B. RUH, „Nachwort" (s. Anm. 21); GOODAY, „Hadewijch" (s. Anm. 57); H. NEUMANN, „Mechthild von Magdeburg", in *VL*^{2} 6 (1987), 260-70, hier 261.

[65] Gutachten K. SCHNEIDER, 23. März 2005: „Eine engere Datierung als ‚3. Viertel des 14. Jahrhunderts' halte ich nicht für möglich." Ich erhielt den Text dieses Gutachtens durch dankenswerte Vermittlung von Nigel F. Palmer; ihm und seiner Doktorandin Helen Webster danke ich gleichfalls für ihre Angaben über die beiden Einsiedeln-Handschriften, mit denen sich Websters Doktorarbeit befasst.

Kopist muss daher über eine andere, mittlerweile verschollene, mittelhochdeutsche Vorlage verfügt haben.

Eine dritte, bedeutsame Handschrift ist Strasbourg, Bibliothèque Nationale et Universitaire, Ms. 2715 (*olim* L. germ. 618), weil sie die Pfeiffer-Traktate 14, *Sante Johannes spricht*, und 15, *Die drîe persône*, im Zusammenhang überliefert.[66] Darüber hinaus enthält diese Handschrift Abschnitte aus allen drei Teilen des Pfeiffer-Traktats 11, *Von der übervart*.[67] Diese Handschrift ist auch als ‚Eckhart-Handschrift Str2' bekannt; die Predigt Quint 60 fehlt jedoch in ihr. Dagegen enthält sie zahlreiche andere Texte aus dem Bereich von Mystik und Scholastik, z.B. *Diu Zeichen eines wârhaften Grunts* (s. unten).[68] Der heutige Aufbewahrungsort dieser Straßburger Handschrift soll uns nicht irreführen: Sie befand sich einst in Klosterneuburg, unter der Signatur, Stiftsbibliothek, CCl 1141. Die eindeutig bairische Schreibsprache dieser Handschrift stimmt auch besser mit diesem früheren Aufbewahrungsort überein.[69] Die Handschrift Straßburg 2715 wird durchweg wenig präzise ins 14. Jahrhundert datiert; ein Entstehen in der zweiten Hälfte des Jahrhunderts scheint aber am wahrscheinlichsten. Über die Entstehungsgeschichte dieser Handschrift und über ihre Erstbesitzer bzw. Auftraggeber wissen wir kaum etwas. Dieser Kodex beweist aber, dass die Texte des ersten Teils der Handschrift Vv einerseits und die alemannischen Handschriften aus Basel und Einsiedeln anderseits in der zweiten Hälfte des 14. Jahrhunderts auch weiter nach Osten, in Bayern oder Österreich, greifbar nahe waren.

In mehreren späteren deutschsprachigen Handschriften findet sich eine Kombination der in Teil I der Handschrift Vv vorgefundenen Texte. Ebenfalls hier zu nennen ist die Handschrift Stuttgart, Württembergische Landesbibliothek, Cod. theol. et phil. 8° 18, die das Pfeiffer-Traktat 11

---

[66] Beschrieben von A. BECKER, *Die deutschen Handschriften der kaiserlichen Universitäts- und Landesbibliothek zu Straßburg*, Straßburg 1914, 33-34 und E. WICKERSHEIMER, *Catalogue Général des Manuscrits des Bibliothèques Publiques de France. Départements 47*, Paris 1923, 546-48 ; vgl. SPAMER, „Zur Überlieferung" (s. Anm. 18), 319-20.

[67] SCHMITT, „Von der übervart" (s. Anm. 26), 1205; vgl. SPAMER, „Zur Überlieferung" (s. Anm. 18), 385-86.

[68] C. MECKELNBORG, „Der pseudo-eckhartische Traktat ‚Diu zeichen eines wahrhaften grundes'. Untersuchung und Edition einer lateinischen Fassung", in *Scrinium Berolinense. Tilo Brandis zum 65. Geburtstag* 1, hrsg. v. P.J. BECKER, E. BLIEMBACH, H. NICKEL, R. SCHIPKE und G. STACCIOLI, Berlin 2000, 306-19, hier 306.

[69] Die Lokalisierung der Schreibsprache verdanke ich Werner Hoffmann (Trier). Als unterscheidende Merkmale gelten hier z.B. durchgeführte Diphtongierung und ai-Schreibung.

größtenteils und die Pfeiffer-Traktate 14 und 15 zwar teilweise enthält, die Texte jedoch entstellt überliefert.[70] Zu erwähnen sei auch die Handschrift Utrecht, Bibliotheek der Rijksuniversiteit, 9.B.8 aus dem 15. Jahrhundert, aus der Kartause Buxheim stammend. Sie enthält auf ff. 39r-44v einen Mosaiktraktat, der sich u.a. aus Fragmenten der Pfeiffer-Traktate 11, 14 und 15 zusammensetzt. Diese Handschrift wiederum ist mit der Handschrift Berlin, Staatsbibliothek Preußischer Kulturbesitz, Ms. germ. oct. 65, eng verwandt. Letztere zeigt auf den Folien 74r-78v denselben Mosaiktext.[71] In diesen späteren Handschriften bieten sich unsere Texte allerdings ziemlich bruchstückhaft und zerstückelt dar. Trotzdem wäre es vielleicht möglich, durch ein intensives Studium dieser späten Textzeugen den mittelhochdeutschen Quellen des ersten Teiles der Ruusbroec-Hs. Vv auf die Spur zu kommen.

Die beiden ältesten deutschen Handschriften, die, obwohl unvollständig, den Textbestand von Teil I enthalten, entstammen der zweiten Hälfte des 14. Jahrhunderts. Beide Handschriften weisen Verbindungen mit dem alemannischen Sprachraum bzw. dem Oberrheingebiet auf. Die Einsiedler Handschrift war einmal Besitz einer Basler Begine; die Basler Handschrift gelangte im 15. Jahrhundert in die Bibliothek der Basler Kartause. Keine dieser Handschriften kann als direkte Vorlage für die vier Texte aus Teil I der Handschrift Vv gelten. Die Basler Handschrift dürfte einige Jahrzehnte jünger als die Handschrift Vv sein und kann schon deswegen nicht als Vorlage fungiert haben. Diese Handschrift ist aber der einzig bekannte andere Textzeuge des Traktats *Vom Ursprung*. Dazu finden sich in dieser Handschrift umfangreiche Fragmente aus den Pfeiffer-Traktaten 11, 14 und 15, in jedoch von der Handschrift Vv abweichender Gestalt. Die Handschrift aus Einsiedeln ist aber ein wenig jünger als Teil I der Handschrift Vv und enthält keinen der vier Texte aus Vv in identischer Form. Sie befindet sich also in einer gewissen Distanz von der mittelniederländischen Tradition. Man kann also schließen, dass sowohl die mittelniederländischen als auch die mittelhochdeutschen Handschriften aus gemein-

[70] SPAMER, „Zur Überlieferung" (s. Anm. 18), 326-27, 386-87; eine ausführliche Beschreibung dieser Hs. fehlt noch.

[71] Hs. Utrecht wurde beschrieben von J. QUINT, „Neue Funde zur handschriftlichen Überlieferung Meister Eckharts", in *Beiträge zur Geschichte der deutschen Sprache und Literatur* 82 (1960), 352-84, hier 354-76; der Mosaiktext auf 359-60 [Nr. 10]; zu Hs. Berlin, germ. oct. 65, s. H. DEGERING, *Kurzes Verzeichnis der germanischen Handschriften der Preussischen Staatsbibliothek* 3, Leipzig 1932, 31-34 und QUINT, „Neue Funde" (s. diese Anm.), 365, 374-76; vgl. RUH und SCHMITT, „Sant Johannes sprichet" (s. Anm. 18), 578 (die Hs. Utrecht fehlt hier).

samen Quellen ursprünglich deutschsprachiger Mystik und Scholastik, die offenbar vor der Mitte des 14. Jahrhunderts in Brabant und am Oberrhein kursierten, geschöpft haben.

* * *

Deutsch oder niederländisch?

Der erste Konvolutteil der Handschrift Vv enthält vier Texte, die sich alle auf unterschiedliche Art und Weise auf mittelhochdeutsche Vorbilder beziehen. Obwohl die Textreinheit zu wünschen übrig lässt, stellt diese Handschrift meist den älteren Textzeugen dar. Dieses Bild wird umso deutlicher, wenn die weiteren vier Teile der ersten „Gebrauchseinheit" der Handschrift global mit in Betracht gezogen werden. Im zweiten Teil – ebenfalls auf etwa 1350 zu datieren – findet sich z.B. das Werk *Tekene eens vernuftechs gront.*[72] Dieser Text kennt ein deutsches Äquivalent, *Diu zeichen eines wahrhaften grunt*, das von Pfeiffer als Eckhart-Traktat 7 herausgegeben, dem Meister von der Forschung nachher aber wieder abgesprochen wurde. *Diu Zeichen* bildet auch das erste Kapitel des Rulman Merswin (s. unten) zugeschriebenen *Meisterbuch.*[73] Daneben existierte eine lateinische Übersetzung, die nur in einer Koblenzer Handschrift aus dem frühen 15. Jahrhundert überliefert ist.[74] Gewöhnlich setzt man für *Diu zeichen* einen deutschen Autor voraus, in diesem Fall jedoch liefert die mittelniederländische Tradition sogar zwei Handschriften die der deutschen vorangehen: Neben Handschrift Vv handelt es sich hier um die Handschrift Brussel, Koninklijke Bibliotheek, Hs. 19565, ff. 21-25 aus dem zweiten Viertel des 14. Jahrhunderts.[75] Die Handschrift Vv enthält im dritten Teil zwei weitere Texte von Eckhart, und zwar die Predigt Quint Nr. 2, *Intravit Iesus in quoddam castellum*, und eine Kompilation von Quint 3, *Nunc scio vere, quia misit dominus angelum suum*, sowie Quint

---

[72] KWAKKEL, *Dietsche boeke* (s. Anm. 8), 229. Der mndl. Text wurde nach Hs. Vv (mit den Lesarten von Brussel, KB, Hs. 19565; s. unten) ediert von C.G.N. DE VOOYS, „Meister Eckhart en de Nederlandse mystiek", in *Nederlandsch Archief voor Kerkgeschiedenis* n.s. 3 (1905), 50-92, 176-94, 205-90, hier 76-79.

[73] *Deutsche Mystiker* 2 (s. Anm. 17), 475-78; s. P. SCHMITT, „Diu zeichen eines wârhaften grundes", in *VL*^{2} 10 (1999), 1522-25.

[74] C. MECKELNBORG, „Der pseudo-eckhartische Traktat" (s. Anm. 68).

[75] Die Hs. wurde beschrieben von J. REYNAERT, „Het vroegste Middelnederlandse Palmboomtraktaat", in *Ons Geestelijk Erf* 52 (1978), 3-32, 195-228, 296-310, hier 13-17; die Datierung der Hs. ins 2. Viertel des 14. Jh. stammt aus KWAKKEL en MULDER, „*Quidam sermones*" (s. Anm. 29), 159.

23, *Jêsus hiez sîne jüngern*. Auch in diesem Falle gilt die Handschrift Vv als einer der ältesten Überlieferungszeugen.

Und die Handschrift Vv steht nicht für sich. Es sei diesbezüglich auf ein mittelniederländisches Dionysius-Zitat aus der ersten Hälfte des 14. Jahrhunderts hingewiesen, das in der prächtig illuminierten Handschrift der *Rothschild Canticles* eingetragen worden ist (New Haven, Yale University: Beinecke Library, Ms. 404). Die Sprache dieser Handschrift verrät das Vorhandensein einer mittelhochdeutschen, womöglich thüringischen Quelle, aber deutsche Textzeugen dieses Alters fehlen bislang.[76] Dieselbe verschollene Quelle stand u.a. dem anonymen Autor des *Geistbuch* zur Verfügung, eines mystisch-theologischen Traktats aus der Mitte des 14. Jahrhunderts.[77] Das mittelniederländische Pendant, *Des gheest boeck*, kennt jedoch eine weitaus ältere Überlieferung. Die älteste mittelniederländische Handschrift ist nun die soeben genannte Brüssel 19565 aus dem zweiten Viertel des 14. Jahrhunderts. Auch hier handelt es sich um ein mystisch gefärbtes, theologisches Werk des 14. Jahrhunderts, offensichtlich deutschen Ursprungs, dessen mittelniederländische Überlieferung jedoch der deutschen vorangeht. Wäre hier der mittelhochdeutsche Text der ursprüngliche, so bedürfte es der Erklärung, weshalb die mittelniederländische Überlieferung eine soviel ältere ist.

Es lässt sich ein Muster erkennen: Zu den einzelnen theologischen Werken mystisch-scholastischen Inhalts des 14. Jahrhunderts gibt es neben der ursprünglich deutschsprachigen Texttradition eine niederländische, die mitunter als die ältere anzusehen ist. Die starke Wechselbeziehung zwischen deutschem und niederländischem Sprachraum lässt zum einen die guten gegenseitigen Kontakte erkennen, zum andern auch einen intensiven Austausch von Ideen und Texten. Auch die Predigten Meister Eckharts passen – wenigstens teilweise – in dieses Bild.[78] Die mittelniederländische Eckhart-Überlieferung ist keine sehr breite, sie ist aber auf jeden Fall eine auffällig frühe.[79] Gelänge es uns, das Milieu dieses Aus-

[76] J. HAMBURGER, *The Rothschild Canticles. Art and Mysticism in the Rhineland circa 1300*, New Haven 1990; zu dem Dionysius-Zitat und seiner Geschichte W. SCHEEPSMA, „Filling the Blanks. A Middle Dutch Dionysius-quotation and the Origins of the *Rothschild Canticles*", in *Medium Aevum* 70 (2001), 278-303.

[77] Weiteres zum *Geistbuch/Des gheest boeck* bei K. SCHNEIDER, „Geistbuch", in *VL*[2] 2 (1980), 1157-58 und im Beitrag von A. BECCARISI zu diesem Band.

[78] Zur mndl. Eckhart-Überlieferung DE VOOYS, „Meister Eckhart" (s. Anm. 72), UBBINK, *De receptie* (s. Anm. 13) und T. MERTENS und W. SCHEEPSMA, „Deutsche Predigtsammlungen im Mittelniederländischen", in *Schnittpunkte* (s. Anm. 5), 67-81, hier 73-76.

[79] Ich beabsichtige eine eingehende Behandlung der Überlieferung von Eckharts mnl.

tauschs volkssprachlicher Mystik und Scholastik zu zeichnen, erhielten wir zugleich eine tiefere Erkenntnis der ersten Rezipienten von Meister Eckharts Werk.

* * *

Brabant und der Oberrhein

Deutsch-niederländische Verbindungen im geistlichen Umfeld sind für das 14. Jahrhundert mehrfach historisch belegt, besonders zwischen dem Herzogtum Brabant und dem Oberrheingebiet.[80] Insbesondere von Jan van Ruusbroec und seinem Kloster Groenendaal sind mehrere Beziehungen bekannt. So bekundet das Obituar von Groenendaal die Jahreszeitfeier der Basler Kaufmannsfamilie Berner, mit der das Kloster seit der Jahrhundertmitte in Verbindung gestanden haben dürfte.[81] Ruusbroec wurde, so Henricus Pomerius (gest. 1469) in *De origine monasterii Viridisvallis*, öfters von Gästen aus entfernten Gegenden besucht, die sich von ihm eine besondere Unterweisung erhofften. „Van Basele, van Vlaenderen ende oec van Straesborch ende anderen verren ende vreemden landen, ende sonderlinge van opten Rijn, quamen tot hem doctoers ende ander groote clerken om te visiteren sijn eerwerdige presencie, onder den welken sonderlinge was een vermeert leeraer vander predicaer ordenen, geheten Taulere."[82] Ruusbroec übte offensichtlich eine große Anziehungskraft auf

---

Predigten in einem demnächst (voraussichtl. 2007) erscheinenden separaten Aufsatz.

[80] Es ist anzunehmen, dass derartige religiöse Verbindungen in einen breiteren Strom von Handelskontakten eingebettet waren; bisher jedoch konnte ich keine Indizien für ein besonderes Band zwischen Brabant und den oberrheinischen Städten entdecken; s. z.B. P. STABEL, „Marketing Cloth in the Low countries: Manufacturers, Brokers and Merchants (14th-16th centuries)", in *International Trade in the Low Countries (14th-16th Centuries)*, ed. P. STABEL, B. BLONDÉ and A. GREVE (Studies in Urban Social, Economic, and Political History of the Medieval and Early Modern Low Countries 10), Leuven-Apeldoorn 2000, 15-36, und T. SCOTT, „Town and Country in Germany, 1350-1600" in *Town and Country in Europe 1300-1800*, ed. S.R. EPSTEIN, Cambridge 2001, 202-28.

[81] *Obituaire du monastère de Groenendael dans la Forêt de Soignes*, éd. M. DYKMANS (Publications de la Commission Royale d'Histoire de Belgique, série in-8°), Bruxelles 1941, 241-42. Über die Hintergründe der Basler Beziehung auch L. REYPENS, „De uitgave van 't Groenendaelsche obituarium en haar eerste vruchten", in *Ons Geestelijk Erf* 12 (1943), 115-31, hier 119-23, und MERTENS „Godsvrienden" (s. Anm. 6), 120-29.

[82] P. VERDEYEN, „De Middelnederlandse vertaling van Pomerius' werk 'De origine monasterii Viridisvallis'", in *Ons Geestelijk Erf* 55 (1981), 105-65, hier 152. Ich zitiere hier die mndl. Übersetzung, weil die Ausgabe des ursprünglich lateinischen Textes von J.B. DE LEU, „De origine monasterii Viridisvallis una cum vitis B. Joannes Rusbrochi primi prioris hujus monasterii et aliquot coætaneorum ejus", in *Analecta Bollandiana* 4 (1885), 257-

Bewohner des Rheinlands aus, in dem anscheinend ein starkes Bedürfnis nach mystischer Spiritualität lebte.

Ruusbroecs Einfluss war nicht auf das Niederrheingebiet beschränkt; auch vom Oberrhein aus wussten Geistesverwandte ihn zu erreichen. Etwa bis zur Jahrhundertmitte war Heinrich von Nördlingen in diesem Gebiet der Mittelpunkt einer Gemeinschaft religiöser Gesinnungsgenossen.[83] Heinrich reiste viel, schrieb aber auch zahlreiche Briefe, von denen die an die Dominikanerin Margaretha Ebner im Kloster Maria Medingen erhalten geblieben sind. In diesen Briefen wurden Personen, die nach Heinrich eine reine Spiritualität anstrebten, öfters als ‚Gottesfreund' bezeichnet. Von 1339 an hielt Heinrich sich wegen des päpstlichen Interdikts in der Rheinstadt Basel auf. Dort bildete sich um ihn ein Bekennerkreis, zu dem auch Margaretha zum Goldenen Ring gehörte. Die Forschung hat allzu voreilig diesen Kreis um Heinrich als eine Gottesfreunde*bewegung* charakterisiert. Einstweilen geht es jedoch zu weit, in diesem relativ lose gefügten Netz individueller Kontakte eine *Bewegung* sehen zu wollen.

Zum Kreis Heinrichs von Nördlingen gehörte ebenfalls Johannes Tauler. Pomerius erwähnt mehrfach Besuche dieses berühmten Dominikaners bei Ruusbroec in Groenendaal. Ist Pomerius als Hagiograph und Ordenshistoriker nicht immer ganz zuverlässig, so gibt es doch keinen Grund, diese Berichte anzuzweifeln.[84] Taulers historisch belegte Reise nach Köln im Jahre 1339 – die Briefe Heinrichs von Nördlingen erwähnen sie – dürfte ihn auch nach den Niederlanden geführt haben.[85] Es ist kaum vorstellbar, dass Tauler und Ruusbroec bei diesem Besuch keine geistlichen Texte ausgetauscht hätten, wenn auch der direkte Bezug zur mittelniederländischen Tauler-Überlieferung noch fehlt. Geert Warnar hat aber zeigen können, dass im 14. Jahrhundert schon Verknüpfungen zwischen dem literarischen Nachlass Ruusbroecs und Taulers entstanden, wie z.B. im *Meisterbuch*, das unter Einbeziehung von Zitaten aus Ruusbroecs *Bru-*

334, hier 296 sich auf eine weniger zuverlässige Handschrift stützt. Zum Verhältnis beider Texte s. VERDEYEN, „De Middelnederlandse vertaling", 109-13. Zum Vergleich s. AMPE, *Jan van Ruusbroec* (s. Anm. 8), 74-77 nr. 28.

[83] Zu Heinrich von Nördlingen, v.a. STRAUCH, *Margaretha Ebner* (s. Anm. 58); ebenfalls M. WEITLAUFF, „Heinrich von Nördlingen", in *VL*^{2} 3 (1981), 845-52.

[84] In der Germanistik ist die Historizität von Taulers Besuch öfters bezweifelt worden, so z.B. L. GNÄDINGER, *Johannes Tauler. Lebenswelt und mystische Lehre*, München 1993, 72-73.

[85] STRAUCH, *Margaretha Ebner* (s. Anm. 58), 222, 225.

locht die Bekehrungsgeschichte Taulers erzählt.[86]

Sowohl Heinrich von Nördlingen als auch Johannes Tauler waren an der Bekehrung des Straßburger Bankiers Rulman beteiligt. In den Jahren 1347-1348 war Tauler Merswins Beichtvater. Ob es später Kontakte gegeben hat, ist unbekannt, liegt aber auf der Hand, da Tauler ja den größten Teil seines Lebens in seiner Heimatstadt Straßburg verbrachte.[87] Auch zwischen Jan van Ruusbroec und Merswin hat es vielleicht Kontakte gegeben.[88] Im Jahre 1350 sandte Ruusbroec eine Kopie seines Hauptwerkes *Die gheestelike brulocht* an den Gottesfreunden am Oberrhein. Ruh nimmt an, dass Tauler in diesen Jahren einmal nach Groenendaal reiste die *Brulocht* überbrachte.[89] Jedenfalls entstand, offenbar in der nàhe von Merswin, innerhalb von wenigen Jahren eine mittelhochdeutsche Übersetzung von *Geistliche Hochzeit*, die ziemlich breit überliefert ist.[90] Zwei weitere Werke Ruusbroecs, die sehr bald nach ihrem Entstehen ins Deutsche übersetzt wurden – *Vanden blinckenden steen* und *Vanden vier becoringhen* – dürften denselben Weg gegangen sein.[91] Das gilt ebenso für die deutsche Überlieferung von Hadewijch bzw. *Sant Adel*, wie sie u.a. in der Handschrift Einsiedeln 277 heißt.[92]

---

[86] WARNAR, „Tauler in Groenendaal" (s. Anm. 5).

[87] B. GORCEIX, *Amis de Dieu en Allemagne au siècle de Maître Eckhart* (Spiritualités vivantes. Series Christianisme), Paris 1984, 92; GNÄDINGER, *Johannes Tauler* (s. Anm. 84), 9-103.

[88] MERTENS, „Godsvrienden" (s. Anm. 6); G. WARNAR, *Ruusbroec. Literatuur en mystiek in de veertiende eeuw*, Amsterdam 2003, 130-41.

[89] RUH, *Geschichte* 3 (s. Anm. 19), 481-82.

[90] W. EICHLER, *Jan van Ruusbroecs ‚Brulocht' in oberdeutscher Überlieferung*. Untersuchungen und kritische Ausgabe (Münchner Texte und Untersuchungen zur deutschen Literatur des Mittelalters 22), München 1969, und MERTENS, „Godsvrienden" (s. Anm. 6).

[91] Ein vierter Text Ruusbroecs, das *Boecsken der verclaringhe*, entstanden in oder vor 1362, ist nur in einer mhd. Hs. aus dem frühen 15. Jh. belegt: München, Bayerische Staatsbibliothek, Cgm 99, aus dem Dominikanerinnenkloster Engelthal in der Nürnberger Gegend (A. AMPE, *Jan van Ruusbroec* (s. Anm. 8), 200-2 nr. 79); MERTENS, „Godsvrienden" (s. Anm. 6), 119-120). In Engelthal war Christine Ebner zu Hause, die ebenfalls zum Kreis um Heinrich von Nördlingen gehörte (STRAUCH, *Margaretha Ebner* (s. Anm. 58), 210, 266). Offenbar gab es auch nach 1350 noch einen Textaustausch zwischen Ruusbroec oder dessen Kreis und dem mittelhochdeutschen Sprachraum, vielleicht innerhalb des Kreises um Heinrich von Nördlingen.

[92] W. SCHEEPSMA, „Hadewijch und die ‚Limburgse sermoenen'. Überlegungen zu Datierung, Identität und Authentizität", in *Deutsche Mystik im abendländischen Zusammenhang. Neu erschlossene Texte, neue methodische Ansätze, neue theoretische Konzepte.*

Ab etwa 1366 gab Rulman Merswin in dem von ihm gekauften und als Johanniterkloster eingerichteten „Zum Grünenworth" einem Kreis Gleichgesinnter Obdach. Auch in diesem Kreis sah man sich gern als Gottesfreunde. In der Stiftung „Zum Grünenworth" gewann die Gestalt des Brabanters Nikolaus von Löwen (1339-1402) zunehmend an Bedeutung.[93] Nikolaus, aus Löwen gebürtig, war Schreiber des Löwener Kaufmanns Heinrich Blankhart, der wegen Totschlags seine Heimat verlassen musste. Nach seiner als Buße auferlegten Pilgerfahrt nach Santiago de Compostela siedelte Heinrich Blankhart nach Straßburg über. Offenbar folgte ihm sein Schreiber dorthin. Nikolaus von Löwen fand in der Stadt der Gottesfreunde jedoch eine neue Bestimmung. 1367 wurde er zum Priester geweiht und feierte seine erste Messe in der Straßburger Kartause. Zuerst arbeitete er als Weltpriester für Merswin; 1374 aber trat er in Grünenworth als Johanniter ein. Als sein wichtigster Beitrag an Merswins Gottesfreunde-Gemeinschaft dürfen die zahlreichen Memorialbücher gelten, die Nikolaus zwischen 1382 und 1402 schrieb. Diese Memorialbücher beschreiben die Geschichte der beiden Stifter, Rulman Merswins und seines mysteriösen Gesellen, des „Gottesfreundes vom Oberland".[94] Ein Brabanter war also für die Fixierung einer höchst charakteristischen Gottesfreunde-Literatur in der alemannischen Mundart verantwortlich.

Einer der Texte aus Nikolaus' Nachlass weist darüber hinaus intensive Beziehungen zwischen Brabant und dem Oberrheingebiet im frühen 14. Jahrhundert auf. In dem von Nikolaus hergestellten sogenannten *Großen deutschen Memorial* (Strasbourg, Bibliothèque Nationale et Universitaire, Ms. 739 (*olim* L als. 96a)) ist auf den Folien 46r-61v *Ein heiligen closenerin leben* kopiert. Dieser legendenhafte Text erzählt die Geschichte der brabantischen Klausnerin Ursula (gest. 1364), die mit Hilfe der aus dem „Oberland" stammenden, aber in Brabant als Begine lebenden Schwester Vye ins französischsprachige Land von „Berne" übersiedelte.[95] Eine Visi-

Kolloquium Kloster Fischingen 1998, hrsg. v. W. HAUG und W. SCHNEIDER-LASTIN, Tübingen 2000, 653-82, hier 664.

[93] Die sehr kurze Autobiographie von Nikolaus in Strasbourg, Bibliothèque Nationale et Universitaire, Ms. 739 (*olim* L als. 96a), f. 83 wurde herausgegeben von A. JUNDT, *Les Amis de Dieu au quatorzième siècle*, Paris 1879, 408-9 und K. RIEDER, *Der Gottesfreund vom Oberland. Eine Erfindung des Straßburger Johanniterbruders Nikolaus von Löwen*, Innsbruck 1905, 156*-57*.

[94] Über Nikolaus von Löwens schriftstellerische Tätigkeiten v.a. RIEDER, *Der Gottesfreund* (s. Anm. 93); vgl. G. STEER, „Merswin, Rulman", in *VL*^{2} 6 (1987), 424.

[95] STEER, „Merswin" (s. Anm. 94), 432 meint, dieses „Berne" sei mit Verona in Italien zu identifizieren. Mir scheint es aber wahrscheinlicher, dass hier auf das Berner Land (die

on vermittelte ihr, dass die Klausnerin einer nicht näher erwähnten Stadt bald sterben würde. Als Ursula und Vye diese Stadt erreichten, starb die Klausnerin noch in derselben Nacht und so konnte Ursula an ihre Stelle treten. Laut *Ein heiligen closenerin leben* hat Ursula seitdem noch 58 Jahre in der Klause gelebt, bis zu ihrem Tod im Jahre 1364. Nikolaus von Löwen meldet, dass der „Gottesfreund vom Oberland" die Geschichte von Ursula 1377 aus dem Französischen ins Deutsche übersetzt und nachher an Rulman Merswin und dessen Kreis geschickt hat.[96]

Schon seit dem ausgehenden 13. Jahrhundert hat sich offenbar eine Infrastruktur herausgebildet, derer sich religiöse Kreise, vor allem in Brabant und dem Oberrheingebiet, zum gegenseitigen Kontakt bedienten. Die Geschichte von Schwester Vye und der Klausnerin Ursula sowie der Lebenslauf des Nikolaus von Löwen beweisen, dass diese Infrastruktur regelmäßig der Suche nach einer religiösen Lebenserfüllung außerhalb der Heimat dienen konnte. Viel einfacher war selbstverständlich der Austausch geistlicher Texte, der schon bald auch Ruusbroecs Werke mit einbezog. Es darf kaum daran gezweifelt werden, dass auch die ursprünglich deutschen Texte der Handschrift Vv über diese Infrastruktur kursierten.

Zum Schluß

Ist die Geschichte der Übertragung von Ruusbroecs Werken ins Mittelhochdeutsche historisch überraschend gut belegt, so gibt es für viele andere Texte mystischer und scholastischer Art solche Belege nicht. Im Fall des ersten Teils der Handschrift Vv, mit seinem großenteils der deutschschsprachigen Tradition entnommenen Inhalt, beweist schon seine Existenz, dass die Zahl der Kontakte eine weitaus größere gewesen sein muss. Es fehlen aber genaue historische Angaben über die Vermittlung dieser mittelhochdeutschen Texte. Um die Jahrhundertmitte hatte sich ein Netz gebildet, dessen wichtigsten Pole Groenendaal in Brabant und der Gottesfreunden am Oberrhein waren. Johannes Tauler dürfte innerhalb dieses Gefüges einer der wichtigsten Vermittlerfiguren gewesen sein. Von den sechziger Jahren an, nach Taulers Tod, dürfte Nikolaus von Löwen persönlich die Kontakte mit seiner Brabanter Heimat gepflegt haben.

Gelangten die mittelhochdeutschen Quellen mittelniederländischer

---

Schweiz) hingedeutet wird. In *Ein heiligen closenerin leben* wird auf französischsprachige Verhältnisse hingewiesen, und Bern liegt ganz nahe der romanisch-germanischen Sprachgrenze.

[96] JUNDT, *Les Amis* (s. Anm. 93), 363-91.

Traktate aus dem ersten Teil der Handschrift Vv ebenfalls innerhalb dieses Netzwerkes nach den Niederlanden? Wir haben die Übermittlung der Texte aus dieser Handschrift vorzugsweise in die Zeit vor 1350 zu datieren, d.h. in eine historisch weitaus dürftiger belegte Periode. Anders als die Werke von Ruusbroec und Merswin, denen mitunter historisch gefärbte Prologe beigefügt worden sind, bieten die hier besprochenen Texte kaum nähere Auskunft. Die Handschriften selbst, die Textträger, sind hier die wichtigsten Quellen. Auch ihnen mangeln jedoch die benötigten konkreten historischen Angaben. Dass die Handschrift Vv deutschsprachige Einträge enthält, ist aber, vom Inhalt abgesehen, ein wichtiges Indiz für die Existenz solcher Kontakte. Die wichtigsten inhaltlichen *und* zeitgemäßen Parallelen zum Inhalt des ersten Teils der Handschrift Vv finden sich in der Basler Handschrift B XI 10 und in der Einsiedler Handschrift 277. Sie stammen mithin vom Oberrhein und stehen in gewisser Verbindung mit der Stadt Basel.

Die früheste Geschichte der Handschrift Vv liegt ebenfalls weitgehend im Dunkeln. Die Teile I und IV wurden vom *Ferguut*-Kopisten geschrieben, der vermutlich als Berufsschreiber in Brüssel tätig war. Offenbar ist der erste Besitzer in dieser brabantischen Stadt oder ihrem unmittelbaren Umkreis zu suchen. Dieser Besitzer bzw. Auftraggeber hatte Zugang zu den mittelhochdeutschen Textquellen der deutschen Scholastik. Vielleicht gehörte er zum nicht-organisierten Kreis von Klerikern und Laien in Brüssel, für den Jan van Ruusbroec seine ersten Werke schrieb, bevor er 1343 ins Kloster Groenendaal im Zonienwald übersiedelte.[97] Die Teile I-V der heutigen Handschrift Vv bildeten, etwa in der zweiten Hälfte des 14. Jahrhunderts, eine selbständige kodikologische Einheit. Der später leider getilgte Besitzervermerk (8) lässt vermuten, dass diese Einheit sich einmal im Besitz einer religiösen Gemeinschaft befand. Dies dürfte ein Kloster oder eine Laiengemeinschaft in Brabant gewesen sein, möglicherweise eine Gemeinschaft, der der Auftraggeber des ersten Teils beigetreten war. Allerdings ist eine Gemeinschaft am Oberrhein, in der dann die mittelhochdeutschen Glossen in der Handschrift eingetragen wurden, nicht auszuschließen.

Es stellt sich hier die Frage, ob die Teile I-V aus der Handschrift Vv, zusammen mit einigen Teilen der heutigen Handschrift Paris, Bibliothèque Mazarine, 920, in derselben Gemeinschaft am Oberrhein zu Hause gewesen sind, bevor sie, vermutlich gemeinsam, um 1400 in die Bibliothek des Rooklosters gelangten. Zumindest zwei Teile der Handschrift

---

[97] WARNAR, *Ruusbroec* (s. Anm. 88), 138-41.

Mazarine 920 wurden in der Kartause von Herne, südwestlich von Brüssel, hergestellt. Die Frage ist deshalb berechtigt, ob die Teile der Handschrift Vv zumindest teilweise nicht auch in dieser Kartause entstanden seien. Herne unterhielt gute Beziehungen zu Jan van Ruusbroec, der um 1360, in fortgeschrittenem Alter, die Kartause besuchte, um den Brüdern seine Lehre zu erklären. Sie besaßen sein gesamtes volkssprachliches Werk und wollten im tiefgehenden Dialog mit ihm bislang unverstandene Passagen aufarbeiten. Ruusbroecs Erläuterungen wurden im *Boecsken der verclaringhe* (das ziemlich schnell nach seinem Entstehen im Dominikanerinnenkloster Engelthal vorhanden war; s. oben) aufgezeichnet. Auch die Herner Kartause mag der geistigen Konfiguration angehört haben, die Ruusbroec und Groenendaal mit dem Oberrhein verband. Mangels historischer Quellen fehlt uns weiterhin eine klare Sicht auf die Wege, über die im 14. Jahrhundert mystische Texte zwischen Brabanter und oberrheinischen religiösen Kreisen ausgetauscht wurden.

Der Wechselgang der mittelniederländischen Handschrift Vv zwischen Brabant und einer deutschsprachigen Gemeinschaft am Oberrhein stellt auf alle Fälle ein bemerkenswertes Phänomen dar. Zuerst sei festgestellt, dass der literarische und ideengeschichtliche Austausch zwischen Brabant und den Oberrheinorten stattfand, wo doch eine Brabant-Köln-Wechselbeziehung aus geographischer Sicht näher gelegen hätte. Auch die Sprachbarriere wäre hier einfacher zu nehmen gewesen. Wie dem auch sei, der Werdegang des ersten Teils der Handschrift Vv (und die Mazarine-Handschrift) zeigt einmal mehr, wie intensiv die Kontakte zwischen gewissen religiösen Kreisen in Brabant und den Orten am Oberrhein gewesen sein müssen. Die Tatsache, dass die mittelniederländischen Handschriften um 1400 wieder zurück nach Brabant, genauer noch: der Brüsseler Gegend, übersiedelten, beweist den anhaltenden und dauerhaften Charakter dieser Kontakte.

Ich hoffe gezeigt zu haben, dass sich noch vor der Mitte des 14. Jahrhunderts ein höchstinteressanter Austausch von Textmaterial im Bereich der volkssprachlichen Mystik bzw. Scholastik vollzogen hat. Ohne Zweifel wirkten im Brüsseler Raum und im Bereich der Rheinstädte Straßburg und Basel Kreise, die ein reges Interesse an Texten theologischer Thematik, die bislang ausschließlich auf Latein erörtert wurden, zeigen. Es muss ein breiter und intensiver Gedankenaustausch stattgefunden haben, der sich in den hier besprochenen Handschriften niederschlägt. Sie beweisen, dass nicht nur das Rheinland, wie bereits länger gewusst, sondern auch die Niederlande oder zumindest Brabant an diesem intellektuellen Kulturraum teilhatten, in dem die volkssprachige Scholastik der Dominikaner des 14.

Jahrhunderts sich herausbildete. Mag auch diese brabantische Tradition nicht die allerreinsten Texte zeitigen, so ist sie durch ihr Alter gewiss ein äußerst wichtiger Zeuge der Rezeption Meister Eckharts und dessen Nachfolger um die Mitte des 14. Jahrhunderts.

Universiteit Leiden

AN HERETICAL SAINT? THE BIRGITTINE CASE AND HEYMERICUS DE CAMPO AT THE COUNCIL OF BASEL

ANNA FREDRIKSSON ADMAN

Porro: Timor est in foribus, ne forte michi,... contra sentencias plerorumque sacre pagine doctorum me seniorum et periciorum librum Reuelacionum sancte Birgitte iustificanti quisquam obiciat....[1]

Heymericus de Campo (1395-1460) wrote these words in connection with an issue that arose at the Council of Basel (1431-1449). Heymericus, then Vice-chancellor at the University of Cologne and its representative at the Council, was called in as an investigator during the legal proceedings regarding St. Birgitta's *Reuelaciones*,[2] which were accused of being heretical. Heymericus, known primarily today as the leading representative of Albertism and as the teacher of Nicolaus Cusanus at Cologne, was then at an early stage of his career. However, he had already made some contributions in matters of heresy.

During the proceedings, Heymericus devoted his efforts to a legal case concerning a Birgittine monastery's right to proclaim certain indulgences, but the case eventually turned into a trial of heresy of an honoured

This article is a summary (with some new reflections) of the introduction of my dissertation HEYMERICUS DE CAMPO, *Dyalogus super Reuelacionibus beate Birgitte.* A Critical Edition with an Introduction by A. FREDRIKSSON ADMAN (Acta Universitatis Upsaliensis: Studia Latina Upsaliensia 27), Uppsala 2003, esp. 103-12. All subsequent references to Heymericus' *Dyalogus* are to this edition. I wish to thank Prof. Kent Emery, Jr., General Editor of the Publications of the SIEPM, for his revision of the English of this essay.

[1] HEYMERICUS DE CAMPO, *Dyalogus* prol., 171.

[2] A modern critical edition of the corpus of ST. BIRGITTA'S *Reuelaciones* has recently been completed in the series *Svenska fornskriftsällskapets samlingar*, Ser. 2: *Reuelaciones* I, ed. C.-G. UNDHAGEN, Stockholm-Uppsala 1978; *Reuelaciones* II, ed. C.-G. UNDHAGEN et B. BERGH, Stockholm-Uppsala 2001; *Reuelaciones* III, ed. A.-M. JÖNSSON, Stockholm-Uppsala 1998; *Reuelaciones* IV, ed. H. AILI, Stockholm 1992; *Reuelaciones* V, ed. B. BERGH, Stockholm-Uppsala 1971; *Reuelaciones* VI, ed. B. BERGH, Stockholm 1991; *Reuelaciones* VII, ed. B. BERGH, Stockholm-Uppsala 1967; *Reuelaciones* VIII, ed. H. AILI, Stockholm-Uppsala 2002; *Reuelaciones extrauagantes*, ed. L. HOLLMAN, Stockholm-Uppsala 1956; S. BIRGITTA, *Opera minora*, 3 vols., ed. S. EKLUND, Stockholm-Uppsala 1972-1991. These texts are also available online at the homepage of Sweden's National archives: www.ra.se.

saint who had been dead for 40 years. Among the many texts Heymericus wrote in the matter is the *Dyalogus super Reuelacionibus beate Birgitte*, which I shall discuss presently.

Among the cases of heresy discussed at the Council, the Birgittine case seems a bit odd: Birgitta (1303-1373) had been canonized in 1391 and was an extremely popular saint with a highly developed cult. During her life she was a strong defender of the Catholic faith and of the pope (albeit sometimes critical of him), and the orthodoxy of her writings had been sanctioned in her canonization and approved by subsequent popes. However, the case offers a good example as to how a small matter could become large because of unsettled questions within the Church, one of which concerned private revelations.

The discussions concerning Birgitta's *Reuelaciones* are sparingly documented in the acts of the Council, not least because the judge was replaced during the actual proceedings.[3] However, a number of documents in Swedish archives and libraries directly or indirectly tell us about this affair that was so fateful for the Birgittine Order. In the beginning of the fifteenth century, the Order was quickly expanding from Sweden throughout Europe; its mother house was the Abbey of Vadstena in Sweden, founded in accordance with St. Birgitta's instructions in her *Reuelaciones*. This institution developed into one of Sweden's most influential intellectual and religious centres, with strong connections to the Swedish Crown. As far as Sweden was concerned, the proceedings were thus a matter of great importance, and an affair that engaged the power of the state and the leading men within the Nordic Church.[4] For that reason, Church historians as well as specialists in Birgittine studies from the early twentieth century onwards have treated the matter.[5]

The proceedings regarding the *Reuelaciones* of St. Birgitta started more or less unplanned at the Council, as a result of a lawsuit brought by

---

[3] IOANNES DE SEGOVIA, *Historia gestorum generalis synodi Basiliensis*, 3 vols. (Monumenta conciliorum generalium seculi decimi quinti. Concilium Basileense. Scriptorum II-IV), ed. E. BIRK, Wien-Basel 1873-1935, here vol. 1, 709.12-18. For other contemporary sources, see the next note.

[4] Standard works in the field are still C. SILFVERSTOLPE, "Om kyrkans angrepp mot *Revelationes Sanctae Birgittae*", in *Kungl. Vitterhets- Historie- och Antikvitets Akademiens Handlingar* 32.4, Stockholm 1895 and T. HÖJER, *Studier i Vadstena klosters och Birgittinordens historia intill midten af 1400-talet*, Uppsala 1905, esp. 201-24.

[5] Cf. the bibliographical survey in HEYMERICUS DE CAMPO, *Dyalogus*, 16-17, 32-33 (introd.).

the Chapter of Lübeck against the Birgittines of the nearby monastery in Marienwold regarding their right to proclaim certain indulgences.[6] The controversy regarding the *Reuelaciones* had old roots. Some parties in the Church were suspicious and critical of the *Reuelaciones* as soon as they were made public during the preparations for Birgitta Birgersdotter's canonization in 1391.[7] Even so, as redacted by Alphonso, Bishop of Jaén, and carefully examined during the canonization proceedings, the *Reuelaciones* were found to be orthodox by ecclesiastical authorities. Seemingly, however, the Curia never considered the *Reuelaciones* a basis for Birgittas canonization, contrary to the sentiment of her supporters. The acts of canonization mention the *Reuelaciones* only incidentally, and the vague formulations about their authority left the ground open for critics. Birgitta's writings, especially the so-called *Regula Sancti Saluatoris*, were to remain a point of discussion throughout the late 1300s and early 1400s, and there existed all along a small but persistent opposition that argued for a formal degradation or prohibition of the texts.

The first serious criticisms of the *Reuelaciones* were made at the Council of Constance by Jean Gerson, who (adducing an opinion of Henricus de Hassia) complained about superfluous canonizations, clearly referring to the canonization of St. Birgitta, and claimed that it was time for a proper examination of the doctrine of her writings. In his *De probatione spirituum* (1415), Gerson concluded that it was unworthy of the Council to approve false revelations. On the other hand, it would be difficult to condemn Birgitta's revelations, since they had been approved by ecclesiastical officials, and their condemnation would cause great offence among the faithful.[8] Despite the discussions at Constance, in 1419 Pope Martinus V confirmed St. Birgitta's canonization. Significantly, however, in his confirmation Martinus did not make any new statements about Birgitta's *Reuelaciones* or their authority.

What was it in the *Reuelaciones* that made people upset? A brief glance at the text yields several passages that would make any Christian if not upset at least puzzled and amazed. The new Order that God had instructed Birgitta to institute exhibited many novel features that were diffi-

---

[6] For an outline of the course of events, see HEYMERICUS, *Dyalogus*, 15-34 (introd.).

[7] For a survey of the history of the criticisms, see C. SAHLIN, *Birgitta of Sweden and the Voice of Prophecy*, Woodbridge 2001, 136-68.

[8] IOANNES GERSON, *De probatione spirituum*, ed. P. GLORIEUX, in JEAN GERSON, *Œuvres complètes* 9, Paris 1974, 177-85, esp. 179, 181.

cult for traditionalists to accept.[9] Among these was the system of a monastery with two convents, one male and one female, which were both to be governed by an abbess. The generous indulgences that had been granted to the Birgittines were another source of concern. Moreover, in the *Reuelaciones* Birgitta severely criticizes the corrupt state of the Church, the clergy and the Pope, and calls for a reformation of the Church, claiming that God had ordered her to plant a "new vineyard." But Birgitta primarily calls for an internal reformation of Christian persons, and a reformation of the Church that returns it to values and customs of earlier times.[10] Her religiosity was always rooted in the fundamental dogma of the Catholic Church. Because her writings could not be regarded as "revolutionary", church historians have looked for other reasons behind the attacks on the *Reuelaciones*, suggesting that the text was dragged more or less undeservedly into the whirlpool of dogmatic fights of the time.

K.G. Westman argues that the *Reuelaciones* were taken, perhaps mistakenly, as revolutionary by many at the Council.[11] K.B. Westman documents that the *Reuelaciones* were accused of Arian, Waldensian and Hussite heresies, but contends that disputes between conciliarists and papalists lay behind the attacks, as well as disputes between the *antiqui* and the *moderni*.[12] C. Sahlin perceives a growing, systematic attempt to suppress women's voices within the Church.[13] It was also inevitable that the Church's general permission of diverse views concerning private revelations especially in a case like this would give rise to contrary opinions concerning their validity and authority. All of these issues and disputes were at-play at the Council of Basel, when the lawsuit was brought against the Birgittines of Marienwold.

* * *

---

[9] See n. 4, above.

[10] Cf. I. FOGELQVIST, *Apostasy and Reform in the Revelations of St. Birgitta*, Stockholm 1993, 242-46.

[11] K.G. WESTMAN, "Om Birgittas orden; anteckningar med anledning af T. Höjer, Studier i Vadstena klosters och birgittinordens historia", in *Historisk Tidskrift* 26 (1906), 256-72, esp. 262-68.

[12] K.B. WESTMAN, "Exkurs C: Striden om Birgittas Uppenbarelser vid Baselkonciliet" in *Birgitta-studier* 1, Uppsala 1911, 277-89.

[13] C. SAHLIN, *Birgitta of Sweden* (see n. 7), 136-68, 221-29. I would like to make a reservation to the alleged overturning of the judgement on the *Reuelaciones*, cf. HEYMERICUS DE CAMPO, *Dyalogus*, 33 n. 90 (introd.).

The Council of Basel

When Heymericus joined the proceedings in Basel, the process had been going-on for some years. The state of things was quite confused: The judge had been replaced, two commissions had been superseded, and, according to Birgittine sources, the atmosphere was openly hostile, marked by scornful disputes and the dissemination of calumniating pamphlets.[14] Birgittine sources identify Matthias Döring, the Provincial Minister of the Minorites in Sachsen, as the *Princeps et Achilles* of the adversaries. Bernardus Serra and Henricus de Diist were his companions. An indictment that they prepared collected no less than 123 passages from the *Reuelaciones* that were suspected of heresy. This indictment and the *Reuelaciones* themselves were then handed over for examination to Heymericus and three other distinguished theologians, who formed a third commission to investigate the case.[15]

Amidst all of his other business at the Council, Heymericus undertook an intense literary activity on behalf of Birgitta's *Reuelaciones*.[16] He presented a report to the judge, as did the other three theologians of the commission, acquitting the *Reuelaciones* at every point. Apart from this formal act, Heymericus tells us, he was specially appointed to make additional examinations. These examinations, which are not recorded in the official acts of the Council, contained among other things an analysis of the reasons and arguments of the adversaries. Heymericus produced numerous texts that reflect the discussion going on alongside the actual proceedings, and perhaps continuing even after the judgement of the case. Heymericus' additional texts can be regarded as an answer to the calumniating pamphlets of Birgitta's opponents mentioned in Birgittine sources.

Having fulfilled his commission at the Council, Heymericus continued to be engaged in the matter and as late as 1446 wrote an entirely new text and redacted and made new copies of his previous writings concerning the *Reuelaciones*. Further, he promised the Birgittines that he would go through the whole of the *Reuelaciones* to explain difficult passages.[17]

---

[14] The passage in question is edited in HEYMERICUS DE CAMPO, *Dyalogus*, 63-64, with a translation into English on 23-25 (introd.).

[15] These were the Dominican Ioannes de Turrecremata (1388-1468), later Cardinal, at the time Prior in Valladolid and Toledo and the representative of the Castilian crown at the council; the Cistercian Ioannes Roberti, Abbot of Bonneval (near Rodez); Ludovicus de Pirano (†1450), the Franciscan Minister of the *Provincia Sancti Antonii*.

[16] Regarding Heymericus' contributions in the field, see the *Dyalogus*, 80-102 (introd.).

[17] See Heymericus' letter to the Birgittine Abbey of Vadstena, *Epistula super Reuela-*

To my knowledge, he never was able to fulfill this promise. However, authenticated copies of Heymericus' texts on the *Reuelaciones* from 1435 and 1446 were owned by the Abbey of Vadstena, copies and originals of which are now preserved in the library of the University of Uppsala.

The collection of documents pertaining to Birgitta's *Reuelaciones* that once belonged to the Abbey of Vadstena contains scarcely any of the writings of Birgitta's critics. Annotations in one of the manuscripts[18] of the collection state that the criticisms are "worthy of neither ink nor pen"; all one finds in their collections is a copy of a part of the official indictment, which seems also to have been subjected to Birgittine censure. The criticisms are an integral part of the texts of the third commission, and these texts were too authoritative to be altered. The reports of the examiners contain the accusations of the official indictment, but Heymericus' analyses in his additional examinations reconstruct a discussion not recorded elsewhere. This makes his texts even more important as a complement to the investigations of the third commission, the Birgittine relations, and the few preserved official acts. Heymericus' writings give a vivid picture of the discussion and an idea of the reasons behind the accusations brought against the *Reuelaciones*.

Among the texts[19] Heymericus wrote on Birgitta's *Reuelaciones*, and probably one of the last of them, is the *Dyalogus* quoted in the beginning of this essay. This work differs from Heymericus' other writings in both form and content. The literary form and context imply that it was written not for the judge but for a broader public. The text summarizes the whole of the proceedings and the discussion they generated.

---

cionibus beate Birgitte, in Uppsala, Universitetsbibliotek, Hs. C.91, especially f. 14v, lin. 20-.

[18] Uppsala, UB, Hs. C.31, ff. 92r-95v.

[19] For a full list with incipits and explicits, see HEYMERICUS DE CAMPO, *Dyalogus*, 80-94 (introd.). The texts, with titles given by the monks of the Birgittine convent of Vadstena, are: *Declaraciones articulorum librorum Reuelacionum* or *Articuli* with one prologue from 1435 and another from 1446; *14 dicta*; *Tractatus de discrecione spirituum* with a prologue; a short separate investigation of the texts of Birgitta's confessors with no title; *Opposiciones et articuli super Reuelacionibus beate Birgitte* including an investigation called *6 raciones*; *Supposiciones pro defensione R. b. B.* including the texts *3 documenta* and *7 supposiciones seu proposiciones*; *29 difficultates et eorum soluciones*; *24 fundamenta seu principia philosophie...*; *Qualiter debet esse dispositus ydoneus eciam quaruncunque reuelacionum examinator*; *Quid itaque sentiendum sit... de Reuelacionibus beate Birgitte*, *Dyalogus super R. b. B.*; *Epistula super Reuelacionibus b. B.*; *Auisamentum* (attributed to the commission) and *Articuli in forma exhibita in iudicio fidei* (attributed to Heymericus).

The *Dyalogus* contains 151 points of discussion between "A", the Adversary, and "H" (Heymericus), the defender of Birgitta's *Reuelaciones*.[20] The core of the dialogue consists of 122 of the 123 passages from Birgitta's *Reuelaciones* that were accused of being heretical in the indictment. In the opening passage, the Adversary is disturbed that Heymericus, an esteemed theologian, dares to defend "a doctrine which is presumptuous, temerarious, scandalous, seditious and offensive to both pious ears and the most learned minds,"[21] and which therefore rightly has been accused of heresy. The principal issue indeed seems to be that the *Reuelaciones* are offensive to pious ears and therefore should be prohibited. This imprecise accusation, as Heymericus describes it, is turned into an accusation of heresy. As the dialogue proceeds, Heymericus analyzes the accusation more closely and reports many others. Heymericus describes the debate as occuring on two levels, on an higher level of theological discussion, and a lower level of gossip and prejudice.

The question of the authenticity of revelations pervades the *Dyalogus*.[22] The Adversary criticizes how the reception of the divine messages is described:[23] He is suspicious about Birgitta's self-promotion as

---

[20] On the structure and content of the *Dyalogus*, see *Dyalogus*, 103-12 (introd.).

[21] Heymericus de Campo, *Dyalogus* prol., 171: "Tu quis es, qui audes doctrinam presumptuosam, temerariam, scandalosam, sediciosam, nedum piarum aurium sed et doctissimorum intellectuum offensiuam ac per hoc in domo sapiencie Dei incarnate, que est ecclesia, merito de impietate et falsitate in fide christiana reproba suspecta<m> approbare?"

[22] In the following summary, I do not mention all of the topics discussed in the *Dyalogus*. In references to the *Dyalogus* in the following notes, "A" signifies the voice of the opponent and is followed by the line numbers which appear in the manuscript; "H" signifies the voice of the defender. The line numbers of "H" are not given in the manuscript and, therefore, I indicate them here in square brackets.

[23] Heymericus de Campo, *Dyalogus* A xli , 188: "Dicitur ibidem Dyabolum ad iussum Dei perhibuisse testimonium caritatis eius ad beatam Birgittam hoc modo: 'Si', inquit, 'possibile esset, libentissime patereris vnam penam talem in quolibet membro tuo specialiter, qualem semel in cruce in omnibus membris passus es, antequam careres ea.'"; A cxxvi, 214-15: "In lxxxix capitulo inducitur Iohannes ewangelista certificans Birgittam se scripsisse apocalipsim et quod magister Matthias, confessor eius, eodem Spiritu intellexit et scripsit spiritualem veritatem sacre scripture et quod Christus fecit eum magistrum et ostendit sibi per Birgittam, quando veniet antichristus"; A cxlviii, 221: "Hii sunt precipui articuli qui nonnullis sacre pagine professoribus videntur piarum aurium offensiui. Inter quos illi sunt magis absoni, qui sunt vane glorie per adulacionem dyabolicam melliflue palpatiui"; A cxlix, 222: "Huiusmodi vanitatem videtur vtique Birgitta habuisse, dum in variis suarum Reuelacionum capitulis se predicat cum Deo, vt electam sponsam cum sponso, familiariter confabulari meruisse et eius archana per multiformem mentis exces-

well as the promotion of the status of her revelations. Further, Birgitta's reports of her physical sensations of the Godhead are called into question as well as the fact that the person revealing the divine truth to Birgitta is often someone other than Christ, sometimes even the Devil. This leads to a discussion of the nature of spirits, and about their foreknowledge of future events, good and bad.[24] Communion under both kinds is treated in a few articles,[25] and the Immaculate Conception in one.[26] The Adversary focuses on the Virgin Mary's general role in the *Reuelaciones*, for example the descriptions of her relation to the Godhead and to created beings.[27] The question of Christ's two natures occupies considerable space in the *Dyalogus*;[28] the Adversary criticizes the descriptions of Christ's human and divine nature in the text; as well as Birgitta's treatment of Christ's divine knowledge, notably his foreknowledge of his future suffering.

Another large stretch of the dialogue concerns Birgitta's judgement and instruction of priests.[29] The Adversary scrutinizes Birgitta's attitude to

---

sum didicisse."

[24] HEYMERICUS DE CAMPO, *Dyalogus* A xv-xvii, xx-xxi, xlvii, xc, ciiii-cv, cxxxii, cxli-cxlii, 179-81, 190, 204, 209, 216, 219.

[25] IDEM, *Ibid.*, H [xi-xii], 177-78.

[26] IDEM, *Ibid.*, A cxiii, 211.

[27] IDEM, *Ibid.*, A cix, 210: "In capitulo xxxiiii dicitur, quomodo virgo Maria docet exorcismos legendos supra vexatos a demonio docetque modos et verba, quibus componi debet pax Francie et Anglie"; A cxxxviii, 218: "In capitulo xlvii videtur ponere quandam circumincessionem Patris, Filii et Spiritus sancti et beate Virginis, cum dicit quod vbicumque ingreditur Spiritus Dei, ingreditur Pater et Filius et Spiritus sanctus et mater cum Filio. 'Ego quippe habui Filium Dei in me cum deitate et humanitate sua. Ideo Deus Pater habet me in deitate sua et est vinculum dileccionis nostre Spiritus ille, qui est in Patre, et ipse est in me et numquam possumus separari'"; A cxxxix, 218: "In penultimo capitulo videtur sentire transsubstanciacionem in sacramento eucharistie terminari ad virginem Mariam sicut ad corpus Christi. Ait enim se vidisse in manu sacerdotis hostiam, in qua fuit agnus, et in agno facies hominis et virgo coronata sedebat in agno"; A cxliii, 219: "Capitulo viii seu in secunda leccione ferie tercie dicit credibile Abraham de hac futura filia Maria magis quam de Ysaac filio suo exultasse."

[28] IDEM, *Ibid.*, A xviii-xix, xliiii-xlv, xlix, xci-xcvii, cxlv, 180-81, 189, 191, 205-6, 220.

[29] IDEM, *Ibid.*, A xlvi, 189-90: "Capitulo xli dicitur Christum distinguere quinque genera hominum. Primum dicit papam cum suo clero, secundum laycos, tercium iudeos, quartum paganos, quintum Dei amicos, quasi omnes quatuor distinguat contra Dei amicos. A paganis et iudeis fecit excepcionem, sed non a papa et clero, de quibus subdit conclusiue: 'Tu es peior Lucifero, tu es iniustior Pilato, tu es immicior Iuda, tu es abhominabilior iudeis' sic blasphemando contra clerum indifferenter subdens, quod offensa Dei per clerum nullum inueniet misericordie temperamentum"; A lxxiiii, 199: "In capitulo lxi dicitur, quod sumpto corpore Christi a malo sacerdote discedit ab eo Patris potentia, abscedit Filii dul-

the power of the priesthood and how it should be exercised. He likewise discusses the *potestas consecrandi* and the *potestas ligandi* in the case of bad priests and popes as well as their right to give dispensation, and the question whether a bad priest renders the Sacrament invalid. Not surprisingly, the Adversary also criticizes Birgitta's disparaging utterances regarding the priesthood and the pope. Further, he condemns her ways of judging the value of certain merits or sins, and her utterances about the true character of indulgences.[30]

The largest group of articles can be classified under the heading 'general peculiarities'.[31] The Adversary highlights passages in which Birgitta communicates things never heard of before in Christian history, messages he finds self-contradictory or incongruous with established truths, and messages that seem to be Birgitta's own interpretations of the Bible or new versions of biblical stories. These theological issues are presented by 'A' in such a way that the reader may doubt his objectivity. To start with, the Adversary in the *Dyalogus* presupposes that the *Reuelaciones* are inauthentic. 'A' evidently thinks that the *Reuelaciones* are products of Birgitta's imagination; he thus expresses irritation that as an "author" she

---

cissima presencia, depositis vestibus sacris recedit Spiritus sancti benignitas"; A lxxxi, 201: "In capitulo cxxxii seu Reuelacione post quartum 'de sacerdotibus' dicit malos sacerdotes perdidisse clauem, qua miseris deberent aperire celum"; A cxxx, 216: "Vii libro capitulo vii dicitur, quod fides catholica est vera et dicens quod papa est plenarie potestatis quibuscumque quantiscumque peccatis fuerit irretitus, nisi sit hereticus"; A cxxxi, 216: "In eodem libro capitulo x dicit de ordinacione Dei et suo iudicio iuste ordinatum esse, quod sacerdotes, qui non viuunt in castitate et continencia carnis, sunt maledicti, excommunicati apud Deum et digni carere sacerdotali officio. Et si sanctus Gregorius hoc statuisset, numquam in predicta sentencia misericordiam optinuisset a Deo, ita quod negat vllo modo dispensacionem debere fieri."

[30] IDEM, *Ibid.*, A lvii, lxii, lxx-lxxiii, lxxviii, cxii-cxxxv, 193-94, 198-200, 211, 215, 217.

[31] Some examples: HEYMERICUS DE CAMPO, *Dyalogus* A xxxvii, 188: "Eodem capitulo dicitur, quod Christus lotus iuit ad passionem"; A lx, 193: "In capitulo xvii in principio ipsa Birgitta exponens fidem suam dicit: 'Ego credo firmiter, quod sicut verbum missum Marie factum est in vtero eius caro et sanguis, sic hoc, quod nunc video in manibus sacerdotis, credo esse verum Deum et hominem.' Dicit tamen libro vi capitulo xxix, quod sacramentum latet sensum"; A lxv, 195: "In capitulo xvii dicit mirabilia de ordine predicatorum, similiter xviii capitulo, mirabiliora in xxvi capitulo iudicium sine misericordia fieri christianis dampnatis"; A lxxxvi, 203: "Interrogacione eadem dicitur, quod iusticia Dei est, quod vnusquisque optineat que petit"; A cvii, 209: "Capitulo xxxi dicitur Christum dixisse Dyabolo: 'Si adhuc te humiliares, darem tibi gloriam'"; A cxlv, 220: "In secunda leccione eiusdem ferie seu capitulo xi dicit Filium Dei magis a Patre separatum quando Virgo corporaliter eum peperit, quam quando Pater sine corpore genuit."

has dared to express herself in a way that offends the pious,[32] vainly exalts her own person,[33] extends the role and powers of the Virgin Mary to an unseemly degree,[34] dishonours the priesthood and incites people against it,[35] speaks contradictorily and unclearly, says strange things,[36] and asserts that Christ has spoken directly to her.[37]

In his exposé of the mind-set of the Adversary, Heymericus strives to show that the ground of the Adversary's accusations is not his concern for pious ears, but rather an irrational, un-Christian intolerance or irritation at a conceited woman, a fundamental prejudice which the Adversary tries to invest with theological authority. Heymericus' interpretations do not appear any more objective; he gives the impression of having decided to defend the *Reuelaciones* at any cost. Thus he presumes that Birgitta intended to be orthodox in her reports Christ's messages. He also presumes that the *Reuelaciones* are authentic. On many occasions he explains a passage with the exclamation, "Well, if Christ said so to St. Birgitta, it must be true!"[38] This, of course, as it stands is no argument at all, but such statements suggest his general view on the question of private revelations. He personally believed that the human intellect through self-reflection in seclusion can attain to the divine,[39] and that God renews his message to his people and makes additions to it.[40]

Heymericus often praises the *Reuelaciones*. For example, he says the fact that Birgitta is a lay woman does not diminish the status of her teaching; God may chose whomever he wishes as a medium, a fact that we cannot challenge.[41] He finds Birgitta's writings to be of high theological

---

[32] IDEM, *Ibid.*, prol., A cxlviii, cl, 171, 221-22.

[33] IDEM, *Ibid.*, A cxlviii, cxlix , 221-22.

[34] IDEM, *Ibid.*, A ci, cxxxviii cxxxix, 208, 218.

[35] IDEM, *Ibid.*, A xlvi, liiii, lxxxii-lxxxiii, 189, 192, 201-2.

[36] IDEM, *Ibid.*, A xxv, lx, c, cxxvi , 184, 193, 207, 214-15.

[37] IDEM, *Ibid.*, A lxiii, xcv, cxlix, 194, 206, 222.

[38] For instance: IDEM, *Ibid.*, H [lxxxvii], 204: "Si Christus est omnipotens veritas, que tamen mentiri non potest, vt dicit Apostolus, ei in hoc dicto est firmiter credendum."

[39] M.J.F.M. HOENEN, *Heymeric van de Velde, Eenheid in de tegendelen*, Baarn 1990, 42-, and IDEM, "Academics and Intellectual Life in the Low Countries. The University Career of Heymericus de Campo (d. 1460)" in *RTAM* 61 (1994), 207; cf. also HEYMERICUS DE CAMPO, *Dyalogus* H [xcv], 206.

[40] See Heymericus de Campo's final opinion on St. Birgitta's *Reuelaciones*, as expressed in his *Declaraciones pro defensione scriptorum Birgittae*, in Uppsala, UB, Hs. C.518, ff. 136ra-137ra. This text is partly edited in HEYMERICUS DE CAMPO, *Dyalogus*, 66.

[41] IDEM, *Dyalogus* H [xxii, lxxxii-lxxxiiii], 182, 202.

and literary value, and even calls her a *vera theologa*.[42] In a plain style, he says, the *Reuelaciones* offer edifying reading to people on all intellectual levels.[43] Moreover he thinks that Birgitta's stringent criticisms of priests are in part correct.[44] He repeatedly points out that if one examines the *Reuelaciones* using methods befitting a true scholar and a true Christian, one will not find any flaw in the text. Most probably, God has inspired them.[45]

From other sources we know that Heymericus' view in cases like this was that one cannot formally say that he knows which spirit inspires a private revelation, since a lower spirit cannot have full knowledge of an higher one.[46] In such cases, the result or fruit of the revelation must be decisive. And it is a fact, Heymericus claims, that the effects of St. Birgitta's *Reuelaciones* are good.[47]

The indulgent attitude of Heymericus and his fellow commissioners towards Birgitta and her *Reuelaciones* is remarkable; their "examination" is in reality an *apologia*. In the course of their investigations of the case, scholars in Birgittine studies have been tempted to look for political reasons to explain the attitude of the commissioners; they have noted Heymericus' especially strong commitment to the cause and his fervent defence. But Heymericus is quite unknown to Birgittine scholars, and their conclusions about his role need to be re-examined.[48] As far as I know, Heymericus had no contacts with the Birgittine Order before the Council of Basel, so that his appointment as the Order's defender was not based on any personal association. After the Council, however, his initial encounter developed into friendship with the Order;[49] in a letter written long after the Council, Heymericus calls Birgitta "nostra sancta mater,"[50] and in an-

---

[42] IDEM, *Ibid.*, H [xxvii], 184-85.

[43] IDEM, *Ibid.*, and 225-26 (Appendix).

[44] IDEM, *Ibid.*, H [xxii, lxxxii], cf. [xlviii], 182, 202, 190.

[45] IDEM, *Ibid.*, H [i, xxiii, xxvii, cli], 173, 182, 184-85, 223, 225-26 (Appendix).

[46] HOENEN, "Academics and Intellectual Life" (see n. 39), 207. Cf. Heymericus' careful formulations in the *Dyalogus* H [xxiii, xxvi, lxiii, lxv, lxxxiiii, cxx], 182, 184, 194-96, 203, 213.

[47] HEYMERICUS DE CAMPO, *Dyalogus* H [xxviii], 185.

[48] For example K.B. WESTMAN, "Exkurs C" (see n. 12), 279 and 285, supposes that Heymericus was chosen for the commission because he was a papalist.

[49] Cf. HEYMERICUS DE CAMPO, *Dyalogus*, 101-2 (introd.).

[50] *Epistula super articulis Revelationum beatae Birgittae*, in Uppsala UB, Ms. C.91, f. 14v, lin. 27.

other letter he calls himself the Order's "iuxta posse et nosse fautor."[51] The reason could be that the *Reuelaciones* call attention to values that Heymericus himself cherished and promoted. There are many common features in the spirituality of St. Birgitta and the *devotio moderna*, which Heymericus favoured. It is also known that writings by Matthias Lincopensis, Birgitta's confessor, were read and commended by Nicolaus Cusanus.[52] It is also a fact that the Birgittine Order expanded greatly in the Netherlands and Flanders.[53] But these are rather remote connections, the meaning of which must be investigated.

The Judgement

The discussions at the Council of Basel concerning the *Reuelaciones* resulted in a judgement.[54] The judgement, which was signed by Cardinal Ludovicus Arelatensis, seems like a compromise and more or less answers the criticisms made by Jean Gerson at the Council of Constance. In his verdict, the judge does not condemn the *Reuelaciones* as heretical. However, he imposed severe restrictions on their use and circulation. Because the book contains "perplexities and ineptitudes," the judge concludes that because learned men dispute and are hesitant about the *Reuelaciones*, and because their content sometimes needs to be modified and explained by experienced theologians, it is expressly forbidden to pronounce or disseminate the text in public without a Catholic modification. Nonetheless, St. Birgitta herself, her sanctity and Order are to be held in the same esteem as before.

The defences of Heymericus and the other commissioners did not win the case totally for the Birgittines at the Council, but they probably softened the judgement.[55] Indeed, in his treatise that is considered the last word on the question of private revelations, Pope Benedictus XIV refers

---

[51] Linköping, Stifts- och Landsbiblioteket, MS Bref 1, f. 122v.

[52] MAGISTER MATTHIAS LINCOPENSIS, *Exposicio super apocalypsim*, ed. A.-M. BILLING-OTTOSON, Uppsala 2003, 24.

[53] U. SANDER OLSEN, "The Birgittine Order in the Netherlands through 600 Years: An Overview", in *Birgittiana* 19 (2005), 193-202, and H. JURRIAANSE-HUYGHE, "The Modern Devotion in the Netherlands as the Inspiration for the Founding of the Bridgettine Monasteries in the Fifteenth Century", in *Birgittiana* 19 (2005), 203-10.

[54] The judgement is edited and translated into English in HEYMERICUS DE CAMPO, *Dyalogus*, 29-32 (introd.).

[55] On the validity of the judgement and the Birgittine response to it, see HEYMERICUS DE CAMPO, *Dyalogus*, 55-61 (introd.).

directly to Heymericus' fellow commissioner in Basel, Ioannes de Turrecremata,[56] whose approbation was regularily included in subsequent editions of St. Birgitta's *Reuelaciones*.

Moreover, texts from the defences of Heymericus and his colleagues were themselves employed as modifications of the *Reuelaciones*, as called for in the judgement. Thus, these texts were very important among the Birgittines. A prominent volume containing these writings and earlier defences was kept in the great library of the Abbey of Vadstena, and passages of that volume were read aloud every day at meals. Even if the demands of the judgement in time lost their topicality, the defences were copied and spread within the Order throughout Northern Europe until the eighteenth century, according to the rule and probably also as a commentary used whenever there was need for an explanation of a passage once criticised in the *Reuelaciones*. Heymericus' writings serve as commentaries on the *Reuelationes* and give us a contemporary analysis of the reasons behind the attacks and a broad picture of the argumentation in the dispute. In addition his texts, especially the *Dyalogus*, hurl the reader into the midst of a fervent medieval theological controversy about the value of the *Reuelaciones* of a popular saint.

Uppsala Universitet

[56] Benedictus XIV, *De servorum Dei beatificatione et beatorum canonizatione* III c.53.15 (cf. also II c.32.11), ed. secunda locupletior, Passau 1743.

DIE GROSSEN KONZILIEN DES 15. JAHRHUNDERTS ALS MEDIENEREIGNIS: KOMMUNIKATION UND INTELLEKTUELLER FORTSCHRITT AUF DEN GROSSTAGUNGEN

JÜRGEN MIETHKE

Wir alle glauben zu wissen, was ein Konzil ist. Unser eigener Begriff von einem Konzil ist gebildet im Blick auf die spätmittelalterlichen Kirchenversammlungen und vielleicht auch auf die Konzile der katholischen Kirche vom Tridentinum bis zum Zweiten Vaticanum. Auch die Konzilien sind Teil unseres mittelalterlichen Erbes, wie es heute noch insbesondere die katholische Kirche zu evozieren vermag. Im Rahmen einer Tagung der „Internationalen Gesellschaft zur Erforschung der mittelalterlichen Philosophie" sollen die Konzilien des 15. Jahrhunderts daraufhin befragt werden, was sie für die Geschichte, was sie für die Geschichte des Denkens bedeuten konnten und wie sie als Medien der geistigen Entwicklung gewirkt haben.[1] Es ist von vorneherein klar, dass hier nicht ein Totalgemälde zu entwerfen ist. Es kann nur darum gehen, einige mir wichtig erscheinende Aspekte zu skizzieren. Ich gehe dabei so vor, dass ich zunächst die Konzilien des 15. Jahrhunderts[2] selbst vorstelle, ihre Struktur, ihre Arbeit, ihr Leben, um mich dann den Wirkungen dieser kirchlichen Großver-

---

Der Vortrag wird hier so publiziert, wie er in Freiburg i.B. am 28. Oktober 2004 gehalten wurde. Nur einige wenige Präzisierungen wurden vorgenommen sowie Belege und Hinweise auf weiterführende Literatur beigefügt.

[1] Häufiger greife ich im Folgenden zurück auf J. MIETHKE, „Die Konzilien als Forum der öffentlichen Meinung im 15. Jahrhundert", in *Deutsches Archiv für Erforschung des Mittelalters* 37 (1981), 736-73, sowie J. HELMRATH, „Kommunikation auf den spätmittelalterlichen Konzilien", in *Die Bedeutung der Kommunikation für Wirtschaft und Gesellschaft*, hrsg. v. H. POHL (Vierteljahreshefte für Sozial- und Wirtschaftsgeschichte, Beihefte 87), Stuttgart 1989, 116-72.

[2] Vorhandene Forschungsberichte zu Konstanz und Basel entlasten mich: die sorgfältige Aufarbeitung von A. FRENKEN, „Die Erforschung des Konstanzer Konzils (1414-1418) in den letzten 100 Jahren", in *Annuarium Historiae Conciliorum* 25 (1993) [erschienen 1995], 1-512 (= Phil. Diss. Köln 1994); das weitgespannte, geistreiche Panorama von E. MEUTHEN, *Das Basler Konzil als Forschungsproblem der europäischen Geschichte* (Rheinisch-Westfälische Akademie der Wissenschaften. Geisteswissenschaften: Vorträge G 274), Opladen 1985; die brillante Darstellung von J. HELMRATH, *Das Basler Konzil 1431-1449. Forschungsstand und Probleme* (Kölner Historische Abhandlungen 32), Köln-Wien 1987.

sammlungen auf die Zeitgenossen und auf die Zukunft zuzuwenden. Was war also ein spätmittelalterliches Konzil und wer nahm daran teil?

In dem ersten Teil seines *Dialogus*, den der Franziskanertheologe Wilhelm von Ockham etwa 1334 abgeschlossen hat, fragt der Schüler den Meister, ob Laien (d.h. konkret, ob ein König und christliche Fürsten) an einem allgemeinen Konzil teilnehmen dürften. Der Magister antwortet zunächst ausweichend, dass nicht jede Versammlung allein deshalb als ein Generalkonzil bezeichnet werden dürfe, weil sie durch päpstliche Autorität einberufen wurde. Dann nämlich wäre jede Sitzung des – im Allgemeinen dreimal wöchentlich tagenden – Konsistoriums an der römischen Kurie (d.h. der Versammlung des Papstes mit seinen Kardinälen zur Erledigung der laufenden Geschäfte der Kirchenzentrale) ein allgemeines Konzil. Damit ist zunächst einmal jene Auffassung abgewiesen, die ein allgemeines Konzil daran erkennen zu können glaubte, dass die Versammlung unter päpstlichem Vorsitz tagt, denn der Magister fährt fort: „Vielmehr kann jene Versammlung als ein allgemeines Konzil gelten, bei welcher sich verschiedene Personen in der Vollmacht und Stellvertretung sämtlicher Teile der gesamten Christenheit zur Verhandlung des gemeinen Besten in rechtmäßiger Weise zusammenfinden.“[3] Eine bloß identifikatorische Repräsentation durch Personifikation der Gesamtheit in einem einzigen Menschen, etwa im Papst, wird damit abgewiesen. Bei einem Konzil geht es nach Ockhams Meinung um die kollektive Repräsentation einer Gesamtheit, die sich nicht zuletzt notwendig in Mehrköpfigkeit ausdrücke.

Diese berühmte strukturelle Konzilsdefinition aus dem Repräsentationsgedanken war, als Ockham seinen *Dialogus* schrieb, keineswegs überflüssig, wenngleich sie auch nicht als revolutionär gelten darf. Selbstverständlich hat Ockham diesen Begriffshorizont nicht erst erfunden; man

---

[3] GUILELMUS DE OCKHAM, *Dialogus* I.5.85, Lyon (Jean Trechsel) 1498, ND in GUILLELMUS DE OCCAM, *Opera plurima* 1, London 1962, f. 97rb-va ; danach in M.H. GOLDAST, *Monarchia Sacri Romani Imperii* 2, Frankfurt a.M. 1618, ND Graz 1960, 603: „DISCIPULUS:... Dic an secundum hoc possit aliquo modo probari, scilicet quod reges et principes et alii laici ad generale concilium debeant si voluerint convenire. MAGISTER:... Ostendam tibi quare secundum quosdam una congregatio dicatur et non alia concilium generale.... Dicitur autem quod congregatio quecumque non ideo solummodo vocatur concilium generale, quia auctoritate summi pontificis convocatur – tunc enim omne consistorium cum papa esset concilium generale. Illa igitur congregatio esset concilium generale reputanda, in qua diverse persone gerentes auctoritatem et vicem universarum partium totius christianitatis ad tractandum de communi bono rite conveniunt.“ Zu Ockhams Konzilstheorie, v.a. H.J. SIEBEN, *Die Konzilsidee des lateinischen Mittelalters, 847-1378* (Konziliengeschichte. Reihe B: Untersuchungen), Paderborn 1984, 410-69.

wusste im späteren Mittelalter allgemein, dass es so etwas wie Konzilien der Kirche geben konnte und gegeben hatte. Was jedoch ein Konzil war, wie es veranstaltet werden solle und wie es arbeite, darüber fanden sich in den Normtexten der Juristen, in Gratians Dekret und den Dekretalensammlungen der Päpste sowie in den zahlreichen Kommentaren der kanonistischen Wissenschaft nur sehr wenige und relativ vage Aussagen, von denen die Unentbehrlichkeit des päpstlichen Vorsitzes[4] noch zu den präzisesten Vorstellungen gehörte. In den soeben genannten fundamentalen Textsammlungen des Kirchenrechts, die sich selbst zu einem nicht geringen Teil aus den *Canones* verschiedenster Synoden und Konzilien zusammensetzten, gab es zu einer genaueren Bestimmung des Begriffs keine eindeutigen Aussagen. Gewiss war es damals wohl jedem Gelehrten bewusst, dass die allgemeinen Konzilien der Alten Kirche und insbesondere die vier ersten, um es mit den Worten Papst Gregors des Großen zu sagen, „wie die vier Bücher des heiligen Evangeliums“[5] zu achten seien. Beschlüsse dieser Konzilien genossen demgemäß eine unverbrüchliche Autorität. Man konnte sich aber über Zusammensetzung, Teilnahmerecht und die einem Konzil gestellten Aufgaben und Kompetenzen trefflich streiten.

Wenn Ockhams *Dialogus* wirklich zur Vorbereitung eines von ihm und seinen Münchner Freunden erhofften, gegen Papst Johannes XXII. gerichteten allgemeinen Konzils geschrieben wurde,[6] dann musste der Autor sich die Mühe machen, überhaupt zu definieren, was ein Konzil sei und was es vermöge. Er konnte auf eine breite Allgemeinstimmung bei

---

[4] Vgl. z.B. die berühmte *Margarita Decreti seu tabula Martiniana* des MARTINUS DE TROPPAU, hier benutzt nach dem Anhang des Drucks des *Decretum Gratiani*, Venezia (apud Magnam Societatem una cum Georgio Terrario et Hieronymo Franzino) 1582 [ohne Paginierung], s.v. *concilium*; im 19. Eintrag (von 20 Absätzen) der Verweis: *Quod solus est papae privilegium posse congregare generale concilium*, d.17 c.1 et c. sq., 2 q.5, Ideo' (= d.17 cc.1-2; c.2 q.6 c.17; gedruckt in *Corpus iuris canonici* 1, ed. A. FRIEDBERG, Leipzig 1879, ND Graz 1956 u.ö., col. 50-51, 471).

[5] Vgl. GREGORIUS PAPA I., *Epistulae* I.24, in *Decretum Gratiani* d.15 c.2, ed. A. FRIEDBERG (s. Anm. 4), col. 35: „Sicut sancti evangelii quattuor libros, sic quattuor concilia suscipere et venerari me fateor....“ (Vgl. auch *Decretum Gratiani*, d.16 c.8, col. 45.)

[6] Dazu bereits etwa J. MIETHKE, *Ockhams Weg zur Sozialphilosophie*, Berlin 1969, 85-86; vgl. die Klage in GUILELMUS DE OCKHAM, *Dialogus* I.7.20 (s. Anm. 3), f. 127rb bzw. S. 663, dass sich Papst Johannes XXII. weigere, sich einem Konzil zu stellen: „Si papa de heresi diffamatus maxime per viros literatos et in sacra pagina eruditos petentes instanter et totis viribus laborantes ut generale concilium celebretur ad discutiendum et examinandum illa que pape tanquam hereticalia imponuntur se subbiicere generalis concilii iudicio, idem generale concilium ne celebretur impedire recusat, est contra ipsum presumptio violenta quod est heretica labe respersus.“ Vgl. auch GUILELMUS DE OCKHAM, *Dialogus* I.7.53 (s. Anm. 3), f. 150rb bzw. S. 711.

den Juristen und Theologen der Hochscholastik zurückgreifen, die dem Konzil einen hohen Rang in der Kirche zugewiesen hatten. Dessen Gestaltung im Einzelnen hatten diese Autoren jedoch nicht näher in den Blick genommen. Allenfalls war das Konzil als ein liturgisches Ereignis in verschiedenen *Ordines* und Liturgie-Handbüchern festgehalten, den Spezialisten des Zeremoniells bekannt und auf jeder Diözesansynode zu erleben.[7] Strukturüberlegungen, Geschäftsordnungen und dgl. waren jedoch nirgends schriftlich fixiert, wenn es natürlich auch vielfältige Erfahrungen und einen synodalen Brauch auf ganz verschiedenen Ebenen der kirchlichen Organisation gab. Ockham arbeitete seinen Text also aus mit einer umfänglichen und teilweise verwirrenden Tradition im Rücken, welcher er durch seine Erörterungen auch in diesem Punkte eine neue, scharfe Zuspitzung zu geben wusste. Diese Anstrengung freilich blieb, allem aufgewandten Scharfsinn zum Trotz, zumindest wenn wir das dem Autor und seinen Freunden vorschwebende Ziel im Auge behalten, eine vergebliche Mühe. Die erhoffte Verurteilung Papst Johannes' XXII. hat niemals stattgefunden. Zu Ockhams Lebzeiten ist kein Konzil mehr zusammengetreten.

Das ist schwer zu erklären. Noch im 13. Jahrhundert hatten sich die allgemeinen Konzilien der Kirche gewissermaßen von Generation zu Generation abgelöst. Dem sogenannten Vierten Laterankonzil (1215) unter Innozenz III. war (1245) das Erste Konzil von Lyon gefolgt; dem schloss sich (1274) das Zweite Lugdunense an und schließlich (1311/1312) das Konzil von Vienne: alles Kirchenversammlungen unterschiedlichen Charakters und durchaus unterschiedlicher Wirkung. Jedoch ist die Reihe zusammengenommen höchst eindrucksvoll. Der unmittelbare Vorgänger von Ockhams Gegner, Papst Clemens V., hatte zuletzt auf dem Konzil von Vienne erleben müssen, dass die Versammlung der abendländischen Kirche vom Hof des französischen Königs gewaltig unter Druck gesetzt werden konnte. Auch die Debatten um eine Kurien- und Kirchenreform waren alles andere als angenehm gewesen. Die Konsequenz, die das avignonesische Papsttum des 14. Jahrhunderts aus diesen trüben Erfahrungen zog, fiel deutlich aus: Die Päpste haben die sperrigen und schwierig zu handhabenden Großversammlungen von Vertretern des Kirchenvolkes einfach nicht mehr einberufen, freilich wohl auch deswegen, weil sie annahmen, die Aufgaben der Konzilien mit dem neuartig differenzierten und

[7] Vgl. etwa *Die Konzilsordines des Früh- und Hochmittelalters*, hrsg. v. H. SCHNEIDER (MGH Leges 4: Ordines de celebrando concilio), Hannover 1996; zum 15. Jahrhundert v.a. B. SCHIMMELPFENNIG, „Zum Zeremoniell auf den Konzilien von Konstanz und Basel", in *Quellen und Forschungen aus italienischen Archiven und Bibliotheken* 49 (1969), 272-92.

von ihnen ständig weiter verfeinerten Instrument der päpstlichen Kurie und ihrer Bürokratien viel rationeller, effizienter und reibungsloser wahrnehmen zu können, als es die schwer zu dirigierenden Großversammlungen zu tun vermochten.[8] Allgemeine Konzilien jedenfalls hat das gesamte 14. Jahrhundert nicht mehr erlebt. Ockham hat seine Definition gleichsam ins Leere hinein formuliert.

Die drängenden Probleme und damit das kirchenpolitische Klima änderten sich radikal mit dem Ausbruch des Großen Abendländischen Schismas. Als im Jahre 1378 die Kardinäle in Rom in einer turbulenten Wahl zuerst Urban VI. zum Papst wählten, dann wenige Monate später in Fondi (zwischen Terracina und Gaëta) diese ihre eigene frühere Wahl für ungültig erklärten und mit Clemens VII. einen weiteren Nachfolger Petri einsetzten,[9] begann das zeitlich am längsten ausgedehnte und sachlich wohl auch tiefstgreifende Schisma der mittelalterlichen Kirchengeschichte, eine Kirchenspaltung, die vierzig Jahre lang (von 1378 bis 1417) die abendländische Christenheit zunächst in zwei, schließlich in drei sogenannte Obödienzen zerriss.[10] ‚Obödienzen' heißt, wörtlich übersetzt, ‚Gehorsamsbezirke', doch in Wirklichkeit waren das damals nicht bloß geographische Einflusszonen des jeweiligen Papstes; sie bildeten vielmehr nebeneinander eine je eigene Kirchenorganisation aus, mit einer je eigenen Amtshierarchie, mit Kardinälen, Kurie, Finanzsystem, Gerichtszug, Ordensverbänden, usw.

Schon ganz in den Anfängen des Schismas riefen einige italienische Kardinäle nach einem Konzil zur Beseitigung der Spannungen. Zwei deutsche Gelehrte in Paris, Konrad von Gelnhausen und Heinrich von Langenstein, haben (1379 bis 1381) in eigenen Traktaten den Gedanken

---

[8] Das ist unmittelbar so natürlich nicht aus Quellen zu belegen. Immerhin begegnet das Argument als Einwand gegen die (vom Autor als notwendig angesehene) Abhaltung von Konzilien in PETRUS DE ALLIACO, *De reformacione ecclesie*, gedruckt zuletzt in *Quellen zur Kirchenreform im Zeitalter der großen Konzilien des 15. Jahrhunderts* 1, hrsg. v. J. MIETHKE und L. WEINRICH (Freiherr vom Stein-Gedächtnisausgabe A 38a), Darmstadt 1995, 338-77, hier *cons.* 1, 342: „Et si dicatur, quod hodie non est opus generalia aut provincialia concilia congregare, sicut fuit in primitiva ecclesia, et quod ad tollendum vexaciones prelatorum in huiusmodi conciliis Romana ecclesia seu papalis curia potest sufficienter casibus emergentibus providere, respondetur: quod hoc non est utique verum...."

[9] Dazu zusammenfassend etwa der perspektivenreiche Überblick im Sammelband *Genèse et débuts du Grand Schisme d'Occident* (Colloques internationaux du CNRS 586), Paris 1980.

[10] Kartographisch dargestellt in *Atlas zur Kirchengeschichte*, hrsg. v. H. JEDIN, K.S. LATOURETTE und J. MARTIN, bearb. v. J. MARTIN, aktualisierte Neuausgabe, Freiburg i.B. 1970, Karte 66 (mit dem Kommentar von O. ENGELS, 48*b-52*a).

ventiliert, man müsse die Schwierigkeiten mittels eines Generalkonzils lösen. Diese beiden gelehrten Plädoyers haben dabei die Ockhamsche Definition einer konziliaren Versammlung wortwörtlich aufgegriffen.[11] Nach Auffassung dieser Männer sollte die Aufspaltung der Einheit der Kirche und des päpstlichen Amtes von einer repräsentativen Versammlung von Vertretern aus den europäischen Landeskirchen auf einem Konzil beraten und entschieden werden. Die Ockhamsche Definition bot ihnen den Ansatzpunkt, ein Konzil, das über die päpstliche Kirchenspitze urteilen sollte, konkret mit Strukturen zu unterfüttern, zumal sich eine Anknüpfung an die päpstliche Zuständigkeit jetzt von selbst verbot.

Offenbar jedoch war damals am Anfang der 80er Jahre des 14. Jahrhunderts die Zeit noch nicht reif. Die offensichtlichen Schwierigkeiten eines papstlosen Konzils, die unübersehbaren Probleme seiner Einberufung, Leitung und Arbeit waren noch zu ungewohnt, als dass der Gedanke bereits damals hätte Erfolg haben können. Vielmehr begegnen wir nun überall in Europa an den Fürstenhöfen, Prälatenkurien und Universitäten den endlosen Erörterungen über die verschiedensten „Wege", die aus dem Schisma herausführen sollten. Ein Heidelberger Kanonist hat einmal gut scholastisch listenförmig aufgeschrieben, was alles vorgeschlagen worden ist. Nicht weniger als 32 solcher verschiedenen *viae* hat er zusammenbekommen.[12] Begangen jedoch wurde nach unendlichen Bemühungen schließlich doch die *via concilii*, die am Ende auch Erfolg hatte.

Wir brauchen hier nicht die Debatten dieser Konzilien, ihre Erfolge und ihr Scheitern im Einzelnen in Augenschein zu nehmen. Es genügt uns festzuhalten, dass in den vier Jahrzehnten zwischen 1409 und 1449 in Pisa, Konstanz, in Pavia-Siena, in Basel und in Ferrara-Florenz Kirchenversammlungen stattfanden, die als Generalkonzilien der Kirche mehr oder minder Anerkennung gefunden haben. Diese fünf heute als allgemeine Konzilien bekannten Synoden waren in sich durchaus verschieden; sie waren unterschiedlich rege besucht, dauerten auch durchaus unterschiedlich lange, nämlich teils wenige Wochen wie in Pisa, teils einige Monate wie in Siena. In Konstanz tagte man fast vier Jahre und das Basler Konzil

[11] Zur Aufnahme dieser Konzilsdefinition im Großen Schisma (u.a. bei Konrad von Gelnhausen und Heinrich von Langenstein), vgl. etwa J. MIETHKE, „Konziliarismus - die neue Doktrin einer neuen Kirchenverfassung?", in *Reform von Kirche und Reich zur Zeit der Konzilien von Konstanz (1414-1418) und Basel (1431-1449)*, hrsg. v. I. HLAVÁČEK und A. PATSCHOVSKY, Konstanz 1996, 29-61, hier 52-53.

[12] R.N. SWANSON, „A Survey of Views on the Great Schism, c. 1395", in *Archivum Historiae Pontificiae* 21 (1983), 79-103.

blieb nicht weniger als 18 Jahre (von 1431 bis 1449), genauer gesagt 6579 Tage zusammen. Das Basler Konzil tagte damit insgesamt länger, als alle allgemeinen Konzilien der Kirche zuvor und danach zusammengenommen gedauert haben.[13]

Die Generalkonzilien waren ihrem Anspruch nach Kirchenversammlungen der gesamten lateinischen Kirche. Die ermittelten Besucherzahlen sind beachtlich. Wenn für das Pisaner Konzil eine Teilnehmerliste 795 Teilnehmer zählt,[14] wenn für Konstanz eine Auswertung verschiedener Listen auf die Zahl von knapp 3000 gekommen ist,[15] wenn für Basel die Inkorporationslisten vom Konzilsanfang (1431) bis zum August 1442 nicht weniger als 3326 Namen nennen,[16] so ist von vorneherein deutlich, dass in diesen Zahlen noch nicht die ganze Schar der an den Konzilsorten Anwesenden inbegriffen ist. Hatten sie nicht wenigstens einen Koch bei sich? Es fehlt hier offensichtlich noch die Dienerschaft, das Gesinde der hohen Herren, auch die frei heranflutenden Glücksritter und Geschäftemacher sind nicht mitgezählt, die gelegentlich des Konzils ihren Vorteil suchten, die Musiker nicht und nicht die Geschäftsträger der italienischen Bankhäuser.[17] Eine der Konstanzer Listen etwa beschreibt diesen gewiss mehrfach so zahlreichen Tross nach den im Einzelnen aufgezählten Patriarchen, Kardinäle, Erzbischöfen, Bischöfen und Äbten als (ich zitiere in Übersetzung): „189 Schreiber der päpstlichen Kurie, 1500 *curtisani*, d.h. Höflinge, 1700 einfache Priester (*simplices presbyteri*)," und weiterhin: „73 Geldwechsler allein aus Frankreich, 49 Geldwechsler v.a. aus Florenz

---

[13] HELMRATH, „Kommunikation" (s. Anm. 1), 123.

[14] J. LEINWEBER, „Ein neues Verzeichnis der Teilnehmer am Konzil von Pisa 1409. Ein Beitrag zu seiner Ökumenizität", in *Konzil und Papst. Historische Beiträge zur Frage der höchsten Gewalt in der Kirche. Festgabe für Hermann Tüchle*, hrsg. v. G. SCHWAIGER, München 1975, 207-46, hier 221-46.

[15] J. RIEGEL, *Die Teilnehmerlisten des Konstanzer Konzils. Ein Beitrag zur mittelalterlichen Statistik* (phil. Diss.), Freiburg i.B. 1916 (gedruckt ohne die Listen im ursprünglichen Anhang, welche sich jedoch handschriftlich erhalten haben und im Kirchengeschichtlichen Seminar in Freiburg i.B., im Konstanzer Stadtarchiv und im Historischen Seminar in Heidelberg benutzbar sind); dazu (der Finder der Listen) T.M. BUCK, „Die Riegelschen Teilnehmerlisten. Ein wissenschaftsgeschichtliches Detail der Konstanzer Konzilsforschung", in *Freiburger Diözesanarchiv* 118 (1998), 347-56.

[16] D.L. BILDERBACK, *The Membership of the Council of Basle* (Ph.D.-Thesis), Washington, D.C. 1966 [UMI #66-7868]; etwas abweichende Zahlen bei M. LEHMANN, *Die Mitglieder des Basler Konzils von seinem Anfang bis August 1442* (masch. Kath.-theol. Diss.), Wien 1945; vgl. HELMRATH, *Das Basler Konzil* (s. Anm. 2), 21.

[17] Zusammenfassend HELMRATH, *Das Basler Konzil* (s. Anm. 2), 169-70 (zu den Musikern) und 170-72 (zu den Bankiers).

und ähnlichen Orten, 228 Schneider und dgl., 45 Herolde, 346 Schauspieler, Posaunisten und dgl., 306 Balbierer und ähnliches." Ganz am Ende nennt der damalige Beobachter noch „mehr als 700 gemeine Weiber (*mulieres comunes*), auf keinen Fall weniger."[18] Ist es ein Wunder, dass Kardinal Fillastre in seinem Konstanzer Konzilstagebuch die zahlenmäßig größte der Konzilsnationen, die französische Nation, ausdrücklich mit „400 ehrbaren Personen" (*personas honestas*) beziffern will?[19]

In aller Regel sind die uns überlieferten Listen von Konzilsteilnehmern daran interessiert, die Repräsentativität der Versammlung zu unterstreichen und alle direkt und indirekt amtlich Beteiligten festzuhalten, auch die durch Gesandte und speziell beauftragte Prokuratoren auf dem Konzil Vertretenen aufzulisten, während sich keine Liste für die genaue Aufenthaltsdauer der Gäste am Konzilsort und damit für seine Frequenz zu einer bestimmten Zeit interessiert. Nur durch mühsame Einzelstudien kann das ermittelt werden. Die Verweildauer schwankte, wie zu erwarten war, erheblich; in Basel natürlich am auffälligsten, von einigen Monaten (etwa Juan de Palomar oder Juan González, um nur bekannte Namen zu nennen) bis hin zu 17 Jahren (etwa Juan de Segovia). Niemals waren die in den Zähllisten genannten Personen allesamt gemeinsam am Konzilsort anwesend. Die logistische Aufgabe für die Konzilsstädte stellte gleichwohl gewaltige Anforderungen: Konstanz hatte damals vielleicht 6000 bis 7000 Einwohner, Basel zählte wohl etwa 1000 Menschen mehr. Da waren Hunderte, ja bisweilen, in den Spitzenzeiten, Tausende von Fremden eine erhebliche Belastung.

Die Städte entledigten sich dieser Pflicht mit bemerkenswertem Geschick. Sie lernten auch voneinander. So erkundigten sich die Basler sofort in Konstanz angelegentlich nach den dortigen Erfahrungen, als ihre Stadt (1424) offiziell zum Konzilsort bestimmt worden war.[20] Allein eine effiziente Kontrolle der Markt- und Mietpreise sowie die ausreichende Beschaffung von Lebensmitteln waren ein Problem, dessen Bewältigung Überlegung und Energie verlangte. Die Gewinnchancen durch die zahlrei-

---

[18] Liste im berühmten „Codex Elstrawiensis" (heute Wien, Österreichische Nationalbibliothek, Cod. 5070), in H. VON DER HARDT, *Magnum oecumenicum concilium Constantiense* 5.7, Frankfurt a.M.-Leipzig 1699, 12-50.

[19] GUILELMUS FILLASTRE, *Gesta concilii Constantiensis*, ed H. FINKE et J. HOLLNSTEINER, in *Acta concilii Constantiensis* 2, Münster i.W. 1923, 13-170, hier 23 (Zu Anfang März 1415): „Cum autem nacio Gallicana esset multum solenniter congregata, et ut apparebat prima facie maior omnium nacionum et in numero et in meritis personarum, cum haberet quadringentas personas honestas, voluit deliberare...."

[20] R. WACKERNAGEL, *Geschichte der Stadt Basel* 1, Basel 1907, bes. 483.

chen zahlenden Gäste und der allgemeine Unterhaltungswert der Konzilien für die außenstehenden Stadtbewohner waren freilich auch nicht zu verachten. Mit ihren feierlichen Gottesdiensten und den zahlreichen Prozessionen, mit dem Gepränge des standesgemäßen Auftretens der Konzilsteilnehmer, mit dem Hofleben der am Orte weilenden Fürsten wie des römischen Königs selbst und der verschiedenen Gesandtschaften hatte man, wie sich aus der Konzilschronik des Konstanzer Bürgers Ulrich von Richental[21] ersehen lässt, wahrhaftig genug Augenweide. Aus relativ kleinen deutschen Bischofsstädten wurde im 15. Jahrhundert durch die Konzilien für eine kurze Zeit der Nabel, oder doch zumindest ein zentraler Ort der Christenheit, und damit der damals bekannten Welt. Das war für die Städte und ihre Bewohner ganz gewiss wichtig.

Wenn wir nach den Anregungen suchen, die die Teilnehmer selbst aus ihrer Anwesenheit beim Konzil beziehen konnten, so ist zunächst einmal darauf zu verweisen, dass die Konzilien in ihrer eigenen Arbeit auf das Gespräch, auf eine ständige Interaktion angewiesen waren. Teilnehmer ganz verschiedener gesellschaftlicher Stellung und unterschiedlichen kirchlichen Ranges saßen hier zusammen, nicht ohne dass allein schon die Sitzordnung heftig umstritten sein konnte. Darüber haben wir einige Nachrichten, über die zuletzt Hermann Heimpel noch eindringlich nachgedacht hat.[22] Doch stritten sich dort keineswegs nur die hohen Herrschaften *in persona*, denn die Amtsträger der höheren Ränge in der kirchlichen Hierarchie oder Gesellschaft, die Bischöfe und Prälaten, erst recht die Fürsten und Herren, konnten sich ja auch von eigens beauftragten Prokuratoren vertreten lassen. Die mittelalterliche Technik der Stellvertretung war damals bereits juristisch ausgefeilt und war seit langem unter den da-

[21] Hier benutzt nach ULRICH (VON) RICHENTAL, *Chronik des Constanzer Concils 1414 bis 1418*, hrsg. v. M. R. BUCK, Stuttgart 1882, ND Hildesheim 1971; eine neue Ausgabe ist von T.M. BUCK zu erwarten. Zusammenfassend D. MERTENS, „Richental, Ulrich“, in *VL*[2] 8 (1992), 55-60. Eine Freiburger Habilitationsschrift von T.M. Buck zu den Problemen der Überlieferung der Chronik wird wohl bald erscheinen.

[22] Zusammenfassend (am Beispiel des Basler Konzils) H. HEIMPEL, „Sitzordnung und Rangstreit auf dem Basler Konzil. Skizze eines Themas“ (aus dem Nachlass hrsg. v. J. HELMRATH), in *Studien zum 15. Jahrhundert. Festschrift für Erich Meuthen* 1, hrsg. v. J. HELMRATH und H. MÜLLER, in Zusammenarbeit mit H. WOLFF, München 1994, 1-9; jetzt vgl. auch insbes. J. HELMRATH, „Rangstreite auf Generalkonzilien des 15. Jahrhunderts als Verfahren“, in *Vormoderne politische Verfahren*, hrsg. v. B. STOLLBERG-RILINGER (Zeitschrift für Historische Forschung, Beiheft 25), Berlin 2001, 139-73. Zu Streitigkeiten zwischen den Konzilsnationen in Konstanz allgemein, vgl. H.-J. SCHMIDT, *Kirche, Staat, Nation. Raumgliederung der Kirche im mittelalterlichen Europa* (Forschungen zur mittelalterlichen Geschichte 37), Weimar 1999, 440-512, bes. 467-83.

maligen Kommunikationsbedingungen selbstverständlich geworden. Mit einem entfernten Partner zu kommunizieren war ja nur durch persönliche Reisen oder schriftlich, etwa durch Briefe möglich. Wenn mündliche, öffentliche Verhandlung gefordert war und die Reise aus verschiedenen Gründen nicht möglich oder opportun erschien, dann blieb nur noch übrig, sich von realen Personen mit aller gehörigen Vollmacht vertreten zu lassen. Wichtiger als der schriftliche Brief war dann oft auch die mündliche Botschaft, die der Bote vertraulich zu überbringen hatte.

Bereits die Päpste des 13. Jahrhunderts hatten neben den Bischöfen als den persönlichen Repräsentanten ihrer Diözesen auch Vertreter der korporativen kirchlichen Institutionen eingeladen. Klöster, Ordensverbände, Dom- und Kollegiatsstifte, Universitäten bzw. ihre theologischen und kanonistischen Fakultäten wurden aufgefordert, Vertreter zu den Versammlungen zu schicken, offenbar um die Repräsentativität des Konzils zu verbreitern und die Bindekraft seiner Entscheidungen für die Nichtanwesenden zu erhöhen.[23] Schon bei dem Pisaner Konzil nahmen Repräsentanten von derartigen entsendenden kirchlichen Institutionen in großer Zahl an den Kirchenversammlungen teil. Zusätzlich waren auch die Prokuratoren der weltlichen Herrschaftsträger geladen und willkommen, meist natürlich, wenn auch nicht zwangsläufig Kleriker von den Herrscherhöfen oder Professoren der Residenzstadtuniversität. Um nur die wichtigste Ausnahme zu nennen: Der römische König Sigismund war in eigener Person auf dem Konstanzer Konzil mit gewaltiger Wirkung und einem großen Hofstaat aufgetreten. Er hat sich dann, inzwischen zum Kaiser gekrönt, auch in Basel zumindest vertreten lassen. Die drängenden Fragen der Schismabeseitigung führten wie von selbst schon seit dem Pisanum zu einer Einbeziehung der Repräsentanten weltlicher Fürsten in die Arbeit, und damit über den engeren Kreis der kirchlichen Hierarchie hinaus. Das Basler Konzil sollte schließlich allen gelehrten Universitätsabsolventen bis hinunter zum theologischen Bakkalar und nach der Weiheordnung dann allen Priestern bis hin zu den Leutpriestern ein Teilnehmerrecht einräumen.

Blicken wir hier noch nicht auf die Probleme, welche diese buntscheckige Zusammensetzung heraufbeschwören musste. Kritiker der Konzi-

---

[23] Im Einzelnen dazu etwa J. MIETHKE, „Raumerfassung und Raumbewußtsein auf den Allgemeinen Konzilien des Spätmittelalters. Die Repräsentanz der Regionen in der Entwicklung der Geschäftsordnung vom 13. zum 15. Jahrhundert“, in *Raumerfassung und Raumbewußtsein im späteren Mittelalter*, hrsg. v. P. MORAW (Vorträge und Forschungen 49), Stuttgart 2002, 127-54.

lien, insbesondere Kritiker der Basler Beschlüsse, waren bereits damals rasch bei der Hand, dem Konzil die große Zahl minderqualifizierter Teilnehmer vorzuwerfen. Petrus de Monte hat etwa in einer Rede vor dem englischen König Ende des Jahres 1436 behauptet: „Kapläne in der Livree der Kardinäle, Köche und – schlimmer noch – verheiratete Laien hatten dort Stimmrecht nicht allein in den Deputationen, sondern auch bei den Generalsessionen."[24] Dieses polemisch verzerrte Bild lässt sich bei näherem Hinsehen jedoch keineswegs bestätigen. Unter den hier so despektierlich genannten Lakaien in der Livree der Kardinäle fanden sich Universitätsbesucher, die als Juristen, Theologen oder Artisten gewiss von den Gegenständen der Verhandlungen mindestens ebensoviel verstanden wie die hochadligen Prälaten, die in der Adelskirche des Spätmittelalters wie selbstverständlich die fettesten Pfründen besetzten. Zählungen ergeben unter den offiziellen Konzilsteilnehmern einen Anteil an Graduierten (nicht gezählt also sind die Universitätsleute ohne Abschluss) von etwa 20% und mehr. Das war für mittelalterliche Verhältnisse eine außerordentlich ansehnliche Zahl.

Universitäten prägten Lebensstil und Organisationsformen. Universitätsgelehrte und Universitätsabgänger finden sich unter dem Führungspersonal der Konzilien überrepräsentiert. An den Universitäten war man an Abstimmungen und Wahlen gewöhnt.[25] Diese Erfahrungen waren gewiss für die Konzilsarbeit im Einzelnen wichtig. Die Konzilien verstanden sich jedoch zunächst nicht primär als Abstimmungskörperschaften. Mehrheitsentscheidungen waren im Mittelalter zunächst nur selten und wurden erst ganz allmählich als gültige Wege zu einer Entscheidungsfindung anerkannt. Erwünscht sind knappe Mehrheiten ja auch heute nicht immer.[26] Nach mittelalterlichem Brauch musste jedenfalls seit alters eine Mehr-

---

[24] MIETHKE, „Forum" (s. Anm. 1), 750, Anm. 49; dort sind auch weitere ähnliche Stimmen nachgewiesen.

[25] Zu den Rektorwahlen deutscher Universitäten insbesondere R.C. SCHWINGES, *Rektorwahlen. Ein Beitrag zur Verfassungs-, Sozial- und Universitätsgeschichte des Alten Reiches im 15. Jahrhundert* (Vorträge und Forschungen. Sonderband 38), Sigmaringen 1992; zu den vielfältig möglichen Erfahrungen mit mittelalterlichen Wahlen allgemein v.a. der Sammelband *Wahlen und Wählen im Mittelalter*, hrsg. v. R. SCHNEIDER und H. ZIMMERMANN (Vorträge und Forschungen 37), Sigmaringen 1990.

[26] Als Erwin Teufel im Oktober 2004 (wenige Tage vor dem Termin des Freiburger Colloquiums) seinen Rücktritt vom Amt des Ministerpräsidenten des Landes Baden-Württemberg ankündigte, hat kaum eine Zeitung oder Fernsehsendung darauf verzichtet, in den 77% Zustimmung auf dem letzten Parteitag der CDU Baden-Württembergs ein Menetekel zu sehen, das die Ablösung des Ministerpräsidenten und Parteivorsitzenden schon deutlich vorgezeichnet habe.

heitsentscheidung letzten Endes das Aussehen einer einheitlichen Entscheidung haben, um zu überzeugen. Das Ergebnis sollte den Konsens verkünden.

Das wurde auf verschiedenen Wegen erreicht. Einmal verließen die Dissentierenden die Wahlversammlung vor der Abstimmung (das geschah bei vielen hochmittelalterlichen Königswahlen in Deutschland). Sodann verlangte man (wenig später) besonders qualifizierte Mehrheiten: Die für die Papstwahl 1179 auf der III. Lateransynode eingeführte Zweidrittelmehrheit der Kardinäle ist ein allseits bekanntes, bis heute wirksames Beispiel und ein erster, wichtiger Schritt auf dem Weg zur numerischen Mehrheitswahl. Auf den Konzilien war in vergleichbarer Weise die Zustimmung von drei der vier Nationen in Konstanz, von drei der vier Deputationen in Basel erforderlich (und damit eine noch größere, eine Dreiviertelmehrheit), bevor auf einer Generalsession der zuvor förmlich als „einmütig" festgestellte Beschluss als Konzilsdekret feierlich verkündet werden konnte. Daneben forderte man aber auch grundsätzlich von der überstimmten Minderheit, dass sie sich der Entscheidung der Mehrheit anschloss und nicht auf ihrer Abweichung beharrte. Bei mittelalterlichen Wahlen ist das besonders deutlich sichtbar. Eine *electio concors* brauchte durchaus nicht einstimmig zu sein; sie musste nur am Ende unwidersprochen bleiben und ein eindeutiges Ergebnis haben.[27] Das ist so gehalten worden z.B. bei der Wahl eines deutschen Königs der Römer[28] oder auch bei kirchlichen Wahlen, bei Bischofswahlen und geradezu selbstverständlich bei der Papstwahl, bei der sich die ursprünglich nicht zum Wählerkreis des neuen Papstes gehörenden Kardinäle durch sogenannten Akzess bis weit in die Neuzeit hinein dem siegreichen Kandidaten noch nach einer nur knapp verfehlten Zweidrittelmehrheit oder auch nach dem erfolgreich mit Zweidrittelmehrheit gewonnenen Wahlgang anschließen konnten und sollten.[29]

---

[27] Vgl. bereits P. HINSCHIUS, *System des katholischen Kirchenrechts mit besonderer Rücksicht auf Deutschland*, 6 Bde., Berlin 1869-1897, ND Graz 1959, hier Bd. 2, 651, der u.a. auf canon 26 des IV. Laterankonzils (in *COD*^{3}, 247-) = X 1.6.44 verweist.

[28] Klassisch die Studie von H. MITTEIS, *Die deutsche Königswahl: ihre Rechtsgrundlagen bis zur Goldenen Bulle*, Brünn ^{2}1944, ND Darmstadt 1965 u.ö.

[29] Vgl. die Vorschriften zum *accessus* in den Zeremonienbüchern, in *Die Zeremonienbücher der Römischen Kurie im Mittelalter*, hrsg. und analysiert v. B. SCHIMMELPFENNIG (Bibliothek des Deutschen Historischen Instituts in Rom 40), Tübingen 1973, hier 190 (XX §6 und §10). Zur Papstwahl ausführlich bereits etwa HINSCHIUS, *System des katholischen Kirchenrechts* 1 (s. Anm. 27), 217-94 (zum Akzess, der ausschließlich nach einer Skrutinialwahl möglich war), bes. 286 (mit Anm. 2-) und 288; nur knapp B. SCHIMMEL-

Das schloss Streit bis zum Bürgerkrieg im Einzelnen natürlich keineswegs aus. Gespaltene Wahlen hat es wahrlich genug gegeben, aber zu einer *electio discors* wurde eine Wahl erst dann, wenn am Ende zwei Gewählte um die Amtsgewalt stritten. Wenn das bereits bei Wahlen galt, so wurde auch für die Konzilien die schließliche Einheit der Entscheidung als wichtiger empfunden als die Erringung knapper Mehrheiten. Nicht umsonst war wie selbstverständlich die Überzeugung verbreitet, dass es bei Fragen des Glaubens ohnedies auf die vom Heiligen Geist gewirkte Einigkeit und also auf Einmütigkeit ankomme. Nikolaus von Kues merkt auf dem Basler Konzil[30] in seiner *Concordantia catholica* an, es sei nicht eigentlich menschlich zu nennen, wenn verschiedene Menschen, die in völliger Freiheit (also ohne Zwang und Manipulation) an einem Ort zusammenkommen, ein gemeinsames Urteil finden, vielmehr sei das ein gottgewirktes Wunder.[31] Doch auf solche Wunder mochte man nicht immer geduldig genug warten. Man hat deshalb etwa in Konstanz aus Furcht vor numerischer Mehrheit der italienischen Kurialen statt der Abstimmung nach Köpfen für die Plenarsessionen die Abstimmung im Kollektiv der vier Nationen gewählt.[32]

In Basel hat man dann lernen müssen, dass oft bloße Mehrheiten ausreichen mussten, und man hat die entsprechenden Konsequenzen auch gezogen: Der spanische Kardinal Alfonso de Carillo (Kardinaldiakon von St. Eustachius) hat schon 1434 gegen die Diskussionsfreude des Juan de

---

PFENNIG, „Papst- und Bischofswahlen seit dem 12. Jahrhundert", in *Wahlen und Wählen* (s. Anm. 25), 173-95, hier 187-88.

[30] Grundlegend zur Überlieferung der Herausgeber der Heidelberger Ausgabe G. KALLEN, *Die handschriftliche Überlieferung der* Concordantia catholica *des Nikolaus von Kues* (Cusanus-Studien 8 = Sitzungsberichte der Heidelberger Akademie der Wissenschaften, Philosophisch-Historische Klasse 1963.2), Heidelberg 1963; zusammenfassend zur Entstehungs- und Redaktionsgeschichte der Schrift jetzt E. MEUTHEN, Acta Cusana. *Quellen zur Lebensgeschichte des Nikolaus von Kues* 1, Lfg. 1, Hamburg 1976, 129- (Nr. 202).

[31] NICOLAUS DE CUSA, *De concordantia catholica* II.4 [78], ed. G. KALLEN, in *Nicolai de Cusa Opera omnia* 14.2, Hamburg ^{2}1965, 105: „Si ex concordantia procedit diffinitio, tunc ex sancto spiritu processisse creditur [!], quoniam ipse est auctor pacis ac concordiae, et non est humanum varios homines in unum congregatos in summa libertate loquendi constitutos ex una concordantia iudicare, sed divinum."

[32] GUILELMUS FILLASTRE, *Gesta* (s. Anm. 19), 19: „ ....incidit questio, quomodo deciderentur agenda in concilio et fieret scrutinium votorum, utrum per nationes in genere, quarum quatuor erant, videlicet Ytalie, Gallie, Germanie et Anglie, vel per capita singula? Et licet clare de iure videatur, quod perscrutanda sint vota per capita singula, quia tamen plures sunt prelati Ytalie pauperes quam fere de omnibus nationibus, preterea dominus noster [scil. Johannes XXIII.] fecit in numero excessivo prelatos cubicularios ultra quinquaginta... et ita scrutando per capita nichil fieret nisi quod vellet dominus noster."

Torquemada brüsk festgestellt, er habe eine reiche Gremienerfahrung, als Kanoniker in Kathedralenstiften, als Doktor in Universitätsorganen, als Rat im königlichen Conseil, als Kardinal im Heiligen Collegium; immer aber sei es dort üblich gewesen, dass die Minderheit der Mehrheit nachzugeben habe. „Sonst nähmen die Streitigkeiten in jeder Gruppe ja niemals ein Ende!"[33] Daher wurden auf dem Basler Konzil konsequent *perturbatores concilii* mit harten Strafen belegt. D.h. wer sich nach einem einmal nach langen Debatten gefassten Beschluss nicht in die neue Lage schicken wollte, konnte nicht mehr mit der Langmut der Mehrheit rechnen.[34]

Das Problem war also eher die Meinungsbildung, die Herstellung des Konsenses, nicht so sehr die Mehrheitsentscheidung. Hier ist eine zielgerichtete Entwicklung in der Reihe der Konzilien des 15. Jahrhunderts zu beobachten. In der Frühzeit, in Pisa und zunächst auch in Konstanz, finden sich noch keine expliziten Überlegungen, wenngleich die Beschlüsse in Einhelligkeit getroffen werden sollten und daher auch dort anscheinend die Diskussionen so lange geführt wurden und jedenfalls geführt werden sollten, bis solche Einhelligkeit erreicht schien. Wir haben es schon gesehen: Die schließliche Geschäftsordnung[35] der Konstanzer sah vor, dass alle Beschlussvorlagen für die Generalsessionen zunächst in allen vier Nationen (und auch im Kardinalskolleg) beraten werden mussten. Mindestens drei Nationen mussten zustimmen; das war eine pointiert qualifizierte Mehrheit.

Nach der erfolgreichen Wahl Martins V. galten dann in Konstanz an-

[33] IOANNES DE SEGOVIA, *Historia gestorum generalis synodi Basiliensis* 1-3 (Monumenta conciliorum generalium seculi decimi quinti. Concilium Basileense. Scriptorum II-IV), ed. E. BIRK et al., Wien-Basel 1873-1935, hier vol. 1, 629 (zitiert auch von A. BLACK, in *Festschrift Meuthen* 1 [s. Anm. 22], 79, Anm. 16): „Cui [scil. Johanni de Turrecremata] cardinalis Sancti Eustachii dicebat, semetipsum tribuens exemplum, se fuisse in multis notabilibus collegiis, quia canonicus in capitulis ecclesiarum cathedralium, quia doctor in collegiis doctorum, quia regum consiliarius in consiliis eorum, quia cardinalis in sacro cardinalium collegio, in quibus illud semper vidisset experientia observatum quamdiu negocium in consultacione permanet, de omnibus tam maioribus quam minoribus fieri mencionem, ut singuli suo arbitrio libere dicant, quecumque sibi agenda videntur; postquam autem maior pars deliberancium unius foret sentencie, minorem partem cedere illi tamquam ad illam pertineat execucio deliberatorum nec opponere se illi in execucione, que in deliberacione succubuit; alias numquam finis esset actionum universitatis cuiuscumque...."

[34] Vgl. die bei HELMRATH, *Das Basler Konzil* (s. Anm. 2), 22 genannte Literatur.

[35] Eine Skizze zur Entwicklung der Geschäftsordnungen der spätmittelalterlichen Konzilien in MIETHKE, „Raumerfassung" (s. Anm. 23).

dere traditionellere, d.h. papstorientierte Verfahren.[36] Aber auch noch in Basel[37] konnte ein Beschluss in der Generalsession, im feierlichen Plenum, nur gefasst werden, wenn alle vier Deputationen reihum oder gleichzeitig sich mit der Vorlage befasst hatten und wenn wenigstens drei der vier Deputationen die Vorlage billigten.[38] In den Deputationen freilich wurde nach Köpfen abgestimmt. Es herrschte die den Baslern so teure *libertas dicendi*,[39] d.h. jeder eingeschworene Konzilsteilnehmer, der sofort bei seinem Eintreffen einer bestimmten Deputation zugewiesen worden war, sollte dort seine Auffassung frei vertreten können, unbeeindruckt von seinem eigenen (vielleicht niederen) Rang in der kirchlichen Amtshierarchie. Die Diskussion sollte allein an der Sache orientiert bleiben. Abweichende Voten wurden im Protokoll vermerkt und blieben so für die

---

36 In farbiger (nicht besonders auf die Geschäftsordnung achtender) Erzählung W. BRANDMÜLLER, *Das Konzil von Konstanz 1414-1418* 2, Paderborn 1997, 371-83. (Das Kapitel trägt die Überschrift ‚Martin V. ergreift die Zügel‘!). Allgemein zur Geschäftsordnung in Konstanz J. HOLLNSTEINER, „Studien zur Geschäftsordnung am Konstanzer Konzil. Ein Beitrag zur Geschichte des Parlamentarismus und der Demokratie“, in *Abhandlungen aus dem Gebiete der mittleren und neueren Geschichte und ihrer Hilfswissenschaften. Festgabe für Heinrich Finke*, Münster 1925, 240-56 (jetzt in *Das Konstanzer Konzil*, hrsg. v. R. BÄUMER [Wege der Forschung 415], Darmstadt 1977, 121-42).

37 Zu Geschäftsordnung und innerer Organisation des Basler Konzils unentbehrlich P. LAZARUS, *Das Basler Konzil. Seine Berufung und Leitung, seine Gliederung und seine Behördenorganisation* ([Eberings] Historische Studien 100), Berlin 1912, ND Vaduz 1966; vgl. jetzt v.a. HELMRATH, *Das Basler Konzil* (s. Anm. 2), 18-70; im Rahmen weiter gespannter Untersuchungen zur räumlichen Dimension der Repräsentanz auf den Konzilien auch SCHMIDT, *Kirche, Staat, Nation* (s. Anm. 22), bes. 493-507.

38 Dazu die Geschäftsordnung, beschlossen am 23. Februar 1432, gedruckt z.B. in *Sacrorum conciliorum nova et amplissima collectio*, 53 vols., ed. J.D. MANSI, Paris 1901-1927, ND Graz 1961, hier vol. 29, col. 377-80; wichtig dazu der Bericht von IOANNES DE SEGOVIA, *Historia gestorum* 1 (s. Anm. 33), 260-63.

39 Die freilich war auch den Konstanzern wichtig; vgl. wiederum GUILELMUS FILLASTRE, *Gesta* (s. Anm. 19), der (S. 23) berichtet, dass die Schließung der Stadttore durch Sigismund zur Verhinderung der Abreise der Väter große Sorge hervorrief. Pietro Stefaneschi degli Annibaldi (Kardinaldiakon von Sankt Angelo) wurde dadurch an seinem regelmäßigen Spaziergang vor den Toren der Stadt gehindert, „et dicitur, quod coram tabellionibus fuit protestatus de vi et metu, et quod amodo illa que faceret essent metu et vi facta et quod volebat omnia facere in libertate.“ (Hier ist angespielt auf die Nichtigkeit von Akten, die unter Furcht oder Gewalt vollzogen werden; vgl. die klassische, für Juristen wichtige und im Spätmittelalter häufig zitierte Belegstelle aus dem *Corpus iuris civilis*, Dig. 4.2.1: „[ULPIANUS] Ait praetor: 'Quod metus causa gestum erit, ratum non habebo.' Olim ita edicebatur: 'Quod vi metusve causa....'“ Auch die Kardinäle hatten sich, als sie 1378 durch die Wahl Clemens' VII. das Schisma heraufführten, auf *metus* berufen, der die Wahl Urbans VI. ungültig mache). Zur *libertas dicendi* in Basel vgl. v.a. HELMRATH, *Das Basler Konzil* (s. Anm. 2), 27-29.

nächste Instanz oder die Nachbardeputation sichtbar. Notorische Krakeeler und eigensinnig auf ihrer Meinung beharrende Daueropponenten freilich konnten, wie wir schon gesehen haben, als *perturbatores concilii* bestraft werden. All das wurde bereits am 23. Februar 1432, also zu Beginn der eigentlichen konziliaren Arbeit ausdrücklich (zusammen mit weiteren wichtigen Geschäftsordnungsentscheidungen) beschlossen.

Verständlicherweise ist es heute schwierig, die konziliare Meinungsbildung immer zuverlässig zu bewerten. Für Meinungsführerschaft und taktische Finessen, für Intrigen und Parteiungen tat sich ein weites Feld auf. Auf dem schmalen Grat zwischen einem immer wieder neu beschworenen Einigkeitsmythos, der eine Manipulation bis hin zu Gesinnungsterror verdecken konnte auf der einen Seite und freier Konsensfindung sowie – wie Zeitgenossen glauben mochten – durch den Heiligen Geist gewirkter, wunderbarer Einheit auf der anderen Seite mochte das Vorgehen in jedem Einzelfall schillern. Bereits von den Zeitgenossen wurden die Entscheidungen je nach der Interessenslage auch sehr unterschiedlich beurteilt. Es gibt genügend Teilnehmer, die von ihren Erfahrungen und ihren Eindrücken nach Hause berichteten, an die Fürstenhöfe, Prälaten, Stadtregierungen, die Universitäten oder die kirchlichen Korporationen, die sie entsandt hatten und die für die nicht gerade geringen Kosten des Aufenthaltes der Entsandten[40] aufzukommen hatten, so dass wir heute noch immer wieder auf solch unterschiedliche Wertungen stoßen.

Ein Außeninteresse an den Vorgängen auf den Konzilien lässt sich aber nicht nur in diesen brieflichen Berichten erkennen.[41] Mit der Abhaltung der Konzilien verwoben und an ihre Tagungen angeschlossen wur-

[40] Man kann – abgestuft je nach standesgemäßem Aufwand – mit durchschnittlich ca. 150 fl. Kosten eines Jahresaufenthalts in Basel rechnen. In Konstanz wird es nicht viel billiger gewesen sein.

[41] Exemplarisch genannt seien hier nur die Briefe des PETER VON PULKAU nach Wien, in *Petrus de Pulka. Abgesandter der Wiener Universität am Concilium von Constanz*, hrsg. v. F. FIRNHABER (Archiv für Österreichische Geschichte 15), Wien 1856, ND Graz 1970, 1-70; dazu bes. D. GIRGENSOHN, *Peter von Pulkau und die Wiedereinführung des Laienkelches* (Veröffentlichungen des Max-Planck-Instituts für Geschichte 12), Göttingen 1964. Zu Pulkau auch die Notizen in *Acta facultatis artium universitatis Vindobonensis 1385-1416*, hrsg. v. P. UIBLEIN (Publikationen des Instituts für Österreichische Geschichtsforschung 6/2), Wien 1968, 558b (Register). Nicht Briefe der Heidelberger Konzilsgesandten, wohl aber Aktenstücke, die sie von dort und von der Kurie Eugens III. gesandt oder überbracht erhielten, trugen auch die Rektoren der Universität Heidelberg in ihr Amtsbuch ein; vgl. *Die Rektorbücher der Universität Heidelberg* 2.1-2, bearb. v. H. LUTZMANN (Die Amtsbücher der Universität Heidelberg A2.1-2), Heidelberg 2001-2003, 741 (Register: ‚Konzil von Basel').

den auch Versammlungen anderer Abzweckung abgehalten, in mehr oder minder großer thematischer Nähe zum eigentlichen Konzilsgeschehen; so konnte Papst Johannes XXIII. in Konstanz ganz am Beginn der Konzilsarbeiten die französische Nation in seinem Konsistorium empfangen. Weil man dafür eine förmliche Generalkongregation des Konzils nicht veranstalten wollte, inszenierte man eben eine (fast) ebenso feierliche Papstaudienz.[42] Auch der deutsche Herrscher Sigismund hielt in Konstanz 1415 und 1417 Beratungen ab, die man ohne allzu große Übertreibung ‚Reichstage' nennen kann, wenn sie nicht einfach eine Fortsetzung der Konzilstagung in anderer Absicht waren.[43] Ähnlich trafen sich – schon näher bei den sonstigen Diskussionen des Konzils angesiedelt – die süddeutschen Benediktineräbte zu einem Reformkapitel nahe bei Konstanz in Peterhausen (1418) wie später auch in Basel (1435), wo schon 1432 die Zisterzienser ein Generalkapitel abgehalten hatten. Auch die vier Bettelorden haben sich in Basel (1435) eigens zu gemeinsamen Beratungen getroffen.[44] Man wird solche Tagungen sicherlich auch als ausgelagerte Interessensgruppen und Lobbyistenversammlungen verstehen dürfen, doch die weltlichen Parallelversammlungen, die auch in Basel nicht fehlen, machen deutlich, dass diese Erklärung allein nicht ausreichend die Absichten der Veranstalter beschreibt. Wir haben gesehen, dass zwei weltliche Reichsversammlungen und ein Städtetag in Basel von Sigismund veranstaltet wurden. Der Herrscher versuchte offenbar damit die Anwesenheit so zahlreicher wichtiger Personen am Ort für seine Zwecke zu nutzen.

Auch wenn für die Teilnehmer diese Nebenschauplätze nicht immer leicht von dem Hauptereignis der Konzilsversammlung unterscheidbar gewesen sein mögen, sind sie in Absicht, Funktion und Wirkung vielleicht

---

[42] GUILELMUS FILLASTRE, *Gesta* (s. Anm. 19), 22 (zum 5. März 1415).

[43] Zu den schwierigen Fragen einer gegenseitigen Abgrenzung vgl. neuerdings J. HELMRATH, „‚Geistlich und werntlich'. Zur Beziehung von Konzilien und Reichsversammlungen im 15. Jahrhundert", in *Deutscher Königshof, Hoftag und Reichstag im späteren Mittelalter*, hrsg. v. P. MORAW (Vorträge und Forschungen 48), Stuttgart 2002, 477-517. Allgemein vgl. auch J. MIETHKE, „Die Konzilien im 15. Jahrhundert als Drehscheibe internationaler Beziehungen", in *Zwischen Habsburg und Burgund. Der Oberrhein als europäische Landschaft im 15. Jahrhundert*, hrsg. v. K. KRIMM und R. BRÜNING (Oberrheinische Studien 21), Ostfildern 2003, 257-74.

[44] Vgl. im Einzelnen insbes. D. MERTENS, „Reformkonzilien und Ordensreform im 15. Jahrhundert", in *Reformbemühungen und Observanzbestrebungen im spätmittelalterlichen Ordenswesen*, hrsg. v. K. ELM (Berliner Historische Studien 14 = Ordensstudien 6), Berlin 1989, 431-57; auch J. HELMRATH, „*Capitula.* Provinzialkapitel und Bullen des Basler Konzils für die Reform des Benediktinerordens im Reich", in *Festschrift Meuthen* 1 (s. Anm. 22), 87-121.

nicht ganz einfach von den Konzilien zu trennen, wohl aber zu unterscheiden.[45] Sie weisen uns auf ein Phänomen hin, das für die Zeitgenossen wichtig gewesen sein muss: Die Konzilien des 15. Jahrhunderts etablierten sich ihrer Tradition zuwider als auf Dauer gestellte und fast bereits stabile Einrichtungen, die auch gegen die päpstliche Kirchenregierung in Konkurrenz traten. Hatte das Konstanzer Konzil die Flucht des Papstes mit dem Dekret *Haec sancta*[46] beantwortet und dort seine eigene Berufung und Existenz unmittelbar von Christus abgeleitet, hatte dieselbe Kirchenversammlung noch vor der neuen Papstwahl durch das Dekret *Frequens*[47] eine Verstetigung des Rhythmus von Konzilsversammlungen beschwörend festgelegt, so neigte das Basler Konzil in Aufnahme dieser Beschlüsse[48] sehr bald dazu, sich selbst und seine eigene Dauer geradezu sakrosankt zu setzen. Niemand sollte das Konzil gegen dessen Willen auflösen dürfen. Hier wurde aus einer ephemeren Versammlung fast schon eine dauerhafte Institution, aus dem *frequens* (der häufigen Abhaltung von Konzilien) nachgerade ein *semper* (das Konzil als Dauereinrichtung).

Die Basler bildeten im Wettlauf mit der päpstlichen Kurie, die damals gerade nicht in Rom stabil weilen konnte, sondern sich in Florenz sozusagen auf Wanderschaft befand, eine eigene „Behördenorganisation" aus.[49] Über die selbstverständlich nötige Sekretariatsunterstützung der konziliaren Debatten hinaus wurden ein Obergericht (in einer konziliaren *Rota*[50]), ein eigenes Finanzwesen, eigene Exekutivorgane und ein intensives Ge-

---

[45] Das Konzil selbst nutzte solche Unterscheidung taktisch (s. oben Anm. 42).

[46] *COD*^{3}, 409-10. Auf die Literaturlawine zu diesem Dekret ist hier ebensowenig einzugehen, wie auf die vergleichbar mächtige zu *Frequens* (vgl. die folgende Anm.).

[47] *COD*^{3}, 438-39.

[48] Beide Dekrete wurden in Basel ausdrücklich erneut aufgenommen und beschlossen, *Frequens* gleich in der ersten Generalsession: *COD*^{3}, 456, *Haec sancta* auf der zweiten: *COD*^{3}, 457 (beide auch in *Quellen zur Kirchenreform im Zeitalter der großen Konzilien des 15. Jahrhunderts* 2, hrsg. v. J. MIETHKE und L. WEINRICH [Freiherr vom Stein-Gedächtnisausgabe A38b], Darmstadt 2002, 178-87 [Nr. VII-VIII]; vgl. auch die Wiederholung von *Haec sancta* in Basel in den berühmten *Tres veritates* [vom 16. Juni 1439], *Ibid.*, 396-97 [Nr. XXIII]).

[49] Vgl. nur den Titel der Dissertation von P. LAZARUS (s. oben Anm. 37). Demnächst dazu eine neue Analyse durch H. GILOMEN in einem den Konzilen des 15. Jahrhunderts gewidmeten Band des Konstanzer Arbeitskreises, hrsg. v. J. HELMRATH und H. MÜLLER (voraussichtl. 2007).

[50] Die wichtigsten Quellen liegen jetzt vor: *Die Rotamanualien des Basler Konzils. Verzeichnis der in den Handschriften der Basler Universitätsbibliothek behandelten Rechtsfälle*, bearb. v. H. GILOMEN, Tübingen 1998.

sandtschaftswesen[51] etabliert. Bis zum Anfang der 40er Jahre waren all diese Einrichtungen auch durchaus erfolgreich tätig. Man kann sich darüber streiten, ob all das aus eigenem Antrieb der Konzilien in dem anwachsenden Konfliktstau mit Papst Eugen IV. geschah, oder ob es v.a. die Anmutungen aus der Umgebung waren, die eine irgendwie geartete konsistente Antwort der Konzilien erforderlich machten und sozusagen eine Institutionalisierung erzwangen. Entscheidungsbegehren bei strittigen Wahlen (wie bei der Wahl im Trierer Erzbistum, die ja Nikolaus von Kues als den Prozessvertreter des später unterlegenen Kandidaten nach Basel geführt hat), Pfründstreitigkeiten, die jetzt scheinbar zu günstigeren Kosten diesseits der Alpen zu erledigen waren, Anträge auf eine Entscheidung in konkreten Zwistigkeiten und Prozessen, die in der stark verrechtlichten Kirche des Spätmittelalters an der Tagesordnung waren: All das sollte auf den Konzilien entschieden werden. Je länger diese tagten, umso aussichtsreicher schien es, sich zunächst an das Konzil zu wenden.

Nachdem wir – schon fast allzu ausführlich – die Struktur der Konzilien betrachtet haben, wenden wir uns nun ihrer Bedeutung zu, ihrer Wirkung auf die Zeitgenossen. Es ist zunächst die Konkurrenzsituation mit der Kurie, die uns die kulturelle Bedeutung der Konzilien besser zu verstehen hilft. Wie die Kurie des Papstes als Ziel und Zentrum klerikaler Sehnsucht Tausende von Klerikern anzog, die dort versuchten, eine Pfründe oder doch wenigstens ein Einkommen und eine Förderung durch hochvermögende Gönner zu ergattern, so wirkten jetzt auch die längerfristig etablierten Konzilien wie Magnete insbesondere auf die Kirchenleute, wenn wir das fahrende Volk und die Schausteller, die Dienerschaften und die Gelegenheitsarbeiter einmal beiseite lassen. Ebenso wie an der Kurie konnte man auch auf dem Konzil eine für die eigenen Interessen günstige Entscheidung erwarten – und das Konzil lag für die Mehrzahl seiner Besucher nicht jenseits der Alpen, sondern geradezu vor der Haustür. In einer Jenenser Dissertation von 2002 hat Robert Gramsch eine eingehende statistisch-prosopographische Analyse von sämtlichen ermittelbaren mittelalterlichen juristischen Besuchern der Universität Erfurt vorgelegt.[52]

---

[51] Dazu fehlt eine neuere Übersicht; vgl. aber W. SIEBERG, *Studien zur Diplomatie des Basler Konzils* (masch. Phil. Diss.), Heidelberg 1952. Eine interessante Beleuchtung verschiedener Finanzprobleme jetzt exemplarisch bei C. KLEINERT, *Philibert de Montjeu ca. 1374-1439. Ein Bischof im Zeitalter der Reformkonzilien und des Hundertjährigen Krieges* (Beihefte der Francia 59), Ostfildern 2004, 303-6, 382-97.

[52] R. GRAMSCH, *Erfurter Juristen im Spätmittelalter. Die Karrieremuster und Tätigkeitsfelder einer gelehrten Elite des 14. und 15. Jahrhunderts* (Education and Society in the Middle Ages and Renaissance 17), Leiden-Boston 2003, bes. 424-36.

Die Studie kommt zu überraschend gleichförmigen Ergebnissen für die Gruppe von immerhin mehr als 80 erfassten Personen, die als Konzilsbesucher in Konstanz und Basel nachzuweisen sind. Karrieremuster und Beschäftigung, Ambition und Pfründenerfolg sind hier wie dort sehr ähnlich, und selbst die Altersverteilung der Konzilsbesucher unterscheidet sich nicht signifikant von der der vorherigen und späteren Kurienbesucher. Vor allem zeigen sich wegen einer spezifischen Quellenlage in Basel schon relativ frühzeitig persönliche Netzwerke, die das Konzil als Betätigungs- und Begegnungsort ehrgeiziger und formell gut gebildeter Kleriker erweisen, die sich dort – ähnlich wie an der Kurie – trafen, zusammen- und gegeneinander arbeiteten und einen Weg zu einer befriedigenden Stellung mit einer ausreichenden Pfründeversorgung fanden. Die Stellung eines Generalvikars des Bischofs in der Bamberger Diözese oder eine Beschäftigung in der bischöflichen Administration des Trierer Erzbischofs, auf welchen wir solche Männer am Ende antreffen,[53] war ja wirklich kein verächtlicher Lebenserfolg für einen jungen Klerikerjuristen nichtadeliger Herkunft.

Nicht allein als Behördenorganisation und Pfründenmarkt trat das Konzil mit der Kurie in Konkurrenz; auch in den „weicheren“ Funktionen der Kirchenzentrale konnten die Konzilien mit dem päpstlichen Hof in einen veritablen Wettbewerb treten. Die intellektuelle Herausforderung, die für empfindliche Gemüter allein die Erfahrung des Ortes der zentralen Entscheidungen bedeuten musste, die stimulierende Erwartung persönlicher Begegnung mit wichtigen oder interessanten Personen, die manch einen Rombesuch beflügeln mochte, zeigt sich auch bei den Konzilien, vielleicht sogar in noch höherem Maße als bei der Kurie. Auf den Konzilien waren gleichzeitig und nicht in sukzessiver Folge an einem Ort zahlreiche berühmte oder doch namhafte Leute anzutreffen, die man sonst an sehr verstreuten Orten hätte aufsuchen müssen. Weitere Namen begannen erst auf dem Konzil wirklich zu strahlen, da ihre Träger dort die rechte Antwort auf Fragen der Zeit zu finden oder ein großes Wort zu führen wussten. Karrieresprünge von einem unbekannten jungen Gelehrten mitten in das Zentrum des Geschehens waren zuvor doch nur in Ausnahmefällen möglich gewesen. Auf den Konzilien schienen sie, wenn nicht an der Tagesordnung, so doch in Reichweite. Aus der berühmten Riege von bedeutenden Professoren der Schismazeit, die auf den Konzilien ihre Kar-

[53] Hier genannt nach GRAMSCH, *Erfurter Juristen* (s. Anm. 52), 436 (Johannes von Frankfurt und Heinrich Ubelein). Die Beispiele ließen sich mühelos vervielfachen!

riere vollendeten, seien hier nur Francesco Zabarella[54] aus Padua (Kardinal Johannes' XXIII.), Pierre d'Ailly[55] aus Paris (ebenfalls Kardinal des Pisaner Papstes) und dessen Schüler Jean Gerson genannt, die in Konstanz schließlich für alle sichtbar agierten. In Basel finden wir vergleichbar den ursprünglich päpstlich beauftragten Präsidenten des Konzils, Kardinal Giuliano Cesarini, und etwa auch einen seiner anfänglichen Stellvertreter, den Dominikanertheologen Johannes Stoikovic von Ragusa. Daneben stehen hier die zu allgemeinem Ruhm erst am Ort aufsteigenden Theologen Johannes von Segovia, Juan de Torquemada, die Juristen Nicolaus de Tudeschi (der „Panormitanus"),[56] Thomas de Courcelles,[57] oder Ludovico Romano[58] und Nikolaus von Kues (und viele andere).

Die Konzilien und die Medien der Kommunikation: Dieses Thema

---

[54] Zusammenfassend D. GIRGENSOHN, „Francesco Zabarella aus Padua. Gelehrsamkeit und politisches Wirken eines Rechtsprofessors während des großen abendländischen Schismas", in *Zeitschrift der Savignystiftung für Rechtsgeschichte*: Kanonist. Abt. 79 (1993), 232-77.

[55] Zu ihm v.a. jetzt B. GUENÉE, *Entre l'Église et l'État. Quatre vies de prélats français à la fin du Moyen Âge* (Bibliothèque des Histoires), Paris 1987, 125-299; zusammenfassend etwa J. MIETHKE, „Peter d'Ailly", in *LThK*^{3} 8 (1999), 101-3; zuletzt vgl. etwa L. PASCOE, *Church and Reform. Bishops, Theologians and Canon Lawyers in the Thought of Pierre d'Ailly 1351-1420* (Studies in Medieval and Reformation Traditions. History, Culture, Religion, Ideas 105), Leiden-Boston 2004.

[56] Zu ihm K.W. NÖRR, *Kirche und Konzil bei Nicolaus de Tudeschis (Panormitanus)* (Forschungen zur kirchlichen Rechtsgeschichte und zum Kirchenrecht 4), Köln-Graz 1964; vgl. auch die – freilich bisweilen problematischen – Ausführungen von A. VAGEDES, *Das Konzil über dem Papst? Die Stellungnahmen des Nikolaus von Kues und des Panormitanus zum Streit zwischen dem Konzil von Basel und Eugen IV.* (Paderborner Theologische Studien 11), Paderborn 1980.

[57] V.a. H. MÜLLER, „Thomas von Courcelles. Zum Lebensweg eines Pariser Universitätslehrers und Basler Konzilsvaters am Ausgang des Hundertjährigen Krieges", in *Väter der Kirche. Ekklesiales Denken von den Anfängen bis in die frühe Neuzeit. Festschrift für P. Hermann-Josef Sieben SJ*, hrsg. v. J. ARNOLD et al., Paderborn 2004, 861-915.

[58] Zu Ludovico Pontano, der 1439 in Basel der Pest erlag, existiert m.W. keine neuere Gesamtuntersuchung. Ich merke hier nur an, dass das Dominikanerkloster Wien ein Ms. mit einigen seiner Basler Schriften besitzt (Wien, Dominikanerkloster, Cod. 195/160), das aus dem Nachlass des Konzilsteilnehmers Heinrich Rotstock O.P. stammt, der es 1439 in Basel erworben hat. Dort heißt es z.B. f. 32v: „Explicit tractatus optimus de potestate universalis ecclesie comparatus per me magistrum Henricum Rotstock de Colonia ordinis predicatorum, sacre theologye professorem studii Wiennensis in sancto concilio Basiliensi anno etc. 39 in die sancti Jacobi apostoli [25. Juli] in castro beate Marie virginis." Zu Rotstock vgl. etwa I.W. FRANK, *Hausstudium und Ordensstudium der Wiener Dominikaner bis 1500* (Archiv für Österreichische Geschichte 127), Wien 1968, 206-10 (zum genannten Codex, 209-10).

verlangt nach einer Untersuchung der Schriftlichkeit. Das hohe Niveau der offiziellen schriftlichen Fixierung, das schon in Konstanz erreicht und in Basel weiter verfeinert worden war, sorgte dafür, dass sich für beide Konzilien, wiederum ganz ähnlich wie für die Römische Kurie, Überlieferungschance und Überlieferungszufall verschwisterten, um dem Historiker einen für das 15. Jahrhundert unerwartet breiten Strom von schriftlichen Quellenzeugnissen zu präsentieren. Auf dem Konzil wanderten nicht nur die wichtigsten Traktate, die in scholastischer Methode die jeweils strittigen Fragen mehr oder minder ausführlich behandelten, sozusagen von Hand zu Hand.[59] Wichtige Texte sind öfters schon während ihrer Niederschrift bei befreundeten Konzilsvätern benutzt und verarbeitet worden.[60] In Basel etwa wurden die pointierten Stellungnahmen im alltäglichen Meinungsstreit auf Verlangen von den eigens für solche Zwecke eingesetzten Konzilsnotaren in Einzelabschriften gegen eine feste Gebühr ausgefertigt. Sogar ein Spiel mit den Protokollausfertigungen ließ sich zu taktischen Verzögerungsmanövern gegen eine missliebige Beschlussvorlage verwenden, wie Johannes de Segovia berichtet. Als im November 1433 in der Reformdeputation über ein Dekret beraten wurde, das die regelmäßige Abhaltung von Diözesan- und Provinzialsynoden einschärfen sollte, wandten sich zwei Gruppen gegen bestimmte Klauseln des Entwurfs, die ihre Interessen berührten, zum einen die exemten Orden, die künftig an den regionalen Partikularsynoden teilnehmen sollten, und zum anderen die Ortsbischöfe, denen scharfe Strafen angedroht wurden, sofern sie die Synoden etwa nicht abhalten oder besuchen sollten. Die Bischöfe forderten, jedem von ihnen solle ein Text des Dekretentwurfes ausgehändigt werden. Sie erreichten dadurch, dass die Konzilsnotare mehrere Tage beschäftigt waren und die schließliche Verkündung des Dekrets hinausgeschoben werden musste, wobei auch der Text offenbar im Sinne der Proteste etwas entschärft worden ist, sprach er doch nun nicht mehr von der Präsenzpflicht der Exemten und begrenzte auch die Strafklauseln für die

[59] Bezeichnend der Jubelruf Job Veners auf dem Konstanzer Konzil; vgl. JOB VENER, *Avisamentum*, zuletzt in *Quellen zur Kirchenreform* 1 (s. Anm. 8), 378-415, hier 382: [Nachdem er fünf einzelne Reformschriften aufgeführt hat, fährt der Autor fort:] „Isti quinque libri seu tractatus et sacri canones pervenerunt ad manus fere omnium in hoc sacro concilio fideliter laborancium et divulgati sunt aut divulgabuntur[!] per totam christianitatem ad omnes doctores et fideliores....“

[60] Auf ein bezeichnendes Beispiel für solchen Manuskripttausch im Entstehungsprozess machte Erich Meuthen aufmerksam. Johannes von Ragusa benutzte die *Concordantia catholica* des Cusanus unmittelbar seit ihrer Niederschrift; vgl. MEUTHEN, Acta Cusana 1, Lfg. 1 (s. Anm. 30), 130 (Nr. 202a).

bischöflichen Ordinarien.[61]

Doch ging es auf den Konzilien nicht nur um die quasi-offizielle Verbreitung der konzilswichtigen Texte. Auch Autoren von Schriften oder Anhänger bestimmter Traditionen konnten sich an die Konzilsöffentlichkeit wenden und ihre Statements oder Traktate, die Texte ihres Interesses oder ihrer eigenen Produktion dort propagieren. Die übliche Form der Buchherstellung im Zeitalter der handschriftlichen Vervielfältigung freilich erschwerte es, dass der interessierte Autor selbst die Kosten und die Mühe der Kopierarbeit übernahm oder auch nur übernehmen konnte. Kopierarbeit war mühselig und zeitraubend, die Herstellung eines einzigen Exemplars eines umfänglicheren Schriftstücks dauerte Wochen und Monate. Da konnte niemand auf Vorrat arbeiten. Man konnte aber sehr wohl andere interessieren und sie dann zu jeweils eigener Schreibarbeit veranlassen. Eben dies wurde auf den Konzilien des 15. Jahrhunderts immer wieder versucht.

Damit aber hielten sich auch die Konzilsbesucher ganz eng an die allgemein gebräuchlichen Gepflogenheiten des im Mittelalter auch sonst zu beobachtenden literarischen Marktes. Denn im Mittelalter wurden in aller Regel nicht fertige Bücher hergestellt und dann einem Publikum angeboten, vielmehr suchte sich ein Interessent bzw. präsumptiver Käufer eines Textes die Vorlage, aus der er den von ihm gewünschten Text entweder selber mühselig abschreiben musste oder durch bezahlte Schreiber für sich abschreiben lassen konnte, Schreiber, die er entweder in seinem Haushalt bei sich angestellt hatte, oder die er als Lohnkopisten auf dem lokalen Markt anheuerte.[62] Auf den Konzilien verfuhr man offenbar immer wieder genau nach dieser Methode. Vertraute (wie etwa ein Helwig von Boppard im Gefolge des Cusanus),[63] angestellte Schreiber des eigenen Gefolges

---

[61] Vgl. etwa *Quellen zur Kirchenreform* 2 (s. Anm. 48), 280-85 (Nr. XIIIc); dazu auch die Einleitung *Ibid.*, 54-55.

[62] Zusammenfassend etwa J. MIETHKE, „Wissenschaftliche Politikberatung im Spätmittelalter. Die Praxis der scholastischen Theorie", in *Theoretische Reflexion in der Welt des späten Mittelalters. Political Thought in the Age of Scholasticism*, hrsg. v. M. KAUFHOLD (Studies in Medieval and Reformation Thought 103), Leiden-Boston 2004, 337-57.

[63] E. MEUTHEN, *Das Trierer Schisma von 1430 auf dem Basler Konzil* (Buchreihe der Cusanus-Gesellschaft 1), Münster 1964, 279-80 (Register), sowie die Ergebnisse der Einleitung in NICOLAUS DE CUSA, *De maioritate auctoritatis sacrorum conciliorum supra auctoritatem papae*, hrsg. und erl. v. E. MEUTHEN (Cusanus-Texte 2.2 = Abhandlungen der Heidelberger Akademie der Wissenschaften, Philosophisch-Historische Klasse 1977.3), Heidelberg 1977, 8-10, und die zahlreichen Einträge zu Helwig, nachgewiesen in E. MEUTHEN, Acta Cusana. *Quellen zur Lebensgeschichte des Nikolaus von Kues* 1, Lfg. 4, Hamburg 2000, 1693 (Register).

oder Lohnschreiber, die sich in den Konzilsstädten gleich hoffnungsvoll zuhauf einstellten, kopierten im Dienste ihrer Auftraggeber Texte von deren Interesse, die dann später nach dem Ende der Konzilien im Gepäck mit in die Heimat reisen mochten.

Es konnte lange dauern, bis eine Kopie fertig war. Der Dominikanertheologe Johannes von Ragusa hat in Siena auf dem Konzil begonnen, für sich den Traktat des Pierre d'Ailly *De ecclesiastica potestate* abzuschreiben, ist aber dort mit dieser Arbeit offenbar nicht fertig geworden. Darum hat er seine Kopierarbeit dann sieben Jahre später (mit dem Konzilsanfang 1431) in Basel fortgesetzt, sobald er wieder in Besitz einer Vorlage gelangt war.[64] Das Beispiel zeigt uns auch, wie schwierig es selbst bei heute bekannten Texten werden konnte, sich eines Exemplars zu versichern. Wir kennen natürlich auch Handschriften, die sich aus eigenhändigen und Fremdkopien des Erstbesitzers zusammensetzen: So hat ein Schwede auf dem Konzil in Konstanz monastische Texte und das sozialtheoretisch abgezweckte Schachbuch des Jacobus von Cessolis zusammengestellt.[65] Der hier nur schematisch und flüchtig gezeichnete Mechanismus erklärt uns nicht zuletzt die eindrucksvolle Verbreitung von Konzilstexten, Acta, Beschlussvorlagen, Memoranden und begleitenden Traktaten in allen Handschriftensammlungen Europas, von Italien und Spanien bis nach England und Schweden und von Frankreich und Deutschland bis Polen und Sankt Petersburg.

Ich muss nicht eigens betonen, dass diese Form des Handschriftenmarktes sich gehörig ausnutzen ließ, v.a., dass die Gelegenheit der Kirchenversammlungen zum Schriftentausch und zum Handschriftenerwerb nicht nur den Konzilstexten im engeren Sinn zugute kam. Die große Chance des konziliaren Büchermarktes stand auch anderen Texten und Themen offen, die mit dem Konzilsgeschehen allenfalls in wesentlich weiterem oder auch in gar keinem unmittelbaren Zusammenhang standen. Am Konzilsort trafen sich Kleriker, d.h. schriftkundige und schreibfertige

[64] Basel, Universitätsbibliothek, A.V.13, f. 286v: „Explicit tractatus de ecclesiastica potestate editus per dominum cardinalem Cameracensem et per me fratrem Jo. de Ragusio transscriptus pro parte Senis et finitus Basilee in conciliis generalibus, 1431 in vigilia sancti Mathei apostoli et evangeliste [20. September] ad laudem omnipotentis dei. Amen." Zitiert nach dem *Katalog der datierten Hss. in der Schweiz in lateinischer Schrift vom Anfang des Mittelalters bis 1550* 1, hrsg. v. B.M. VON SCARPATETTI [u.a.], Dietikon-Zürich 1977, Teil 1 (Text), 41, Nr. 110. Zusammen mit zahlreichen anderen Handschriften gelangte das Ms. beim Tode des Theologen (1443) an das Basler Dominikanerkloster.

[65] Z.B. Uppsala, Universitetsbibliotek, Cod. C.26 (im Einband), vgl. MIETHKE, „Forum" (s. Anm. 1), 762, A.86.

Männer, aus vielen Ländern Europas, die jeweils mehr oder minder verschiedene regionale heimatliche Traditionen im Rücken hatten und auch den Zugang zu sehr unterschiedlichen Textbeständen, sei es in ihrer Handbibliothek, sei es in ihren Heimatbibliotheken hatten. Aus der Kleinräumigkeit der mittelalterlichen Lebenswelt konnte man hier an einem Ort aufeinander treffen. Das Bewusstsein, dass das dem einzelnen Teilnehmer eine einmalige Chance der Teilhabe bot, ist auch in der Tat anzutreffen, so bei Enea Silvio Piccolomini, dem späteren Papst Pius II., der in seinem Dialog *Somnium* vermerkt, es reue ihn nicht, dem Basler Konzil beigewohnt zu haben, „in qua lumina nostri orbis excellentiora fuerunt: multa illic didici, que adhuc meminisse iuvat."[66]

Da konnte getauscht und kopiert werden, da boten sich langersehnte Chancen, die durchaus beglückende Folgen haben konnten, wie wir heute nur noch aus eher zufälligen Notizen in den Handschriften lesen können. In einem Manuskript der *Cosmographia* des Claudius Ptolemaeus, das heute in Reims liegt, findet sich ein exemplarischer eigenhändiger Eintrag des ersten Besitzers, des Kardinals Guillaume Fillastre, der für sich selbst spricht: „Nach diesem Buch habe ich viele Jahre lang gejagt, und als ich es endlich aus Florenz bekommen konnte, habe ich es hier [gemeint ist: in Konstanz] abschreiben lassen. Ich schenke es nun der Dombibliothek von Reims, die es bitte, bitte sorgfältig hüten soll!"[67] Der Kardinal zeigt sich offenbar darum bemüht, seine eigenen Mühen bei der Jagd nach diesem Text nachfolgenden Generationen zu ersparen. Wirklich blieb sein Bitten nicht vergeblich: Das Buch gehört heute noch zu den Schätzen der Reimser Bibliothek. „Dies Buch haben die Spanier auf das Konzil mitgebracht", notiert in Basel ein Kopist, der Dominikaner Albert Löffler, in sein Exemplar einer Bibelkonkordanz,[68] die dann in Basel noch lange be-

---

[66] AENEAE SILVII PICCOLOMINI SENENSIS *qui postea fuit Pius II pontifex maximus Opera inedita*, ed. J. CUGNONI, in *Atti della Romana Accademia dei Lincei, Memorie della classe di scienze morali, storiche e filologiche* 3.8, Roma 1882-1883, ND Farnborough, Hants 1968, 319-686, hier 578; hier zitiert nach J. HELMRATH, „*Vestigia Aeneae imitari.* Enea Silvio Piccolomini als ‚Apostel' des Humanismus. Formen und Wege seiner Diffusion", in *Diffusion des Humanismus. Studien zur nationalen Geschichtsschreibung europäischer Humanisten*, hrsg. v. J. HELMRATH, U. MUHLACK und G. WALTHER, Göttingen 2002, 99-141, hier 103.

[67] Reims, Bibliothèque Municipale, Ms. 1320, f. 1: „Ego Guilelmus cardinalis S. Marci hunc librum quem habere multis annis prosequutus sum et habitum de Florencia transscribi hic feci, dono bibliothece ecclesie Remensis, quem bene custodiri precor; credo enim hunc librum esse primum in Galliis."

[68] Basel, UB, A.VI.4, f. 169v: „Allata est autem materia huius libri per Hyspanos ad sacrum concilium Basiliense...."

nutzt werden konnte und sicherlich auch benutzt worden ist. Man konnte also unverhofft fündig werden auf dem großen Büchermarkt, den das Konzil alsbald informell anbot.[69] Man konnte an diesen Chancen natürlich auch vorbeigehen, aber die Textgeschichte konzilsrelevanter und anderer Texte zeigt immer wieder, dass es hinreichend viele Konzilsväter gab, die ihre Codices mit nach Basel gebracht hatten oder sich nun mit bisher unerreichbarer Basisliteratur und Spezialuntersuchungen zu ganz verschiedenen Interessensgebieten versorgten.

Dass auch bewusst die Chance der großen Kirchenversammlung zur Textverbreitung gesucht und wahrgenommen wurde, lässt sich ebenfalls belegen. In Konstanz und in Basel ist in Einzelfällen auch das an den Universitäten fest zum Programm der Textversorgung gehörende Gruppendiktat, die sogenannte *pronuntiatio*[70] angewandt worden. In einer Kirche oder einer *stufa*, einer Stube etwa einer Handwerkerzunft oder eines Klosters, wurden mehrere Tage, ja Wochen hintereinander Verlesungen von Texten veranstaltet, die von ihrem Auftraggeber und von den sich einfindenden Zuhörern des Mitschreibens wert gehalten wurden. Wir wissen von Pierre d'Ailly, Jean Gerson, Jean Mauroux und Ludovicus Romanus, dass sie sich in Konstanz oder in Basel dieser Technik bedienten, um eigene Traktate unter die Leute zu bringen.[71] Die große polnische Konzilsdenkschrift des Thomas von Strzempin[72] wurde im Juli 1441 vier Tage

---

[69] Dazu die klassische Studie von P. LEHMANN, „Konstanz und Basel als Büchermärkte während der großen Kirchenversammlungen", jetzt in IDEM., *Erforschung des Mittelalters. Ausgewählte Abhandlungen und Aufsätze* 1, München 1941, 253-80; jetzt weiterhin M. STEINMANN, „Ältere theologische Literatur am Basler Konzil", in *Xenia medii aevi historiam illustrantia: oblata Thomae Kaeppeli O.P.* 2, ed. R. CREYTENS O.P. et P. KÜNZLE O.P. (Storia e letteratura 142), Roma 1978, 471-82; MIETHKE, „Forum" (s. Anm. 1); HELMRATH, „Kommunikation" (s. Anm. 1).

[70] Allgemein bereits W. WATTENBACH, *Das Schriftwesen im Mittelalter*, Leipzig ³1896, ND Graz 1956, 563-65; dazu etwa die Bemerkungen von J. MIETHKE, „Die mittelalterliche Universität und das gesprochene Wort", in *Historische Zeitschrift* 251 (1990), 1-44, bes. 23-27; jetzt in J. MIETHKE, *Studieren an mittelalterlichen Universitäten. Chancen und Risiken* (Education and Society in the Middle Ages and Renaissance 19), Leiden-Boston 2004, 453-91, hier 469-73.

[71] Vgl. etwa MIETHKE, „Forum" (s. Anm. 1), 753-55; sowie HELMRATH, „Kommunikation" (s. Anm. 1), 161 mit Anm. 198. Für Ludovico Pontano heißt es anschaulich bei IOANNES DE SEGOVIA, *Historia gestorum* 2 (s. Anm. 33), 1143: „Plures de auctoritate concilii supra papam pronunciari fecit, quas plurimi scripserunt nominis excellencia sui magnam scriptis suis ut multiplicarentur tribuente auctoritatem."

[72] THOMAS VON STRZEMPIN, *Determinatio Basiliensis seu tractatus communis universitatis Cracoviensis*, ed. W. BUCICHOWSKI, in *Polskie tractaty koncyliarystyczne z połowy*

lang durch den Konzilsnotar Thomas Chesneloti öffentlich verlesen und anschließend zu den Akten genommen, aus denen die Konzilsnotare sie jederzeit (gegen eine feste Gebühr) abschriftlich ausliefern konnten.[73] Ein weiteres Exempel findet sich in einer harmlosen *ars memorativa*, einer Anleitung zum Gedächtnistraining, die im französischen Quartier zu Basel als Gruppenvorlesung vorgestellt und verbreitet wurde.[74] Ein anderes Beispiel werden wir gleich noch zu Gesicht bekommen. Es steht zu erwarten, dass sich noch weitere derartige Fälle finden lassen. Die Frage verdiente insofern eine eingehendere Untersuchung als hier der herkömmliche, an den Käufern und an ihrer Nachfrage ausgerichtete Textmarkt der Abschreibvorlagen deutlich in Richtung auf einen an einem auktorialen Anbieter (ja geradezu gewissermaßen auf einen „Verleger") eines Endproduktes orientierten Büchermarkt hin überschritten ist. Damit scheinen hier bereits Formen der Textverbreitung vorweggenommen, die sich allgemein erst mit der Erfindung des Buchdrucks durchsetzen werden. Die Konzilien sind zumindest in Beziehung auf den Schriftenmarkt im Gefolge der Universitäten der Gutenberg-Galaxie der Moderne erkennbar einen Schritt vorangegangen. Nun waren freilich die Veranstaltungen, in denen ein längerer Text in gewiss monotoner Langsamkeit *tractim* (d.h. zum Mitschreiben oder richtiger: zum relativ langsamen Mitziehen der Feder über das Papier in der kürzelreichen Kursive der schreibgewohnten Zuhörer) diktiert wurde,[75] keine aufregende Erfahrung. Verständnisvolle Kenntnis-

---

XV wieku (Textus et studia historiam theologiae in Polonia excultae spectantia 23), Warszawa 1987, 167-230.

[73] *Concilium Basiliense. Studien und Quellen zur Geschichte des Consils in Basel* 7, hrsg. v. J. HALLER, Basel 1910, 390-; vgl. auch IOANNES DE SEGOVIA, *Historia gestorum* 2 (s. Anm. 33), 956-, hier 957: „Tractatus... per Thoman Chesneloti notarium concilii fuit lectus coram partibus per dies quatuor." Zitiert auch bei T. WÜNSCH, *Konziliarismus und Polen. Personen, Politik und Programme aus Polen zur Verfassungsfrage der Kirche in der Zeit der mittelalterlichen Reformkonzilien* (Konziliengeschichte, Reihe B: Darstellungen), Paderborn 1998, 149. Offenbar handelt es sich hier um eine spezifisch konziliare Kombination der beiden an den Universitäten und im Rechtsverkehr entwickelten rationellen Vervielfältigungswege, des Gruppendiktats und der Notariatsausfertigung.

[74] Wien, ÖNB, Cod. 4096: „Incipit ars memorativa cara, rara, brevis et subtilis, pronunciata, lecta et declarata realiter cum effectu, optime compilata et finita... anno domini 1443 in palacio deputacionis Parisiensis apud fratres Augustinenses per quendam doctorem." (Das Ms. selbst stammt freilich aus Mondsee und wurde 1478 geschrieben; es ist also eine Kopie der in Basel entstandenen Vorlage.)

[75] Diese Formulierung wurde gebraucht nach dem statutarischen Verbot solcher *tractim* gehaltener Vorlesungen durch die Universität Paris bereits 1355, was die Vorlesungen davor bewahren sollte, zu Gruppendiktaten zu entarten; s. *CUP* 3, 39-40 (Nr. 1229); hier wird dagegen eine *raptim* vorgetragene Vorlesung gefordert.

nahme, Freude und Genuss waren gewiss allererst den Lesern der hier entstehenden Handschriften vorbehalten.

Natürlich waren, wir sagten es bereits, die Konzilien keineswegs ausschließlich auf die Verbreitung ihrer eigenen Basistexte fixiert. Es ergab sich, dass auf dem Konzil auch andere Gelegenheit zu intellektueller Unterhaltung und Abwechslung geboten wurde. Auch hier konnte man dem Vorbild der römischen Kurie folgen, die seit der Gründung des *studium curiae* durch Papst Innozenz IV. (1244) schon anderthalb Jahrhunderte lang eine eigene Universität mit Lehrbetrieb und Graduierungen in freilich unterschiedlicher Intensität betrieben hatte.[76] Sowohl in Konstanz,[77] als auch in Basel[78] wurde eine Konzilsuniversität eingerichtet. Dass hier v.a. das Kirchenrecht gelehrt wurde, zeigt dann die vorwiegend praktischen Zwecke und die Karriereinteressen, die ihre Besucher und Benutzer verfolgten. Wir hören freilich auch, dass zur Zeit der Verhandlungen mit der Ost-Kirche im Juni 1437 ein Grieche namens Demetrios dort Vorlesungen zur griechischen Grammatik halten konnte, eine durchaus seltene Disziplin an den europäischen Hochschulen der Zeit. Demetrios ist dann schon zwei Jahre später 1439 einer Einladung an die Universität Krakau gefolgt und hat in Basel keine Nachfolge gehabt.[79] Die Neubegründung der eher informellen Konzilsuniversität zu einer offiziellen Kurienuniversität durch den Konzilspapst Felix V. (am 5. November 1440)[80] zeigte dann später immerhin so viel Wirkung, dass sich die Basler nach fast zwei Jahrzehnten (1459/1460) an deren Aktivitäten mit einer gewissen Nostalgie erinnerten und bei Papst Pius II. – das war niemand anders als der frühere Konzilsbesucher Enea Silvio Piccolomini – um die Errichtung einer eige-

[76] Grundlegend R. CREYTENS O.P., „Le *studium Romanae curiae* et le Maître du Sacre Palais“, in *Archivum Fratrum Praedicatorum* 12 (1942), 5-83. Vgl. auch A. PARAVICINI BAGLIANI, „La fondazione dello *studium curiale*: una rilettura critica“, in *Luoghi e metodi di insegnamento nell' Italia medioevale (secoli XII-XIV)*. Atti del Convegno Internazionale di Studi, Lecce - Otranto, 6.-8.10.1986, a cura di L. GARGAN e O. LIMONE, Galatina 1989, 59-81, jetzt in A. PARAVICINI BAGLIANI, *Medicina e scienze della natura alla corte dei papi di Duecento* (Biblioteca di Medioevo Latino 4), Firenze 1991, 363-91; weitere neuere Literatur bei P.F. GRENDLER, *The Universities of the Italian Renaissance*, Baltimore-London 2001, 56-57.

[77] Die Konstanzer Konzilsuniversität ist ein selten behandeltes Thema; im Forschungsbericht von FRENKEN (s. Anm. 2) kommt sie ebenso wenig vor wie in der zweibändigen Konzilsgeschichte von BRANDMÜLLER (s. Anm. 36).

[78] Hierzu zusammenfassend HELMRATH, *Das Basler Konzil* (s. Anm. 2), 157-60.

[79] IDEM, *Ibid.*, 159.

[80] IDEM, *Ibid.*, 159-60.

nen Basler Universität einkamen.[81]

Auf einer noch weniger institutionalisierten Basis konnten ebenfalls Vorträge, Vorlesungen, Erörterungen stattfinden, von denen wir im allgemeinen wenig wissen, da hier die Chance äußerst gering ist, dass Quellenzeugnisse uns darüber berichten. Wir wissen immerhin, dass (1416-1417) in Konstanz der Franziskanertheologe aus dem Gefolge Gregors XII. Giovanni Bertoldi da Serravalle Dantes Weltgedicht, die *Divina Comedia*, bestimmt zum allerersten Mal in Deutschland öffentlich zum Mitschreiben diktiert hat, freilich naturgemäß nicht in der Sprache des Dichters, die dort vorwiegend wohl nur die Italiener verstanden hätten, sondern in einer lateinischen Übersetzung. Serravalle hat an diese Textvervielfältigung eigene Vorlesungen über die *Comedia* angeschlossen, gewiss die ersten Dantevorlesungen nördlich der Alpen, die es überhaupt gegeben hat.[82] Der neulateinische Poet Benedictus de Pileo hat Vorlesungen über Lukans *Pharsalia* und über Senecas *Briefe* gehalten. Freilich wissen wir nicht, ob er diese Texte auch diktiert hat oder diktieren ließ.[83]

---

[81] E. BONJOUR, „Die Gründung der Universität Basel" ([1]1955), jetzt in IDEM, *Die Schweiz und Europa*, Basel 1958, 397-417; IDEM, „Zur Gründungsgeschichte der Universität Basel", in *Schweizer Zeitschrift für Geschichte* 10 (1960), 59-80; IDEM, *Die Universität Basel von den Anfängen bis zur Gegenwart 1460-1960*, Basel 1960, bes. 21-48; H.G. WALTHER, „Gelehrtes Recht, Stadt und Reich in der politischen Theorie des Basler Kanonisten Peter von Andlau", in *Lebenslehren und Weltentwürfe im Übergang vom Mittelalter zur Neuzeit. Politik - Bildung - Naturkunde - Theologie*, hrsg. v. H. BOOCKMANN, B. MOELLER und K. STACKMANN (Abhandlungen der Akademie der Wissenschaften zu Göttingen, Philologisch-Historische Klasse 3.179), Göttingen 1989, 77-111, bes. 85-94.

[82] *Fratris Johannis de Serravalle Translatio et comentum Dantis Aldighierii, cum textu Italico fratris Bartholomei a Colle*, nunc primum edita, a cura di M. DA CIVEZZA e T. DOMENICHELLI, Prato 1891. (Der Text, überliefert in drei MSS., ist u.a. dem wohl wichtigsten englischen Prälaten auf dem Konzil, dem Bischof von Salisbury Robert Hallum, gewidmet.) Vgl. allgemein etwa A. VALLONE, „Bertoldi, Giovanni (Giovanni da Serravalle)", in *DBI* 9 (1967), 574-78; oder (weniger genau) G. FERRAÙ, „Bertoldi, Giovanni (Giovanni da Serravalle)", in *ED* 1 (1970), 608b-609b. Serravalle ist theologischer Lektor am *studium curiae* Bonifaz' IX. gewesen, dann Lektor am Franziskanerkonvent in Florenz, päpstlicher Diplomat und schließlich seit 1310 Bischof der Diözese Fermo in den Marken (und als solcher auf dem Konzil, wenn er sich auch in seiner Diözese nicht hatte durchsetzen können); von Martin V. wurde er 1418 dann nach dem ebenfalls zum Kirchenstaat gehörenden Fano transferiert (was nominell eine finanzielle Einschränkung bedeutete, denn Fano hatte als Bistum eine nur halb so hohe Servitientaxe wie Fermo; vgl. H. HOBERG, *Taxae pro communibus servitiis* (Studi et testi 144), Città del Vaticano 1949, 53-54 (Fano, 1418: 300 fl.); 54-55 (Fermo, 1410 und 1412: 600 fl.). 1445 starb Serravalle dort.

[83] L. BERTALOT, „Benedictus de Pileo in Konstanz", in *Quellen und Forschungen aus italienischen Archiven und Bibliotheken* 29 (1938-1939), 312-16, jetzt in IDEM, *Studien zum*

Andere Texte haben wegen ihrer Nähe zu den konziliaren Geschäften oder ganz unabhängig davon nachweislich auf den Konzilien ihren Weg gemacht. Franz von Retz, Dominikanertheologe an der Wiener Universität, hat sich bereits 1407 eine Handschrift des *Defensor pacis* des Marsilius von Padua besorgt. 1409 war er Teilnehmer auf dem Pisaner Konzil. Ob er dorthin seinen Codex mitgenommen hat, ist uns unbekannt. Er hat sich jedoch offenbar auf seinen Besuch mit Hilfe dieses Textes vorbereiten können, in den er eigenhändig die Bemerkung einschrieb: „Dieses Buch ist mit größter Vorsicht zu lesen, ist es doch eher ein Störer denn ein Verteidiger des Friedens."[84] Jedenfalls hatten dann andere etwa den Text des *Defensor pacis* nach Basel mitgebracht, denn Nikolaus von Kues hat den Traktat erst dort kennengelernt, mit dem er anscheinend niemals vorher in Berührung gekommen ist.[85] Mitten in der Arbeit an der *Concordantia catholica* gab ihm das große Buch des Paduaners offenbar eine Fülle von Stichworten und aristotelischen Argumenten an die Hand. Der *Defensor pacis* hatte damals aber natürlich eine breitere Aufnahme; er hat nicht allein den Cusanus erreicht.[86] Ähnlich hatte auch Ockham schon während des Schismas und auf den Konzilien[87] eine beachtliche Wirkung entfaltet.

Wir könnten noch lange fortfahren mit bunten Einzelheiten, denn auf den Konzilien trafen sich zahlreiche Menschen, die ihre vorgefassten Meinungen, Erkenntnisse, ihre Vorlieben und Abneigungen mitbrachten und nun auf die Probe stellen konnten. Wenn diese verschiedenen Tempe-

---

italienischen und deutschen Humanismus 2, hrsg. v. P.O. KRISTELLER (Storia e letteratura 129-130), Roma 1975, 305-10; vgl. auch C. GRAYSON, in *DBI* 8 (1966), 443a-44b.

[84] Wien, ÖNB, Cod. 464 (auf dem vorderen Innendeckel): „Istum librum emit magister Franciscus de Retz anno 1407 in die Giordani et Epimachi [d.i. 10. Mai] pro 1 denario Wienn. Qui valde caute legendus est, quoniam pocius offensor pacis quam defensor est." Zitiert nach *Marsile de Padoue*, éd. C. JEUDY et J. QUILLET, avant-propos de B. GUENÉE (Sources d'histoire médiévale), Paris 1979, 46.

[85] Vgl. oben, Anm. 30 zu Entstehung und Überlieferung der *Concordantia catholica*.

[86] Dazu einige Daten bei J. MIETHKE, „Marsilius und Ockham. Publikum und Leser ihrer politischen Schriften im späteren Mittelalter", in *Medioevo* 6 (1980), 534-58, bes. 565-66; vgl. DERS., „Konziliarismus" (s. Anm. 11).

[87] H.S. OFFLER, „The 'Influence' of Ockham's Political Thinking. The First Century", in *Die Gegenwart Ockhams*, hrsg. v. W. VOSSENKUHL und R. SCHÖNBERGER, Weinheim 1990, 337-65, hier 350, jetzt in H.S. OFFLER, *Church and Crown in the Fourteenth Century Studies in European History and Political Thought*, ed. A.I. DOYLE (Variorum Collected Studies Series, CS 692), Aldershot 2000, Nr. X; auch J. MIETHKE, „Zur Bedeutung von Ockhams politischer Philosophie für Zeitgenossen und Nachwelt", ebenfalls in *Die Gegenwart Ockhams*, 305-24, bes. 314-15 (mit den Nachweisen 322-24, Anm. 45-53); vgl. auch MIETHKE, „Marsilius und Ockham" (s. Anm. 86), 534-58.

ramente und Traditionen nun am Konzilsort aufeinanderprallten, war vielerlei Effekt möglich: ein Streit um Sonderlehren wie um die „Unbefleckte Empfängnis Mariens,“[88] oder die „Diffusion“ einer neuen Sicht auf die Antike und neuer stilistischer Vorbilder im lateinischen Sprachgebrauch,[89] auch eine Erörterung der *Revelaciones* der Heiligen Brigitta und die Diskussion über ihren Orden,[90] der Streit zwischen Deutschem Orden und dem polnischen Königreich,[91] Debatten um Kirchenverfassung und Kirchenreform und vieles andere mehr. Die Konzilien konnten in all den genannten und in vielen hier nicht erwähnten Problemen weder immer eine definitive Entscheidung treffen, noch auch von sich aus die Richtung vorgeben, in welcher die Entscheidung schließlich fallen würde. Sie boten einen Rahmen für das geistige Leben und stellten viele Chancen zu eigenen Erfahrungen und zu persönlichem Avancement zur Verfügung, öffneten neue Horizonte, die sie selber keineswegs durchmessen, nicht einmal anzielen mussten. Darin waren sie von anderen Treffpunkten nicht wesentlich verschieden, aber sie hatten eine bis dahin unerreichte aktuelle Reichweite. Sie repräsentierten alle Teile der abendländischen Kirche als wörtlich verstandene *congregatio fidelium*. Das hob ihr Angebot aus manchen konkurrierenden Plätzen und Foren hervor und gab ihnen eine herausragende Anziehungskraft.

Waren also die Konzilien ein ‚Medienereignis‘? Ich habe dieses Wort in die Überschrift meines Berichtes gesetzt, weil die Konzilien selbst ein außergewöhnliches und fleißig genutztes Medium der Kommunikation gewesen sind, weil Meinungsbildung und Konsensfindung, weil der Tausch von Argumenten und Texten hier in außergewöhnlichem Maße

---

[88] Vgl. nur etwa U. HORST OP, „*Nova opinio* und *novelli doctores*. Johannes de Montenigro, Johannes Torquemada und Raphael de Pornassio als Gegner der *Immaculata conceptio*“, sowie R. BÄUMER, „Die Entscheidung des Basler Konzils über die Unbefleckte Empfängnis Mariens und ihre Nachwirkungen in der Theologie des 15. und 16. Jahrhunderts“, beide in *Festschrift Meuthen* 1 (s. Anm. 22), 169-91 bzw. 193-206.

[89] Allgemein zum Diffusionskonzept jetzt der Sammelband *Diffusion des Humanismus* (s. Anm. 66).

[90] Bischof Johannes Schele von Lübeck greift in seiner bekannten Reformschrift (die offenbar die Meinungen der deutschen Nation zusammenfassen will) die Birgittinen gezielt an; vgl. JOHANNES SCHELE VON LÜBECK, *Avisamenta reformacionis in curia et extra*, gedruckt in *Quellen zur Kirchenreform* 2 (s. Anm. 48), 202-37 (Nr. X), hier 228 (§§93-94); vgl. die Einleitung *Ibid*., 41-47.

[91] Bleibend wichtig dazu H. BOOCKMANN, *Johannes Falkenberg, der Deutsche Orden und die polnische Politik* (Veröffentlichungen des Max-Planck-Instituts für Geschichte 45), Göttingen 1975. Neuere Übersicht über die Debatten in Konstanz und Basel jetzt bei WÜNSCH, *Konziliarismus und Polen* (s. Anm. 73).

möglich war. Die Teilnehmer haben das als Beglückung empfunden und ihre Konzilserfahrung oft bis an ihr Lebensende in Erinnerung bewahrt. Was durch dieses Medium „Konzil“ in die damalige Welt hinaus transportiert wurde, das freilich zu untersuchen und darzustellen, wäre eine Aufgabe für andere Vorträge.

Ruprecht-Karls-Universität Heidelberg

NÄHE UND DISTANZ ZU ARISTOTELES: DIE NEUE BEDEUTUNG VON *CIVITAS* IM POLITISCHEN DENKEN ZWISCHEN THOMAS VON AQUIN UND NIKOLAUS VON KUES

FRANCISCO BERTELLONI

1. Einleitung

Thomas von Aquin hat durch seinen Traktat *De regno* die weitere Entwicklung der spätmittelalterlichen politischen Theorie maßgeblich bestimmt, denn künftig werden drei Themenstränge miteinander verknüpft sein:

(1) Die Vorstellung von einer Teleologie des menschlichen Handelns und eines letzten Zieles des Menschen, wie sie von Aristoteles in der *Nikomacheischen Ethik* I, 1 und X, 10 dargestellt wird. Die Rezeption dieser Vorstellung hatte ab 1250 zwei Folgen: (a) einmal die Aufspaltung der Teleologie, die der formalen Struktur eines doppelten – natürlichen und übernatürlichen – letzten Zieles des Menschen Rechnung zu tragen hatte; (b) sodann ergaben sich rege Debatten über das Verhältnis beider Ziele, ob eines derselben *letztgültiger* sei als das andere, ob eines das andere ausschließe und ob es demnach doch nur ein Ziel gebe.

(2) Das zweite Thema ist nicht ethischer, sondern politischer Natur. Es handelt sich hier nicht um ein vom Altertum ererbtes Thema, sondern um ein spezifisch mittelalterliches Problem, geht es doch um die Existenz zweier *potestates*, der geistlichen und der weltlichen Gewalt, von denen jeder eine bestimmte *Funktion* zukommt, die darin besteht, den Menschen einem jeweils der Natur der *potestas* entsprechenden Ziel zuzuführen. Das Problem dieser *funktionalen* Rechtfertigung der beiden *potestates* und der Präzisierung ihres Verhältnisses zueinander wurde im Zusammenhang mit der Bearbeitung der Frage nach dem Verhältnis zwischen den beiden Zielen des Menschen behandelt und theoretisch gelöst.[1]

Für eine kritische Lektüre und Durchsicht des Manuskriptes und für sprachliche Hilfe möchte ich hier Herrn Prof. Dr. Jürgen Miethke meine sehr herzlich empfundene Dankbarkeit zum Ausdruck bringen.

[1] Beide Themen werden behandelt in F. BERTELLONI, „Anwendung von Kausalitätstheorien im politischen Denken von Thomas von Aquin und Aegidius Romanus", in *Politi-*

(3) Ein drittes Thema ist die theoretische Begründung der Entstehung einer politischen Ordnung in der menschlichen Gesellschaft. Aristoteles hatte sie *pólis* genannt, Thomas von Aquin *civitas vel provincia*,[2] Johannes Quidort *communitas civitatis vel regni*,[3] Dante *humana civilitas*,[4] Marsilius von Padua *regnum vel civitas*[5] und Nikolaus von Kues *civitas*, *civilitas* oder *res publica*.[6] Es sei mir der Anachronismus gestattet, all diese Benennungen unter dem Begriff „Staat" zusammenzufassen, denn alle genannten Begriffe bezeichnen den Raum, innerhalb dessen eine politische Ordnung errichtet wird.

Hier soll gezeigt werden, dass die politische Theorie zwischen Thomas von Aquin und Nikolaus von Kues zwei verschiedene Modelle anwandte, um den Ursprung der politischen Ordnung zu erklären. Einerseits wurde das klassische aristotelische Modell aufgegriffen, demzufolge die *pólis* dreierlei bedeutet: (a) Sie garantiert dem Menschen das Erreichen seines Endzieles und die volle Verwirklichung seiner natürlichen Vollkommenheit oder Entelechie; (b) sie bringt ein Paradigma menschlicher Sittlichkeit und Rationalität zum Ausdruck; (c) sie räumt dem Öffentlichen (der *pólis*) einen deutlichen Vorrang vor dem Privaten (dem *oikos*) ein.

Andererseits kam in der politischen Theorie des Mittelalters ein protomodernes Modell zur Anwendung, welches sich vom aristotelischen unterscheidet, wo es den Ursprung der politischen Ordnung darlegt: (a) Es fasst politische Organisation als Ergebnis der Lebens- und Selbsterhaltungsbedürfnisse des Individuums auf; (b) es begreift sie als Übergang von einem Zustand der Konflikte zwischen den Individuen in einen Zustand der Neutralisierung derartiger Konflikte vermittels der Ausübung von Herrschaft; (c) es behält in ihr einen Vorrang des Privaten vor dem Öffentlichen bei.

---

sche Reflexion in der Welt des späten Mittelalters. Political Thought in the Age of Scholasticism: Essays in Honour of Jürgen Miethke, hrsg. v. M. KAUFHOLD (Studies in Medieval and Reformation Thought 103), Leiden 2004, 85-108.

[2] THOMAS DE AQUINO, *De Regno ad regem Cypri* I c.1, ed. H.-F. DONDAINE, in *Sancti Thomae de Aquino Opera omnia iussu Leonis XIII P. M. edita* 42, Roma 1979, 451.168.

[3] IOANNES QUIDORT, *De regia potestate et papali* c.1, ed. J. LECLERCQ, in *Jean de Paris et l'ecclésiologie du XIII*e, Paris 1942, 177.6.

[4] DANTE ALIGHIERI, *Monarchia* I c.3, ed. P.G. RICCI, Verona 1965, 139.

[5] MARSILIUS PATAVINUS, *Defensor pacis* d.1 c.2, ed. C.W. PREVITÉ-ORTON, in *The Defensor Pacis of Marsilius of Padua*, Cambridge 1928, 7.

[6] NICOLAUS DE CUSA, *De concordandia catholica* III Prooemium [269], ed. G. KALLEN, in *Nicolai de Cusa Opera Omnia* 14, Hamburg 1963, 314.

2. Politik als ethisch-rationales Paradigma bei Aristoteles

In seiner *Politik* entwickelt Aristoteles zwei komplementäre Diskurse über die *pólis*: Der erste ist deskriptiv und rekonstruiert deren historisch-genetischen Entstehungsprozess, indem er von dem „für uns Ersten" ausgeht, d.h. von „den kleinsten Teilen eines Ganzen"[7] seinen Ausgang nimmt, dann zu den bekannteren und weniger komplexen „primitiven Gemeinschaften" fortschreitet, um schließlich in der letzten, vollkommenen Gemeinschaft, dem Staat (*pólis*), zu gipfeln. Der Staat tritt demnach als Ergebnis eines Prozesses hervor, in welchem zwischenmenschliche Beziehungen wachsender Komplexität sich in jeweils verschiedenen Gemeinschaften ausdrücken: die Gemeinschaft des Männlichen und des Weiblichen, das Haus, das Dorf, der Staat.[8]

Der zweite Diskurs des Aristoteles ist logisch-ontologischer Art. Hier ist die *pólis* ein „an sich Erstes". Dass „der Staat von Natur aus früher als das Haus und jeder Einzelne von uns ist",[9] ergibt sich daraus, dass der Staat bzw. die *pólis* als finale Ursache bzw. als metaphysische Entelechie jener primitiveren Gemeinschaften verstanden wird, die der Staat einschließt und gleichzeitig überwindet. Daher erweist sich der im ersten Diskurs dargestellte historische Prozess als nicht-kontingent und metaphysisch begründet.

Der zweite Diskurs bezeichnet zwar alle im Prozess vorkommenden Gemeinschaften als „natürlich",[10] behält dieses Prädikat jedoch insbesondere der *pólis* vor. Denn die *pólis* stellt für diese Gemeinschaften das Gute und den letzten Zweck dar, mithin gilt sie als Vollendung der vorhergehenden Gemeinschaften. Deswegen streben diese auf die *pólis* als ihren Zweck hin.[11]

Im zweiten Diskurs, welcher das Entstehen der vorstaatlichen Gemeinschaften logisch-ontologisch rekonstruiert, hat die *pólis* für diese Gemeinschaften eine normative Rolle. Dennoch unterscheidet sie sich in drei Aspekten von ihren Vorstufen:

---

7 ARISTOTELES, *Politika*, 1252a24. Die hier benutzten deutschen Übersetzungen der aristotelischen Texte stammen aus *Aristoteles Hauptwerke*, ausgew., übers. und eingel. v. W. NESTLE, Stuttgart 1953.

8 ARISTOTELES, *Politika*, 1252b12-22.

9 ARISTOTELES, *Politika*, 1252b32.

10 ARISTOTELES, *Politika*, 1252a26-35.

11 ARISTOTELES, *Politika*, 1252b34-1253a1.

(1) Die *pólis* ist mehr als eine gesellschaftliche Vereinigung. Die aristotelische Definition des Menschen als eines von Natur aus staatsbildenden Wesens[12] behauptet das naturgegeben auf die *pólis* angelegte Wesen des Menschen. Sie bildet eine Art Vorspiel zu dem eigentlich politischen Diskurs des Traktates. Innerhalb dieses politischen Diskurses geht Aristoteles auch auf den *gesellschaftlichen* Drang der Menschen ein, indem er dieses Streben nach Gesellschaft zwar in einen engen Zusammenhang mit dem natürlichen *politischen* Drang stellt, jedoch den Unterschied zwischen beiden festhält. Wo Aristoteles die Eingliederung des Menschen in die vorpolitischen Gemeinschaften und den Prozess abhandelt, durch den die wachsende Komplexität dieser Gemeinschaften zur Entstehung der *pólis* führt, wendet er das Attribut des Geselligen (*agelaîon*) auf die Tiere an und behält allein dem Menschen das von jenem zu unterscheidende Attribut der natürlichen Zugehörigkeit zur und Ausgerichtetheit auf die *pólis* vor.[13] Die *pólis* entsteht also nicht als Ergebnis eines nur geselligen oder gesellschaftlichen Prozesses oder Triebes, vielmehr stellt das Politisch-sein gegenüber dem Gesellig-sein ein deutliches Mehr dar. Deshalb widmet die *Politik* dem nur Geselligen wenig Aufmerksamkeit, während die *pólis* und die ihr eigentümlichen Herrschaftsverhältnisse eingehend und im Detail erörtert werden.

(2) Die *pólis* befriedigt mehr als die bloßen Bedürfnisse des Lebens. Während Aristoteles in seinem historisch-genetischen Diskurs die *pólis* aus ihrer Kontinuität mit den vorgängigen Gemeinschaften erklärt, hebt er im logisch-ontologischen Diskurs den Unterschied beider hervor. Dieser Unterschied besteht darin, dass die vorgängigen Gemeinschaften „das Leben" bzw. die Befriedigung der einfachen Lebensbedürfnisse bezwecken, während der *pólis* die Verwirklichung eines „guten Lebens" aufgegeben ist, d.h. sie hat es auf die Verwirklichung eines Zieles abzusehen, das höher ist als jene einfachen Bedürfnisse.[14] Die Selbständigkeit der *pólis*, die in ihrer Vollkommenheit impliziert ist, hat ihren Grund nicht darin, dass sie alle Bedürfnisse befriedigt, sondern darin, dass sie den Endzweck des Menschen verwirklicht, weil sie seine eigenste Tugend realisiert, nämlich seine Sittlichkeit und Vernünftigkeit.[15] Aristoteles erläutert diese These

---

[12] ARISTOTELES, *Politika*, 1253a2.

[13] ARISTOTELES, *Politika*, 1253a7-8.

[14] ARISTOTELES, *Politika*, 1253a29-30. In ARISTOTELIS *Politicorum Libri Octo cum Vetusta translatione* GUILELMI DE MOERBEKA, recens. FRANCISCUS SUSEMIHL, Leipzig 1872, 7: „Consequens est dicere [civitas] facta quidem igitur vivendi gratia, existens autem gratia bene vivendi."

[15] ARISTOTELES, *Politika*, 1253a 18; III c.9, 1280a30-36; 1280b29-1281a4.

durch den Gegensatz zwischen der tierischen Stimme (*phoné*) und der menschlichen Sprache (*lógos*). Jene ist nur ein Zeichen der Leidenschaft, diese bezeichnet die menschlichen Vorstellungen vom Gerechten und Ungerechten, vom Guten und Bösen sowie vom Nützlichen und Schädlichen. Deshalb wird die *pólis* als „ein gemeinsames Bewusstsein" definiert, in dessen Rahmen die Menschen Rationalität, Gerechtigkeit und das Gute miteinander teilen.[16] Während der *oikos* (das Haus und seine Gemeinschaft) den Bereich des Privaten (*idion*) darstellt, in dem die Bedürfnisse des Lebens und der Erhaltung des Einzelnen und der Gattung abgedeckt werden, tritt die *pólis* erst auf, wenn die Befriedigung dieser Bedürfnisse gesichert ist. Sie bildet die Apotheose des Öffentlichen (*koinón*), das allen Bürgern gemeinsam ist und das Private ausschließt.

(3) Die *pólis* ist ein Bereich, innerhalb dessen Herrschaftsbeziehungen bestehen, die nicht auf überlegener Kraft, sondern auf Vernunft beruhen. Im privaten Bereich der *oikonomía* besteht ein direkter Bezug zwischen Kraft und Verfügung über die zur Befriedigung der Lebensbedürfnisse notwendigen Mittel. Das Leben des *oikos* wird bestimmt durch das Bestehen von despotischen Beziehungen der Herrschaft über Unfreie (Leibeigene) und minder Freie (Frauen und Kinder). Erst die Überwindung des Privaten und die Befriedigung der Bedürfnisse des Lebens und der Arbeit ermöglichen das Auftreten des Bürgers als eines Mitglieds der Öffentlichkeit. Daher steht die despotische Herrschaft im Gegensatz zur politischen Herrschaft[17] des freien Bürgers über den freien Bürger, welch letztere die Zustimmung der Beherrschten und das Recht bzw. die Ordnung (*taxis*) der *pólis* voraussetzt.[18] Dadurch beruht die *pólis* als Gemeinschaft von Gleichen und Freien[19] nicht auf überlegener Kraft und Gewalt, sondern auf Recht und Vernunft. Dieses aristotelische Modell bildet den Zenit der

---

[16] ARISTOTELES, *Politika*, 1253a7-18; vgl. dazu H.G. GADAMER, „Mensch und Sprache", in IDEM, *Gesammelte Werke* 2, Tübingen 1986, 146: „ ....dadurch, daß er sich so mitteilen kann, gibt es überhaupt nur unter den Menschen ein Meinen des Gemeinsamen, d.h. gemeinsame Begriffe... ohne Mord und Totschlag, in der Form des gesellschaftlichen Lebens.... Das alles liegt in der schlichten Aussage: der Mensch ist das Lebewesen, das Sprache hat." Über das Verhältnis Sprache-*pólis* bei Aristoteles, vgl. auch M. RIEDEL, „Gesellschaftstheorie oder politische Philosophie?", in IDEM, *Metaphysik und Metapolitik*, Frankfurt a.M. 1975, 30-; H. ARENDT, *The Human Condition*, Chicago 1958, 26-27, und G. BIEN, *Die Grundlegung der politischen Philosophie bei Aristoteles*, Freiburg i.B.-München 1985, 71-72.

[17] ARISTOTELES, *Politika* I c.2, 1255b16-17.

[18] ARISTOTELES, *Politika*, 1253a37-38.

[19] ARISTOTELES, *Politika* III c.6, 1279a21.

klassischen Auffassung der Politik.[20]

Meine Frage lautet nun: Was bleibt von dieser aristotelischen Auffassung in der politischen Theorie des Mittelalters und was davon wird im Mittelalter nicht mehr berücksichtigt?

3. Die Anwesenheit des aristotelischen Modells in der mittelalterlichen politischen Theorie

Die Präsenz des aristotelischen, ethisch-vernünftigen Modells von Staatlichkeit in der mittelalterlichen politischen Theorie ergibt sich nun entweder aus der Identifizierung der politischen Ordnung (*civitas*, *regnum* oder *imperium*) mit einem öffentlichen und gemeinsamen Bereich (*bonum commune*) oder aus der Identifizierung derselben mit dem Bereich, in dem sich der Zweck des Menschen als eines ethisch-vernünftigen Wesens verwirklicht (*bene vivere, vivere secundum virtutem*) oder aber aus der Kombination beider Aspekte.

3a. Thomas von Aquin

Im erhaltenen Teil seines Traktats *De regno* handelt Thomas von Aquin zwei Themen ab: die *origo regni* und das *officium regis*.[21] Er bestimmt das *officium regis* als die Aufgabe, das Beherrschte dem ihm gebührenden Ziel zuzuführen.[22] Da jeder König eine Vielheit von Menschen regiert, ergibt sich sein *officium* aus der Bestimmung des Zieles dieser Vielheit. Thomas unterscheidet zwischen dem bloßen *vivere*, dem gemeinsamen Leben der Tiere, und dem *bene vivere*,[23] dem tugendhaften Leben des Menschen im *regnum*.[24] Durch diese Unterscheidung stellt er den Über-

---

[20] Vgl. dazu A.B. ROSLER, *Derecho natural y sociología. Tönnies y la filosofía política del teorema comunidad y sociedad*, Buenos Aires 1993, 15-24.

[21] THOMAS DE AQUINO, *De regno* prol. (s. Anm. 2), 449.4-5.

[22] THOMAS DE AQUINO, *De regno* II c.3, 465.5-7: „ ....gubernare est id quod gubernatur con-uenienter ad debitum finem perducere...."

[23] Die Unterscheidung ist von Aristoteles (vgl. Anm. 14) dazu verwendet worden, zwischen vorpolitischen Gemeinschaften, welche bloß das *vivere* befriedigen, und der *civitas*, welche als einzige *alle* menschlichen Bedürfnisse befriedigt, zu sondern.

[24] THOMAS DE AQUINO, *De regno* II c.3, 466.62-4: „ ....bona autem uita est que est secundum uirtutem, uirtuosa igitur uita finis est congregationis humane." Vgl. auch 466.66-73: „Si enim propter *solum uiuere* homines conuenirent, animalia et serui essent pars aliqua congregationis civilis.... Nunc autem uidemus eos solos sub una multitudine computari qui sub eisdem legibus et eodem regimine diriguntur ad *bene uiuendum*." (Hervorgehoben von mir.)

gang vom Zusammenleben der Tiere zum menschlichen, von der Tugend geleiteten Leben, dar.

Für Thomas ist das tugendhafte Leben das eigentliche Ziel des *regnum*, obgleich damit noch nicht das letztgültige Ziel der Menschen angesprochen ist. Dementsprechend hat die zeitliche Gewalt die Pflicht, die Vielheit der Menschen dem tugendhaften Leben zuzuführen, erschöpft damit aber nicht das gesamte Vermögen und alle Tugenden der menschlichen Natur. Indem Thomas behauptet, dass der Mensch im *regnum* das tugendhafte Leben zu verwirklichen vermag, macht er sich das klassische Modell des Aristoteles zu Eigen. Dass er dieses Modell im Auge hat, kommt aber noch stärker zum Vorschein, wenn Thomas anschließend sagt, dass notwendigerweise eine der zeitlichen übergeordnete *potestas* vorhanden sein müsse, welche über den Menschen bereits in dieser Welt herrscht, um ihn seinem übernatürlichen Endziel zuzuführen, welches im *pervenire ad fruitionem divinam*[25] besteht. Die in beiden *Summae* dargelegte These vom menschlichen Endziel zeigt jenes ethische, vernünftige und übernatürliche letzte Ziel des politischen Lebens in seiner teleologischen und theologischen Vollkommenheit.[26]

---

[25] THOMAS DE AQUINO, *De regno* II c.3, 466.74-80: „Sed quia homo uiuendo secundum uirtutem ad ulteriorem finem ordinatur, qui consistit in fruitione diuina..., oportet autem eundem finem esse multitudinis humane qui est hominis unius, non est ultimus finis multitudinis congregate uiuere secundum uirtutem, sed per uirtuosam uitam peruenire ad fruitionem diuinam."

[26] In seiner *ScG* III, 39 legt THOMAS dem menschlichen Intellekt ein Vermögen (*potentia*) in Bezug auf alles Intelligible bei, und behauptet, die Aktualisierung dieses Vermögens sei „Bedingung zum Erreichen des letzten Zieles, welches die Glückseligkeit ist"; die volle Aktualisierung dieses Vermögens identifiziert er mit der Erkenntnis Gottes: „Non sufficit igitur ad felicitatem humanam, quae est ultimus finis, qualiscumque intelligibilis cognitio, nisi divina cognitio adsit, quae terminat naturale desiderium sicut ultimus finis. Est ergo ultimus finis hominis ipsa Dei cognitio." (*ScG* III, 25). Daraus ergibt sich ein eigenartiges Resultat: Das menschliche Verlangen nach Glückseligkeit und Erkenntnis, welches in der *visio Dei* sein Ziel erreicht, ist natürlich, doch die *visio Dei*, die dieses Verlangen befriedigt, wird nur in der übernatürlichen Anschauung von Gott, dem im höchsten Grade Intelligiblen, erreicht – einer Anschauung, derer wir erst im zukünftigen Leben teilhaftig werden können (*ST* Ia-IIae q.5 a3). Wenn demnach in *De regno* gesagt wird, dass das tugendhafte Leben ein Ziel, aber nicht das letztgültige Ziel sei, so entspricht dem die in *ScG* vertretene Auffassung, das natürliche Verlangen nach Wissen sei ein Ziel des Menschen, doch nicht sein letztgültiges Ziel, da der menschliche Intellekt in Bezug auf alles Intelligible Potenz ist (*ScG* III, 39) und nicht in diesem Leben auf natürlichem Wege vollständig aktualisert werden kann, sondern nur vermittelst der Gnade im zukünfigen Leben (*ST* Ia-IIae q.5 a3). Also ist die dem Menschen mögliche *übernatürliche* Erkenntnis von Gott die Finalursache, die sein *natürliches* Streben auf das Ziel hin bewegt, in dem es zur

3b. Johannes Quidort

Johannes Quidort ist darauf bedacht, der weltlichen Gewalt größere Befugnisse einzuräumen als vor ihm Thomas. Daher sieht er sich genötigt, einen Raum für sie zu schaffen, indem er eine vollständige Trennung von weltlicher und geistlicher Gewalt fordert. Eines der theoretischen Mittel, die er dazu verwendet, ist die Verschiebung der Bedeutung des Ausdrucks ‚tota vita'. Zunächst stellt Johannes das *regnum* als die vollkommene Gemeinschaft dar, welche *omnia necessaria ad totam vitam*[27] befriedigt, und anschließend setzt er diese *tota vita* mit dem vollkommenen Leben gleich, mit dem Leben *secundum virtutem* im aristotelischen Sinne. Was Quidort unter ‚vivere secundum virtutem' versteht, erklärt er gelegentlich einer Argumentation gegen Jakob von Viterbo,[28] einen Verfechter der päpstlichen Machtfülle. Für Jakob hat sich die weltliche Macht nur mit körperlichen, nicht mit geistlichen Dingen zu befassen. Johannes behauptet dagegen: Wenn die weltliche Macht das Wohl der Untertanen zum Ziel hat, so beschränke sich diese Vorgabe nicht auf das Wohlergehen der Menschen in ihrer Körperlichkeit, sondern betreffe das *bonum commune*. Dieses aber sei nichts anderes als das *vivere secundum virtutem* und beziehe sich auf den gesamten Menschen, und damit teilweise auch auf die Seele des Menschen, die die Theoretiker der päpstlichen Machtfülle dem Monopol des Papstes anheimstellen wollten. Hier nennt Johannes die *Nikomacheische Ethik* sowie die *Politik* als Referenz.[29]

Johannes Quidort erweitert somit den Zuständigkeitsbereich des *regnum* auf alle *natürlichen* Tugenden der menschlichen Seele. Für ihn ist auch die menschliche Seele – wenigstens zu einem Teil – der weltlichen Gewalt unterstellt; bloß der Mensch in seiner übernatürlichen Bestim-

---

Ruhe kommt.

[27] Vgl. IOANNES QUIDORT, *De regia* c.1 (s. Anm. 3), 177.6-8: „ ....nam in sola domo vel vico non inveniuntur omnia ad victum vel vestitum et defensionem necessaria ad totam vitam sicut in civitate vel regno."

[28] Vgl. K. UBL, „Johannes Quidorts Weg zur Sozialphilosophie", in *Francia. Forschungen zur westeuropäischen Geschichte* 30 (2003), 68.

[29] IOANNES QUIDORT, *De regia* c.17, 225.28-34: „Primo quia supponit... quod potestas regalis sit corporalis et non spiritualis, et quod habeam curam corporum et non animatum quod falsum est, ut dictum est supra, cum ordinetur ad bonum commune civium non quodcumque, sed quod est vivere secundum virtutem, ut dicit Philosophus in *Ethicis*... quod intentio legislatoris est homines facere bonos et inducere ad virtutem, et in *Politicis* dicit quod sicut anima melior est corpore, sic legislator melior est medico quia legislator habet curam animarum, medicus corporum." Vgl. auch IDEM, *De regia* c.2, 178.21-23, und c.18, 229.26-28.

mung fällt in den Wirkungskreis des *sacerdotium*. Auch Johannes übernimmt das klassische Modell der Politik, insofern er die Aufgabe der weltlichen Gewalt mit der Leitung des Menschen in Bezug auf seine *tota vita* bzw. auf das *bonum commune* im aristotelischen Sinne identifiziert.

3c. Dante Alighieri

Bei Dante heißt der Staat *humana civilitas* und erstreckt sich auf die gesamte Menschheit. Die Existenz der *humana civilitas* wird aus dem Vorhandensein eines allen Menschen gemeinsamen Zieles gefolgert.[30] Dieses Ziel ist eine Tätigkeit, auf die hin alle Menschen als Gesamtheit ausgerichtet sind.[31] Es lässt sich aus der dem Menschengeschlecht eigenen Vollkommenheit ableiten,[32] handelt es sich doch um die Betätigung der *virtus intellectiva*.[33] Diese kann nämlich nicht von einem oder mehreren Menschen *tota et simul* aktualisiert werden, sondern nur von der gesamten Menschheit.[34] Politik und Philosophie treten in Verbindung, indem Dante den Schluss zieht, die Aktualisierung des gesamten Vermögens des möglichen Intellekts setze den Weltfrieden voraus,[35] der wiederum nur von einem Weltmonarchen hergestellt werden könne.[36] Und sie treten nochmals in Verbindung, wenn der Unterschied zwischen dem ethisch-natürlichen und dem ethisch-übernatürlichen letzten Ziel des Menschen herausgearbeitet wird, nämlich der philosophischen Erkenntnis einerseits

---

[30] DANTE ALIGHIERI, *Mon.* I c.2 (s. Anm. 4), 138-39: „Illud igitur, siquid est, quod est finis universalis civilitatis humani generis, erit hic principium per quod omnia que inferius probanda sunt erunt manifesta sufficienter: esse autem finem huius civilitatis et illius...." IDEM, *Ibid.*, 139-40: „ ....optimus [est finis] ad quem universaliter genus humanum Deus eternus... in esse producit."

[31] IDEM, *Ibid.* I c.3, 140: „Est ergo aliqua propria operatio humane universitatis, ad quam ipsa universitas hominum in tanta multitudine ordinatur...."

[32] IDEM, *Ibid.*, 140: „Que autem sit illa, manifestum fiet si ultimum de potentia totius humanitatis appareat."

[33] IDEM, *Ibid.*, 141-: „Patet... quod ultimum de potentia ipsius humanitatis est potentia sive virtus intellectiva."

[34] IDEM, *Ibid.*, 142: „Et quia potentia ista per unum hominem seu per aliquam particularium communitatum superius distinctarum tota simul in actum reduci non potest, necesse est multitudinem esse in humano genere, per quam quidem tota potentia hec actuetur...."

[35] IDEM, *Ibid.* I c.4, 143: „ ....proprium opus humani generis... est actuare semper totam potentiam intellectus possibilis... patet quod genus humanum in quiete sive tranquillitate pacis ad proprium suum opus... liberrime atque facillime se habet."

[36] IDEM, *Ibid.* I c.5, 147: „ ....nunc constat quod totum humanum genus ordinatur ad unum...: ergo unum oportet esse regulans sive regens, et hoc 'Monarcha' sive 'Imperator' dici debet."

und der Betrachtung Gottes andererseits.

Die Absicht der Unterscheidung beider Ziele ist es, jedes mit einer der zwei unterschiedlichen und einander parallelen Gewalten, die den Menschen zu jeweils einem der beiden Ziele führen, in Verbindung zu bringen: der *beatitudo huius vitae*, die der Ausübung der dem Menschen eigenen Tugend gleichkommt, und der *beatitudo vitae aeternae*, die nicht durch eigene Tugend, sondern dank der göttlichen Gnade erreicht wird.[37] Sodann wendet sich Dante den Mitteln zu, die dem Menschen erlauben, zu dem einem und dem anderen Ziel zu gelangen; das natürliche Ziel wird vermittels der *philosophica documenta*, der Texte der Philosophie, erreicht, das übernatürliche vermittels der *documenta spiritualia*, und damit der Theologie.[38] Abschließend wird die Führung des Menschen zu jedem der beiden Ziele den beiden Gewalten anvertraut, deren Natur so unterschiedlich ist wie die jeweiligen Ziele: dem Papst und dem Kaiser.[39] Philosophie und Politik sind demnach zu Beginn des Traktats verbunden, wo die Verwirklichung des ethisch-intellektuellen Endzieles der *humana civilitas* vom Frieden abhängig gemacht wird, dessen Garant der Kaiser ist, und nochmals gegen Ende, wo dem Kaiser die ethisch-moralische Aufgabe zugedacht wird, die Menschheit vermittels der Philosophie zu ihrem natürlichen Endziel zu führen.

3d. Marsilius von Padua

In seinem Traktat *Defensor pacis* versucht Marsilius von Padua zu zeigen, dass die Ordnung unter den Teilen der *civitas vel regnum* jedem Teil erlaubt, seine Funktion zu erfüllen, Streitigkeiten zu vermeiden und folglich zur Forderung des Friedens beizutragen. Der Frieden wiederum sichert die Verwirklichung der Finalursache der civitas: des *bene vivere*. Ordnung,

---

[37] IDEM, *Ibid.* III c.15, 273: „Duos igitur fines providentia... homini proposuit intendendos: beatitudinem scilicet huius vite, que in operatione proprie virtutis consistit... et beatitudinem vite ecterne, que consistit in fruitione divini aspectus, ad quam propria virtus ascendere non potest, nisi lumine divino adiuta....“

[38] IDEM, *Ibid.*, 273: „Ad quas quidem beatitudines, velut ad diversas conclusiones, per diversa media venire oportet. Nam ad primam per phylosophica documenta venimus, dummodo illa sequamur secundum virtutes morales et intellectuales operando; ad secundam vero per documenta spiritualia que humanam rationem transcendunt, dummodo illa sequamur secundum virtutes theologicas operando....“

[39] IDEM, *Ibid.*, 274: „Propter quod opus fuit homini duplici directivo secundum duplicem finem: scilicet summo Pontifice, qui secundum revelata humanum genus perduceret ad vitam ecternam, et Imperatore, qui secundum phylosophica documenta genus humanum ad temporalem felicitatem dirigeret.“

Frieden und *bene vivere* bilden eine Abstufung von theoretischen Momenten, was zu der These führt, die Existenz der *civitas vel regnum* als Bereichs zur Verwirklichung des *bene vivere* sei eine Vernunftnotwendigkeit.

Um die Ursachen der Entstehung der *civitas* darzustellen, greift Marsilius auf die Vorstellung der Teleologie und der ethisch-vernünftigen Verfassung des Menschen zurück. Er legt zugrunde, dass das *bene vivere* die Zweckursache der politischen bzw. der vollkommenen Gemeinschaft ist. Während der Entstehungsprozess, der zur Einrichtung der *civitas* führt, bei einfacheren Gemeinschaften seinen Anfang bzw. Ursprung nimmt,[40] erklärt Marsilius in voller Anlehnung an Aristoteles, die *civitas* – und nur sie – sei erst die vollendete politische Gemeinschaft, die *perfecta communitas*, die die vollkommene Selbstgenügsamkeit deswegen erreicht, weil sie in Hinblick auf das *bene vivere* existiert.[41] Während die vorhergehenden Gemeinschaften nur die Bedürfnisse eines auch für Tiere und Sklaven geeigneten Lebens (*vivere*) befriedigen, ist das *bene vivere* gleichbedeutend mit einem wahrhaft menschlichen Leben in der politischen Gemeinschaft. Diese vollkommene Gemeinschaft bietet dem Menschen alles, was zu seiner vollen Entfaltung beiträgt; sie fördert selbst die *artes liberales*, die wahre Krönung des menschlichen Lebens.[42] Die *civitas* ist also eine *communitas perfecta*, weil sie mittels verschiedener *artes* das Handeln und Leiden des Menschen regelt[43] und sowohl seine praktischen als auch seine spekulativen Vermögen ausbildet.[44] So verwirklicht sie die Zweckursache des Menschen, das *bene vivere*, welches auch Mar-

---

[40] Vgl. unten, Anm. 70.

[41] MARSILIUS PATAVINUS, *Def. pacis* d.1 c.4 (s. Anm. 5), 11: „Est autem *civitas* secundum Aristotelem I Politicae, capitulo 1°: *Perfecta communitas omnem habens terminum per-se-sufficientiae, ut consequens est dicere, facta quidem igitur vivendi gracia, existens autem gracia bene vivendi.*"

[42] IDEM, *Ibid.*, 11-12: „Quod autem dixit Aristoteles, *vivendi gratia facta, existens autem gratia bene vivendi*, significat causam finalem ipsius perfectam, quoniam viventes civiliter non solum vivunt, quod faciunt bestiae aut servi, sed bene vivunt, vacantes scilicet operibus liberalibus qualia sunt virtutum tam practicae quam speculativae animae."

[43] IDEM, *Ibid.*, 16: „Et propterea oportet attendere, quod si debeat homo vivere et bene vivere, necesse est ut ipsius actiones fiant et bene fiant, nec solum actiones, verum etiam passiones, bene inquam, id est in temperamento convenienti."

[44] IDEM, *Ibid.* d.1 c.5, 16: „Et quoniam ea quibus haec temperamenta complentur, non accipimus a natura omniquaque perfecte, necessarium fuit homini ultra causas naturales per rationem aliqua formare, quibus compleatur efficientia et conservatio suarum actionum et passionum secundum corpus et animam. Et haec sunt operum et operatorum genera, provenientium a virtutibus et artibus tam practicis quam speculativis."

silius anhand des ethisch-vernünftigen Paradigmas des Aristoteles auslegt.

3e. Nikolaus von Kues

Nikolaus von Kues schließlich behandelt in *De concordantia catholica* zwar zunächst die Kirche. Zu ihr aber gehören beide, das *sacerdotium* und das *imperium*. Das erste Buch der Schrift handelt von der Kirche als mystischem Körper, d.h. vom *spiritus* der Kirche; das zweite Buch handelt vom *sacerdotium* oder der *anima* der Kirche; und das dritte Buch handelt von der weltlichen Gewalt als dem *corpus* der Kirche, dem *imperium*.[45] *De concordantia catholica* ist ein Versuch, das Problem der Übereinstimmung des Vielen und des Einen, *in uno et in pluribus*,[46] im Inneren der Kirche theoretisch zu begründen. So wie der Traktat im zweiten Buch versucht, die Glieder, aus denen sich die *anima* der Kirche bzw. das *sacerdotium* zusammensetzt, miteinander in Einklang zu bringen, so sucht er im dritten Buch die Glieder des *corpus* der Kirche, des *imperium*, miteinander in Einklang zu bringen. Dies ist, in kürzester Form zusammengefasst, der Rahmen, in dem Nikolaus von Kues die weltliche Macht des römisch-deutschen Kaiserreiches behandelt. Unter den bislang hier behandelten Autoren ist Nikolaus derjenige, der am eindringlichsten die weltliche politische Macht als öffentlich und gemeinschaftlich charakterisiert. Er schreibt: „ ...omnis potestas... publica et communis persona voc[a]tur....“[47] Als Funktion dieser Macht nennt er die Förderung des Wohls der *res publica*[48] und die Aufgabe, die Menschen zu ihrem Endziel (*ad finem aeternum*) zu führen.[49]

* * *

---

[45] Nicolaus de Cusa, *Conc. Catholica* III c.1 [292] (s. Anm. 6), 327: „Praecipue ecclesiam Christi ex sacramentis, sacerdotio fidelibusque connexam, in qua unitate sacramenta ut spiritus, sacerdotium ut anima ac ceteri fideles ut corpus ad unius Christi mysticum corpus compositionem concorditer constringuntur.“

[46] Nicolaus de Cusa, *Conc. Catholica* I c.1 [4], 29: „Concordantia enim est id, ratione cuius ecclesia catholica in uno et in pluribus concordat, in uno domino et pluribus subditis.“

[47] Nicolaus de Cusa, *Conc. Catholica* III c.4 [331], 348.

[48] Nicolaus de Cusa, *Conc. Catholica* III c.7 [350], 361.

[49] Nicolaus de Cusa, *Conc. Catholica* III c.7 [348], 359-60: „Omnis enim rex et imperator habet officium publicum ad publicam utilitatem ordinatum. Publica vero utilitas est pax, ad quam ordinantur iustitia et iusta proelia. Principium autem pacis est ad finem aeternum dirigere subditos....“

4. Der mittelalterlich Bruch mit dem aristotelischen ethisch-politischen Modell

Neben dem aristotelischen ethisch-politischen Modell lassen sich gleichzeitig andere Modelle nachweisen, die sich ebenfalls den Ursprung der *civitas*, des *regnum* bzw. des *imperium* zum Gegenstand setzen, aber in unterschiedlicher Weise.

4a. Thomas von Aquin

Die ersten dieser sozusagen protomodernen Ansätze werden in der politischen Theorie des Thomas von Aquin sichtbar. Für Thomas ist der Ursprung des Staates (*origo regni*) gleichbedeutend mit dem Ursprung des *dominium* des Herrschers über die Beherrschten. Thomas führt zwei Argumente an, die die Notwendigkeit eines solchen *dominium* beweisen sollen.

Das erste Argument ergibt sich aus der Unterscheidung der menschlichen und tierischen Natur. Zur Befriedigung der Lebensbedürfnisse verfügt die tierische Natur über Instinkte und über Mittel, sich zu wehren. Dem Menschen dagegen mangelt es zwar an dergleichen Instrumenten, aber er besitzt die Vernunft[50] und einen Trieb zur Geselligkeit, der stärker ist als der des Tieres. Dies veranlasst ihn, in Gesellschaft zu leben.[51] Die in Gesellschaft lebenden Menschen weichen jedoch im Gebrauch ihrer Vernunft voneinander ab, denn obgleich alles menschliche Handeln auf ein und dasselbe Ziel gerichtet ist,[52] suchen die Menschen innerhalb der Gesellschaft dieses Ziel auf unterschiedlichen Wegen zu erreichen.[53] Thomas argumentiert weiter unter Anwendung des Ökonomieprinzips: Weil es das Beste ist, dass das, was auf ein Ziel hingeordnet ist, dieses Ziel auf kürzestem Wege erreicht,[54] ist es nötig, dass die Menschen von

---

[50] THOMAS DE AQUINO, *De regno* I c.1 (s. Anm. 2), 449.28-33: „Aliis enim animalibus natura preparauit cibum, tegumenta pilorum, defensionem...: homo autem institutus est nullo horum sibi a natura preparato, sed loco omnium data est ei ratio....“

[51] IDEM, *Ibid.*, 449.25-7: „Naturale autem est homini ut sit animal sociale et politicum, in multitudine uiuens, magis etiam quam omnia alia animalia....“

[52] IDEM, *Ibid.*, 449.10-13: „Hominis autem est aliquis finis, ad quem tota eius uita et actio ordinatur, cum sit agens per intellectum cuius est manifeste propter finem operari.“

[53] IDEM, *Ibid.*, 449.13-6: „Contingit autem diuersimode homines ad finem intentum procedere, quod ipsa diuersitas humanorum studiorum et actionum declarat.“

[54] IDEM, *Ibid.*, 449.3-6: „In omnibus autem que ad finem aliquem ordinantur, in quibus contingit sic et aliter procedere, opus est aliquo dirigente per quod *directe* debitum perueniatur ad finem.“ (Hervorgehoben von mir.)

einem Herrscher auf ihr Ziel hingeleitet werden.[55] Demnach ist das *dominium* bzw. die politische Unterordnung notwendig.

Das zweite Argument fußt darauf, dass die in Gesellschaft lebenden Menschen nicht das Allgemeine an erste Stelle setzen, sondern das Individuelle. Dadurch aber wird die Gesellschaft zersetzt, während sie sich einigt, sobald alle auf das Allgemeine Rücksicht nehmen.[56] Nun wendet Thomas das Prinzip der Wahrung der Einheit an: Um die Integrität der Gesellschaft zu sichern, muss es eine Herrschaft geben, d.h. eine politische Über- und Unterordnung, welche die Menschen auf das *bonum commune* hinleitet.[57]

Thomas führt damit gegenüber Aristoteles eine bemerkenswerte Neuerung ein, nämlich den Begriff der Politik als einer von der *societas* zu unterscheidenden Instanz. Politik wird bei Thomas nicht mehr als eine metaphysisch vorgegebene menschliche Entelechie aufgefasst, sondern als ein logisch späteres Moment, als ein neben der *societas* zusätzlich Gegebenes. Die politische Ordnung entsteht aus dem Übergang von einer Situation von Mängeln und Konflikten innerhalb der *societas* zu einer neuen Situation, in der diese Konflikte in einem *regnum* neutralisiert sind. Die Politik bringt die von den Menschen zur Verwirklichung ihres Endziels gewählten Wege miteinander in Einklang, und wird v.a. durch ihre Funktion bestimmt, die partiellen Interessen zu neutralisieren und die einzelnen Individuen, die sonst nur danach streben, das Ihrige geltend zu machen, zum Gemeinwohl zurückzuführen. Beruhen für Aristoteles die Herrschaftsbeziehungen innerhalb der *pólis* auf Vernunft, so beruht für Thomas die königliche Herrschaft auf der Notwendigkeit, zuerst Konflikte aufzulösen und erst danach bzw. dadurch das *bonum commune* zu erreichen.

4b. Johannes Quidort

Johannes Quidort definiert die *communitas civitatis vel regni* als *regimen*

---

[55] IDEM, *Ibid.*, 449.16-7: „ ....indiget igitur homo aliquo dirigente ad finem."

[56] IDEM, *Ibid.*, 450.83-4: „ ....secundum propria quidem differunt, secundum commune autem uniuntur."

[57] IDEM, *Ibid.*, 450.70-4: „Multis enim existentibus hominibus et unoquoque id quod est sibi congruum prouidente, multitudo in diuersa dispergeretur nisi etiam esset aliquid de eo quod ad bonum multitudinis pertinet curam habens." Und 450.85-9: „ ....oportet igitur, preter id quod mouet ad proprium bonum uniuscuiusque, esse aliquid quod mouet ad bonum commune multorum. Propter quod et in omnibus que in unum ordinantur, aliquid inuenitur alterius regitiuum."

multitudinis perfecte ad communem bonum ordinatum ab uno.[58] Er betont den wesentlich tugendhaften Charakter des *regnum*, da dieses nicht nur die Bedürfnisse des Lebens befriedigen soll, sondern *omnia necessaria ad totam vitam* leisten muss, womit die ethische und vernünftige Zielsetzung des *regnum* ausgesprochen ist.[59]

Doch der tugendhafte und gemeinschaftliche Charakter des *regnum* tritt in den Hintergrund, sobald Johannes sich auf eine detailliertere Beschreibung einlässt. Es kommen Eigenschaften zum Vorschein, die wenig mit dem aristotelischen Denken gemeinsam haben:

(1) Aristoteles stellt die Politik als eine „natürliche" ethisch-vernünftige Vollkommenheit dar, wobei der Ausdruck ‚natürlich' besagt, dass das Politische ontologisch ein *prius* im Vergleich mit den geringeren Gemeinschaften ist; Johannes dagegen macht das Politische zum Ergebnis und zum Ausdruck der menschlichen Bedürfnisse und Mängel, d.h. zu ihrer Folgeerscheinung.[60]

(2) Aristoteles stellt die *pólis* als einen gemeinsamen ethisch-vernünftigen Bereich vor, in dem die Bedürfnisse des Lebens und dessen Erhaltung als schon befriedigt vorausgesetzt werden; bei Johannes hingegen wird das *regnum* als ein Bereich geschildert, in dem individuelle Konflikte auftauchen, weil jeder Einzelne danach trachtet, anstatt des Gemeinsamen das Individuelle zu verwirklichen.[61]

(3) Aristoteles fasst die Regierung innerhalb der *pólis* als eine Regierung zwischen Gleichgestellten auf, unter denen dank des menschlichen *lógos* schon eine Übereinstimmung in Bezug auf das Gemeinsame vorgegeben ist; Johannes dagegen vertritt die Auffassung, ein Gemeinsames sei erst nach der Aufrichtung von Herrschaft (*dominium*) und als ein Ergebnis derselben zu erlangen.[62]

---

[58] IOANNES QUIDORT, *De regia* c.1 (s. Anm. 3), 176.24-25.

[59] Vgl. Anm. 27 u. 29.

[60] IOANNES QUIDORT, *De regia* c.1, 177.1-5: „Nam cum homo sit animal naturaliter politicum seu civile ut dicitur *I Politicorum*, quod ostenditur secundum Philosophum ex victu, vestitu, defensione, in quibus solus sibi non sufficit... necesse est homini ut in multitudine vivat et tali multitudini que sibi sufficiat ad vitam...."

[61] IDEM, *Ibid.*, 177.8-16: „Omnis autem multitudo quolibet querente quod suum est dissipatur et in diversa dispergitur nisi ad bonum commune ordinetur per aliquem unum cui sit cura de bono communi.... Hoc enim necessarium est, nam non est idem quod proprium est et quod commune est. Secundum proprium quidem differunt homines, secundum vero commune uniuntur."

[62] S. Anm. 61.

(4) Der wichtigste Unterschied liegt m.E. darin, dass bei Aristoteles die Regierung in der *polis* sich erst auf das Gemeinsame konzentriert, nachdem die individuellen Bedürfnisse schon im *oikos* ihre Erfüllung gefunden haben, während Johannes es als grundlegende Aufgabe der Herrschaft des *rex* im Rahmen des *regnum* ansieht, Streitigkeiten zwischen Individuen, die um ihr Eigentum kämpfen, beizulegen bzw. zwischen den individuellen Interessen der Eigentümer zu vermitteln.[63]

4c. Dante Alighieri

Die Stärke der *Monarchia* besteht nicht nur in der Prägnanz des ethisch-philosophischen Modells, sondern v.a. in der gegenseitigen Durchdringung von Philosophie und Politik, die Dante durch die Verschränkung von Begriffen aus beiden Sphären erreicht: Der Kaiser ist der Garant des Friedens; der Frieden ist die Bedingung für die Verwirklichung des intellektuellen Endziels der gesamten *humana civilitas*, und dieses Endziel ist die Aktualisierung des gesamten Vermögens des Intellekts. Solche Aktualisierung aber stellt die ethisch-intellektuelle Vollkommenheit der *humana civilitas* dar.[64] In dieser Hinsicht kommt der Traktat dem aristotelischen Vorbild sehr nahe.

Doch auch Dante weicht in wichtigen Aspekten von der aristotelischen Lehre ab, zumal in folgenden:

(1) Während für Aristoteles die Herrschaftsverhältnisse natürlichen Ursprungs sind, sieht Dante die Herrschaft des Kaisers als ein *remedium peccati* an,[65] d.h. als eine übernatürliche Einrichtung, deren Ziel es ist,

---

[63] IOANNES QUIDORT, *De regia* c.7, 189.24-30: „Verum quia ob talia bona exteriora contingit interdum pacem communem turbari dum aliquis quod est alterius usurpat, quia etiam interdum homines que sua sunt nimis amantes ea non communicant prout n[e]cessitati vel utilitati patrie expedit, ideo positus... est princeps a populo qui in talibus preest ut iudex decernens... iustum et iniustum, et ut vindex iniuriarum et ut mensura in accipiendo bona a singulis secundum iustam proportionem pro necessitate vel utilitate communi."

[64] DANTE ALIGHIERI, *Mon.* I c.4 (s. Anm. 4), 143: „ ....proprium opus humani generis... est actuare semper totam potentiam intellectus possibilis... patet quod genus humanum in quiete sive tranquillitate pacis ad proprium suum opus... liberrime atque facillime se habet."

[65] DANTE ALIGHIERI, *Mon.* III c.4, 237-38: „Preterea, cum ista regimina sint hominum directiva in quosdam fines, ut infra patebit, si homo stetisset in statu innocentie in quo a Deo factus est, talibus directivis non indiguisset: sunt ergo huiusmodi regimina remedia contra infirmitatem peccati." Vgl. auch 273-74: „Has igitur conclusiones et media, licet ostensa sint nobis hec ab humana ratione que per phylosophos tota nobis innotuit, hec a Spiritu Sancto qui per prophetas et agiographos, qui per coecternum sibi Dei filium Iesum

Mängel der menschlichen Natur zu neutralisieren.

(2) Aristoteles versteht die *pólis* als ein Regierungssystem für Gleichgestellte. Dante dagegen begreift Politik als ein Herrschaftsverhältnis zwischen Ungleichen, nämlich zwischen dem Monarchen und seinen Untertanen.[66]

(3) Die Herrschaft des Monarchen hat die Funktion, Bedürfnisse zu befriedigen und Konflikte beizulegen,[67] die bei Aristoteles schon in den vorpolitischen Gemeinschaften erfüllt und erledigt werden.

4d. Marsilius von Padua

In Anlehnung an Aristoteles behauptet Marsilius, dass nur die *civitas* die vollendete *communitas* ist, und zwar deswegen, weil sie in Hinblick auf das *bene vivere* existiert.[68] Doch gleichzeitig erklärt er die Entstehung der *civitas* auch als Resultat einer historisch-genetischen Entwicklung, die sich als Steigerung und Übergang von weniger vollkommenen zu vollkommeneren Gemeinschaften darstellt. Aus den allerersten Gemeinschaften entsteht die Hausgemeinschaft und anschließend das Dorf (*vicus*).[69] Der Übergang von diesen ursprünglichen Gemeinschaften zur *civitas*, d.h. zur vollkommenen Gemeinschaft, wird mit der von den Menschen gesammelten Erfahrung in Zusammenhang gebracht. Daraus ergibt sich ein deutlicher Unterschied zwischen einer in verschiedene Teile ausdifferenzierten *civitas* und den vorgängigen Gemeinschaften, denn diese Teile entsprechen der Entwicklung der Künste, die sich für das *bene vivere* als notwendig erweisen.[70]

Cristum et per eius discipulos supernaturalem veritatem ac nobis necessariam revelavit, humana cupiditas postergaret nisi homines, tanquam equi, sua bestialitate vagantes in 'camo et freno' compescerentur in via."

[66] DANTE ALIGHIERI, *Mon.* I c.8, 162: „Sed Monarcha solus est ille qui potest optime esse dispositus ad regendum."

[67] DANTE ALIGHIERI, *Mon.* I c.10, 152-53: „ ....oportebit devenire ad iudicem primum et summum, de cuius iudicio cuncta litigia dirimantur...."

[68] S. oben, Anm. 41.

[69] MARSILIUS PATAVINUS, *Def. pacis* d.1 c.3 (s. Anm. 5), 9-10: „ ....communitates civiles... inceperunt ex parvo, et paulatim suscipientes incrementum demum perductae sunt ad complementum... ex quibus ampliores factae huiusmodi combinationes, tanta hominum propagatio facta est, ut eis non suffecerit domus unica, sed plures oportuerit facere domos, quarum pluralitas vocata est vicus seu vicinia, et haec fuit prima communitas...."

[70] IDEM, *Ibid.*, 11: „Augmentatis autem hiis [communitatibus]... aucta est hominum experientia, inventae sunt artes et regulae ac modi vivendi perfectiores, distinctae quoque

Marsilius bleibt Aristoteles treu, insofern er die Entstehung der *civitas* als einen historisch-genetischen Prozess des Fortschritts zwischenmenschlicher Beziehungen darstellt, der von der Hausgemeinschaft zur *civitas* führt.[71] Er geht jedoch von einer bloß genetisch-physikalischen Interpretation des aristotelischen Naturalismus aus, die dem metaphysisch ausgerichteten Vorbild nur wenig entspricht. So hält er zwar, einer genetischen Perspektive entsprechend, an der Auffassung fest, die Ordnung in der Natur schreite vom weniger Vollkommenen zum Vollkommeneren fort. Um den Übergang von den vorpolitischen Gemeinschaften zur *civitas* zu erklären, bedient er sich aber nicht des aristotelischen Prinzips, der Mensch sei „von Natur aus politisch", sondern leitet das Auftauchen der *civitas* aus Erfahrung, Kunst und Vernunft ab. Diese Erklärung ignoriert die aristotelische Teleologie. Sie legt den Unterschieden zwischen der *civitas* und ihren Vorläufern lediglich das akkumulative Anwachsen der Erfahrung zu Grunde, sowie den Grad der Differenzierung zwischen den Bestandteilen der Gemeinschaft. Die *civitas* scheint nicht mehr die Finalursache der anderen Gemeinschaften zu sein oder in Verhältnis zu ihnen ein ontologisches *prius* darzustellen; sie ist vielmehr eine Entdeckung der Erfahrung und eine von der menschlichen Notdurft veranlasste Einrichtung der Vernunft.

Diese Abweichung von Aristoteles spitzt sich zu, wenn Marsilius das Prinzip angibt, das allen seinen späteren Ausführungen zu Grunde liegen wird: „ ...omnes scilicet homines non orbatos aut aliter impeditos, naturaliter sufficientem vitam appetere, huic quoque nociva refugere et declinare; quod etiam nec solum de homine confessum est, verum de omni animalium genere secundum Tullium, I *De officiis*, capitulo 3°...."[72] Das Prinzip der *sufficientia vitae* bringt eine extrem naturalistische Position zum Ausdruck, die Mensch und Tier auf eine Ebene stellt, da die *sufficientia vitae* der Befriedigung einer natürlichen Notdurft oder Bedürftigkeit der Gattung gleichkommt. Marsilius scheint hier die *sufficientia vitae* mit dem bloßen *vivere* im aristotelischen Sinne gleichzusetzen. Zum aristotelischen *bene vivere* gehört jedoch mehr. Bei Marsilius ist demnach die *sufficientia vitae* verknüpft mit einem physikalischen Naturalismus bezüglich der Erhaltung der menschlichen Gattung.

---

amplius communitatum partes. Demum vero quae necessaria sunt ad vivere et bene vivere, per hominum racionem et experientiam perducta sunt ad complementum, et instituta est perfecta communitas vocata civitas cum suarum partium distinctione...."

[71] ARISTOTELES, *Politika*, 1252a24 sqq.

[72] MARSILIUS PATAVINUS, *Def. pacis* d.1 c.4 (s. Anm. 5), 12.

Dieser physikalische Naturalismus wird bestätigt durch die Auffassung, das Motiv zur Entwicklung der *civitas* sei die naturgegebene Unsicherheit des menschlichen Lebens. Marsilius greift den *locus classicus* der natürlichen Bedürftigkeit des Menschen auf und führt ihn darauf zurück, dass der Mensch ein aus gegensätzlichen Elementen zusammengesetztes Wesen ist, dass er stets an Substanz verliert, dass er wehrlos zur Welt kommt und die Feindseligkeit seiner Umgebung zu ertragen hat. Diese Umstände zwingen den Menschen, verschiedene Künste zu entwickeln. Da solche Künste sich jedoch ohne die Mitwirkung vieler nicht entwickeln können, sahen die Menschen sich genötigt, sich zusammenzuschließen, um durch die Vorteile der Künste dem Schaden zu entgehen.[73] Das Ergebnis dieses Zusammenschlusses ist die differenzierte Mannigfaltigkeit von Teilen bzw. Berufen, die die *civitas*, d.h. die vollkommene Gemeinschaft, bilden.[74] Der Mensch hat also von Natur aus nicht die Tendenz, sich einer politischen Gemeinschaft einzugliedern, sondern tendiert dazu, sich die *sufficientia vitae* zu sichern. Die politische Gemeinschaft ist die vernünftige und spezifisch menschliche Antwort auf das Problem der Befriedigung dieser natürlichen Tendenz zur Überwindung der ursprünglichen Notdurft.

Naturalismus besagt also für Marsilius nicht mehr, dass die *civitas* (oder die politische Anlage des Menschen) ontologisch ein Erstes ist, sondern dass sie von der Erfahrung als Mittel zur Befriedigung der menschlichen Lebensbedürfnisse herausgebildet wird, also eine Einrichtung der Vernunft ist. Damit wird ersichtlich, dass bei Marsilius die aristotelische Teleologie in den Hintergrund gedrängt wird und der vernünftige Charakter des politischen Lebens – wie Jürgen Miethke vor kurzem gezeigt hat[75] – nur „sekundär“ ist. Marsilius stellt also hier ganz deutlich einen neuen Grundsatz der politischen Theorie auf: das Prinzip der *conservatio sui*. Bei ihm sind vielleicht die ersten Spuren des instrumentellen Rationalismus zu suchen.

---

[73] IDEM, *Ibid.*, 13: „ ....quia homo nascitur compositus ex contrariis elementis... rursumque quoniam nudus nascitur et inermis..., passibilis et corruptibilis, quemadmodum dictum est in scientia naturarum; indiguit artibus diversorum generum et specierum ad declinandum nocumenta praedicta. Quae quoniam exerceri non possunt, nisi a multa hominum pluralitate, nec haberi nisi per ipsorum invicem communicationem, oportuit homines simul congregari ad commodum ex hiis assequendum et incommodum fugiendum.“

[74] IDEM, *Ibid.*, 14.

[75] Vgl. J. MIETHKE, De potestate papae. *Die päpstliche Amtskompetenz im Widerstreit der politischen Theorie von Thomas von Aquin bis Wilhelm von Ockham*, Tübingen 2000, 204-21, hier 213.

4e. Nikolaus von Kues

Im *Prooemium* zu *De concordantia catholica* zeigt auch Nikolaus von Kues sich als Träger dieser neuen Auffassung von der *civitas*. Er stützt sich auf einen naturalistischen Optimismus, gewissermaßen auf die Unfehlbarkeit der Natur, um den erfolgreichen Übergang aus der vorpolitischen Uneinigkeit und Unordnung in die der *civitas* eigenen Einigkeit und Ordnung begrifflich zu fassen. Diese Entwicklung stellt Nikolaus als einen natürlichen Fortschrittsprozess dar, der dadurch, dass die menschliche Vernunft die zur Erhaltung der Gattung notwendigen Mittel hervorbringt, aus einem weniger vollkommenen in einen vollkommeneren Zustand führt. Seine Argumentation lässt sich in folgenden Schritten zusammenfassen:

(1) Es werden die epistemologischen Gundlagen geklärt. Nikolaus spricht hier von *fundamenta necessaria*,[76] die mit den sogenannten *iura naturalia* gleichgesetzt werden. Diese *iura* werden als *principia* aufgestellt; sie zeichnen sich durch zwei Eigenschaften aus: Sie gehen jeder menschlichen Betrachtung voraus und sind demnach Prinzipien, die für jede menschliche Betrachtung Geltung beanspruchen, und auf die sich jede menschliche Betrachtung demnach stützen muss.[77] Die Radikalität, mit der Nikolaus den grundlegenden Charakter dieser Prinzipien behauptet, hat zur Folge, dass er sie als universal gültig versteht und sie einem sehr großzügig gefassten Spektrum von Theoretikern der Politik, darunter Platon, Aristoteles und Cicero, als Ausgangspunkt der Argumentation unterstellt.[78]

(2) Es wird der doktrinäre Inhalt dieser *iura naturalia* bestimmt, und zwar wird er mit dem Prinzip der Selbsterhaltung der Gattungen identifiziert.[79] Obgleich Nikolaus dieses Prinzip Cicero zuschreibt, drückt er es auch in einer eigenen Formulierung aus, wonach das Erste des Wesens jeder Gattung das Dasein ist.[80]

---

[76] NICOLAUS DE CUSA, *Conc. Catholica* III Prooemium [268] (s. Anm. 6), 313.

[77] IDEM, *Ibid.*, 313: „Naturalia quidem iura cunctas humanas considerationes et antecedunt et ad omnia illa principia sunt."

[78] IDEM, *Ibid.*, 313: „ ....essent petenda illa ipsa principia, in quibus vel A r i s t o t e l i s, P l a t o n i s, T u l l i i ac aliorum omnium sapientium, dum de ordinatis politicis, oeconomicis aut monarchicis regiminibus scripsere, radices posuerunt."

[79] IDEM, *Ibid.*, 313: „Omni autem generi animantium primum a natura tribuitur, ut tueatur se, corpus vitamque, declinet nocitura, acquiratque necessaria, ut T u l l i u s ex hac radice primo De officiis tertio capitulo intentum elicit."

[80] IDEM, *Ibid.*, 313: „Primum quidem essentiae est ipsum esse."

(3) Daraus folgt laut Nikolaus, dass das Wesen einer jeden Gattung die zur Erhaltung ihres Daseins nötigen Instrumente oder Mittel (*principia connata*, *instinctus*, *appetitus et ratio*) beinhaltet. Diese Mittel bilden die Grundlage zur Entwicklung der Kunst, durch welche der Mensch die Mängel seiner Natur zu überwinden vermag.[81]

(4) Es wird das Thema des natürlichen Selbsterhaltungstriebes, der allen Lebewesen gemeinsam ist, und der sich im Falle der Menschheit als Bewegung zur Vervollkommnung ihrer selbst ausdrückt, auf den Bereich der politischen Theorie angewandt. Dazu hebt Nikolaus hervor, dass eines der *iura naturalia*, die das *fundamentum necessarium* darstellen, dem Menschen eigentümlich ist und ihn von den Tieren unterscheidet. Es handelt sich um die *ratio*, durch die der Mensch die Anlage besitzt, sich zu vervollkommnen. Denn der natürliche Selbsterhaltungstrieb veranlasst den Menschen, vermittels der Vernunft (*rationabili discursu intelligentes*) den Nutzen und die Notwendigkeit des Lebens in Gemeinschaft einzusehen.[82] So entstanden die Städte als Resultat einer vernünftigen Überlegung, die jedem Menschen die Notwendigkeit nahe legte, aus einem chaotischen, vorgemeinschaftlichen Stadium in ein Stadium des Friedens einzutreten. Können im ersteren negative und korrupte Leidenschaften überhand nehmen, so sind im zweiten Normen gegeben, die die Zustimmung aller verlangen, um die Einheit und Harmonie zu wahren.[83]

(5) Es wird gezeigt, dass der *consensus*, der sich aus der Erfordernis des Friedens ableitet und den Ursprung einer normativen Ordnung menschlicher Gemeinschaften darstellt, gleichzeitig den Übergang von der *civitas* zu deren Verfassung als absoluter Einheit des Öffentlichen, d.h. zur *res publica*, erlaubt. Hier stützt sich Nikolaus nicht wie kurz zu-

[81] IDEM, *Ibid.*, 313: „Ex quo evenit secundum naturam diversitatem varia esse media propter esse et conservari naturaliter intinctui indita. Hoc fundamento A r i s t o t e l e s septimo Politicae finali capitulo conclusit omnem artem et disciplinam pro supplemento naturalium defectuum fore."

[82] NICOLAUS DE CUSA, *Conc. Catholica* III Prooemium [269], 314: „Homines vero ratione prae cunctis animalibus dotati a principio consodalitatem ac communionem suae conservationi ac etiam fini, propter quem quisque est, multum conferre, immo necessariam rationabili discursu intelligentes, naturali instinctu se univere ac sic cohabitantes villagia urbesque construxere."

[83] IDEM, *Ibid.*, 314: „Et nisi homo pacis servandae ob corruptum multorum affectum regulas invenisset, parum unio saluti contulisset. Quare civitates, in quibus civium unitas ac leges conservandae unitatis et concordiae communi omnium assensu ac etiam earum omnium custodes potentes, quantum publicae conferebat utilitati, ex hoc consequenter ortum habuerunt."

vor auf die *iura naturalia*, sondern auf eine bewunderungswürdige *lex divina*, die der menschlichen Vernunft zugänglich ist, und dank derer die Menschen nicht nur den *Nutzen* der Gemeinschaften einsehen, sondern auch den Nutzen ihrer *Erhaltung* durch *Gesetze*, die dem allgemeinen *Konsens* entspringen.[84]

(6) Es werden die Protagonisten namhaft gemacht, die den Nutzen der Erhaltung der *civitas* durch aus dem Konsens entsprungene Gesetze wahrnehmen. Es sind entweder die Weisen (*sapientes*) oder die *maior pars populi, civium aut heroicorum,*[85] d.h. die besten und vornehmsten unter den Bürgern.

(7) Nikolaus von Kues sucht die Ursache zu bestimmen, die diese Protagonisten dazu bewog, die *recta via* zu beschreiten, die zu dem historischen Erfolg des auf konsensual erreichten Gesetzen basierenden menschlichen Zusammenlebens führt. Ihre Unfehlbarkeit wird mit einem neuen Argument des naturalistischen Optimismus begründet: Die *maior pars populi* irrt nicht in Bezug auf das für die Menschen Nützliche; sollte dies nämlich geschehen, so würde das natürliche Begehren, mithin die Ordnung der Natur vereitelt.[87]

(8) Es werden aus dieser unfehlbaren Entscheidung der Besten unter den Menschen für die *recta via* die Konsequenzen gezogen: Da diese Menschen nicht irren und da der Mensch *naturaliter* politisch bzw. *civilis* ist, entsteht, wie Aristoteles in seiner *Politik* lehrt, die *civitas*.[86]

Trotz der Verweise auf Aristoteles geht Nikolaus von einer durchaus eigenwilligen Interpretation des aristotelischen Naturalismus aus. Wie Gerhard Kallen nachgewiesen hat,[87] entspringt diese Interpretation nicht

---

[84] NICOLAUS DE CUSA, *Conc. Catholica* III Prooemium [270], 314: „Divina quidem superadmiranda ac omnibus gratiose collata lege apertum est, ut intelligerent homines maxime eorum utilitati consodalitates [*so ist zu lesen, cf. §269, 314.2!*] conferre et deinde ordine tali conservari, ut communi omnium ac saltem sapientum heroicorum consensu aliis ipsis faventibus leges statuerentur."

[85] IDEM, *Ibid.*, 314: „ ....dum communi consensu res pro conservatione rei publicae tractantur, maior pars populi, civium aut heroicorum a recta via ac pro tempore utili non deficiet."

[87] IDEM, *Ibid.*, 314: „Alioquin contingeret naturalem appetitum frustrari, ut in pluribus, quod pro inconvenientissimo apud philosophantes habetur."

[86] IDEM, *Ibid.*, 314-15: „Videmus enim hominem animal esse politicum et civile et naturaliter ad civilitatem inclinari. Hinc oportet valentiorem partem pro remanentia politiae esse, ut A r i s t o t e l e s primo Politicae primo capitulo concludit."

[87] Vgl. NICOLAUS DE CUSA, *Conc. Catholica* III Prooemium [268], 313 Anm. 1

einer eigenen Aristoteleslektüre, sondern dem Studium des *Defensor pacis* des Marsilius von Padua.[88] Marsilius erklärt das Erscheinen der *civitas* insbesondere durch ihre Nützlichkeit, die von der nach Befriedigung des natürlichen Selbsterhaltungstriebes strebenden menschlichen Vernunft entdeckt wird. Daraus erklärt sich die Tatsache, dass Nikolaus seine Konstruktion der *civitas* hauptsächlich auf einen Naturalismus gründet, der die politische Natur des Menschen nicht teleologisch, sondern vielmehr historisch versteht. Erfahrung und menschliche Vernunft sind das Mittel, die Bedürfnisse der Selbsterhaltung zu befriedigen, statt die politische Verfassung als eine zu verwirklichende Vollkommenheit bzw. als eine Entelechie des Menschen aufzufassen. Nikolaus interpretiert die Natur als eine unfehlbare geschichtliche Bewegung der Vernunft und Erfahrung der Menschen, die nach dem Besten für die Gattung streben und es auch erreichen. So scheint die *civitas* aus dem Prinzip der Selbsterhaltung zu entstehen.

5. Schlussbetrachtung

Seit den Pionierarbeiten Martin Grabmanns[89] hat sich das Thema des Einflusses der aristotelischen Philosophie auf die Bildung der mittelalterlichen politischen Theorie als Leitmotiv in der Historiographie durchgesetzt.[90] Später hat auch Walter Ullmann in zahlreichen Schriften die Aufmerksamkeit auf die angeblich ausschlaggebende Bedeutung von Aristoteles' *Politik* auf die Entstehung der mittelalterlichen politischen Theorien gelenkt.[91] Doch die neuere Historiographie relativierte die von Ullmann für diese Texte beanspruchte Hauptrolle als entscheidender Faktor für die Wende, die das 13. und 14. Jahrhundert im politischen Denken markieren,

[88] Über den Rückgriff des Cusanus auf den *Defensor pacis*, vgl. G. PIAIA, „Marsilius von Padua († um 1342) und Nicolaus Cusanus († um 1464): eine zweideutige Beziehung?", in *Nikolaus von Kues als Kanonist und Rechtshistoriker* (Mitteilungen und Forschungsbeiträge der Cusanus-Gesellschaft 24), Trier 1998, 171-93 (Italienische Übersetzung mit dem Titel „Marsilio da Padova e Niccolò Cusano: un rapporto ambiguo?", in G. PIAIA, *Marsilio e dintorni. Contributo alla storia delle idee*, Padova 1999, 202-19).

[89] Vgl. M. GRABMANN, *Studien über den Einfluss der aristotelischen Philosophie auf die mittelalterlichen Theorien über das Verhältnis von Kirche und Staat* (Sitzungsberichte der Bayerischen Akademie der Wissenschaften, Philosophisch-Historische Abteilung, 1934.2), München 1934.

[90] Eine soeben erschienene Zusammenfassung des heutigen Standpunktes der Diskussion in C. FLÜELER, „Politischer Aristotelismus im Mittelalter", in *Vivarium* 40 (2002), 1-13.

[91] Vgl. u.a. W. ULLMANN, *Principles of Government and Politics in the Middle Ages*, London 1961, und IDEM, *A History of Political Thought*, Harmondsworth 1965.

und stellte sie teilweise sogar in Abrede.[92]

In der Tat ist die reduktive Darstellung der politischen Theorie der zweiten Hälfte des 13. Jahrhunderts als bloßes Produkt des aristotelischen Einflusses wohl doch überzeichnet. Neben den aristotelischen Elementen lässt sich auch juristisches, theologisches und philosophisches Gedankengut nichtaristotelischen Ursprungs nachweisen. Doch abgesehen von zeitlichen Übereinstimmungen von unbestrittener Relevanz, die nicht als zufällig abgetan werden dürfen, sollte man die Tatsache nicht aus den Augen verlieren, dass das Mittelalter erst nach dem Bekanntwerden des Textes der *Politik* und der *libri morales* im Allgemeinen imstande war, die neuen Themen der politischen Theorie in eine deutliche und bessere Begrifflichkeit zu fassen. Obgleich nicht allein der Einfluss Aristoteles' das politische Denken bestimmte, verdankt das Repertoire der politischen Ideen ihm doch neue Motive. Die Abhängigkeit der hier behandelten Autoren von dem aristotelischen ethisch-teleologischen Modell steht außer Frage. Obzwar jeder von ihnen dieses Modell auf unterschiedliche Art verwendet und abwandelt, ist der ihnen allen gemeinsame Zug nicht zu übersehen, der sich aus der Anwendung dieses Modells und seiner entscheidenden Bedeutung für jede einzelne Theorie ergibt. Andererseits sollte dieser Einfluss aber genauer beleuchtet werden, denn im gleichen Maße, wie jeder dieser Autoren sich von dem aristotelischen Modell inspirieren lässt, unterzieht er es auch einer (mehr oder minder) radikalen Verwandlung.

Das Nebeneinander einer klassischen und einer protomodernen Richtung (wie ich sie nennen will) in den Texten dieser mittelalterlichen Denker kann dazu beitragen, den Sinn der sogenannten Aristoteles-Rezeption seitens der mittelalterlichen politischen Theorie genauer auszuloten. Die Auffassung, das Mittelalter habe vom Altertum ein orthodoxes, bzw. „kommunitäres" Verständnis der Politik ererbt, ist mit Sicherheit das Produkt einer romantischen, von der Sehnsucht nach der klassischen Gemeinschaft in Atem gehaltenen Historiographie.

Die These von dieser vermeintlich reinen Erbschaft kommt ins Wanken, sobald man sich darüber klar wird, dass in der mittelalterlichen politischen Theorie der Versuch unternommen wird, das aristotelische Modell

---

[92] Vgl. C.J. NEDERMAN, „Aristotelianism and the Origins of 'Political Science' in the Twelfth Century", in *Journal of the History of Ideas* 52 (1991), 179-94; IDEM, „The Meaning of 'Aristotelianism' in Medieval Moral and Political Thought", in *Journal of the History of Ideas* 57 (1996), 563-; sowie A. BLACK, *El pensamiento politico en Europa, 1250-1450*, Cambridge 1996, 120-21.

gleichzeitig mit verschiedenen protomodernen Themen zu verwenden, die im aristotelischen Verständnis der Entstehung der *pólis* als eines idealen Bereichs menschlicher Beziehungen keine Bedeutung haben können. In diesem Vorgehen zeichnet sich eine deutliche Distanzierung vom ethisch-politischen Ideal des Aristoteles ab.

Weit davon entfernt, die Wirksamkeit des klassischen ethisch-politischen Schemas zu verewigen, kündigen die mittelalterlichen Autoren somit *das Einbrechen des Privaten* in die politische Theorie und damit in dieses Schema an. Mit anderen Worten: Sie brechen mit der für das klassische politische Ideal charakteristischen Apotheose des öffentlichen Bereiches, die in Platons *Staat* ausgerufen wurde und die Aristoteles in seiner *Ethik* und v.a. in seiner *Politik* kanonisierte. Neben dieser platonisch-aristotelischen Axiomatik des Öffentlichen und der Vernünftigkeit beginnt jetzt in der politischen Theorie das Prinzip der Selbsterhaltung, d.h. das Prinzip der *conservatio sui*, axiomatisch zu sein. Dieses Unternehmen führt seinerseits unvermeidlich zu Kollisionen zwischen der für die aristotelische politische Theorie axiomatischen Sittlichkeit des Öffentlichen und den neuen Themen, die den beginnenden Zerfall der monolithischen Einheit der *civitas* als eines öffentlichen Bereichs widerspiegeln. Diese Kollisionen sind von der mittelalterlichen politischen Theorie nicht zufriedenstellend begriffen und gelöst worden. Doch das Vorhandensein von protomodernen Themen lässt bereits im Mittelalter den beginnenden Prozess der Selbsterneuerung der politischen Paradigmen erkennen.

In meinem Aufsatz habe ich nicht versucht, den Aristotelismus von einzelnen Theoretikern der Politik zu erklären. Ich habe vielmehr zeigen wollen, dass in der politischen Theorie zwischen Thomas von Aquin und Nikolaus von Kues eine im Ganzen konsequente Tendenz ersichtlich wird, die Entstehung des Staates nicht nur metaphysisch, sondern auch gewissermaßen physikalisch zu erklären. Dies bedeutet, dass in der politischen Theorie des Mittelalters eine Akzentverschiebung vom klassischen zum protomodernen Modell hin stattfindet. Die Rekonstruktion dieses Prozesses rückt die mittelalterliche politische Theorie in ein neues Licht, und anstatt sie vollständig auf das klassische oder auf das protomoderne Modell zurückführen zu wollen, zeigt sie die mittelalterlichen Bemühungen als Brücke und einen zwischen Tradition und Moderne ausgespannten Bogen.

Universidad de Buenos Aires

INDEX OF MANUSCRIPTS

INDEX OF ANCIENT AND MEDIEVAL NAMES

This index lists all persons mentioned in the essays who were born before 1500. The names of Latin and Greek authors are entered in their Latin form, generally according to their first names. The names of Arabic and Jewish authors and those who wrote in the vernacular or who are local figures are entered in their vernacular forms; sometimes they are entered by their first names and sometimes, when gramatically appropriate, by their surnames. Ancient and patristic names are entered in their most common forms. In the alphabetization, prepositions are not considered. [* = printer]

Index of Modern and Contemporary Authors